Heinz Abels

Einführung in die Soziologie 1

Hagener Studientexte zur Soziologie
Band 7

Herausgeber:
Heinz Abels, Werner Fuchs-Heinritz
Wieland Jäger, Uwe Schimank

Die Reihe „Hagener Studientexte zur Soziologie" will eine größere Öffentlichkeit für Themen, Theorien und Perspektiven der Soziologie interessieren. Die Reihe ist dem Anspruch und der langen Erfahrung der Soziologie an der FernUniversität Hagen verpflichtet. Der Anspruch ist, sowohl in soziologische Fragestellungen einzuführen als auch differenzierte Diskussionen zusammenzufassen. In jedem Fall soll dabei die Breite des Spektrums der soziologischen Diskussion in Deutschland und darüber hinaus repräsentiert werden. Die meisten Studientexte sind über viele Jahre in der Lehre erprobt. Alle Studientexte sind so konzipiert, dass sie mit einer verständlichen Sprache und mit einer unaufdringlichen, aber lenkenden Didaktik zum eigenen Studium anregen und für eine wissenschaftliche Weiterbildung auch außerhalb einer Hochschule motivieren.

Heinz Abels

Einführung in die Soziologie

Band 1: Der Blick auf die Gesellschaft

Westdeutscher Verlag

Die Deutsche Bibliothek – CIP-Einheitsaufnahme
Ein Titeldatensatz für diese Publikation ist bei
Der Deutschen Bibliothek erhältlich

1. Auflage März 2001

Lektorat: Monika Mülhausen

Der Westdeutsche Verlag ist ein Unternehmen der
Fachverlagsgruppe BertelsmannSpringer.

www.westdeutschervlg.de

Höchste inhaltliche und technische Qualität unserer Produkte ist unser Ziel. Bei der Produktion und Verbreitung unserer Bücher wollen wir die Umwelt schonen. Dieses Buch ist auf säurefreiem und chlorfrei gebleichtem Papier gedruckt. Die Einschweißfolie besteht aus Polyäthylen und damit aus organischen Grundstoffen, die weder bei der Herstellung noch bei der Verbrennung Schadstoffe freisetzen.

Umschlaggestaltung: Horst Dieter Bürkle, Darmstadt
Druck und buchbinderische Verarbeitung: Langelüddecke, Braunschweig
Printed in Germany

ISBN 3-531-13610-0

Inhalt

Vorwort

Was ist Soziologie? Was sind zentrale Themen? Welche theoretischen Erklärungen haben sich zu bestimmten Fragen durchgesetzt? Auf diese Fragen will diese Einführung in die Soziologie Antworten geben. Um es gleich vorweg zu sagen: man kann natürlich noch ganz andere Fragen stellen, und viele Soziologen geben auch auf die gestellten Fragen ganz andere Antworten. Selbst um die zentralen Themen streitet sich die Zunft mal locker, mal ernsthaft und manchmal auch verbissen. Das unterscheidet die Soziologie im Übrigen nicht von anderen Wissenschaften, aber hier fällt es besonders auf, weil es oft um Fragen geht, auf die der gesunde Menschenverstand schon längst seine Antworten gegeben hat.

Das ist ein erster Hinweis auf das, womit Sie rechnen müssen, wenn Sie sich auf die Soziologie einlassen. In dem Augenblick, wo Sie sich dem spezifischen Denken der Soziologie öffnen und ihre Analysen ernst nehmen, verändert sich Ihr Blick auf das Selbstverständliche um Sie herum. Das hat Folgen für Sie und für Ihre Mitmenschen, und so werden Sie gewollt oder ungewollt zum Störenfried, nicht unbedingt im aggressiven Sinn, aber immerhin. Die einen werden sagen, es lohne nicht der Neugier, weil alles, alles gut[1] ist, die anderen, das ganze Nachdenken bringe eh nichts, weil die Verhältnisse nun mal so sind, wie sie sind. Und wieder andere wollen sich nicht beim Denken und Reden aufhalten, sondern auf einen Schlag die Verhältnisse zum Tanzen bringen.

Den ersten sage ich, dass mit Sicherheit nicht alles gut ist, und wenn etwas gut ist, dann müssen wir umso genauer herausfinden, unter welchen Bedingungen es gut ist, damit wir sie auch erhalten.

1 Ich werde nicht jede Ironie erklären und auch nicht jede literarische Anleihe dokumentieren. Diesmal ist es Eichendorff.

Den zweiten kann ich nur meine Überzeugung entgegenhalten, dass das Individuum seine Freiheit aufgibt, wenn es sich nur noch an den Fäden der Verhältnisse hampeln sieht. Den dritten gebe ich zu bedenken, dass es noch nie geschadet hat, wenn man die Verhältnisse genau studiert, bevor man sie ändern will. Um im Bild zu bleiben: wer den Hofball partout mit einem Foxtrott eröffnen will, darf sich nicht wundern, wenn ihm die versammelten Schönen einen Korb geben, und wer zwecks soziologischer Beobachtung mit Krawatte und Ohrstöpseln in eine bestimmte Disko will, wird schon an der Tür abgewimmelt. Soziologische Neugier ist das eine, die Fähigkeit, sie sachkundig an konkrete Bedingungen anzuschließen, das andere. Deshalb werde ich Sie auch in die „Kunst des Misstrauens" einführen und zeigen, was das Besondere am soziologischen Denken ist und wie und zu welchem Ende man Soziologie betreibt.

Danach stelle ich dann eine der grundlegenden Fragen der Soziologie, wie nämlich Gesellschaft möglich ist. Von den typischen und beispielhaften Antworten aus werde ich dann zeigen, wie die Gesellschaft im Innersten zusammengehalten wird, wie sie strukturiert ist und welche typischen Prozesse sich in ihr abspielen.

Die Erklärungen, warum Strukturen entstehen, wie sie erhalten oder verändert werden, was Prozesse auslöst oder verhindert, die Theorien, die viele Erklärungen zu unterschiedlichen Aspekten der Gesellschaft in einen Zusammenhang bringen, und die Prognosen, wie es wahrscheinlich weitergeht, das alles erfreut sich in der Soziologie höchst lebhafter Kontroversen. Wer gerne auf der sicheren Seite lebt, steht deshalb etwas ratlos vor der Fülle der Fragen und Erklärungen, und wer sonst immer Bescheid weiß, hält die Pluralität und Unentschiedenheit für eine Schwäche. Jenen sage ich, dass sich im Laufe des Studiums manches zu manchem fügt, und diesen, dass gerade darin die Stärke der Soziologie liegt, denn indem immer wieder die gleichen Fragen gestellt werden und nach neuen Antworten gesucht wird, wird verhindert, dass das Selbstverständliche sich feststellt und die Verhältnisse sich verkrusten. Das ist das praktische Interesse hinter dem Streit der Theorien.

Was die Frage, welche Theorie die richtige ist, angeht, kann ich nur sagen: kein Theoretiker ist ein Dummkopf. Wenn eine Theorie etwas anderes als eine andere behauptet, dann heißt das nicht, dass die erste falsch ist. In der Regel geht es um andere erkenntnisleitende Interessen und manchmal auch um ganz andere Hoffnungen auf eine gute Lösung konkreter Probleme. Doch darüber lässt sich trefflich streiten, und diese Einführung in die Soziologie will Sie auch ein bisschen herausfordern, sich die Dinge von verschiedenen Seiten anzusehen und einleuchtende soziologische Erklärungen doch noch einmal gegen den Strich zu bürsten. Das ist auf Anfängerniveau nicht ganz leicht, aber je länger man mitdenkt, umso mehr Spaß macht es!

Manchen mag es scheinen, dass ich einer bestimmten Theorie oder Fragestellung besondere Aufmerksamkeit schenke oder dass ich sie fast zu meiner Sache mache. Dieser Eindruck ist nicht falsch. Ich hoffe aber, dass er sich in der Summe bei allen Theorien und bei allen Themen einstellt.

Noch ein Wort zur impliziten Didaktik und meiner gelegentlichen Art zu schreiben. Natürlich möchte ich Ihnen viel soziologisches Wissen beibringen. Aber ich möchte auch, dass Sie es sich selbst erarbeiten. Dass ich in dieser Hinsicht eine bestimmte Hoffnung hege, will ich nicht verhehlen. Ich gebe sie in den Worten eines genauen Beobachters der Gesellschaft wieder, der leider nicht zur Ehre auf dem Altar der soziologischen Klassiker erhoben worden ist. Er hat sie seinen Gedanken über moralische Vorurteile vorangestellt:

Friedrich Nietzsche: Langsam lesen

„Ein solches Buch, ein solches Problem hat keine Eile; überdies sind wir beide Freunde des lento, ich ebensowohl als mein Buch. Man ist nicht umsonst Philologe gewesen, man ist es vielleicht noch, das will sagen, ein Lehrer des langsamen Lesens. (...) Philologie nämlich ist jene ehrwürdige Kunst, welche von ihrem Verehrer vor allem *eins* heischt, beiseite gehen, sich Zeit lassen, still werden, langsam werden -, als eine Goldschmiedekunst und -kennerschaft des *Wortes*, die lauter feine vorsichtige Arbeit abzutun hat und nichts erreicht, wenn

> sie es nicht lento erreicht. Gerade damit aber ist sie heute nötiger als je, gerade dadurch zieht sie und bezaubert sie uns am stärksten, mitten in einem Zeitalter der ‚Arbeit' will sagen: der Hast, der unanständigen und schwitzenden Eilfertigkeit, das mit allem gleich ‚fertig werden' will, auch mit jedem alten und neuen Buche: – sie selbst wird nicht so leicht irgendwomit fertig, sie lehrt *gut* lesen, das heißt langsam, tief, rück- und vorsichtig, mit Hintergedanken, mit offen gelassenen Türen, mit zarten Fingern und Augen lesen ..." (Nietzsche 1881: Morgenröte. Gedanken über die moralischen Vorurteile. Vorrede 1886, S. 9f.)

Grundsätzlich sollte man immer langsam lesen. Bei einer soziologischen Einführung ist das besonders wichtig, denn man soll ja mit einer neuen Wissenschaft vertraut gemacht werden, die von fast nichts anderem handelt als dem, was wir immer schon verstanden zu haben glauben. Das gelingt am besten, wenn man in Ruhe mitdenkt. Wenn ich also immer wieder Beispiele bringe, dann sollten Sie nicht das Tempo erhöhen und sagen „klar, kenn' ich!", sondern nachdenken, welches Beispiel *Ihnen* dazu einfällt. Wenn Ihnen eins einfällt, das meine Überlegungen oder die der anderen Soziologen widerlegt, umso besser. Dann beginnt soziologisches Denken zu wirken! Soziologie hat etwas mit Irritation zu tun – und vor allem: mit dem Mut, sich des eigenen Verstandes zu bedienen. Beim ersten beginnt Theorie, beim zweiten – so hoffe ich – Praxis.

Zum Schluss noch zwei Worte in eigener Sache: Wo ich mich kritisch äußere und wo ich das nicht tue, tue ich es aus Überzeugung und nicht einer Mode wegen. Aber ich bestreite auch niemandem das Recht, das ganz anders zu sehen. Dass ich dabei das Wort Kritik von seiner ursprünglichen Bedeutung im Griechischen her, nämlich im Sinne von „scheiden, unterscheiden, urteilen" verstehe, möchte ich ausdrücklich betonen. Und zur eigenen Sache gehört natürlich auch, dass ich sage, wie ich Soziologie definiere: *Soziologie befasst sich mit gesellschaftlichen Verhältnissen und dem Handeln zwischen Individuen in diesen Verhältnissen.*

Eigentlich sollte hier das Vorwort enden, doch da Sie sicherlich die Gliederung eingesehen haben, will ich gleich sagen, welche Fragen in diesem ersten Band der Einführung in die Soziologie nicht behandelt werden: die Frage, woran wir uns bei unserem Handeln orientieren; die Frage, wie wir werden, was wir sind; die Frage, wie wir miteinander umgehen; die Frage, wie wir uns vor anderen darstellen; die Frage, wie wir zu „den anderen" stehen. Das sind beileibe keine Fragen minderen Ranges. Doch sie werden aus einer anderen Perspektive gestellt. Deshalb behandele ich sie in einem zweiten Band, der unter der Überschrift „Die Individuen in ihrer Gesellschaft" steht. Während hier gezeigt wird, was soziologisches Denken und was die Aufgabe der Soziologie ist, und dann auf die Ordnung, die Institutionen, die Strukturen und Prozesse der Gesellschaft geblickt wird, kurz: die Makrothemen behandelt werden, geht es dort also um die Mikrothemen der Soziologie. Obwohl hier wichtige Grundlagen für die Fragen dort angesprochen und dort Themen ausgeführt werden, die die Grundlagen plastischer machen, meine ich doch, dass beide Bände für sich gelesen und verstanden werden können.[2] Was allerdings das Ideale wäre, erhellt aus meiner Definition von Soziologie.

2 Damit Sie wissen, worum es im Einzelnen in diesem zweiten Band geht, habe ich für alle Fälle die Hauptthemen der Gliederung in das Register dieses ersten Bandes übernommen.

1. Soziologisches Denken

1.1 Die Kunst des Misstrauens und die Lehre vom zweiten Blick
1.2 Hintergrundannahmen und Wertfreiheit
1.3 Konstruktion des Idealtypus
1.4 Was Wissenschaft leisten kann und was nicht
1.5 Reflektierte Gewissheit

In der Soziologie geht es nicht um ewige oder endgültige Wahrheiten, die einen beruhigen, sondern – so wird es am Ende dieses Kapitels heißen – um reflektierte Gewissheit. Die aber ist erst nach einiger Beunruhigung zu bekommen und – sie muss immer wieder neu gewonnen werden! Soziologie ist kein einfaches Geschäft, aber deshalb ist sie auch nicht langweilig. Mehr noch, sie vermag uns gerade dort zu überraschen, wo wir uns ganz sicher zu sein glauben. Soziologie beginnt nämlich nicht weit über unseren Köpfen oder in einem fremden Land und auch nicht bei den anderen, sondern hier. Und deshalb müssen Sie auch damit rechnen, dass Soziologie Sie zunächst „desorientiert", wie es *Hans Peter Dreitzel* formuliert hat:

Hans Peter Dreitzel: Desorientierung, Verfremdung, soziologisches Bewusstsein

„Nichts braucht mehr Zeit und intellektuelle Anstrengung als die allmähliche Entwicklung eines ständig wachen *soziologischen Bewusstseins*. Denn es geht um eine vollständige Veränderung der gewohnten Perspektive, mit der wir uns in der Alltagswelt orientieren. Der Anfänger im Studium der Soziologie wird denn auch seine Fortschritte zunächst an einer wachsenden und unter Umständen sehr tief gehenden Desorientierung gegenüber seinen eigenen Lebensverhältnissen erfahren, die nur durch die Faszination an dieser entfremdenden und relativierenden Erfahrung kompensiert werden kann. Nicht, dass das Studium der soziologischen Literatur sogleich zu umstürzenden Entdeckungen führen würde; im Gegenteil: Der Soziologe bewegt sich in der alltäglichen Welt der Menschen, seine Kategorien sind zumeist nur Verfeinerungen der Begriffe, in denen die Gesellschaft sich selbst versteht – Bürokratie, Betrieb, Klasse, Schicht, Rolle. Daher erscheinen auch die Ergebnisse der soziologischen Forschung so oft als Banalität – man liest die Untersuchungen, findet die Ergebnisse selbstverständlich und fragt sich, wozu der große Aufwand nötig ist. Aber plötzlich entdeckt man eine Sicht der vertrauten Szenerie, die radikal das Bild der Dinge in Frage stellt, an dem man sich bisher orientiert hat. Mit diesem Wechsel der Perspektive beginnt die Faszination an der soziologischen Verfremdung unserer sonst so vertrauten sozialen Umgebung. Wer diese verfremdende Wirkung des soziologischen Bewusstseins scheut, wer es vorzieht, die Gesellschaft und ihre Spielregeln für das zu nehmen, als was sie erscheinen und sich ausgeben, wird sich nicht ernsthaft mit der Soziologie abgeben können. Die Lektüre soziologischer Überlegungen und Untersuchungen wird ihn eher verwirren als orientieren, und ihre aufklärende Wirkung wird sein stereotypes Denken nicht erreichen." (Dreitzel 1966: Wege in die soziologische Literatur, S. 223)

Um die Verwirrung in Grenzen zu halten und die aufklärende Wirkung soziologischen Bewusstseins zu fördern, habe ich mir die Klage eines Mannes, der weder Wissenschaftler noch Soziologe war, zu Herzen genommen. Es war Goethe, der die Gelehrsamkeit seiner Zeit so kritisierte: „Man treibt die jungen Leute herdenweise in Stuben und Hörsäle zusammen und speist sie in Ermangelung wirklicher Gegenstände mit Citaten und Worten ab. Die Anschauung, die oft dem Lehrer selbst fehlt, mögen sich die Schüler hinterdrein verschaffen!" (zit. nach Falk 1832, S. 29)

Zwar werde ich nicht über „wirkliche *Gegenstände*" sprechen, denn in der Soziologie gibt es nur wenig, was man richtig anfassen kann, dennoch werde ich über „Wirkliches" sprechen, nämlich darüber, wie das soziale Leben im Innersten zusammengehalten wird und wie seine einzelnen Elementen wirken. In der Sprache der Soziologie wären das z. B. Strukturen, Prozesse oder Interaktionen. Um Sie aber nicht mit „Citaten und Worten“ abzuspeisen, greife ich so oft wie möglich auf Alltagserfahrungen zurück. Doch hier liegt ein Problem der Soziologie, denn viele werden auf den ersten Blick vielleicht gar nicht bemerken, dass es schon Soziologie ist, was vor ihnen ausgebreitet wird. Ihnen kommt alles so bekannt vor, dass sie sich schon nach wenigen Seiten abwenden, weil sie meinen, Soziologie verdoppele nur ihre Alltagserfahrung. Andere wiederum warten ungeduldig auf die abstrakte Theorie. Das erste will ich vermeiden und das zweite erst allmählich anbieten. Deshalb betrachte ich Alltagserfahrungen aus verschiedenen Perspektiven und verfremde sie systematisch. Indem ich mehr und mehr wissenschaftliches Wissen einbeziehe, hoffe ich, Sie auf dem Wege zu den Theorien so vorzubereiten, dass sie Ihnen als logische Konsequenz der Analyse erscheinen.

Damit bin ich bei einem Thema, bei dem viele über die Soziologie herfallen, bei ihrer Sprache. Natürlich hat jede Wissenschaft ihr spezifisches Vokabular, doch den Vorwurf des Fachchinesischen richtet man vor allem an die Soziologie. Das liegt sicher auch daran, dass sie sich mit Dingen befasst, die allen vertraut zu sein scheinen. Und die vertraute Sicht der Dinge lässt man sich nicht gerne nehmen und schon gar nicht in einer komplizierten Sprache. Mancher steht auch einfach nur hilflos vor abstrakten Formulierungen, findet sich und die ihn bewegenden Probleme in diesen Analysen nicht mehr wieder oder sieht sie in Zusammenhänge eingeordnet, auf die er nicht im Traum gekommen wäre. Andere wiederum schließen aus der spezialisierten Fachsprache auf den Verstand des Forschers und sein Vermögen, die untersuchten Probleme nicht nur als solche einzuordnen, sondern auch zu lösen. Doch da die meisten Menschen – und Politiker zumal! – rasche und endgültige Lösungen wünschen, sind sie enttäuscht, wenn Soziologen die Dinge hin und her wenden, den Problemen auf den Grund gehen und dann auch noch verlangen, dass man selbst unter anzugebenden Prämissen selbst entscheidet!

Ich will auch zugeben, dass manche Soziologen (und ihre Jünger) einiges dazu beigetragen haben, den Zugang zu ihren Erkenntnissen zu erschweren. Ihre Sprache ist oft so kompliziert, dass sie nur noch von Eingeweihten oder erst mit Hilfe von Kommentaren und Materialien verstanden wird. Auch auf solche steilen Wege sollte man sich machen, vorausgesetzt, man hat sich in der Ebene gut präpariert. Auch das will ich in dieser Einführung anbieten.

Die Sprache der Soziologie hat schließlich auch etwas mit der öffentlichen Einschätzung von Wissenschaft zu tun. Der amerikanische Soziologe *C. Wright Mills* hat das Problem einmal so beschrieben: „Wer sich heute einer allgemein verständlichen Sprache zu bedienen sucht, wird von vielen akademischen Kreisen als oberflächlich oder schlimmer noch, als ‚bloß literarisch' verurteilt. Es lässt sich unschwer erkennen, dass diese Phrasen auf dem Fehlschluss beruhen, was lesbar ist, sei oberflächlich. (...) ‚Nur ein Journalist' genannt zu werden, ist eine Herabwürdigung. Sicherlich ist das häufig der Grund für das Spezialistenvokabular und die gedrechselte Ausdrucksweise". (Mills 1959, S. 273) Ich sehe das keineswegs als Herabwürdigung, denn die wirklich guten Journalisten beobachten sehr genau, schreiben verständlich und bringen die Dinge auf den Punkt!

Das heißt nicht, dass wir ohne soziologische Begriffe auskommen. Der Grund ist der folgende: die Soziologie benutzt eigene, wohldurchdachte Begriffe, um ihre *spezifische Sicht* auf die Komplexität von sozialen Sachverhalten zu signalisieren, andere Perspektiven anderer Wissenschaften kritisch zu befragen und sich von diesen ebenso kritisch befragen zu lassen. Deshalb gehört eine klare Begrifflichkeit auch zum Ausweis dieser Wissenschaft. In diesem Zusammenhang will ich aber die Frage von *Niklas Luhmann (1927-1998)*, einem Soziologen, der die Sprache der Soziologie oft in abstrakte Höhen getragen hat, nicht verschweigen: „Sollte man alles, was gesagt wird, gleichermaßen unter die Knute der Verständlichkeit zwingen? Soll Verständlichkeit bedeuten: Verständlichkeit für jedermann? Verständlichkeit ohne jede Mühe? Verständlichkeit ohne jede Vorbereitung, ohne jeden Zeitaufwand des Nachdenkens und Entschlüsselns?" (Luhmann

1979, S. 170) Natürlich nicht – aber nachdem man selbst nachgedacht hat, muss es schon verständlich sein!

Mills hat zu Recht gewarnt, nie mehr als drei Seiten zu schreiben, ohne an ein konkretes Beispiel zu denken. (Mills 1959, S. 279) Die Anstrengung des soziologischen Begriffs, für die Luhmann den Grund genannt hat, und der Anspruch von Mills, verständlich zu schreiben, müssen sich nicht ausschließen. So versuche ich, auch – ich betone *auch* – mit den Mitteln der Sprache des Alltags zum Nachdenken anzuregen. Ich meine, dass eine soziologische Einführung den Leser zunächst einmal dort abholen soll, wo wir Gesellschaft erleben und wie wir über sie reden. Und dorthin sollen soziologische Erkenntnisse auch wieder führen.

Auf der anderen Seite will ich aber auch vor den Simplifizierungen der Alltagssprache warnen. Das Problem jeder wissenschaftlichen Einführung ist die richtige Mischung zwischen Verständlichkeit und fachnotwendiger Abstraktion. Diese Balance ist für eine soziologische Einführung schwieriger als bei den meisten anderen Wissenschaften. Sie argumentiert nämlich ganz in der Nähe zum ‚gesunden Menschenverstand', aber fast durchweg in Konkurrenz zu ihm.

Und hier schon einmal ein Wort zum Trost und zur Ermunterung im Angesicht komplizierter Texte, die noch kommen werden. Der Romantiker Friedrich Schlegel schreibt: „Eine klassische Schrift muss nie ganz verstanden werden können. Aber die, welche gebildet sind und sich bilden, müssen immer mehr daraus lernen wollen." (Schlegel 1800, S. 241) Deshalb noch einmal: je länger Sie sich auf die Soziologie einlassen, umso mehr klärt sich von selbst!

1.1 Die Kunst des Misstrauens und die Lehre vom zweiten Blick

Jetzt also zur systematischen Verfremdung und zum ersten Merkmal soziologischen Denkens. Es ist ein Denken gegen die Wirklichkeit, wie sie gegeben zu sein scheint. Es misstraut dem gesunden Menschenverstand so lange, bis es die *strukturellen*, d. h.

in einem bestimmten Sinn geordneten, nicht zufälligen, Zusammenhänge sozialer Phänomene wirklich aufgedeckt hat. Das ist das zweite Merkmal soziologischen Denkens, in Strukturen zu denken. In dieser Hinsicht ist Soziologie aufklärend, konstruktiv und praktisch; in jener Hinsicht stört Soziologie meistens den Seelenfrieden derer, die sich ob ihres ‚gesunden Menschenverstandes' in der besten Gesellschaft wähnen. Zu dieser Gesellschaft gehören nämlich alle anderen, vorausgesetzt diese sind bereit, die Dinge so zu sehen wie sie selbst. Das macht es leicht, die Beweise für die Wahrheit des gesunden Menschenverstandes flexibel zu handhaben. Deshalb ist der gesunde Menschenverstand auch so sicher, dass er das natürliche Ergebnis der Anschauung der Wirklichkeit ist, wie sie nun mal ist. Hegel wusste schon, warum er ihn als die „Denkweise einer Zeit" bezeichnet hat, „in der alle Vorurteile dieser Zeit enthalten sind"! (Hegel 1833, Bd. I, S. 435)

Deshalb liegt hier auch das Problem – nicht für den gesunden Menschenverstand, sondern für den Soziologen. Sein Denken fängt aber nicht an, wo der gesunde Menschenverstand vielleicht nicht weiter weiß, sondern schon dort, wo sich der gesunde Menschenverstand ganz sicher weiß: bei der Annahme von Wirklichkeit selbst.

Beginnen wir also den Versuch, den gesunden Menschenverstand durchzuschütteln, indem wir fragen: was ist „die" Wirklichkeit? Dass das gar nicht so klar ist, haben die Analysen des Arztes *Sigmund Freud (1856-1939)* gezeigt. Er hatte herausgefunden, dass viele der von ihm behandelten Patientinnen unter dem Eindruck einer Verführung in ihrer Jugend standen. Eine genauere Analyse zeigte dann, dass diese Hysterikerinnen eine solche Verführung nicht wirklich erlebt hatten, sondern sie phantasierten. Für diese ‚Tatsache' führte Freud den Begriff der ‚psychischen Realität' ein. (Freud 1914, S. 56) Es handelt sich um eine Realität, die objektiv nicht vorhanden war, gleichwohl aber das Denken und Handeln von Menschen massiv beeinflusste. Solange die Patientinnen nicht darüber nachdenken mussten, war ihnen ihre (subjektive) Wirklichkeit objektiv wirklich.

Ganz genau so geht es uns mit der Wirklichkeit des Alltags: „Die Wirklichkeit der Alltagswelt wird als Wirklichkeit hingenommen. Über ihre einfache Präsenz hinaus bedarf sie keiner zusätzlichen Verifizierung. Sie ist einfach da – als selbstverständliche, zwingende Faktizität. Ich *weiß*, dass sie wirklich ist. Obgleich ich in der Lage bin, ihre Wirklichkeit auch in Frage zu stellen, muss ich solche Zweifel doch abwehren, um in meiner Routinewelt existieren zu können. Diese Ausschaltung des Zweifels ist so zweifelsfrei, dass ich, wenn ich den Zweifel einmal brauche – bei theoretischen oder religiösen Fragen zum Beispiel, eine echte Grenze überschreiten muss. Die Alltagswelt behauptet sich von selbst, und wenn ich ihre Selbstbehauptung anfechten will, muss ich mir dazu einen Stoß versetzen." (Berger u. Luckmann 1966, S. 26) Alltag ist nicht etwas, das außerhalb von etwas ist, sondern gewissermaßen das ständige Ereignis nichtreflexiven Handelns. Die Wirklichkeit der Alltagswelt ist eine „Wirklichkeit par excellence": „In ihrer imperativen Gegenwärtigkeit ist sie unmöglich zu ignorieren, ja, auch nur abzuschwächen." (Berger u. Luckmann 1966, S. 24) Es ist eine Wirklichkeit, in der alles geordnet ist: „Solange die Routinewirklichkeit der Alltagswelt nicht zerstört wird, sind ihre Probleme unproblematisch." (Berger u. Luckmann 1966, S. 27)

Das Alltagsbewusstsein weiß immer Bescheid. Es ist dadurch charakterisiert, „dass es keine neuen Horizonte erschließt; es bewegt sich im Rahmen unwesentlicher Horizontverschiebungen. (...) Es ordnet sich den gesellschaftlichen Verhältnissen vor, weiß schon immer, was geschieht und wie etwas gemacht werden muss. So macht es sich zu einem bornierten Alleswisser." (Leithäuser u. Volmerg 1977, S. 47) Würde der Alltagsmensch überhaupt über sein Wissen nachdenken, wüsste er sich auf der richtigen Seite, weil er sich im Einklang mit dem gesunden Menschenverstand wähnt.

Nun ist aber nicht von der Hand zu weisen, dass das Argument mit dem gesunden Menschenverstand manchmal auch nur für reine Denkfaulheit oder für eine raffinierte Strategie steht, die Forderungen nach Begründungen seiner Meinungen abzuwehren.

Doch selbst, wo man das nicht unterstellt, ist es fraglich, ob alle Menschen in einer Gesellschaft das Gleiche meinen, wenn sie vom gesunden Menschenverstand sprechen. Denn bekanntlich entscheidet ein Breitengrad über die Wahrheit: „diesseits der Pyrenäen Wahrheit, jenseits Irrtum". (Pascal 1669, Fragment 294) Dass es um diese Differenz auch beim ‚gesunden Menschenverstand' geht, merken wir erst, wenn Interessen gegeneinander stehen.

Hinter dem Argument des ‚gesunden Menschenverstandes' verbirgt sich auch manches Vorurteil. Und genau darum geht es: So erwartete einer der Klassiker der Soziologie, der Franzose *Emile Durkheim (1858-1917)*, von einer Wissenschaft von der Gesellschaft, „dass sie nicht in einer simplen Paraphrase überlieferter Vorurteile aufgeht, sondern uns die Dinge anders betrachten lehrt, als sie gemeinhin erscheinen; denn es ist das Ziel jeder Wissenschaft, Entdeckungen zu machen, und jede Entdeckung verschiebt mehr oder minder die vorhandenen Anschauungen. Wenn man also dem ‚gesunden Menschenverstand' in der Soziologie nicht eine Autorität zuerkennen will, welche er in den anderen Wissenschaften längst verloren hat (...), so muss der Forscher den resoluten Entschluss fassen, vor den Ergebnissen seiner Untersuchung, sofern sie nur methodisch gewonnen sind, nicht zurückzuschrecken." (Durkheim 1895, S. 85) Was man also braucht und was man können muss, wenn man sich auf Soziologie einlässt, hat *Max Weber (1864-1920)*, einer der Gründungsväter der Soziologie, so beschrieben: wenn irgendetwas „berufsmäßigen Denkern" Verpflichtung ist, dann dies: „sich gegenüber den jeweilig herrschenden Idealen, auch den majestätischsten, einen kühlen Kopf im Sinn der persönlichen Fähigkeit zu bewahren, nötigenfalls ‚gegen den Strom zu schwimmen'." (Weber 1917, S. 310)

Die Dinge anders zu betrachten, „das Alltägliche etwas fremdartig erscheinen zu lassen" (Elias 1970, S. 109), das ist der Beginn soziologischen Denkens. Eine soziologische Perspektive einnehmen heißt, die Dinge so zu betrachten, als ob sie auch anders sein *könnten*. Das ist nun aber gar nicht so einfach, sondern das bedarf einer bestimmten Art des Denkens, die *C. Wright Mills* treffend ‚sociological imagination' genannt hat. (Mills 1959) Das kann man getrost mit „soziologischer Phantasie" übersetzen. (vgl. Mills 1959, S. 41 und 57 Anm. 1) Diese Phantasie hat etwas mit der Fähigkeit zu staunen und sehr viel mit Nachdenken über scheinbar ganz Vertrautes zu tun. „Die Fähigkeit des Erstaunens über den Gang der Welt", heißt es bei Max Weber, „ist Voraussetzung der Möglichkeit des Fragens nach ihrem Sinn." (Weber 1921, Bd. III, S. 221)[1] Wem alles immer schon klar ist, dem fällt auch nichts Neues mehr ein. Wer meint, dass die Dinge so sein müssen, wie sie sind, der kann vielleicht ruhig schlafen, aber er wird ihren Sinn nie begreifen. Wer dieses aber manchmal will, der bringt gute Voraussetzungen für soziologisches Denken mit. Bezogen auf die „Majestät" des gesunden Menschenverstandes heißt das: es misstraut dem gesunden Menschenverstand solange, wie *er* (ich meine es genau so!) nicht seine Rationalität entdeckt hat.

Soziologisches Denken sucht nach Begründungen, warum die Dinge so sind, wie sie sind. Selbstverständlich ist dieses Denken nie abschließbar, da unter vorgestellten anderen Perspektiven immer neue Warum-Fragen auftauchen, aber je länger man sich auf dieses Denken einlässt, umso mehr werden strukturelle Bedingungen sichtbar. So werden auch die Voraussetzungen geschaffen, das Bestehende zu bestätigen oder Alternativen zwingend zu fordern. Damit ist auch klar, warum ich die Soziologie als Wissenschaft immer wieder mit der Reflexion alltäglicher Erfahrungen beginne und dort auch wieder enden lasse. Es ist weniger ein didaktisches Prinzip als vielmehr die permanente Prüfung soziologischen Wissens auf seine Relevanz für die Erklärung dessen, was uns die Gesellschaft als Wirklichkeit ist.

Bei der Gratwanderung, auf die ich mich dabei begebe, halte ich mich an den Romantiker Friedrich Schlegel. Er war der festen Ansicht, dass alle höchsten Wahrheiten trivial sind, und deshalb müsse man sie immer neu und möglichst immer paradoxer ausdrücken, „damit es nicht vergessen wird, dass sie noch da sind und dass sie nie eigentlich ganz ausgesprochen werden können." (Schlegel 1800, S. 237) Damit ist denn auch gleich schon die Art

1 Da Schopenhauer immer gut tut, hier seine Lebensweisheit: „Je niedriger ein Mensch in intellektueller Hinsicht steht, desto weniger Rätselhaftes hat für ihn das Dasein selbst." (Schopenhauer-Brevier 1938, S. 51)

angegeben, in der ich über das, was uns vertraut ist, sprechen will: aus einer ungewöhnlichen Perspektive. Ich will das Selbstverständliche als nicht selbstverständlich betrachten.

Soziologie, habe ich oben gesagt, beginnt nicht weit über unseren Köpfen oder in einem fremden Land und auch nicht bei den anderen, sondern hier. Indem sie vertraute Erfahrungen aus verschiedenen Perspektiven betrachtet und systematisch verfremdet, tangiert Soziologie unser Denken und Handeln. Die Sprache, in der sie das tut, hat genau dies zum Ziel: sie will den Dingen nicht nur einen neuen Namen geben, sondern sie auch anders sehen lehren. Doch dagegen gibt es einen ganz natürlichen Widerstand, den der amerikanische Soziologe *George Caspar Homans* einmal so beschrieben hat, als er seine wissenschaftlichen Bemühungen reflektierte: „Nichts ist den Menschen vertrauter als ihr gewöhnliches, alltägliches soziales Verhalten; wenn aber ein Soziologe irgendwelche Verallgemeinerungen darüber anstellt, so läuft er Gefahr, dass seine Leser ihm von vornherein nicht glauben und ihn nicht weiter beachten. Ihr Verhalten ist ihnen seit ihrer Kindheit selbstverständlich, und sie haben daher ein Recht darauf, darüber eine Meinung zu besitzen." (Homans 1961, S. 1) Gegen das, was seit je und von allen so gedacht worden ist, anzukommen, ist nicht leicht, und doch geht es nicht anders, wenn die falschen Verhältnisse verändert und den richtigen Verhältnissen immer neue Kräfte zugeführt werden sollen.

Das Vertraute unvertraut machen, das ist der Beginn soziologischen Denkens. Auf die Frage, was man darunter verstehen soll, hat Dreitzel auf *Friedrich Nietzsches* ‚Kunst des Misstrauens' verwiesen, und er sagt auch, was man am Ende dafür bekommt, dass man sich der Anstrengung der Verfremdung unterzieht: „Die Gemeinsamkeit dessen, was Soziologen tun, beruht zunächst nur auf einer bestimmten Sichtweise, auf einer spezifisch *soziologischen Perspektive*. Der Soziologe versucht immer, hinter die Fassade der sozialen Beziehungen zu schauen, die Mechanismen des menschlichen Verhaltens zu ergründen, die Funktion der sozialen Erscheinungen zu erkennen. Seine Perspektive ist die des Zweiflers und Skeptikers, der hinter den alltäglichen Selbstverständlichkeiten im Umgang der Menschen miteinander verborgene Motive und Wirkungszusammenhänge vermutet. Das soziologische Denken erfordert eine ‚Kunst des Misstrauens' gegenüber der Selbstverständlichkeit, mit der wir unsere soziale Umwelt als Realität hinnehmen." (Dreitzel 1966, S. 222)

Die Qualität soziologischen Wissens bemisst sich an seiner *Reflexivität*. Dazu gehört auch die Bereitschaft, sich vorzustellen, dass die sozialen Tatsachen auch *anders* sein *könnten*. Ich gehe nämlich keineswegs davon aus, dass die sozialen Tatsachen selbstverständlich und zeitlos gültig sind. Mein soziologisches Misstrauen gilt den großen und kleinen Erklärungen des normalen Alltags wie der Gesellschaft in ihren Strukturen und Prozessen. Misstrauen heißt natürlich nicht, einem anderen – Wem auch? Der Gesellschaft als Moloch? Irgendwelchen Herrschenden? – finstere Absichten zu unterstellen, sondern nicht von vornherein davon auszugehen, dass die gesellschaftlichen Verhältnisse natürlich sind und das, was sich in ihnen abspielt, notwendig so ist, wie es ist. Kurz: Misstrauen heißt, bei einzigen Lesarten erst einmal skeptisch zu sein. Luhmann hat es einmal so ausgedrückt: „Die Soziologie eröffnet (...) mit ihrer Frage nach der Funktion den Blick auf andere Möglichkeiten. Sie behandelt Heiligtümer als variabel (...). Sie sucht Erkenntnissicherheit nicht mehr in unwandelbaren höchsten Begriffen, sondern durch Einsicht in die Struktur eines Feldes von Variationsmöglichkeiten. Mit ihrem Vordringen setzt eine neue Vernunft des Vergleichens sich an die Stelle der alten Vernunft des Vernehmens." (Luhmann 1965, S. 8)

Damit stellt sich die Frage, wie man als Soziologe zu einem Vergleich und damit zu einer Lesart über die Gesellschaft und ihre Phänomene kommt. Manche meinen, dazu sollte man sich am besten gleich bewährter Theorien bedienen, und manches Studium beginnt auch so. Man darf aber nicht übersehen, dass Theorien, auch die prominentesten, nur Hilfsmittel für eine bestimmte Betrachtung sozialer Phänomene sind. Sie markieren jeweils einen Standort, für den eine bestimmte Perspektive typisch ist. Das eigene Denken ersetzen sie keineswegs. Um das ‚selbst denken' aber geht es in der Soziologie und das bedeutet, so hieß es ja gerade bei Luhmann, „Heiligtümer als variabel" zu behandeln. Zumindest sollte man sich vorstellen, dass sie auch anders sein könnten als sie sind.

Im Alltag ist die Lust, die Dinge aus verschiedenen Perspektiven zu betrachten, nicht sehr verbreitet. Für die Soziologie ist sie notwendige Voraussetzung! *Karl Mannheim* hat es einmal so formuliert: „Zur Soziologie (...) gehört Distanz, produktiver Standort, existentiell geschaffene fruchtbare Blickeinstellung." (Mannheim 1927, S. 470) Ich interpretiere das so: die Soziologie muss jede soziale Situation denken, als ob sie jetzt nach rationalen Prinzipien entworfen werden sollte. Gegen den wohlfeilen Augenschein des ‚Natürlichen' und ‚Selbstverständlichen' setzt sie einen künstlichen Entwurf. Deshalb hat Luhmann die Soziologie auch als die „Lehre vom zweiten Blick" bezeichnet (Luhmann 1979, S. 170) und er bemüht ein altes Kinderspiel, um deutlich zu machen, wodurch sich Soziologie von der Routine des Alltagsdenkens unterscheidet: „Ich sehe was, was Du nicht siehst". (Luhmann 1990)

Die Fähigkeit zum planvollen, rationalen Wechsel der Perspektive ist eine Grundqualifikation des Soziologen. Soziologie als Lehre vom zweiten Blick benutzt spezifische Begriffe, um alte *Perspektiven* zu hinterfragen und neue zu provozieren.

Das Alltägliche etwas fremdartig erscheinen lassen und soziologische Phantasie, das war etwas, das einen Soziologen auszeichnete, den die New York Times Book Review im Jahre 1972 als einen der größten lebenden Schriftsteller bezeichnet hat, der mehr als jeder andere zum Kafka unserer Zeit werden könne. (Berman 1972) Gemeint war der kanadische Soziologe *Erving Goffman (1922-1982)*, der sein ganzes Leben an amerikanischen Universitäten gelehrt hat. Wer sich je mit Kafka beschäftigt hat, ahnt, wie soziologisches Denken bei Goffman vonstatten geht! Ich will kurz beschreiben, wofür sich Goffman interessierte und wie er seine Themen behandelte.

Goffman interessierte sich für das ganz Alltägliche, und das beobachtete er sehr genau und unter ungewöhnlichen Perspektiven. Seine Phantasie, wo man das Alltägliche beobachten und wie man es beschreiben kann, war schier unerschöpflich. In einem Nachruf hat man ihn einen „schreibbesessenen Soziologen" genannt, dessen hervorstechende Eigenschaft darin bestand, „sich mit dem Vertrautesten, Alltäglichsten und Banalsten zu beschäftigen und darin Ungewöhnlichstes, Abenteuerlichstes und Erregendstes zu entdecken." (Oswald 1984, S. 211) Dahrendorf, der ein Vorwort zu dem ersten Buch von Goffman, das in Deutschland veröffentlicht wurde, geschrieben hat, rühmt diese Fähigkeit, die Wirklichkeit, wie wir sie alle zu kennen glauben, zu interpretieren: Goffman „ist gewiss Interpret und nicht Veränderer – aber er ist dies mit einer Sensibilität, wie sie in der Geschichte der Sozialwissenschaften selten war. Nicht zufällig ist der erste Autor, den Goffman zitiert, Georg Simmel. Hier finden wir ein ähnliches Talent, beobachtete Wirklichkeit transparent zu machen für die in ihr erkennbaren Strukturen; hier finden wir auch einen ähnlichen Sinn für das scheinbar abwegige Detail." (Dahrendorf 1969, S. VIIIf.)

Dahrendorf attestiert Goffman einen Sinn für das Absurde. (Dahrendorf 1969, S. VII) Doch dieses Absurde interessiert Goffman nur aus einem einzigen Grund: weil es unsere Annahmen über das *Normale* herausfordert. So schrieb er z. B. über sein Interesse an Kriminellen: „Das Entscheidende bei Kriminellen (ist) nicht, was sie tun und warum sie es tun. (...) Das Entscheidende ist vielmehr das Licht, das ihre Situation durch ihren Kontrast zu unserer auf das wirft, was wir tun." (Goffman 1971, S. 344 Anm.) Mit der Methode des extremen Kontrastes zwang Goffman seine Leser, sich der *Bedingungen von Normalität* zu vergewissern.

Gouldner hat zu Recht daran erinnert, dass auch Webers Methode des Idealtypus, die ich gleich behandeln werde, eine „vergleichende Methode" war, „die sich eher extremer denn durchschnittlicher Fälle bediente." (Gouldner 1973, S. 186) Die Tradition dieses Interesses am Grotesken und Extremen reicht weit in die Romantik zurück.[2] In der jüngeren Soziologie war es Goffman, der dieses Denken elegant vorgeführt hat. Er nahm den „Standpunkt des gewitzten Außenseiters" ein und betrachtete die Dinge anders als üblich. (Gouldner 1973, S. 192) Die zentrale Methode seiner Beschreibungen war die Strategie der *Perspektivenverschiebung*. Goffman wollte die Soziologen neu sehen lehren und die Soziologie als Wissenschaft wieder zu ihren Voraussetzungen

2 Wer sich für diese historische Wurzel einer bestimmten Art Soziologie zu betreiben interessiert, kann in den Aufsatz von Gouldner über „Romantisches und klassisches Denken. Tiefenstrukturen in den Sozialwissenschaften." (Gouldner 1973) schauen. Es lohnt sich, aber es ist anstrengend!

zurückführen. Darunter verstand er die Fähigkeit, die Dinge mit Leidenschaft zu beobachten und mit Distanz zu beschreiben.

Goffman hat das sein ganzes Leben getan, indem er hinter die Kulissen der Normalität blickte. Er beobachtete wie ein Fremder, und er nutzte die spezifischen Möglichkeiten, die der Fremde hat. Georg Simmel hat sie in seinem berühmten Exkurs über den Fremden beschrieben. Er verstand ihn als jemanden, der heute (von außen, H. A.) kommt und morgen bleiben wird. Der Fremde wird Teil der Gruppe und legt doch die Erfahrung von etwas anderem nie ab. Diese Synthese von Nähe und Ferne verleiht ihm die „besondere Attitüde des Objektiven". (Simmel 1908, S. 766) Der Fremde ist keiner einzigen Sicht auf die Dinge verpflichtet, sondern kann alle aus der gleichen Distanz prüfen. Deshalb hat Simmel Objektivität auch als Freiheit bezeichnet. (Simmel 1908, S. 767) Goffman ist der Fremde, der schon immer in dieser Gesellschaft gelebt hat, aber frei ist, das, was als normal gilt, so zu betrachten, als ob es ganz anders sein könnte. Mit dieser Kunst der Beobachtung hat er viele belustigt, andere irritiert. Der Soziologie hat er damit wieder ein Stück Aufklärung zugeschrieben. Soziologisches Denken heißt dann nicht nur herauszufinden, wie die „wirklichen" Zusammenhänge sind, sondern auch nahezulegen, sie zu verändern, wo dies nach sorgfältiger Analyse und unter benannten Perspektiven geboten erscheint.[3] Beides, Analyse und benannte Perspektive, bedingt, dass sich der Soziologe auch seiner Interessen bewusst wird, die ihn bei seiner Forschung und vor allem bei seinen konkreten Vorschlägen leiten. Um diese Frage geht es unter der Überschrift „Hintergrundannahmen und Wertfreiheit".

3 Was daraus folgen kann und womit man dann rechnen muss, werde ich am Ende des nächsten Kapitels über „Aufgaben der Soziologie" andeuten.

1.2 Hintergrundannahmen und Wertfreiheit

Der amerikanische Soziologe *Alvin W. Gouldner (* 1920)* vertritt in seiner Abrechnung mit der amerikanischen Soziologie, die im Jahre 1970 unter dem Titel „The coming crisis of western sociology" erschienen ist, die These, dass in gewisser Weise „jede Theorie einen diskreten Nachruf auf ein Gesellschaftssystem oder seine Lobpreisung" darstellt. (Gouldner 1970, S. 63) Um es mit einem bekannten Sprichwort zu sagen: wenn wir mit einem Finger auf etwas zeigen, weisen mehr Finger auf uns zurück. Das gilt natürlich auch für Soziologen. Niemand wählt seine Themen oder Theorien zufällig. Obwohl die meisten Soziologen sich für objektiv und neutral halten, ist gar nicht zu vermeiden, dass ihre Theorien auch das mittransportieren, was diese Wissenschaftler außerhalb ihrer Wissenschaft beeinflusst. Deshalb, fährt Gouldner fort, enthalten auch durchdacht formulierte Gesellschaftstheorien *ausdrücklich* benannte *Postulate* und „Annahmen, die nicht *postuliert* wurden und nicht etikettiert sind." (Gouldner 1970, S. 40) Er nennt sie *Hintergrundannahmen*.

Alvin W. Gouldner: Hintergrundannahmen

„Mir scheint es eine wesentliche Eigenart der Hintergrundannahmen zu sein, dass sie nicht in erster Linie nach Zweckmäßigkeitsgesichtspunkten ausgesucht und beurteilt werden – etwa so, wie man z. B. eine bestimmte statistische Methode (oder einen Schraubenzieher aus einem Werkzeugsatz) auswählt. Man entscheidet sich für sie also nicht mit dem gezielten Blick auf ihre Nützlichkeit. Das liegt daran, dass wir sie oft schon sehr früh internalisiert haben, lange bevor wir alt genug sind, sie mit unserem Verstand überprüfen zu können. Es sind affektiv besetzte Wahrnehmungshilfen, die am Beginn unseres Sozialisationsprozesses in einer bestimmten Kultur entwickelt werden und die tief in unserer charakterlichen Struktur verwurzelt sind. (...)

> Hintergrundannahmen stellen das tradierte intellektuelle ›Kapital‹ dar, mit dem ein Theoretiker, lange bevor er diese Bezeichnung verdient, ausgestattet ist und das er später, indem er es mit seiner technischen Erfahrung kombiniert, in seine geistigen Aktivitäten und seine wissenschaftliche Arbeit investiert. (...) Aus unserer Perspektive erscheint jede Gesellschaftstheorie eingebettet in einen vortheoretischen Bereich spezifischer Annahmen und Gefühlsstrukturen. (...) Diesen vortheoretischen Bereich will ich den ‚Unterbau' der Theorie nennen. (...) Man kann sich von diesem Unterbau niemals lösen, auch nicht in den einsamsten Augenblicken der theoretischen Arbeit, dann, wenn jemand sich schließlich zum Formulieren an den Schreibtisch setzt und allein mit sich in seinem Arbeitszimmer ist. Die Welt ist selbstverständlich mit ihm dort im Raum, sie ist in ihm; es ist ihm nicht gelungen, ihr zu entfliehen. Aber nicht *die* Welt, *die* Gesellschaft und *die* Kultur sind dort bei ihm, sondern er ist dort mit *seiner* notwendig begrenzten Ansicht von ihnen und seinen bruchstückhaften Erfahrungen." (Gouldner 1970: Die westliche Soziologie in der Krise, S. 44, 46 und 61f.)

Die Hintergrundannahmen sind vortheoretische Überzeugungen, und die Arbeit des Soziologen ist wie die eines jeden anderen Menschen von solchen nicht-systematischen, selten bewussten Vorannahmen geprägt. Das hat Folgen, die Gouldner in Abwandlung des sog. Thomas-Theorems, wonach Situationen, die wir als real definieren, auch reale Folgen haben (Thomas u. Thomas 1928, S. 114), so beschreibt: „Ein gesellschaftlicher Bereich, der als real bezeichnet wird, ist real in seinen Folgen für die Theoriebildung." (Gouldner 1970, S. 47) Umso strenger muss die oben genannte Reflexivität des soziologischen Denkens eingefordert werden, d. h. der Soziologe muss sich soweit wie eben möglich über diese Vorannahmen klar werden. Gouldner hat daraus folgende Konsequenz gezogen: „Will man aus dieser Situation etwas Fruchtbares mitnehmen, sind zwei Dinge erforderlich: Zum einen muss der Theoretiker erkennen, dass das, worum es geht, nicht nur ein Problem seiner Umwelt, sondern auch sein persönliches Problem ist; er muss die Fähigkeit haben, nicht nur die Stimme der anderen, sondern auch seine eigene zu hören. Zum anderen muss er zu seinen Überzeugungen stehen können oder wenigstens den Mut haben, seine Ansichten als seine eigenen auszugeben, ob sie nun vernünftig und empirisch stichhaltig sind oder nicht. Solange er seine spezifischen Annahmen nicht aus dem Halbdunkel des Unterbewussten in den überschaubaren Bereich des Bewussten hebt, macht er ihre Überprüfung anhand der strengen Grundsätze der Logik und Beweisbarkeit unmöglich. Der Theoretiker, dem diese Einsicht und dieser Mut abgehen, hat den falschen Beruf." (Gouldner 1970, S. 48)

Das ist ein klares Wort – und ein hoher Anspruch. Unter diesem Anspruch interpretiere ich auch die Forderung und die Chance ‚soziologischer Phantasie': nach außen, zur Gesellschaft hin, funktioniert sie als Denken in Differenzen und Alternativen, und nach innen, zu uns selbst hin, als permanente Aufforderung, uns der erkenntnisleitenden Interessen kritisch zu vergewissern. Soziologie ist ohne anstrengende Selbstreflexion nicht zu machen und nicht zu haben. Vor allem heißt das, zwischen persönlichen Werten und sachlichen Analysen genau zu unterscheiden.

Als der Philosoph und Soziologe *Jürgen Habermas (* 1929)* vor einigen Jahren beschreiben sollte, was seine Erwartungen an die Wissenschaft und seine Erfahrungen sind, wie Studenten sich auf sie einlassen, gab er folgende nachdenkliche Antwort: „Wenn ich merke, dass Studenten emotional völlig unberührt sind von dem, was ich tue, was wir gemeinsam tun, dann bin ich unzufrieden, weil ich weiß, dass zu jedem Lernen auch die Bildung tieferer Motive gehört. Wenn ich andererseits merke, dass die Studenten von ihren Gefühlen nicht mehr herunterkommen, dass sich ein symbiotisches Verhältnis anbahnt, dann macht mich das ungeheuer nervös. Ich will den Sinn für die Isolierbarkeit von Wahrheitsfragen, den Sinn für's Diskursive, wenn Sie wollen, retten, lebendig erhalten in einer Situation, die objektiv dazu zwingt, dass man Wahrheitsfragen nicht vermischt mit Gerechtigkeits- oder Geschmacksfragen." (Habermas 1981a, S. 204) Habermas verlangte also zweierlei. Erstens müssen wir der Frage nach wirklichen Gründen unerbittlich nachgehen. Das zielt im Prinzip auf einen Diskurs, in dem jeder das Recht hat, Begründungen abzugeben und einzufordern, was getan und gesagt wurde.[4] Zweitens verlangt er, dass wir kritische Rationalität und persönliches Interesse streng unterscheiden. Der Hintergrund für diese zweite Forderung ist das von *Max Weber* so genannte Postulat der *Wertfreiheit*.

Wissenschaft steht immer unter dem Gebot der Wahrheit. Diese ist nur zu haben, wenn wir Zusammenhänge, in denen sie sich äußert oder hinter denen sie sich verbirgt, systematisch analysieren. Vom ersten Schritt auf diesem Weg an und solange wir ihn gehen, müssen persönliche Vorlieben für bestimmte Fragen und entsprechende Antworten ebenso ausgeschaltet werden wie die Furcht vor Erkenntnissen, die unseren moralischen Überzeugungen zuwider sind. Kurz: es geht um die Forderung nach *Wertfreiheit* im Prozess der Wissenschaft. Darunter versteht Weber „die an sich höchst triviale Forderung, dass der Forscher (...) die Feststellung empirischer Tatsachen (...) und seine praktisch wertende, d. h. diese Tatsachen (...) als erfreulich oder unerfreulich beurteilende, in diesem Sinne: *bewertende* Stellungnahme unbedingt auseinander halten solle." (Weber 1917, S. 263f.)

Die Forderung nach Wertfreiheit bezieht sich nicht auf Auswahl, Charakter und Art der Forschungsobjekte, sondern ist eine Forschungsregel. Sie gebietet, frei von impliziten Werturteilen und persönlichen Emotionen zu arbeiten. Die Forschung selbst muss so folgerichtig in ihrem Ablauf und so transparent sein, dass jeder, der den gleichen Ansatz und die gleichen Methoden wählt, zum gleichen Ergebnis kommen muss. Etwas ganz anderes ist es, was jemand mit diesen wertfrei zu Tage geförderten Erkenntnissen nachher macht. Bis dahin aber gilt: „*Persönlichkeit* auf wissenschaftlichem Gebiet hat nur der, der *rein der Sache* dient." (Weber 1919a, S. 314)

Das strikte Gebot der Wertfreiheit *in* der Wissenschaft darf natürlich nicht übersehen machen, dass der Wissenschaftler *außerhalb auch* Mitglied einer bestimmten Gesellschaft ist, dem vielleicht wegen seines überlegenen Wissens sogar größere Verantwortung zukommt. Weber selbst hat in dieser Hinsicht oft und entschieden politische Position bezogen. Auf der anderen Seite hat kein Wis-

4 Vgl. Band 2, Kapitel 5.5 „Habermas: Kommunikatives Handeln und Diskurs".

senschaftler die Ergebnisse seiner Arbeit mehr in der Hand, wenn sie erst einmal publik geworden sind. In einer Zeit großer Wissenschaftsgläubigkeit stellt sich deshalb die Frage, was kommt nach der wertfreien wissenschaftlichen Arbeit? Für *Ralf Dahrendorf (* 1929)* ist das ganz klar: der Soziologe hat auch in seinem Beruf stets „Moralist" zu sein, der auf der Hut sein muss, sich vor „den unbeabsichtigten Konsequenzen seines Tuns zu schützen." (Dahrendorf 1961b, S. 47) Um es an einem konkreten Beispiel zu veranschaulichen: wenn eine Soziologin Vermutungen über die Gewaltbereitschaft bestimmter Ausländer in der Gesellschaft anstellt, darf sie sich nicht zu plakativen Thesen in Wahlkampfschriften hinreißen lassen. In diesem Sinne meint Dahrendorf heute auch eher „vor der radikalen Trennung als vor der Vermischung von Wissenschaft und Werturteil warnen" zu müssen, denn „die Verantwortung des Soziologen endet nicht mit der Erfüllung der Forderungen seiner Wissenschaft." (Dahrendorf 1961b, S. 48)

Mit diesem Einwand wollte Dahrendorf natürlich nicht Webers Forderung streng wissenschaftlichen Arbeitens in Frage stellen, sondern die Scheiben des Elfenbeinturms einschlagen, in dem sich auch mancher Soziologe in der *Annahme*, ganz objektiv nur zu sagen, wie die Dinge liegen, und mit dem *Anspruch* verschanzt, auch nur für die Stringenz seiner Analyse, nicht aber für ihre möglichen sozialen Folgen verantwortlich zu sein.

Auch wenn manches *nur* wie reine Theorie klingt, Soziologie ist es nie, denn ihre Erkenntnisse werden in praktischer Absicht produziert. Der eine will soziale Strukturen und Prozesse erklären, damit die Individuen kompetenter handeln oder soziale Verhältnisse verändert werden, der andere tut dasselbe und will auch das erste, aber ihm scheinen die Verhältnisse im Großen und Ganzen in Ordnung. Da man auch nicht weiß, wer welche soziologischen Erkenntnisse wie nutzt, ist es umso wichtiger, dass wir uns klar werden, wie wir überhaupt zu solchen Erkenntnissen kommen.

Darauf hat Max Weber mit der Konstruktion des Idealtypus eine berühmte Antwort gegeben. Um dieses Konstrukt geht es jetzt.

1.3 Die Konstruktion des Idealtypus

Bei seinem Überblick über verschiedene Gesellschaftsformen stellte der schottische Moralphilosoph *Adam Ferguson (1723-1816)* fest, dass die Verschiedenheiten fast unendlich sind, und schlug deshalb vor: „Um eine allgemeine und umfassende Kenntnis des Ganzen zu erhalten, müssen wir hinsichtlich dieses wie jedes anderen Gegenstandes entschlossen sein, viele Besonderheiten und Einzelheiten zu übersehen, wie sie verschiedene Regierungen unterscheiden. Wir sollten unsere Aufmerksamkeit auf bestimmte Punkte lenken, in denen viele übereinstimmen. Auf diese Weise wären einige allgemeine Gesichtspunkte zu ermitteln, unter denen der Gegenstand genau betrachtet werden kann. Wenn wir so die charakteristischen Merkmale festgestellt haben, welche die Hauptpunkte der Übereinstimmung bilden, wenn wir sie hinsichtlich ihrer Konsequenzen für verschiedene Art der Gesetzgebung (...) verfolgt haben, (...) dann haben wir eine Kenntnis erworben, die zwar die Notwendigkeit der Erfahrung nicht aufhebt, die aber doch dazu dienen kann, unsere Untersuchungen zu lenken und inmitten der einzelnen Angelegenheiten eine Anweisung und Methode zur Anordnung von Besonderheiten zu geben, wie sie unserer Beobachtung in den Blick kommen." (Ferguson 1767, S. 181) Ferguson schlägt also vor, Besonderheiten und Einzelheiten zu übersehen und das Augenmerk auf das Übereinstimmende zu lenken. Das ist ein erstes Strukturprinzip soziologischen Denkens.

Der englische Philosoph und Soziologe *Herbert Spencer (1820-1903)* führte diesen Gedanken weiter und untersuchte in seinen „Principles of Sociology" einen bestimmten Gesellschaftstypus daraufhin, wie diese „in idealer Weise" organisierte Gesellschaft „beschaffen sein müsste". (Spencer 1877, § 547, ähnlich § 562) Während Ferguson also nach dem Gemeinsamen fragte, zielt Spencer auf die Frage: Welche Bedingungen müssten im idealen Fall alle erfüllt sein, um einen bestimmten Gesellschaftstypus in einer bestimmten Weise zu bezeichnen? Spencer geht es also keineswegs um eine „ideale" Gesellschaft im Sinne einer erstrebenswerten Gesellschaft, sondern um einen Maßstab, mit dem man diesen Gesellschaftstypus von jenem unterscheiden kann.

Diese Erörterung einer idealen Form hat also etwas Hypothetisches an sich. Sie beansprucht keineswegs, die Wirklichkeit abzubilden.

Eben diese Grundannahme findet sich auch bei *Max Weber*, der der Soziologie ein Prinzip der Erkenntnis vorgab, die Wirklichkeit zu verstehen. Dieses Prinzip besteht in der Konstruktion eines *Idealtypus*. Der Idealtypus ist kein Durchschnittstypus, sondern er wird ausdrücklich gewonnen durch Gedankenexperimente. Unter Abstraktion von der Wirklichkeit wird ein Modell errichtet, das so allgemein gehalten ist, dass alle Erscheinungen, für deren Analyse es konzipiert wurde, sinnvoll in dieses Modell eingeordnet werden können. Idealtypen sind also Konstruktionen. Sie werden entworfen mit der Hypothese: „Wenn es einen idealen Fall für diesen Strukturzusammenhang gäbe, dann sähe er so aus: ...". Daran wird deutlich, dass es sich zunächst um einen gedachten Entwurf handelt, in den sehr viele Vermutungen eingehen. Das Konstrukt ist kein Abbild der Wirklichkeit, geschweige denn der Entwurf einer guten Wirklichkeit, sondern eine Utopie, die als objektiv mögliches Prinzip verstanden wird. Diese „Kategorie der objektiven Möglichkeit" hat Weber aus den Naturwissenschaften übernommen. Er prüft sie am Beispiel der Gewinnung eines historischen Urteils, indem er fragt: Was heißt es, wenn wir von mehreren Möglichkeiten sprechen, die als Bedingung für ein historisches Ereignis in Frage kommen könnten? Die Antwort lautet:

Max Weber: Idealtypus – die gegebene ‚Wirklichkeit' in ein Gedankengebilde verwandeln

„Es bedeutet zunächst jedenfalls die Schaffung von – sagen wir ruhig – Phantasiebildern durch Absehen von einem oder mehreren der in der Realität faktisch vorhanden gewesenen Bestandteile der ‚Wirklichkeit' und durch die denkende Konstruktion eines in Bezug auf eine oder einige ‚Bedingungen' abgeänderten Herganges. Schon der erste Schritt zum historischen Urteil ist also – darauf liegt hier der Nachdruck – ein *Abstraktionsprozess*, der durch Analyse und gedankliche Isolierung der Bestandteile des unmittelbar Gegebenen, – welches eben als ein Komplex *möglicher* ursächlicher Beziehungen angesehen wird, –verläuft und in eine Synthese des ‚wirklichen' ursächlichen Zusammenhanges ausmünden soll. Schon dieser erste Schritt verwandelt mithin die gegebene ‚Wirklichkeit', um sie zur historischen ‚Tatsache' zu machen, in ein *Gedankengebilde*: in der ‚Tatsache' steckt eben, mit Goethe zu reden, ‚Theorie'." (Weber 1906: Kritische Studien auf dem Gebiet der kulturwissenschaftlichen Logik, S. 275)

Wie dieser Idealtypus gewonnen wird und welche „Funktion" er für die „Objektivität sozialwissenschaftlicher Erkenntnis" hat, erläutert Weber mit Blick auf eine bestimmte Wirtschaftsordnung:

Max Weber: Idealtypus –einseitige Steigerung einiger Gesichtspunkte und Zusammenschluss von Einzelerscheinungen zu einem Gedankenbilde

„Wir haben in der abstrakten Wirtschaftstheorie ein Beispiel jener Synthesen vor uns, welche man als *‚Ideen'* historischer Erscheinungen zu bezeichnen pflegt. Sie bietet uns ein *Idealbild* der Vorgänge auf dem Gütermarkt bei tauschwirtschaftlicher Gesellschaftsorganisation, freier Konkurrenz und streng rationalem Handeln. (...) Dieses Gedankenbild vereinigt bestimmte Beziehungen und Vorgänge des historischen Lebens zu einem in sich widerspruchslosen Kosmos *gedachter* Zusammenhänge. Inhaltlich trägt diese Konstruktion den Charakter einer *Utopie* an sich, die durch *gedankliche* Steigerung bestimmter Elemente der Wirklichkeit gewonnen ist. (...) Für die *Forschung* will der idealtypische Begriff das Zurechnungsurteil schulen: er *ist* keine ‚Hypothese', aber er will der Hypothesenbildung die Richtung weisen. Er *ist* nicht eine *Darstellung* des Wirklichen, aber er will der Darstellung eindeutige Ausdrucksmittel verleihen. Es ist also die ‚Idee' der *historisch* gegebenen modernen verkehrswirtschaftlichen Organisation der Gesellschaft, die uns da nach ganz denselben logischen Prinzipien entwickelt wird, wie man z. B. die Idee der ‚Stadtwirtschaft' des Mittelalters als ‚genetischen' Begriff konstruiert hat. Tut man dies, so bildet man den Begriff ‚Stadtwirtschaft' *nicht* etwa als einen *Durchschnitt* der in sämtlichen beobachteten Städten tatsächlich bestehenden Wirtschaftsprinzipien, sondern ebenfalls als einen *Idealtypus*. Er wird gewonnen durch einseitige *Steigerung eines* oder *einiger* Gesichtspunkte und durch Zusammenschluss einer Fülle von diffus und diskret, hier mehr, dort weniger, stellenweise gar nicht, vorhandenen *Einzel*erscheinungen, die sich jenen einseitig herausgehobenen Gesichtspunkten fügen, zu einem in sich einheitlichen *Gedanken*bilde.

In seiner begrifflichen Reinheit ist dieses Gedankenbild nirgends in der Wirklichkeit empirisch vorfindbar, es ist eine *Utopie*, und für die *historische* Arbeit erwächst die Aufgabe, in jedem *einzelnen Falle* festzustellen, wie nahe oder wie fern die Wirklichkeit jenem Idealbilde steht, inwieweit also der ökonomische Charakter der Verhältnisse einer bestimmten Stadt als ‚stadtwirtschaftlich' im begrifflichen Sinn anzusprechen ist. Für den Zweck der Erforschung und Veranschaulichung aber leistet jener Begriff, vorsichtig angewendet, seine spezifischen Dienste. – Ganz in der gleichen Art kann man, um noch ein weiteres Beispiel zu analysieren, die ‚Idee' des ‚Handwerks' in einer Utopie zeichnen, indem man bestimmte Züge, die sich diffus bei Gewerbetreibenden der verschiedensten Zeiten und Länder vorfinden, einseitig in ihren Konsequenzen gesteigert zu einem in sich widerspruchslosen Idealbilde zusammenfügt und auf einen *Gedanken*ausdruck bezieht, den man darin manifestiert findet." (Weber 1904: Die ‚Objektivität' sozialwissenschaftlicher Erkenntnis, S. 234f.)

Ich will die Konstruktion eines Idealtyps an zwei Beispielen verdeutlichen: Handwerk und Stadt. Zum *Handwerk* gehört, dass Dinge tatsächlich mit der Hand und nicht mit Maschinen hergestellt werden. Man kann das Produkt sehen und anfassen. Einen Plan zu entwickeln oder eine Predigt zu halten, ist kein Handwerk. Beim Handwerk handelt es sich um eine systematische und dauerhafte Tätigkeit. Wenn jemand zufällig einen Zweig abbricht und damit im Ameisenhaufen stochert, ist das kein Handwerk. Oder das andere Beispiel: die *Stadt*. Den Idealtypus würden wir so finden, dass wir sagen: es müssen viele Menschen auf einem begrenzten Raum wohnen. Ein Dorf ist also keine Stadt, und die weite Ukraine ist auch keine Stadt. Es müssen feste Häuser vorhanden sein und die Menschen müssen dort dauernd wohnen, so scheidet also eine Zeltsiedlung von Nomaden aus. Es muss Straßen geben, so etwas wie einen Markt, eine Verwaltung, Arbeitsbeziehungen zwischen den Einwohnern usw. usw.

Sie merken, mit der Konstruktion des Idealtypus definieren wir nicht nur soziologische Begriffe, sondern wir fragen nach strukturellen Zusammenhängen, wie also die Phänomene dauerhaft geordnet sind. Der Idealtypus ist ein Entwurf, unter dem alle Tatsachen und Ereignisse betrachtet werden. Er ist ein gedachtes Prinzip, Phänomene und Strukturen zu erklären. Und wenn wir das systematisch tun, uns mit Einwänden auseinandersetzen und Widersprüche ausschalten, dann sind soziologische Erkenntnisse, die so gewonnen werden, auch objektiv und für jeden nachvollziehbar.

Fassen wir die Annahmen Webers zusammen: die Soziologie entwirft Strukturprinzipien, um die gesellschaftliche Wirklichkeit zu verstehen und zu erklären. Der Idealtypus ist ein solcher Entwurf. Er ist ein Modell und gibt nicht die Wirklichkeit wieder. In diesem Sinne sind die Idealtypen konstruierte[5] Gedankengebilde, die als Instrumente verwendet werden, um wirkliche Zusammenhänge rational zu verstehen. Der Idealtypus steigert „das Charakteristische verwandter Erscheinungen" in idealer Weise. (Winckelmann 1956, S. 523)

Weber hat mit dem Konstrukt des Idealtypus der Soziologie den Weg gewiesen, wie in einem streng logischen Entwurf ein Modell entworfen werden kann, von dem aus soziale Prozesse und Strukturen erklärt werden können.

5 Wer schon hier eine schwierige theoretische Übung sucht, kann die Kritik von Alfred Schütz (1932) an der Konstruktion des Idealtypus nachlesen, die ich an anderer Stelle (Abels 1998, Kap. 3) nachgezeichnet habe.

1.4 Was Wissenschaft leisten kann und was nicht

Wer Wissenschaft betreibt, verspricht, in „intellektueller Redlichkeit“ zur „Erkenntnis tatsächlicher Zusammenhänge“ beizutragen. (Weber 1919a, S. 339 und 334) Das bedeutet, sich der eigenen Wertungen zu enthalten, wo Zusammenhänge dargestellt und Theorien ihrer Erklärung referiert werden. Das bedeutet zweitens, dass man als Wissenschaftler ggf. auch Grenzen überschreitet, nämlich die Grenzen des Wissens, das wir kennen und das uns lieb und teuer ist. Insofern trägt jede Wissenschaft – und die Soziologie insbesondere! – zur „Entzauberung“ der Welt bei. Viele erwarten von der Soziologie so etwas wie eine Lebenshilfe, doch das kann und will Soziologie nicht leisten.

Was kann Wissenschaft dann leisten und was nicht, und was kann man von ihr erwarten und was nicht? Darüber hat *Max Weber* im Jahre 1919 in einem eindringlichen Vortrag über den „Inneren Beruf zur Wissenschaft“ gesprochen. Dort betonte er u. a., den „naiven Optimismus“ gleich beiseite zu lassen, der „die Wissenschaft, das heißt: die auf sie gegründete Technik der Beherrschung des Lebens, als Weg zum *Glück* gefeiert hat“. (Weber 1919a, S. 322) Nun wird es heute nicht mehr so viele geben, die das überhaupt noch von der Wissenschaft erwarten. Aber was leistet sie denn überhaupt, oder was kann man von ihr erwarten? Als pessimistische Antwort zitiert Weber Tolstoi: „Sie ist sinnlos, weil sie auf die allein für uns wichtige Frage ‚Was sollen wir tun? Wie sollen wir leben?‘ keine Antwort gibt.“ Weber fährt fort: „Die Tatsache, dass sie diese Antwort nicht gibt, ist schlechthin unbestreitbar. Die Frage ist nur, in welchem Sinne sie ‚keine‘ Antwort gibt, und ob sie stattdessen nicht doch vielleicht dem, der die Frage richtig stellt, etwas leisten könnte.“ (Weber 1919a, S. 322f.)

Leisten könnte sie zum Beispiel wissenswerte Erkenntnisse. Doch hier liegt schon ein entscheidendes Problem: wissenswert aus welchem Grunde und zu welchem Zwecke? Dass naturwissenschaftliche Erkenntnisse wertvoll sind, wenn wir das Leben technisch bewältigen wollen, ist unbestritten, aber – so führt Weber aus – ob wir es technisch bewältigen sollen oder wollen und ob das alles Sinn macht – diese Frage kann der Naturwissenschaftler nicht beantworten. Dass medizinische Erkenntnisse wichtig und wertvoll sind, um Krankheiten zu heilen und das Leben zu verlängern, ist unbestritten, aber auf die Frage nach dem Sinn eines Lebens, wie sie sich dem Betroffenen oder seinen Angehörigen stellt, kann der Wissenschaftler keine Antwort geben.

Offensichtlich hat Weber einen bestimmten Anspruch an die Wissenschaft, den man als Trennung von persönlicher Wertung und fachlicher Rationalität bezeichnen kann. Diesen Anspruch hat er mit Blick auf die Soziologie und verwandte Disziplinen in seinem berühmten Diktum festgehalten: „Politik gehört nicht in den Hörsaal." (Weber 1919a, S. 325) Auf dem Katheder haben weder der Prophet noch der Demagoge etwas zu suchen. Auch wenn manche das suchen mögen, der Wissenschaftler ist kein Führer, sondern Lehrer. (vgl. Weber 1919a, S. 330) Im Hörsaal geht es nicht um Heilsbotschaften irgendwelcher Art und auch nicht um Suggestionen des Sinns des Handelns oder gar des Lebens. Wissenschaft soll vielmehr den Hörer in die Lage versetzen, „den Punkt zu finden, von dem aus *er* von *seinen* letzten Idealen aus Stellung" zu den Erkenntnissen der Wissenschaft nehmen kann. (Weber 1919a, S. 326) Das ist der Anspruch an den Hörer resp. Leser: er ist es allein, der die Frage des Sinns entscheiden muss. In einem anderen Zusammenhang hatte Weber schon festgestellt, dass eine „empirische Wissenschaft (...) niemanden zu lehren" vermag, „was er *soll*". Das ist seine „persönlichste Angelegenheit und eine Frage seines Wollens und Gewissens." (Weber 1904, S 190)

Damit stellt sich die Frage, was dann die Aufgabe der Wissenschaft ist, was sie „Positives für das praktische und persönliche ‚Leben'" leistet oder anders, was ihr „Beruf" ist. (Weber 1919a: S. 332) Webers berühmte Antwort lautet so:

Max Weber: Was Wissenschaft Positives für das praktische und persönliche Leben leistet

„Zunächst natürlich: Kenntnisse über die Technik, wie man das Leben, die äußeren Dinge sowohl wie das Handeln der Menschen, durch Berechnung beherrscht. Zweitens: Methoden des Denkens, das Handwerkszeug und die Schulung dazu. Aber damit ist die Leistung der Wissenschaft glücklicherweise noch nicht zu Ende, sondern wir sind in der Lage, [den Studierenden] zu einem Dritten zu verhelfen: zur *Klarheit*. Vorausgesetzt natürlich, dass wir sie selbst besitzen. Soweit dies der Fall ist, können wir ihnen deutlich machen: man kann zu dem Wertproblem, um das es sich jeweils handelt (...), praktisch die und die verschiedene Stellung einnehmen. *Wenn* man die und die Stellung einnimmt, so muss man nach den Erfahrungen der Wissenschaft die und die Mittel anwenden, um sie praktisch zur Durchführung zu bringen. Diese Mittel sind nun vielleicht schon an sich solche, die [manche] ablehnen zu müssen glauben. Dann muss man zwischen dem Zweck und den unvermeidlichen Mitteln eben wählen. ‚Heiligt' der Zweck diese Mittel oder nicht? Der Lehrer kann die Notwendigkeit dieser Wahl vor [die Hörer] hinstellen, mehr kann er, solange er Lehrer bleiben und nicht Demagoge werden will, nicht. Er kann ferner natürlich sagen: wer den und den Zweck will, der muss die und die Nebenerfolge, die dann erfahrungsgemäß eintreten, mit in Kauf nehmen: wieder die gleiche Lage.

Indessen das sind alles noch Probleme, wie sie für jeden Techniker auch entstehen können, der ja auch in zahlreichen Fällen nach dem Prinzip des kleineren Übels oder des relativ Besten sich entscheiden muss. Nur dass für ihn eins, die Hauptsache, gegeben zu sein pflegt: der *Zweck*. Aber eben dies ist nun für uns, sobald es sich um wirklich ‚letzte' Probleme handelt, *nicht* der Fall. Und damit erst gelangen wir zu der letzten Leistung, welche die Wissenschaft als solche im Dienste der Klarheit vollbringen kann, und zugleich zu ihren Grenzen: wir können –und sollen –[den Studenten] auch sagen: die und die praktische Stellungnahme lässt sich mit innerer Konsequenz und also: Ehrlichkeit ihrem *Sinn* nach ableiten aus der und der letzten weltanschauungsmäßigen Grundposition (...), aber aus den und den anderen nicht. Ihr dient, bildlich geredet, diesem Gott *und kränkt jenen anderen*, wenn Ihr Euch für diese Stellungnahme entschließt. Denn Ihr kommt notwendig zu diesen und diesen letzten inneren sinnhaften *Konsequenzen*, wenn Ihr Euch treu bleibt. Das lässt sich, im Prinzip wenigstens, leisten. (...) Wir können so (...) den

Einzelnen nötigen, oder wenigstens ihm dabei helfen, sich selbst *Rechenschaft zu geben über den letzten Sinn seines eigenen Tuns*. Es scheint mir das nicht so sehr wenig zu sein, auch für das rein persönliche Leben." (Weber 1919a: Vom inneren Beruf zur Wissenschaft, S. 332f.)

Das ist in der Tat nicht wenig in einer Zeit, die Weber höchst kritisch sah: „Es ist das Schicksal unserer Zeit, mit der ihr eigenen Rationalisierung und Intellektualisierung, vor allem: Entzauberung der Welt, dass gerade die letzten und sublimsten Werte zurückgetreten sind aus der Öffentlichkeit."[6] (Weber 1919a, S. 338) Manche suchten in dieser Situation religiöse Gewissheit, doch sie sei nur um das „Opfer des Intellekts" zu haben. (Weber 1919a, S. 337) Das meinte Weber keineswegs abwertend, sondern nur unter dem Anspruch der Klarheit und Rationalität von Erkenntnissen, wie sie von der Wissenschaft erwartet werden müssen. Soziologisches Denken steht genau unter diesem Anspruch.

1.5 Reflektierte Gewissheit

Ich habe eingangs gesagt, was man von der Soziologie nicht erwarten sollte, und angedeutet, was am Ende herauskommen kann, wenn man sich auf sie einlässt: *reflektierte Gewissheit*.

Damit meine ich nicht, dass man ganz viele Begriffe und Definitionen gelernt hat. Was das angeht, halte ich es mit der saloppen Formulierung eines Wissenschaftstheoretikers: „Definitionen sind wie Hosengürtel. Je kürzer sie sind, umso elastischer müssen sie sein. Ein kurzer Gürtel sagt noch nichts über seinen Träger: wenn man ihn hinreichend dehnt, kann er fast jedem passen." (Toulmin 1961, S. 21) Reflektierte Gewissheit heißt dagegen, dass man die Dinge von innen her verstanden hat und sich deshalb auch ein angemessenes Urteil über die soziale Wirklichkeit zutraut.

6 Was daraus folgt, steht unten am Ende des Kapitels 10.3 „Weber: Asketischer Protestantismus und rationale Lebensführung".

Dass dieses Urteil nicht immer auf Zustimmung der anderen trifft, sollte Sie nicht mutlos, aber auch nicht überheblich machen. Was letzteres anbetrifft, so wirft man Soziologen gerne vor, sie gefielen sich in der Rolle des Besserwissers. Dagegen kann man nichts machen, weil sich niemand gerne eingesteht, dass ihm eine kritische Begründung für das, was er meint und tut, meist ziemlich egal ist. Aber genau an der Grenze zwischen der verletzten Eitelkeit, mit der der ‚gesunde Menschenverstand' sich vor neuem Denken schützt, und dem Anspruch des kritischen Beobachters, das Vernünftige zu tun, sobald man es als vernünftig erkannt hat, spielt sich praktische Soziologie ab. Zum Triumph ob der anderen, die mit Scheuklappen durch die Welt laufen, besteht kein Anlass. Denn „reflektierte" Gewissheit beinhaltet auch, sich vorzustellen, warum andere ganz anders denken. Und dann relativiert sich auch wieder manches!

Aber man sollte auch nicht mutlos werden, wenn die anderen einen wegen der neuen Erkenntnisse nicht gleich lieben und die Verhältnisse (noch!) so sind, wie sie sind. Wer sich in seiner soziologischen Erkenntnis wirklich sicher ist und sie auch nach der Prüfung durch gleich gut begründete Einwände beibehält, der muss auch für die entsprechende Praxis einstehen. Das gilt natürlich und zu allererst für die Muster des eigenen Denkens und Handelns, dann aber auch für die Bedingungen einer humanen Gesellschaft. Beides ist nicht leicht und erfordert einen langen Atem, doch wie sagte Max Weber „Politik bedeutet ein starkes langsames Bohren von harten Brettern mit Leidenschaft und Augenmaß zugleich"? (Weber 1919b, S. 185) Ersetzen Sie das Wort „Politik" durch „soziologisches Denken", dann wissen Sie, was auf Sie zukommt.

2. Was ist Soziologie und was ist ihre Aufgabe?

2.1 Zugänge zur Soziologie
2.2 Was ist eigentlich nicht Gegenstand der Soziologie?
2.3 Soziologie wozu? Drei klassische Antworten
2.4 Soziologie wozu? Eine moderne Debatte
2.5 Wann Soziologie beginnt und warum sie nicht endet
2.6 Was tut ein Soziologe und was ist seine Aufgabe?
2.7 Zwei grundsätzliche soziologische Perspektiven

Der Soziologie als Wissenschaft kann man sich auf verschiedenen Wegen nähern. Dabei will ich den Fall ausklammern, dass einer sich schon immer in den Geist der Zeiten versetzen wollte und von Anfang wusste, dass ihm da nur die Soziologie helfen konnte. Typischer scheint mir nämlich der tastende Versuch zu sein, für ein diffuses Interesse an dem, was die Gesellschaft im Innersten zusammenhält und was das mit uns als Individuen zu tun hat, eine Wissenschaft zu finden, die darauf Antwort zu geben scheint. Wie bei allen tastenden Versuchen ist man auch in diesem Falle sicher nicht unbeeindruckt von dem, was man in dieser Hinsicht „so hört", und manches „weiß man" auch „so ungefähr". Ich meine das ganz ohne Ironie. So ist es im Großen und im Kleinen, und Wissenschaft beginnt nicht anders.

Deshalb will ich als erste Zugänge zur Soziologie einige Beispiele geben, was „man so hört" und was „man so weiß". Danach gebe ich drei Impressionen wieder, die zeigen, wie einige prominente Soziologen – bewusst oder unbewusst – das Problem angegangen sind. Damit leite ich zu der durchaus ernst gemeinten Frage über, was eigentlich *nicht* Gegenstand der Soziologie ist. Nach der Diskussion über die Aufgaben der Soziologie werde ich mich der Frage zuwenden, wann sie beginnt, und erklären, warum sie nicht endet. Vor diesem Hintergrund wiederhole ich meine

Definition von Soziologie. Wenn Sie sich auf sie einlassen oder eine andere besser begründen, dann verspreche ich Ihnen, dass Ihnen ab da die soziologischen Fragen nicht mehr ausgehen werden. So hat es auch *Max Weber* gesehen, als er die Sozialwissenschaften zu den Wissenschaften rechnete, denen ewige Jugendlichkeit beschert ist. Zum Schluss will ich zeigen, was eine Soziologin eigentlich macht, und zu den beiden grundsätzlichen soziologischen Perspektiven überleiten, unter denen sie ihre Wissenschaft betreiben kann.

2.1 Zugänge zur Soziologie

Bei meinem Versuch, Zugänge zur Soziologie als Wissenschaft zu eröffnen, beginne ich mit dem, was „man so hört". Da wird von der ehemaligen britischen Ministerpräsidentin Margaret Thatcher, die der Soziologie ohnehin nicht über den Weg traute, folgender markiger Spruch kolportiert: „There is no such thing like society. There are only individuals." Damit wäre das Thema eigentlich erledigt, denn für etwas, was es nicht gibt, kann es auch keine Wissenschaft geben. Dabei habe ich natürlich unterstellt, dass das Mindeste, worum es in der Soziologie geht, die Gesellschaft ist. Und dass es sie gibt, wissen wir natürlich, zumindest wissen wir seit Aristoteles, dass der Mensch ein zoon politikon ist, seit Shakespeare, dass niemand eine Insel ist, und seit kurzem, dass die gesellschaftlichen Verhältnisse an allem schuld sind. Dennoch hat vor einigen Jahren ein Publizist unter dem Titel „Fach ohne Boden?" in einer anspruchsvollen ZEIT-Schrift mit der Behauptung, der Soziologie sei ihr Gegenstand abhanden gekommen, eine heftige Debatte losgetreten. (Dettling 1996) Ich komme gleich darauf zurück. Nur soviel vorab: der Soziologie – so der Skeptiker – fehle der politische Ansprechpartner für ihre Kritik und ihr fehle das politische Subjekt, das sich die soziologische Kritik zu Eigen machen würde. So ernst diese Skepsis zu nehmen ist: die Wissenschaft selbst ist damit keineswegs abhanden gekommen!

Auch die modische These der Individualisierung (Beck 1986), die heute in aller Munde ist, wird von manchen als Indiz für die

‚Auflösung von Gesellschaft' gelesen, wie ein Verteidiger der Soziologie befürchtet. (vgl. Käsler 1996, S. 24) Das wiederum könnte zu dem Kurzschluss verleiten, dann bräuchte man auch keine Wissenschaft von der Gesellschaft mehr. Zwei Einreden: erstens gibt es Individuen, die in diesem Prozess doch auch noch vorkommen, und zweitens ist die genaue Analyse dann am nötigsten, wenn etwas kritisch wird. Das ist in der Medizin so, die wenigstens einen bestimmten Zustand wiederherstellen will, und das ist in jeder wirtschaftlichen oder technischen Planung so, die aus einem weniger guten einen besseren Zustand machen will.

Was man allerdings auch hört, klingt so: Krise der Moderne, Ende der Arbeitsgesellschaft, Zukunft des Wachstums, Erosion der Werte, freundliche Manipulation durch das Fernsehen, Anonymität in der Stadt, Fremdenfeindlichkeit. Wenn das keine Themen der Soziologie sind! Und schließlich hört man, dass Soziologen notorische Weltverbesserer sind (was doch ganz gut wäre, oder?) und sowieso keinen Job finden (was nicht stimmt).

Nun zu einem zweiten Zugang über das „ungefähre Wissen". Dafür bemühe ich die Philologie. Im Lateinischen heißt „socius" „teilnehmend, in Verbindung stehend" und als Substantiv „Genosse" oder „Kamerad". Im Deutschen wird „sozial" oft in diesem Sinne der Zuwendung oder Verbundenheit benutzt. Viele Wortverbindungen mit „sozial" scheinen etwas mit „gemeinsam" oder „füreinander" zu tun zu haben. So attestieren wir jemandem, er habe „sozial" gedacht, oder kritisieren einen anderen, er sei „unsozial". Wir wissen, dass „Sozialpolitik" Teil der Fürsorge ist, die der Staat seinen Bürgern gewährleistet. Braucht man Hilfe, wendet man sich an „soziale Dienste". „Sozial" hat augenscheinlich etwas mit Hilfsbereitschaft und „Kümmern um den Nächsten" zu tun. Haben Soziologen also alle eine besondere soziale Ader, sind sie professionelle Helfer, die von Berufs wegen viel Verständnis für ihre Mitmenschen aufbringen, sind sie gewissermaßen ausgebildete Menschenfreunde mit staatlicher Prüfung?[1] Eine Antwort erspare ich mir aus zwei Gründen: ich befürchte,

1 Diese Frage haben wir vor einigen Jahren schon einmal gestellt. (vgl. Abels u. Stenger 1986, Gesellschaft lernen, S. 15)

dass Soziologen in ihrem ganz normalen Alltag wohl nicht besser wegkommen als andere, und zweitens meine ich, dass es sich um Erwartungen handelt, die man nicht nur an Soziologen richten muss.

Neben der wertenden Verwendung des Begriffes „sozial" findet sich aber auch eine gewissermaßen neutrale Verwendung. So sprechen wir von einem „sozialen Klima" im Betrieb oder in einer Gruppe. Damit meinen wir, dass es zwischen den Personen noch etwas gibt, das man nicht genau fassen kann, das man aber irgendwie spürt. „Sozial" – das Diffuse. Wir sprechen aber auch von einem „sozialen Umfeld", in dem wir z. B. gerne wohnen oder das wir für nicht so gut halten, wenn unsere Kinder sich darin bewegen. Damit meinen wir, dass das Umfeld die Menschen in einer typischen Weise prägt. Schließlich sprechen wir auch von einer „sozialen Lage", in der sich z. B. ganze Gruppen von Menschen befinden. Meist verbinden wir damit die Vorstellung, dass es sich um eine schwierige Lage handelt, der man ausgeliefert ist. Alles in allem scheint das Wort „sozial" etwas zu bezeichnen, was das Leben der Menschen in irgendeiner Weise beeinflusst. Was das ist, werde ich in dieser Einführung in die Soziologie nach und nach aufzeigen.

Den dritten Zugang zur Soziologie nehme ich in Form von drei Impressionen vor. Der Soziologe Wolf Lepenies berichtet von einem Besuch der Wohnung von *Auguste Comte (1798-1857)* in der Nähe der Sorbonne: „Sein Schreibtisch steht, wie man dem Besucher versichert, immer noch dort, wo Comte ihn benutzte, nämlich an einer Wand. An dieser hängt, die ganze Breite des Tisches einnehmend, ein Spiegel. Schreibend sah Auguste Comte immer sich selbst." (Lepenies 1985, S. 48)

Über *Georg Simmel (1858-1918)* empörte sich noch 1908 ein Kollege, seine Vorlesungen an der Berliner Universität zögen Damen und Herren der besseren Gesellschaft und „die orientalische Welt, die sesshaft gewordene und die allsemesterlich aus den östlichen Ländern zuströmende" an. Seinen Ruf verdanke er übrigens „wesentlich seiner *soziologischen* Betätigung", einer „Neuerung", der leider auch renommierte Befürworter Simmels bereitwillig folgten. Seine Bedenken in dieser Hinsicht formulierte der

Kollege dann so: „Nach meiner Auffassung soll sich aber die Soziologie ihre Stellung als Wissenschaft noch erst erstreiten. Die ‚Gesellschaft' als maßgebendes Organ für menschliches Zusammenleben an die Stelle von Staat und Kirche setzen zu wollen, ist nach meiner Meinung ein verhängnisvoller Irrtum." (zit. nach Landmann 1958, S. 26f.)

Von *Karl Mannheim (1893-1947)* wird berichtet, er habe an der London School of Economics gelegentlich seine Studenten in die benachbarte Fleet Street geschickt, „Gesellschaft" zu beobachten und anschließend darüber zu berichten. (Dahrendorf 1969, S. VII)

An diesen drei Impressionen werden ganz unterschiedliche Probleme von Wissenschaft deutlich, die zwar nicht allein die Soziologie betreffen, aber dort besonderes Gewicht haben:

- Bei *Comte* wird das Problem sichtbar, dass man als Soziologe in die Gefahr gerät, die eigene Perspektive für die einzige zu nehmen. (*Vorwurf der Ideologie*)
- Am Beispiel des Erfolgs *Simmels* wird die Gefahr beschworen, dass Soziologie politische und religiöse Legitimationen in Frage stellt. (*Vorwurf der Gefährdung einer Ordnung*)
- Bei *Mannheim* wird die Perspektive der Soziologie so sehr erweitert, dass buchstäblich alles in ihr Gebiet fällt. (*Vorwurf der Diffusität*)

Mit dieser dritten Annäherung habe ich nun noch nicht gesagt, was der Gegenstand der Soziologie ist, aber ich habe wenigstens schon einige Probleme angedeutet, die andere mit der Soziologie und die Soziologen mit ihrer Wissenschaft haben.

2.2 Was ist eigentlich nicht Gegenstand der Soziologie?

Einen vierten Versuch, der Soziologie näher zu kommen, will ich mit den Worten eines Spötters und Kritikers soziologischen Denkens unternehmen, des amerikanischen Soziologen *C. Wright Mills*. Er wollte den Lesern der Saturday Review im Jahre 1954 mit folgender Definition von Soziologie auf die Sprünge helfen: „Soziologie ist IBM + Realität + Humanismus". (zit. nach Jay 1983, S. 380, Anm. 36) Das war natürlich nicht ganz ernst gemeint, aber es ist auch nicht ganz falsch. Ich vermute, dass Mills mit dieser „Definition", die ja im Wortsinne eigentlich nichts „umgrenzt", drei Themen, um die es in der Soziologie geht, auf einen Begriff bringen wollte: *IBM* steht für die planvolle Gestaltung der Welt durch den Menschen bis hin zu einer elektronischen Steuerung dieser Prozesse; *Realität* ist das, woran wir keinen Augenblick zweifeln, dass es so ist, wie es ist; *Humanismus* steht für die Erwartung, dass Soziologen sich darüber Gedanken machen sollten, wie man gesellschaftliche Bedingungen menschenwürdiger gestalten kann.

Angesichts dieses Themenspektrums kann man sich ernsthaft fragen, was eigentlich *nicht* Gegenstand der Soziologie ist. Deshalb tun sich Soziologen auch schwer, wenn sie definieren sollen, womit sich Soziologie beschäftigt. Der Aussage, dass eigentlich alles irgendwie in die Soziologie fällt, enthalten sie sich im öffentlichen Gespräch allerdings nicht aus wohltuender Bescheidenheit, sondern aus kluger Einschätzung der Lage der Dinge. Wenn sie z. B. sagen, Soziologie sei die *Lehre von der Gesellschaft*, dann ist zu befürchten, dass einem ernsthaften Mitdenker nicht mehr allzu viel einfällt, was eigentlich nichts mit Gesellschaft zu tun hat.

Das Dilemma wird nicht geringer, wenn man für die eigene Wissenschaft gar keine Eigenständigkeit beansprucht, wie das Georg Simmel in seinen frühen Werken getan hat. „Sociologie, als Geschichte der Gesellschaft und aller ihrer Inhalte, d. h. im Sinne einer Erklärung alles Geschehens vermittels der gesellschaftlichen Kräfte und Konfigurationen", sei keine besondere Wissenschaft, sondern eine bestimmte „Erkenntnismethode, ein heuristisches Prinzip, das auf einer Unendlichkeit verschiedenster Wissensgebiete fruchtbar gemacht werden kann, ohne doch für sich allein eines auszumachen." (Simmel 1894, S. 53) Diese Ansicht hat Simmel später revidiert, aber so ganz ist der Anspruch, der mit dieser Definition ja verbunden war, nie aufgegeben worden. In diesem impliziten Anspruch liegt wahrscheinlich auch ein Teil der Aggressionen begründet, denen sich gerade Soziologen oft gegenüber sehen.

Doch selbst wenn man den umfassenden Anspruch aufgibt und sagt, Soziologie sei die *Lehre vom sozialen Handeln*, wobei die Betonung auf „sozial" liegt, dann könnte man im Grunde höchstens noch die Situation, als Gott den Adam erschuf, vor dem Interesse der Soziologen retten. In dem Moment, als Adam die Augen aufschlug und seine künftige Gefährtin mit Wohlgefallen wahrnahm, passierte „Soziales", und der Boden für soziologische Aufmerksamkeit war im Prinzip bereitet.

Schließlich muss man, wenn man definieren will, was Soziologie ist und womit sie sich beschäftigt, zugeben: auch wenn es einige tausend Jahre brauchte, bis jemand das Wort Soziologie erfunden hat, über das, was Soziologen heute interessiert, haben die Menschen seit je nachgedacht. Ich will einige Beispiele geben:

- Das Alte Testament (13. Jh. v. Chr.) verlangt in den Zehn Geboten u. a.: „Du sollst Vater und Mutter ehren!". Das ist eine frühe Formel für das, was in der Soziologie zum Problem der Generationen gedacht wird.
- Aristoteles (4. Jh. v. Chr.) bezeichnete den Menschen als ein zóon politikón – eine Annahme, von der die gesamte Soziologie ihren Ausgang nimmt.
- Goethe seufzte: „Wer widersteht dem Strome seiner Umgebungen? Die Zeit rückt fort und in ihr Gesinnungen, Meinungen, Vorurteile und Liebhabereien." (Goethe 1809, S. 417f.) Das ist eine frühe Formulierung der These von der Außenleitung des modernen Menschen.
- Der gleiche kluge Beobachter der Gesellschaft beklagte, „dass man jetzt nichts mehr für sein ganzes Leben lernen" könne; im Gegensatz zu den Alten müssten wir „jetzt alle fünf Jahre umlernen, wenn wir nicht ganz aus der Moden kommen" wollten.

(Goethe 1809, S. 270) Das lässt sich ohne weiteres in die Diskussion über die Gefährdungen von Identität heute einbeziehen.

Hier liegt nun genau ein Problem der Soziologie. Sie befasst sich nämlich mit Themen des ganz normalen Lebens, die schon längst in den großen Büchern der Menschheit beschrieben worden sind. Stellt man noch in Rechnung, dass die allermeisten Menschen ziemlich sicher sind, in diesem alltäglichen Leben Bescheid zu wissen, dann ist die Zwickmühle, in die der Soziologe gerät, fast unausweichlich: erklärt er nämlich etwas, was alle schon zu wissen meinen, kontern die anderen mit der Frage „Und dafür muss man Soziologie studieren?!" Leuchtet eine Erklärung nicht ein, lächelt man über die „Weltfremdheit" von Soziologen. Wie man es macht, man macht es dem, dem alles klar ist, nie recht.

2.3 Soziologie wozu? Drei klassische Antworten

Am „unbescheidenen Anfang der Soziologie", wie es Fuchs-Heinritz (1997) einmal treffend gesagt hat, steht *Auguste Comte (1798-1857)*. Er hat als erster den Begriff „Soziologie" verwandt (Comte 1838, S. 6), und aus seiner Erklärung, warum er diesen Begriff gewählt hat, leiten sich viele Missverständnisse über die Soziologie und ebenso viele Ansprüche der Soziologie ab. Comte hatte zunächst den sprechenden Begriff „physique sociale" verwandt, womit er nicht nur die mit naturwissenschaftlichen Methoden operierende Analyse der Gesellschaft bezeichnete, sondern auch die feste Hoffnung verband, die bürgerliche Gesellschaft nach klaren Gesetzen „umgestalten" zu können. (Comte 1838, S. 14) Da aber der belgische Mathematiker *Lambert Quételet* seine statistische Wissenschaft vom Menschen ebenfalls als „physique sociale" bezeichnete, erfand Comte das neue Wort „sociologie", das eine Verwechslung mit der engführenden Statistik ausschloss und andererseits den Anspruch, den er mit der physique sociale erhoben hatte, aufnahm. (vgl. Fuchs-Heinritz 1997, S. 212f.)

Der Anspruch war, mit einer neuen Wissenschaft eine Lösung der Krise des französischen Bürgertums und letztlich der ganzen

Welt zu finden, die Comte als „geistige Anarchie" empfand. Die öffentliche *Moral*, schrieb er, habe sich beinahe ganz aufgelöst, die *Sittenverderbnis innerhalb der Regierung* sei schmachvoll und der *materielle Gesichtspunkt* bei allen politischen Fragen habe überhand genommen. (Comte 1838, S. 61, 64, 66 und 69) Eine Lösung dieser gesellschaftlichen Krise erhoffte sich Comte von einer „positiven Philosophie", von der die Soziologie der wichtigste Teil sein sollte.

Was ist mit *positiver* Philosophie gemeint? Zunächst verwendet Comte das Wort „positiv" nicht wertend, sondern nach dem ursprünglichen lateinischen Wort „ponere" im Sinne von „feststellen". Das Wort positiv bezeichnet also das „*Tatsächliche* im Gegensatz zum Eingebildeten." (Comte 1844, S. 45) Konkret heißt das, dass eine positive Wissenschaft von der Gesellschaft empirische soziale Phänomene erstens *beobachtet*, sachlich beschreibt und in ihrem Zusammenhang darstellt.

Diese Wissenschaft enthält sich eines Urteils über den Sinn der Phänomene: „Die Soziologie bewundert nicht und verdammt nicht die politischen Ereignisse, sondern sieht in ihnen, wie es in jeder anderen Wissenschaft geschieht, einfach Gegenstände für die Beobachtung." (Comte 1838, S. 100f.) Positiv heißt demnach „konstatieren", ohne über das Wesen oder den tieferen Sinn zu spekulieren. Für die positive Philosophie „sind alle Vorgänge unveränderlichen *Gesetzen* unterworfen; für sie ist es ein vergebliches Unternehmen, nach den ersten *Ursachen* oder den letzten *Zwecken* zu forschen. Die positiven Erklärungen bieten keine Ursachen, welche die Erscheinungen erzeugen; man untersucht nur die Umstände, unter denen sie entstanden sind, und verknüpft sie durch die Beziehung im Nacheinander und durch ihre Ähnlichkeit untereinander." (Comte 1838, S. 5) Die positive Philosophie *erklärt* also zweitens, was die „natürlichen Gesetze" aller sozialen Vorgänge sind. (Comte 1838, S. 83) Die unveränderlichen oder „natürlichen" Gesetze der Gesellschaft sind Statik und Dynamik. „Die soziale Dynamik studiert die Gesetze der zeitlichen Folge, während die statische (Soziologie, H. A.) die Gesetze des gleichzeitigen Bestehens ermittelt. Die erstere hat für die praktische

Politik die Lehre des Fortschritts aufzustellen, die zweite die Lehre der Ordnung." (Comte 1838, S. 91)[2]

Soziologie ist für Comte also eine deduktive Wissenschaft, d. h. sie leitet ihre Erkenntnisse aus vorab entdeckten Gesetzmäßigkeiten ab. Dabei bedient sie sich einer besonderen „Beobachtungskunst" oder – wie wir heute sagen würden – typischer Methoden: *Beobachtung* im eigentlichen Sinn, *Versuch* und *Vergleich*. (Comte 1838, S. 101f.) Comte wendet die drei Formen der Beobachtung deduktiv an.

Nehmen wir zunächst die *Beobachtungen im eigentlichen Sinne*. Sie „erfordern die Benutzung von Theorien, welche die gegenwärtigen Tatsachen an vergangene anknüpfen. An Tatsachen fehlt es nicht, und die alltäglichsten sind die wichtigsten; die Beobachtung hat aber nur Bedeutung, wenn sie von einer mindestens beginnenden Ahnung der Gesetze des Zusammenhangs der Gesellschaft geleitet wird. Die Tatsachen haben an sich keinen Sinn, wenn sie nicht, sei es auch nur durch eine Hypothese, an Gesetze über die soziale Entwicklung angeknüpft werden. Sodann bedarf es eines auf das Ganze gerichteten Geistes, um die wissenschaftlichen Fragen zu erfassen und zu stellen; er muss die Ermittlung auch leiten, um sie vernunftgemäß zu gestalten." (Comte 1838, S. 103f.)

Die zweite Methode ist der *Versuch*. Darunter versteht Comte aber nicht die „künstliche Einrichtung der Umstände für einen bestimmten Vorgang", sondern die Beobachtung von sozialen Störungen eines Normalzustandes. (Comte 1838, S. 104f. und 106) Die Aufmerksamkeit für den ungewöhnlichen Fall schult den Blick für die Gesetzmäßigkeit, die durch ihn gestört wurde.

Die *vergleichende* Beobachtung erstreckt sich schließlich auf ähnliche oder verschiedene Fälle in der gleichen Zeit bzw. in verschiedenen Zeiten. Vergleich schließt also immer auch den historischen Vergleich ein. (vgl. Comte 1838, S. 106f. und 109)

Aus dieser methodischen Analyse sozialer Statik und Dynamik erwächst eine letzte Aufgabe und zugleich Chance der Soziologie.

---

2 Der Gedanke der sozialen Statik wird in späteren Soziologien unter dem Begriff der „Struktur" aufgegriffen werden, der der sozialen Dynamik unter dem der „Funktion" und des „Prozesses".

Aus der Erkenntnis von Ähnlichkeiten folgt die Annahme der Wahrscheinlichkeit und aus der Erfahrung der immer wiederkehrenden Verbindung von Einzelerscheinungen die Erklärung, die schließlich erlaubt, noch nicht erforschte Tatsachen *vorauszusehen*. Genau das ist nach der Theorie von Comte das „Kennzeichen der Positivität" der Soziologie, dass sie das „Prinzip der vernünftigen Voraussicht" anwendet. (Comte 1838, S. 82)

Mit diesem methodischen Vorgehen lehnt sich Comtes Soziologie an die Wirkung der „öffentlichen Vernunft" an, die sich in der gesellschaftlichen Entwicklung letztlich durchsetzen werde. Hintergrund dieser Annahme ist das so genannte Dreistadiengesetz[3], wonach der menschliche Geist von einem theologischen über einen metaphysischen zu einem positiven Zustand fortschreitet, in dem die Menschen die Gesetze der gesellschaftlichen Erscheinungen „durch gemeinsamen Gebrauch der Vernunft und der Beobachtungen zu entdecken" suchen und sich rational verhalten. (Comte 1838, S. 2) In diesem positiven Stadium werden Wissenschaftler angeben, was in Übereinstimmung mit den Gesetzen der gesellschaftlichen Statik und Dynamik objektiv zu tun ist. Sie werden die neuen Führer, und ihre Aufgabe ist es, die Gesellschaft durch Erziehung in die richtige Bahn zu lenken. Die Aufgabe der positiven Philosophie und in Sonderheit der Soziologie ist es, eine *positive Moral* zu festigen und zu vervollkommnen. (Comte 1838, S. 507ff.)

Das darf aber nicht so verstanden werden, als ob die Soziologie Bedingungen künstlich herbeiführen könnte, unter denen sie wirklich werden soll. Das hält Comte für ganz und gar undenkbar, weil eben die soziale Entwicklung nach den ihr innewohnenden Gesetzmäßigkeiten unbeirrt fortschreitet. Selbst wo die Großen glaubten, den Lauf der Welt gezwungen zu haben, taten sie es im Grunde am Schwungrad der Geschichte. Das ist keineswegs resignativ gemeint, im Gegenteil, denn Comte sieht in der Einsicht in die Gesetzmäßigkeiten die große Chance der Soziologie, dass sie mit ihren empirischen Kenntnissen „zur Abkürzung der Kri-

3 Vgl. unten Kapitel 10.1 „Comte: Dreistadiengesetz – der Wandel des Denkens".

sen" und zur „Mäßigung" einer Entwicklung beitragen kann. (Comte 1838, S. 100) Deshalb bezeichnet er auch die Soziologie als die wichtigste Wissenschaft, der sich alle anderen unterordnen würden. Was auf den ersten Blick tatsächlich unbescheiden klingt, ist in der Sache begründet: die Soziologie ist die Wissenschaft, die das Wissen aller anderen Wissenschaften so systematisiert, dass es im Leben der Menschen praktisch werden kann. Das ist die Verpflichtung, die Comte in seiner „Rede über den Geist des Positivismus" aus dem Jahre 1844 für die Soziologie reklamiert. Im Grunde wird die Aufgabe der Soziologie damit doppelt definiert: als originäre Wissenschaft hat sie die sozialen Gegebenheiten zu beobachten und ihre Gesetze aufzudecken, und als Instanz hat sie die Erkenntnisse aller Wissenschaften in Einklang mit den gesellschaftlichen Bedürfnissen zu bringen.

Dass Comte genau aus diesem Grunde die neue Religion des positiven Zeitalters als „soziologische Religion"[4] bezeichnet hat, ist unbescheiden weniger im Anspruch als in der Aufgabe: Soziologen sollen in dieser Gesellschaft für die Rationalität einstehen. Comte, der übrigens damit rechnete, dass dieses positive Zeitalter Ende der 80er Jahre seines Jahrhunderts verwirklicht sein würde, sah die neue spirituelle Macht in einer Gesinnungsgemeinschaft aufgehoben, der die einfachen Menschen schon deshalb glauben würden, weil ihre Gedanken wissenschaftlich fundiert seien. Die geistige Entwicklung werde den „wirklich normalen Zustand der menschlichen Vernunft" begründen, „indem dem positiven Geist die ihm noch fehlende Vollständigkeit und Rationalität verschafft wird, so dass zwischen philosophischem Geist und allgemeinem gesunden Menschenverstand eine Harmonie entsteht." (Comte 1844, S. 53)

Die Soziologie als das „einzige wesentliche Ziel der gesamten positiven Philosophie" (Comte 1844, S. 108) soll Statik und Dynamik, Ordnung und Fortschritt wieder versöhnen (Comte 1844, S. 60ff.), indem sie den Menschen vor Augen führt, was sie nach rationalen Gesichtspunkten zu tun haben. Soziologie wird zu einer

4 Comte 1851: Système de politique positive, ou traité de sociologie, instituant la religion de l'humanité, Bd. I, S. 573, zit. nach Fuchs-Heinritz 1997, S. 332.

moralischen Wissenschaft, die objektiv nachweist, dass Fortschritt auf Dauer nur gelingt, wenn sich die Individuen moralisch bessern und Solidarität an die Stelle von Egoismus tritt. (Comte 1844, S. 80 u. 77) Soziologen werden nach diesem Plan als geistige Autoritäten auftreten, die die objektiven Ursachen der Krise und die Sachgesetze einer richtigen Ordnung kennen, und in die soziale Entwicklung eingreifen. Sie betreiben eine soziale Politik, die im Einklang mit der Entwicklung von Gesellschaft steht, und deshalb zielten sie im Grunde auch nicht auf eine neue Gesellschaft, sondern stellten eine Ordnung her, die sich aus der Sache selbst ergebe!

Als zweite Antwort auf die Frage „Soziologie wozu?" referiere ich den französischen Soziologen *Emile Durkheim (1858-1917)*, der der Soziologie zwei Aufgaben stellte. Sie scheinen auf den ersten Blick widersprüchlich zu sein. In seinem bahnbrechenden Buch „Über soziale Arbeitsteilung" aus dem Jahre 1893, das im Kern eine Theorie der sozialen Ordnung[5] enthält, stellt Durkheim fest, dass es in jeder Gesellschaft „soziale Tatsachen" (faits sociaux) gibt, die den Individuen vorgeben, wie sie zu denken und zu handeln haben. Zu den sozialen Tatsachen zählen die Werte und Normen, die sozialen Regelungen und die moralischen Überzeugungen. Sie sind Teil des kollektiven Bewusstseins. Die sozialen Tatsachen existieren schon lange bevor das Individuum auf die Bühne des Lebens tritt. Mit dem Gewicht ihrer Tradition, dem Prestige, mit dem sie ausgestattet sind, und den Sanktionen, die bei Nichtbeachtung zu gewärtigen sind, sind sie zwingend, objektiv und festgestellt. Deshalb nennt Durkheim sie auch Institutionen.

Das ist der theoretische Hintergrund, vor dem Durkheim eine erste Aufgabe der Soziologie formuliert. Er kommt gleich im Vorwort darauf zu sprechen, setzt sich aber zunächst von Comte und seinem Anspruch ab, die Gesellschaft nach einer wissenschaftlichen Moral zu organisieren. Durkheim will nach eigener Aussage zwar „die Tatsachen des moralischen Lebens entsprechend der Methode der positiven Wissenschaften" behandeln,

5 Vgl. unten Kapitel 3.6 „Durkheim: Mechanische und organische Solidarität".

aber er will „die Moral nicht aus der Wissenschaft ableiten, sondern die Wissenschaft der Moral betreiben, was etwas ganz anderes ist. Die moralischen Fakten sind Phänomene wie alle anderen auch. Sie bestehen aus Verhaltensregeln, die man an bestimmten Merkmalen erkennen kann. So muss es möglich sein, sie zu beobachten, sie zu beschreiben, sie zu klassifizieren und die Gesetze zu suchen, die sie erklären." (Durkheim 1893, S. 76) Der Unterschied zu Comte liegt also darin, dass Durkheim die Moral nicht aus der Wissenschaft ableiten, sondern sie nur wissenschaftlich untersuchen will. Das tut er genau mit den Methoden, die auch Comte vorgeschlagen hat.

Nach dieser Klarstellung formuliert Durkheim nun seinen Anspruch an seine Wissenschaft, die nicht spekulieren, sondern die Wirklichkeit studieren will, und gibt auch gleich einer großen Hoffnung Ausdruck:

Emile Durkheim: Das Ideal bestimmen

> „Weil wir uns vorgenommen haben, die Wirklichkeit zu studieren, folgt daraus nicht, dass wir auf ihre Verbesserung verzichten: wir meinen, dass unsere Untersuchungen nicht der Mühe wert wären, wenn sie nur spekulatives Interesse hätten. Wenn wir auch sorgfältig die theoretischen von den praktischen Problemen trennen, wollen wir die letzteren damit keineswegs vernachlässigen: wir wollen uns im Gegenteil auf diese Weise dafür rüsten, sie besser zu lösen. Es ist schon Gewohnheit geworden, denen, die die Aufgabe übernehmen, die Moral wissenschaftlich zu studieren, vorzuwerfen, sie seien ohnmächtig, ein Ideal zu formulieren. Man behauptet, dass ihnen ihre Achtung vor einem Faktum nicht erlaubt, es zu überschreiten; sie könnten wohl beobachten, was ist, uns aber keine Verhaltensregeln für die Zukunft zur Verfügung stellen. Wir hoffen, dass dieses Buch wenigstens dazu dienen möge, dieses Vorurteil zu erschüttern, denn man wird in ihm sehen, dass uns die Wissenschaft helfen kann, die Richtung zu finden, in die wir unser Verhalten lenken müssen, und das Ideal zu bestimmen, nach dem wir in dunklem Drange streben. Allein, wir können uns zu diesem Ideal nur erheben, wenn wir die Wirklichkeit beobachten und diese mit dem ersteren nicht

verwechseln.“ (Durkheim 1893: Über soziale Arbeitsteilung, S. 77f.)

Der Text lohnt eine genaue Lesart. Zunächst möchte Durkheim nicht mit denen in einen Topf geworfen werden, die sklavisch nur Fakten konstatieren, aber kein Ideal formulieren, das über die Fakten hinausweist. Also könnte man erwarten, dass Anspruch und Aufgabe der Soziologie lauten: ein Ideal zu formulieren. Das wäre in der Tat eine utopische Aufgabe. Doch genau das reklamiert Durkheim nicht für seine Wissenschaft, sondern stellt etwas ganz anderes in Aussicht. Im zweiten Teil heißt es nämlich nicht mehr „*ein* Ideal“, sondern „*das* Ideal“. Es geht nicht um etwas Mögliches, sondern um etwas Existentes. *Das* Ideal liegt keineswegs jenseits einer konkreten Gesellschaft, sondern ist in ihr aufgehoben.[6] Das meint der einschränkende Relativsatz über das Streben in dunklem Drange. Wie ich später[7] zeigen werde, ist das genau der Ausgangspunkt für Durkheims Sozialisationstheorie: Die Gesellschaft „zeichnet uns das Porträt des Menschen vor, das wir sein müssen.“ (Durkheim 1903, S. 45)

Diese sich an das sozial Gegebene anschmiegende Aufgabe der Soziologie wird in dem Buch über „Die Regeln der soziologischen Methode”, das Durkheim zwei Jahre nach der „Arbeitsteilung“ veröffentlichte, nun genauer bestimmt. Thema dieses Buches war, einer neuen Wissenschaft ihre besondere Methode und ihre generelle Aufgabe zu definieren. Diese Aufgabe sah Durkheim in der Erhaltung des Normalzustandes: „Da der Hauptgegenstand einer jeden Wissenschaft des Lebens, sei es des individuellen, sei es des sozialen, kurz gesagt die Feststellung des Normaltypus ist”, hat die Soziologie „mit regelmäßiger Beharrlichkeit daran zu arbeiten, den Normalzustand zu erhalten, ihn wieder herzustellen, falls er gestört ist, und seine Bedingungen von neuem zu schaffen, wenn sie sich geändert haben.” (vgl. Durkheim 1895, S. 163) Damit stellt sich natürlich die Frage, was denn als normal zu gelten hat. Durkheims Antwort scheint auf der Hand zu liegen:

---

6 Für weit Fortgeschrittene will ich anmerken, dass ich bei dieser Interpretation des Textes Durkheim in eine Verbindung zu Kants Ethik der Pflicht setze!

7 Vgl. Band 2, Kapitel 2.1 „Durkheim: Socialisation méthodique“.

normal sind die Tatbestände, „die die allgemeinsten Erscheinungsweisen zeigen." (Durkheim 1895, S. 147) Der normale Typus fließt mit dem Durchschnittstypus in eins. Er ist eben der aktuelle Ausdruck des Sozialen. Die sozialen Tatsachen sind nicht nur normal, sondern auch normativ. Wenn die Aufgabe der Soziologie also darin besteht, eine Gesellschaftsordnung zu erhalten, heißt das keineswegs, sich für irgendeine gute Ordnung einzusetzen, sondern für die *jeweilige* Ordnung.

Diese konservative Bestimmung der Aufgabe der Soziologie hat Durkheim später in seiner Antrittsvorlesung vor künftigen Erziehern noch einmal mit der These unterstrichen, dass die Gesellschaft mittels Erziehung verwirklicht, was sie für *ihre* Erhaltung braucht. Das ist das Ziel von Erziehung. Die Aufgabe der Soziologie ist, just dieses Ziel ins Bewusstsein zu heben: „Nur die Soziologie kann uns helfen, dieses Ziel zu verstehen, indem sie es an die sozialen Zustände knüpft, von denen es abhängt und die es ausdrückt, oder aber sie kann uns helfen, dieses Ziel zu entdecken, wenn das getrübte und schwankende öffentliche Bewusstsein nicht mehr weiß, was es sein soll." (Durkheim 1903, S. 50)

Die Soziologie hat also eine aufklärerische und zeitdiagnostische Funktion. Deshalb bezeichnet Durkheim sie auch als Moralwissenschaft, und deshalb wird sie auch gerade für Erzieher so wichtig. Die Soziologie kann uns sagen, was das Soziale ist, und sie zeigt uns die sozialen Ideen auf, die unserem Handeln zu Grunde liegen und unserem Tun Sinn geben – und die unserem Handeln zu Grunde liegen sollen!

So schließt denn Durkheim seine Antrittsvorlesung vor den Erziehern mit emphatischen Worten ab, die weit in die Verantwortung gegenüber der Gesellschaft ausgreifen:

Emile Durkheim: Soziologie zeigt die Ideen, die uns leiten

„Von welcher Seite man auch die Erziehung betrachtet, überall zeigt sie uns dieselbe Ansicht. Ob es sich um die Ziele handelt, die sie verfolgt, oder um die Mittel, immer antwortet sie auf soziale Notwendigkeiten; sie drückt kollektive Ideen und kollektive Gefühle aus. Zweifellos findet dabei das Individuum selbst seinen Gewinn. Haben wir nicht ausdrücklich gesagt, dass wir ihr das Beste in uns verdanken? Das Beste in uns ist aber sozialen Ursprungs.[8] Man muss eben immer zum Studium der Gesellschaft zurückkehren. Nur hier kann der Pädagoge die Prinzipien seiner Überlegungen finden. Die Psychologie kann ihm wohl sagen, wie er es am besten anstellt, um diese Prinzipien auf das Kind zu übertragen, aber sie könnte ihm nicht helfen, sie zu entdecken.

Am Schluss füge ich noch hinzu, dass es keine Zeit und kein Land gegeben hat, wo dieser soziologische Gesichtspunkt für die Pädagogen dringender gewesen wäre, als für unser Land und für unsere Zeit. Wenn sich eine Gesellschaft in einem Zustand relativer Stabilität befindet, wie z. B. die französische Gesellschaft des 17. Jahrhunderts, wenn sich daher ein Erziehungssystem gebildet hat, das eine Zeit lang von niemandem in Frage gestellt wird, dann sind die einzigen dringenden Fragen Fragen der Anwendung. Niemand bezweifelt weder das Ziel noch die allgemeine Ausrichtung der Methoden; es gibt also auch keinen Streit über die beste Art, sie anzuwenden; denn das sind Schwierigkeiten, die die Psychologie lösen kann. Ich brauche Ihnen nicht zu sagen, dass es in unserem Jahrhundert keine intellektuelle und soziale Sicherheit gibt; das ist sein Unglück und seine Größe. Die tiefen Veränderungen, die die zeitgenössischen Gesellschaften erlitten haben oder noch erleiden, fordern entsprechende Veränderungen im nationalen Erziehungswesen. Aber wenn wir auch spüren, dass diese Veränderungen notwendig sind, so wissen wir doch nur schlecht, wie sie sein sollten. Welches auch die Überzeugung des Einzelnen oder der Parteien sei, die öffentliche Meinung bleibt unbestimmt und ängstlich. Das pädagogische Problem stellt sich uns also nicht mit derselben Klarheit wie für die Menschen des 17. Jahrhunderts. Es handelt sich nicht mehr darum, erworbene Ideen ins Werk zu setzen, sondern Ideen zu finden, die uns leiten. Wie wollen wir sie aber entdecken, wenn wir nicht bis zur Quelle selbst

8 Nach Durkheim hat der Mensch zwei Seiten. Die asoziale, egoistische ist unverträglich. Die zweite, soziale, muss erst durch „methodische Sozialisation" hergestellt werden. (Vgl. Band 2, Kapitel 2.1 „Durkheim: Socialisation méthodique".)

des Erziehungslebens hinabsteigen, d. h. zur Gesellschaft? Wir müssen also die Gesellschaft fragen, wir müssen ihre Bedürfnisse kennen, denn diese Bedürfnisse müssen befriedigt werden. Nur in uns selbst hinein zu sehen, heißt den Blick von der Wirklichkeit abwenden, die wir erreichen möchten; es wäre uns unmöglich, etwas von der Bewegung zu verstehen, die die Welt um uns mitreißt und uns mit ihr. Ich glaube nicht, einem Vorurteil nachzugeben und eine unangemessene Vorliebe für eine Wissenschaft zu zeigen, die ich mein ganzes Leben gepflegt habe, wenn ich sage, dass der Erzieher nichts nötiger braucht als eine soziologische Bildung. Die Soziologie kann uns nicht fertige Verfahren reichen, deren wir uns nur zu bedienen hätten. Gibt es die überhaupt? Aber sie kann mehr und sie kann es besser: Sie kann uns das geben, was wir am dringendsten brauchen, d. h. ein Bündel richtungweisender Ideen, die die Seele unserer Praxis sind und die sie stützen, die unserem Tun einen Sinn geben und uns an sie binden. Das ist die Bedingung, dass dieses Tun auch fruchtbar sei.“ (Durkheim 1903: Erziehung, Moral und Gesellschaft, S. 53-55)

Soziologie, so muss man die Botschaft Durkheims wohl verstehen, ist gerade dann gefragt, wenn eine Gesellschaft in der Krise ist, die Dinge also nicht mehr selbstverständlich sind und die Zukunft ungewiss ist. Dann soll sie nicht nur aufklären, sondern auch Ideen für das Handeln geben. Dass es Ideen sind, die sich aus den bestehenden moralischen Überzeugungen ergeben, betont Durkheim in der Vorlesung über die Autonomie des Willens mit den folgenden Worten: wir müssen die Moralgebote und die Gründe, von denen sie abhängen, und die Funktionen, die sie erfüllen, angemessen verstehen. Dann sind wir auch „im Stande, uns ihnen (Korr. H.A.) mit voller Überlegung und in voller Kenntnis der Gründe anzupassen. Ein derart zugestandener Konformismus hat nichts Zwingendes mehr.“ (Durkheim 1903, S. 162)

Die aufklärerische Aufgabe der Soziologie besteht nach Durkheim also darin, zur Einsicht in das faktisch Gebotene zu führen. In den „Regeln der soziologischen Methode“ hat Durkheim das

Verhältnis zwischen Individuum und Gesellschaft und damit die „Ausgestaltung“ dieser Soziologie noch schärfer formuliert: „die wesentliche Bedingung eines jeden Lebens in der Gemeinschaft“ liegt „im Geiste der Unterordnung“ unter die sozialen Tatsachen. (Durkheim 1895, S. 204 und 202f.)

Bei Durkheim ergibt sich die Aufgabe der Soziologie aus ihrem Anspruch, Moralwissenschaft zu sein. Diesen Anspruch weist *Max Weber (1864-1920)*, wie ich schon an seinem Vortrag über den „Inneren Beruf zur Wissenschaft“ gezeigt habe, entschieden zurück. Die Soziologie kann keinen Sinn vorgeben, und sie kann uns auch nicht sagen, wie wir handeln sollen. Sie kann allerdings sagen, Sie erinnern sich, „Ihr dient, bildlich geredet, diesem Gott *und kränkt jenen anderen*, wenn Ihr Euch für diese Stellungnahme entschließt.“ (Weber 1919a, S. 333) Die Aufgabe, die Weber der Soziologie stellt, ergibt sich denn auch aus einer bestimmten Methode. Ich beginne mit seiner berühmten Definition von Soziologie:

Max Weber: Soziologie soll heißen ...

> „Soziologie (im hier verstandenen Sinn dieses sehr vieldeutig gebrauchten Wortes) soll heißen: eine Wissenschaft, welche soziales Handeln deutend verstehen und dadurch in seinem Ablauf und seinen Wirkungen ursächlich erklären will.”
> (Weber 1922: Wirtschaft und Gesellschaft, I, Kap. I, § 1)

Soziologie ist nach dieser Definition die Wissenschaft vom sozialen Handeln. Sie bedient sich einer bestimmten Methode, nämlich einer verstehenden. Verstehen heißt natürlich nicht, für alles Verständnis zu haben, was dem Menschen widerfährt oder was er tut, sondern heißt den Dingen auf den Grund gehen. Wie das beginnt, habe ich oben mit der analytischen Methode des Idealtypus gezeigt. Mit seiner Hilfe denkt man sich in die Logik sozialer Phänomene hinein und *denkt sie zu Ende.*

Ich meine das so: man überlegt, was die Ursachen der Dinge sein könnten und welche Konsequenzen sich aus ihnen ergeben könnten. Dabei werden einem – hoffentlich – auch einige Ungereimtheiten auffallen, die man weder als „unerklärlich“ noch als

„Ausnahmen, die die Regel bestätigen" abtun darf. Auch sie müssen verstanden werden, und zwar im Hinblick auf die erste angenommene Erklärung der eigentlich in Rede stehenden Phänomene. Dann wird sich zeigen, ob diese erste Erklärung tragfähig ist oder unter dem Gewicht der Erklärung der anderen Phänomene revidiert werden muss. Auf diese Weise entdeckt man die Struktur, in der gesellschaftliche Phänomene zueinander stehen. Die Struktur gesellschaftlicher Phänomene zu analysieren ist die Voraussetzung dafür, sie zu erklären.

Soziologie, ich sagte es schon, hat nicht die Aufgabe, einen bestimmten Sinn zu vermitteln. Aber sie kann die Bedingungen, unter denen das Denken und Handeln der Menschen Sinn macht oder fragwürdig geworden ist, aufzeigen. Weber hat genau das wohl auch gemeint, als er sagte, dass Politiker ihre Worte als Schwerter gegen die Gegner einsetzen, dass die Soziologie ihre Argumente dagegen als „Pflugscharen zur Lockerung" des Denkens verwendet. (Weber 1919a, S. 325) Soziologisches Denken soll die gesellschaftlichen Bedingungen analysieren und das Denken der Individuen selbst bewegen. Um im Bild zu bleiben: dass dabei das Unterste zu oberst geraten kann, hat das Pflügen so an sich. Und selbstverständlich trifft es auch das eigene Denken.

Nach diesen klassischen Antworten auf die Frage „Soziologie wozu?" nun zu einer modernen Debatte über die gleiche Frage.

2.4 Soziologie wozu? Eine moderne Debatte

Als Anfang der Achtzigerjahre eine junge Soziologin die Frage stellte, warum man heute noch Soziologie studieren soll, nahm *Ralf Dahrendorf* das zum Anlass, einem breiten Publikum neben anderem auch zu sagen, was man von dieser Wissenschaft nicht erwarten könne: Soziologie sei keine Anweisung zum Handeln. (Dahrendorf 1982, S. 24) Wozu braucht man sie dann? Über diese Frage wird periodisch gestritten. Ich will hier einen Streit Revue passieren lassen, der vor einigen Jahren in der ZEIT ausgetragen wurde.

Der Streit wurde von dem Publizisten Warnfried Dettling unter dem Titel „Fach ohne Boden“ eröffnet und begann gleich mit der Frage: „Brauchen wir überhaupt noch Soziologen?“ (Dettling 1996, S. 11) Die Frage schien ihm berechtigt, weil er weit und breit keinen Soziologen sah, der sich in öffentliche Debatten überhaupt noch einmischte. Sie vermuten sicher, wie die Antwort lauten wird, und ich sage Ihnen, Sie irren sich. Dettling nennt nämlich zwei Gründe, weshalb sich seines Erachtens Soziologen nicht mehr öffentlich zu Wort melden, und sagt dann, dass man genau deshalb Soziologen braucht!

Der erste Grund, weshalb dem Fach der Boden fehle: früher habe sich die Soziologie als Krisenwissenschaft verstanden, und sie richtete ihre Kritik an den Staat, damit er Abhilfe schafft. „Der Staat war das Objekt der bürgerrechtlichen und der sozialen Begierden, der Hüter der Verfassung und der Solidarität.“ (Dettling 1996, S. 16) Heute sei das Vertrauen in den Staat als den großen Problemlöser dahin. Und im Übrigen fielen die Entscheidungen über das soziale Schicksal der Menschen längst anderswo. (vgl. Dettling, 1996, S. 17) Politik finde hier und heute keinen Raum mehr. Zweitens fehle ein politisches Subjekt, heiße es nun die Masse, der aufgeklärte Bürger, der politische Katholizismus oder die Arbeiterklasse. Von solchen potenten Solidargemeinschaften ist nichts mehr zu sehen. „Es gibt, in dem gewohnten Sinne, keine Gesellschaft mehr, es gibt nur noch Individuen, die sich nicht länger in alten sozialen Formationen bewegen.“ (Dettling 1996, S. 16) Wie hatte schon Margaret Thatcher gesagt: „... there are only individuals!“? Es gibt keine Gesellschaft mehr, sondern nur noch Individuen, und es fehlt der Ansprechpartner, dem die Soziologie das erzählen könnte.

Die Quintessenz, die Dettling zieht, ist klar: die Soziologie ist ein „Fach ohne Boden“. Wenn man das Bild etwas strapazieren wollte, könnte man sagen: auf einem scheinbar festen Boden steht inzwischen der große Chor der Spezialisten und Experten, die gemeinsam und gegeneinander sagen, was zu tun ist. Hier scheint der Kritiker aber genau die Chance einer Soziologie, die in Prozessen und Strukturen denke, zu sehen: sie könnte zwischen den widerstreitenden Interessen Kommunikation stiften. Ich will es ganz ohne Ironie so sagen: sie behielte in der neuen Unübersichtlichkeit den Blick fürs Ganze.

Mit dieser Provokation wurde eine heftige Debatte losgetreten, die auch die nichtsoziologische Öffentlichkeit mit Interesse verfolgte. Eine ganze Reihe von Soziologen und eine Soziologin nahmen den Fehdehandschuh auf. Als Erster antwortete *Dirk Käsler*, der die vermeintlich schrankenlose ‚Individualisierung' als bildungsbürgerlichen Traum und Selbsttäuschung abtat. (Käsler 1996, S. 24) Von einer Auflösung der Gesellschaft könne gar keine Rede sein. Wohl aber sei die Soziologie in eine Krise geraten, weil sie den „Traum von der guten, menschenwürdigen Gesellschaft" fallen gelassen habe. (Käsler 1996, S. 26f.) Ängstlich darauf bedacht, nur ja wertfrei zu forschen, traue sie sich nicht mehr, ein wertendes Urteil abzugeben. Genau dies aber habe Max Weber gefordert. Korrekt muss man natürlich sagen, dass Weber es dem Soziologen abfordert, der sich außerhalb seiner Wissenschaft engagiert! Für Käsler ist klar, was die Aufgabe der Soziologie ist: in einer Zeit, wo immer mehr Menschen orientierungslos werden, reicht es nicht mehr, wenn das Sinndefizit nur noch konstatiert wird: „Die Fragen nach gesellschaftlich vermittelbaren Standards für Wahrheit, Moral und Perspektiven einer humanen Gesellschaft werden sich nicht ersetzen lassen durch die bloße analytische Widerspiegelung des Wirrwarrs." (Käsler 1996, S. 29) Soziologen müssen sich „wieder einmischen". Die zentrale Herausforderung der Soziologie besteht darin, „in unserer differenzierten und zersplitterten Welt neue Arten des Wertekonsens mitzukonstruieren." (Käsler 1996, S. 29) Genau dieser Auftrag stand am Anfang der Soziologie, als sie – z. B. von Auguste Comte – als Moralwissenschaft gedacht wurde.

Als Letzter in diesem Streit über die Aufgabe der Soziologie hat dann *Pierre Bourdieu* ihr die Rolle des Störenfrieds attestiert. Obwohl er es nicht ausdrücklich sagt, muss man davon ausgehen, dass Bourdieu natürlich einen falschen Frieden stören will. So sagt er auch gleich, wo die Soziologie in der Gesellschaft zu verorten ist: „Zur Demokratie gehört eine Forschung, die Ungerechtigkeiten aufdeckt." (Bourdieu 1996, S. 65) Mit Ungerechtigkeiten sind nicht nur die offensichtlichen Benachteiligungen von konkreten

Personen gemeint, sondern vor allem die unsichtbar bleibende Gewalt, die gegen viele oder sogar alle ausgeübt wird. Bourdieu nennt sie die „träge Gewalt“, die von Wirtschafts- und Gesellschaftsstrukturen ausgeht. (Bourdieu 1996, S. 66) Deren kritische Analyse ist gewissermaßen die erste Aufgabe der Soziologie. Sie blickt hinter den Schein der Dinge auf die wirkenden Strukturen, auf die Handlungen der Individuen wie auf die gesellschaftliche Konstruktion der Wirklichkeit. Ein Kenner der Theorie Bourdieus hat dessen Umschreibung der Aufgabe der Soziologie an anderer Stelle so wiedergegeben: „Ziel seiner Gesellschaftstheorie ist es, die Konstitution und Reproduktion sozialen Lebens zu verstehen und die Mechanismen aufzudecken, die dabei wirksam sind. (...) Ihn interessieren *der praktische Sinn* und die *praktischen Wertungen*, die der gesellschaftlichen Konstruktion der Wirklichkeit und den Strategien der individuellen wie der kollektiven Akteure zu Grunde liegen.“ (Müller 1992, S. 239) Und an anderer Stelle referiert er weiter: „Die Suche ‚nach umfassender Erkenntnis der Sozialwelt‘ darf sich nicht nur auf die leicht zugänglichen oberflächlichen Erscheinungsformen beschränken, die auch dem Alltagsverständnis unmittelbar zugänglich sind, sondern muss in tiefere und entlegenere Sinnschichten vordringen. Bei diesem Unterfangen ist die Rücksichtnahme auf gesellschaftliche Mächte genauso unangebracht wie die Scheu vor ‚Entzauberung‘ der kollektiv geteilten Werte und Überzeugungen.“ (Müller 1992, S. 298)

Bourdieu selbst hat es noch drastischer ausgedrückt: „Die Soziologie enthüllt jene *self-deception*, jene kollektiv ermöglichte und unterhaltene Selbstlüge, auf der die heiligsten Werte einer jeden Gesellschaft, und damit des gesellschaftlichen Daseins insgesamt, basieren. Mit Marcel Mauss lehrt sie, dass ‚die Gesellschaft sich stets selber mit dem Falschgeld ihres Traums bezahlt‘.“ (Bourdieu 1984, S. 65f.) Und ich will Ihnen auch das Wort von Descartes, das Bourdieu in dem Zusammenhang zitiert, nicht vorenthalten. Es heißt: „Ich billige es nicht, dass man sich zu täuschen versucht, indem man sich falschen Einbildungen hingibt. Weil ich sehe, dass es vollkommener ist, die Wahrheit zu kennen, als sie nicht zu kennen, und selbst wenn sie uns zum Nachteil gereichte, gestehe ich offen, dass es besser ist, etwas weniger fröhlich zu sein, dafür aber mehr zu wissen." (Descartes, zit. nach Bourdieu 1984, S. 65) Sicher ein großes Wort, und wenn man es auf die Soziologie bezieht, heißt es: Ein bisschen Aufklärung gibt es nicht.

Noch eine zweite Aufgabe der Soziologie ist Bourdieu wichtig: sie muss auch hinter das öffentliche Reden über den Schein der Dinge und ihre angeblichen Gründe sehen und identifizieren, worüber *nicht* gesprochen wird! Dazu benutzt Bourdieu eine interessante Analogie: „In der Tradition des Hippokrates beginnt die wirkliche Medizin mit der Kenntnis der unsichtbaren Krankheiten, also der Dinge, über die der Kranke nicht spricht, weil sie ihm nicht bewusst sind oder er vergisst, sie zu erwähnen.[9] Das gilt auch für eine Sozialwissenschaft, die sich um Kenntnis und Verständnis der wirklichen Ursachen des Unbehagens bemüht, das nur durch schwierig zu interpretierende gesellschaftliche Anzeichen zu Tage tritt." (Bourdieu 1996, S: 68) Die Aufgabe der Soziologie liegt also darin, deutlich zu sagen, was verschwiegen oder verschleiert wird, und wohlfeilen Erklärungen nicht auf den Leim zu gehen. Sie muss Anzeichen der Krise früh erkennen und darüber reden, wenn andere sie noch gar nicht erkannt haben oder über etwas ganz anderes reden wollen.

Genau dies war der Ausgangspunkt eines hoch reflektierten Aufsatzes von Heinz Bude gewesen, der im Jahre 1988 unter der provozierenden Überschrift „Auflösung des Sozialen?" erschienen war. Während die englische Lady sicher war, dass es so etwas wie Gesellschaft gar nicht gebe, suggeriert diese Frage, dass selbst die Voraussetzungen für so etwas wie Gesellschaft gar nicht vorhanden oder zumindest problematisch sind. Wenn das so wäre, wozu bräuchte man dann noch Soziologie? Die – schwierige – Antwort, die Bude gibt, erschließt sich einem erst, wenn man seine Beschreibung der Lage versteht. Bude sah, dass in der Soziologie neben die Analyse sozialer Strukturen oder die Frage nach dem symbolischen Sinn, den das Individuum dem Sozialen beimisst, mehr und mehr der Gedanke in den Vordergrund rückte, das Soziale als eine Abfolge von punktuellen Begegnungen, flüchtigen

9 Hätten Sie's gewusst? Ob daher wohl Freuds eisernes Schweigen zu dem, was seine Patienten sagten, und sein geduldiges Warten rührten?

Beziehungen und situativen Regelungen zu verstehen. Nirgendwo sind feste Orientierungspunkte auszumachen, alles ist diffus, mobil und zufällig; „alles kann auch anders sein". (Bude 1988, S. 12) Soziologie kann angesichts dieser Bedingungen eigentlich nur noch fragen, wie die Individuen mit dieser Serie von Ereignissen und Entscheidungen fertig werden.

Und welche Antwort könnte sie geben? Bude meint, sie könne „beunruhigend oder bereichernd wirken: beunruhigend dadurch, dass die soziologische Analyse uns die Vielfältigkeit, Undurchschaubarkeit und Zufälligkeit unserer sozialen Praxen zu Bewusstsein bringt; bereichernd dadurch, dass sie uns andere Auslegungstechniken für die gesellschaftliche Wirklichkeit vorführt und auf die Erfindung immer neuer Formen des sozialen Handelns aufmerksam macht." (Bude 1988, S. 12)

Das ist sicher nicht die schlechteste Leistung der Soziologie, aber was bedeutet das für die Rolle des Soziologen? Nun, er muss Teil des Prozesses selbst werden, Wegen folgen, auf denen sich etwas ereignet, an Kreuzungen präsent sein, wo Entscheidungen getroffen werden, und Handelnden folgen, die sich mit eigenen Entscheidungen auf neue Wege begeben, wo sich also „soziale Formen falten und entfalten". (Bude 1988, S. 12) Und wozu braucht man dann die Soziologie als Wissenschaft? Budes Antwort lautet so: „Nichts aufzudecken, zu enthüllen oder bloßzulegen gilt es, sondern für selbstverständlich gehaltene Serien von Ereignissen zu problematisieren, unwahrscheinliche Verbindungen zu knüpfen und Formen der Einschließung in der Produktion, in der Kommunikation oder in den Verständnisssen des Selbst zu öffnen." (Bude 1988, S. 12) Nicht das entlarvende, nicht selten zynische Denken macht die Soziologie wertvoll für die Utopie einer guten Gesellschaft, sondern das phantasievolle, konstruktive.

Deshalb ist die Soziologie selbst dann, nein umso mehr gefragt, wenn sich das Soziale in Ereignisse oder Interaktionen aufzulösen scheint. Mit der von Bude so genannten Fähigkeit, Selbstverständliches zu problematisieren, hält sie die Frage nach der rationalen Begründung des Handelns, von Regelungen und Strukturen in Gang. Mit der Fähigkeit, unwahrscheinliche Verbindungen zu knüpfen, stößt sie individuelle Entwicklungen und sozialen Wandel an. Mit der Fähigkeit, Formen der Einschließung[10] zu öffnen, trägt sie dazu bei, die Freiheit des Individuums zu sichern. Der Soziologe ist der „professionelle Fremde" (Bude 1988, S. 11), dem nichts selbstverständlich ist und der deshalb unbefangen jede Möglichkeit vernünftiger Ordnung denken kann.

Will man zum Abschluss der Diskussion über die Frage „Soziologie wozu?" den Bogen von den klassischen Antworten bis zur jüngsten Debatte schlagen, dann kann man sagen: die Begründung, Soziologie solle ins Große und Ideale greifen (Comte) oder die Bedingungen aufzeigen, wie eine jeweilige Ordnung erhalten werden kann (Durkheim), trat schon bei Weber zurück. Er erwartete, dass Soziologie Zusammenhänge versteht und erklärt, unter denen Individuen handeln. Dazu gehört auch, den Sinn zu verstehen, den *sie* mit ihrem Handeln verbinden. Der Blick für Strukturen und für das Individuelle verbinden sich. Das ist dann auch im Grunde der Tenor der modernen Debatte. Weit entfernt von sozialem Optimismus aber auch ebenso weit entfernt von sozialer Resignation ist die Soziologie dabei, Sicherheiten und Krisen zu analysieren und Wege aufzuzeigen, auf denen die Sicherheiten erhalten und die Krisen überstanden werden können. Soziologie wozu? Dazu!

2.5 Wann Soziologie beginnt und warum sie nicht endet

Ich komme zu der vorletzten Frage dieses Kapitels: wann hat diese Wissenschaft angefangen? Die Antwort mag überraschen, weil sie keine Jahreszahl, noch nicht einmal einen Zeitraum enthält, sondern auf ein *Prinzip des Denkens* abhebt: Soziologie beginnt mit dem *Zweifel*, dass die gesellschaftlichen Verhältnisse sich von Natur aus so ergeben haben. Das akzeptiert, wurde Soziologie also schon betrieben, bevor Comte das Wort erfand. So haben sich

10 Die neuere soziologische Diskussion spricht von Inklusionen und versteht darunter Prozesse der Integration, in denen sich differenzierte Teile zu einem funktionalen Zusammenhang verbinden. Solche Teile können z. B. Rollen, aber auch soziale Mechanismen oder Individuen sein, die in ein größeres System einbezogen werden.

schon einige sehr früh gefragt, wie z. B. Ordnung möglich ist, als ihre Zeitgenossen noch überzeugt waren, Gott habe sie gestiftet oder sie hänge mit den Mondphasen zusammen.

Soziologie beginnt also mit einer Frage, und zwar der Frage nach dem Sinn der gesellschaftlichen Verhältnisse. Damit ist zweitens die *Annahme* verbunden, dass die Verhältnisse nicht von sich (oder von Gott) aus so sind, wie sie sind, sondern von Menschen geschaffen wurden. Friedrich Jonas hat noch eine dritte Annahme genannt, von der die Soziologie ihren Ausgang nimmt, die „Einsicht, dass der Mensch nicht durch seine Natur festgelegt sei." (Jonas 1968, Bd. I, S. 72)

Wo diese Annahmen systematisch reflektiert werden, beginnt die Soziologie als *Wissenschaft*. Im Zentrum ihrer Überlegungen steht die gerade schon genannte Annahme, dass die Verhältnisse, in denen Menschen vorkommen, und die Formen ihres Handelns keineswegs selbstverständlich sind. Diese Annahme ist nicht ganz neu, es lässt sich aber ein historischer Zeitraum angeben, in dem sie sich auch öffentlich durchsetzte und zum Gegenstand wissenschaftlicher Beschäftigung wurde: es ist die *europäische Aufklärung* mit dem abschließenden politischen Ereignis der *französischen Revolution*.

Das erste systematische Nachdenken über die gesellschaftlichen Verhältnisse ist von den sozialen und politischen Umständen dieser Zeit nicht unbeeinflusst geblieben, weshalb *Ralf Dahrendorf* die Etablierung der Soziologie als Wissenschaft auf den Augenblick datiert, in dem sie begann, Ungleichheit unter den Menschen nicht mehr aus „naturgegebenen" Rangunterschieden abzuleiten, sondern als Folge der gesellschaftlichen Prozesse selbst zu begreifen. (vgl. Dahrendorf 1961a, S. 358) Im gesellschaftlichen Bereich nährte die europäische Aufklärung ein Gespür für soziale und politische Ungerechtigkeiten und förderte eine wachsende Unsicherheit in den geistigen und moralischen Orientierungen. Es kam die Frage auf, warum die Verhältnisse so sind, wie sie sind, und was der Mensch damit zu tun hat.

Das ist auch der Hintergrund für meine am Ende des Vorworts schon gegebene Definition von Soziologie, von der ich meine, dass sie grosso modo das Spektrum der vielen anderen

Versuche abdeckt. Ich will sie wiederholen: *Soziologie befasst sich mit gesellschaftlichen Verhältnissen und dem Handeln zwischen Individuen in diesen Verhältnissen.*

Soziologie, wurde gerade gesagt, beginnt mit dem Zweifel an der Natürlichkeit der gesellschaftlichen Verhältnisse. Diese Frage wird nie alt, weshalb die Soziologie ja auch zu den Wissenschaften gehört, von denen *Max Weber* sagt, ihnen sei ewige Jugendlichkeit beschert. (Weber 1904, S. 252)

Mit dieser Aussicht müsste eigentlich genügend Motivation erzeugt worden sein, sich auf das Wagnis Soziologie einzulassen. Aber nun ist es nicht jedermanns Sache, sich die Dinge immer wieder und immer aus einer anderen Perspektive anzusehen. Dennoch: es geht nicht anders, und wenigstens einige Perspektiven, die Soziologen im Laufe der Jahre schon eingenommen haben, und wenigstens die grundlegenden Theorien sollte man kennenlernen. Deshalb will ich neben den erfreulichen Ausblick, den Weber geben wollte, noch ein Wort der Ermutigung stellen: bei so viel kritischer Distanz und bei so vielen Perspektiven ist natürlich die Gefahr groß, dass man vor lauter Bäumen den Wald nicht mehr sieht. Doch das ist ja auch eine Aufgabe einer Einführung in die Soziologie, dass sie Trampelpfade markiert, auf denen schon viele Soziologen sich durch unwegsames Gelände bewegt haben. Zu wissen, dass man auf dem Hauptpfad geht, beruhigt ja, und man kommt auch rasch vorwärts. Spannender sind aber oft die freien Exkursionen ins Gelände, und die Soziologie lebt von diesem Wagemut.

Mut in der theoretischen Auseinandersetzung ist eines; etwas ganz anderes ist der Mut, soziologische Kenntnisse auch beharrlich gegenüber herrschenden Meinungen und praktischen Verhältnissen zu vertreten. Ich habe eben auf Dahrendorf hingewiesen, der die Scheiben des Elfenbeinturmes einschlagen wollte, in dem sich mancher Wissenschaftler mit der Annahme verschanzte, ganz objektiv „nur" zu sagen, wie die Dinge liegen. Der Soziologe, hieß es, muss auch in seinem Beruf Moralist sein, und vor allem muss er sehen, was aus seinem Tun folgt oder nicht folgt. Bourdieu hat genau in dieser Richtung deutlich gewarnt, den Imperativ der Wertneutralität, der ja in Webers Anspruch der Wertfreiheit enthalten ist, als einen „Nichtangriffspakt zwischen dem Soziologen und der Gesellschaft" misszuverstehen. (Bourdieu 1970, S. 8) Das verstehe ich nun aber nicht in dem Sinne, mit jeder soziologischen Erkenntnis gleich auf die Straße zu rennen, um Verhältnisse zum Tanzen zu bringen oder die Mühseligen und Beladenen zu beglücken. Das ist Aufgabe der Politik und eines jeden verantwortlichen Bürgers, nicht des Soziologen als Wissenschaftlers. Wo die Grenze zwischen beiden Bereichen liegt, habe ich oben gesagt, als ich Webers Rede über den inneren Beruf zur Wissenschaft wiedergegeben habe.

Ergo: Soziologische Analyse ist keine direkte Anleitung zum Handeln, aber sie gibt die Kriterien der Legitimität von Verhältnissen und Handeln vor. Insofern ist sie in der Tat *praktische* Kritik. In dem Augenblick nämlich, wo sie nach strukturellen Zusammenhängen sucht, die dabei verwendeten Methoden benennt und ihre Erkenntnisse der öffentlichen Kritik aussetzt, ist sie prinzipiell Aufklärung. Nach der Seite der vermeintlich selbstverständlichen Wirklichkeit hat sie nämlich offengelegt, wie die Dinge – unter einer bestimmten Perspektive – wirklich zusammenhängen und was aus ihnen folgt. Durch diese strukturelle Aufklärung werden manche falschen Gewissheiten, einige wohlfeile Dummheiten und etliche Ideologien entlarvt. Nach der Seite der kritischen Einwände befördern so gewonnene soziologische Erkenntnisse, Alternativen prinzipiell – das heißt unter anderen Perspektiven – zu denken.

In diesem Sinne ist Kritik der Soziologie als Wissenschaft immer inhärent. Natürlich verstehe ich Kritik zunächst im schon erwähnten ursprünglichen Sinn der „Unterscheidung". Was als soziales Phänomen beschrieben und in einem strukturellen Zusammenhang festgestellt wird, kann nur gedacht werden, weil es von einem anderen Zusammenhang unterschieden wird. *Strukturell* heißt nämlich, dass die Beziehungen zwischen den Elementen, aus denen ein soziales Phänomen erklärt werden soll, nicht zufällig sind, sondern eine gewisse sinnvolle Ordnung aufweisen.

Kritik in diesem Sinn weist dann wieder auf die theoretische Arbeit der Soziologie, in die ja hier eingeführt werden soll, zurück. Wenn wir nämlich dieses Kriterium der sinnvollen Ordnung anlegen, dann gibt es nicht beliebig viele Möglichkeiten, strukturelle Zusammenhänge zu konstruieren, und dann können auch nicht beliebige Theorien herangezogen werden. Theorien stehen nämlich für die Anstrengungen, die vielen Versuche, strukturelle Zusammenhänge aufzuweisen, auf vernünftige Erklärungen einzuschränken. Insofern müssen Theorien immer als gegenstandsbezogene Theorien entworfen werden.

Für welche Theorie man sich aber letztlich entscheidet, immer muss das eigene soziologische Denken, das habe ich ja im ersten Kapitel ausführlich begründet, mit der Distanz zu den Phänomenen beginnen.

Distanz heißt nicht über den Dingen stehen wollen, sich nicht engagieren. Distanz ist ein Zurücktreten von dem „Selbstverständlichen", um auf größere Zusammenhänge blicken zu können. Deshalb darf Distanz auch nicht mit Desinteresse verwechselt werden. Im Gegenteil. Das Denken erschließt keine neuen Horizonte, wenn es nicht von einem tieferen persönlichen Interesse angetrieben wird. Interesse hat nichts mit dem Drang eines heißen Herzens zu tun, sondern will den Dingen auf den Grund gehen, um sie dann aus Überzeugung zu belassen, wie sie sind, oder sie zu verändern. Kritisches Interesse ist das genaue Gegenteil von Betroffenheit, die verheerend für die Wissenschaft ist, weil sie für wirkliche Zusammenhänge blind macht. Sie verbiegt nämlich Methoden und Tatsachen – nicht in finsterer Absicht, sondern in guter Meinung.

Wenn ich eben gesagt habe, Soziologie sei ohne anstrengende Selbstreflexion nicht zu machen, dann heißt das natürlich nicht, über die gesellschaftlichen Verhältnisse erst etwas zu sagen, wenn man auf den tiefsten Grund des Brunnens seiner Vergangenheit gelangt ist. Das gelingt sowieso nicht, und deshalb sollte sich auch kein Soziologe entsprechende Skrupel einreden lassen. Und umgekehrt sollte er sich von niemandem zur Kritik oder zur Zustimmung verführen lassen, der den Skrupel noch nicht einmal kennt.

Soziologie ist eine diskursive Wissenschaft und das heißt vor allem eines: sie muss sich ihrer Argumente immer wieder in der Kommunikation mit anderen vergewissern. Auch deshalb wird sie ewig jung bleiben.

In diesem Zusammenhang noch ein Wort in Ihrer und meiner Sache: Da eine Einführung ermuntern soll, sich diese Wissenschaft immer aufs Neue zu Eigen zu machen, sei auch jeder ermuntert - ich wiederhole es ausdrücklich! -, sich an den Stellen, wo er die Sache glaubt weiterdenken zu müssen, des eigenen Verstandes ohne fremde Anleitung zu bedienen. Es wäre die mindeste Voraussetzung für die besondere Art des Denkens, durch die sich Soziologie - wenn sie ernsthaft betrieben werden soll - auszeichnet.

Und das ist der dritte Grund, warum sie eigentlich nicht alt werden kann.

2.6 Was tut ein Soziologe und was ist seine Aufgabe?

Die letzte Frage dieses Kapitels ist nur scheinbar einfach. Wie gleich deutlich wird, rührt sie nämlich an die Trennung von Theorie und Praxis oder, um es etwas bildhafter auszudrücken: an die Frage, ob sich Soziologie im Elfenbeinturm oder auf dem Markt abspielen soll oder darf.

Ich fange damit an, dass ich sage, was die Aufgaben eines Soziologen sind und was er können muss. Die erste Aufgabe ist, gesellschaftliche Phänomene zu *beobachten*. Das geht nicht einfach so, sondern das erfordert hohe Aufmerksamkeit und Sachkunde. Man kann nicht naiv in das Feld gehen, weil man dann soziologisch wahrscheinlich gar nichts oder vor lauter Bäumen den Wald nicht sieht. Man muss wenigstens grob wissen, worum es dort geht und welche theoretischen Erklärungen dazu in der Diskussion sind. Dazu gehört natürlich auch, dass man sich auch selbst beobachtet insofern, dass man sich seiner eigenen „Hintergrundannahmen“ und impliziten Wertungen - darauf komme ich gleich noch einmal zurück - versucht inne zu werden.

Das gilt auch für die zweite Aufgabe, die darin besteht, die Phänomene systematisch zu *beschreiben*. Das erfordert, dass man die Kriterien benennt, nach denen Fakten erhoben werden, und *alle* relevanten Fakten in einen sinnvollen Zusammenhang setzt. Das heißt, dass man keine unbequemen Daten unterschlagen oder „passende" Daten überbetonen darf. Die Beschreibung muss so stichhaltig sein, dass jeder andere Forscher, der sich auf die benannten Kriterien der Analyse einlässt, zu dem gleichen Ergebnis kommen können muss.

Die dritte Aufgabe besteht darin, soziale Phänomene einleuchtend zu *erklären*. Das beinhaltet, sie zunächst einmal zu verstehen, das heißt den Sinn eines Phänomens, sei es ein Ereignis, ein Tatbestand, eine Struktur oder ein Prozess, herauszufinden. Auf der Ebene des Handelns zwischen Menschen bedeutet das, sich in den anderen hineinzuversetzen und von seinem Standpunkt aus zu denken, aber auch die Umstände zu bedenken, die zu diesem Handeln geführt haben. Verstehen heißt insofern auch, fremdes Handeln nachzuvollziehen. Auf der Ebene abstrakter Strukturen bedeutet es, die Bedingungen, unter denen sie entstanden sind und unter denen sie sich erhalten, aufzudecken.

Ein Einschub zur Beruhigung: Da man sich im Prinzip von jedem individuellen Standpunkt aus und unter jeder beliebigen Perspektive an das Verstehen machen kann und da sich die Verhältnisse, die verstanden werden sollen, ständig ändern, muss man einräumen, dass Verstehen im Prinzip ein unendlicher Prozess des Entwerfens und Verwerfens von *möglichen* Erklärungen ist. Man kommt von Hölzken auf Stöcksken, und mancher hat Skrupel, überhaupt noch eine dezidierte Aussage zu treffen. Doch im normalen soziologischen Betrieb ist das nicht zu erwarten. In der einen Hinsicht kann ich sagen: je mehr man sich mit der Soziologie beschäftigt, umso mehr bildet sich der Blick für das Wesentliche heraus. Und in der anderen Hinsicht entsteht in dem gleichen Zusammenhang auch eine gewisse Sicherheit des Urteils. Beides ist natürlich nicht leicht zu haben, weshalb ich Webers Wort vom langsamen Bohren von harten Brettern noch einmal in Erinnerung rufen möchte.

Kehren wir wieder zurück zum Verstehen. Wenn es soweit getrieben wird, dass strukturelle Zusammenhänge sichtbar werden, dann geht es in Erklärung über. Erklären heißt nämlich, systematisch allen möglichen Gründen nachzugehen, die zu einem bestimmten Phänomen geführt haben, und Gründe in einer plausiblen Gesamterklärung zusammenzuführen. Erklärungen zielen aber nicht nur auf Bedingungen, sondern auch auf Folgen. Deshalb unterscheidet man zwischen kausalen Erklärungen (was sind die Bedingungen?) und funktionalen Erklärungen (was sind die Folgen?). An der Prognose von Folgen wenigstens auf mittlere Frist entscheidet sich die Güte der funktionalen Erklärungen. An dem Beleg ähnlicher systematischer Bedingungen entscheidet sich die Güte der kausalen Erklärung.

Erklärungen sind die Grundlage von *Theorien*. Theorien sind nämlich nichts anderes als ein System von Erklärungen, die ein bestimmtes Phänomen in seiner Komplexität erfassen und sich rational begründet von anderen Erklärungen unterscheiden. Gerade Anfänger stellen gerne die Frage, an welche Theorie man sich am besten halten sollte. Ich will es negativ beantworten: man sollte nicht gleich auf die Theorie fliegen, die einem auf Anhieb als die plausibelste erscheint oder die mit den eigenen Interessen gerade am besten harmoniert. Auch die Theorie, die einen am meisten verblüfft, ist nicht per se die bessere. Natürlich öffnen uns manchmal neue Theorien, vor allem wenn sie in aller Munde und handlich geschnitzt[11] sind, die Augen und lassen uns aus ungewöhnlicher Perspektive auf Zusammenhänge blicken, die uns bis dahin ganz anders vertraut waren. Solche überraschenden Erleuchtungen halten das Denken zwar geschmeidig, aber man sollte auch nicht die Gefahr übersehen, dass sie genau so schnell zu einem raschen Urteil verleiten. Wenn man die Dinge aber weiter denkt, dann entpuppt sich manches Aha-Erlebnis als Strohfeuer.

Ernsthafte wissenschaftliche Analyse verlangt denn auch etwas anderes, und Soziologie beginnt eigentlich erst dann, wenn man sich fragt, was denn das Überraschende war, das einem bei der

11 Man erlaube mir, dass die Metaphern (wie diese ja auch) kneifen!

Beschäftigung mit einer bestimmten Theorie oder bei den Worten des Soziologen B. widerfahren ist. Dann müssen nämlich verschiedene Perspektiven eingenommen und Theorien gegeneinander abgewogen werden. Das wiederum heißt, dass man auch *ihrer* inneren Logik nachgehen muss. Erst dann kann gesagt werden, ob sie zur Erklärung sozialer Phänomene herangezogen werden können. Es sind nämlich die Phänomene und ihr struktureller Zusammenhang, die bestimmte Theorien ermöglichen oder gar verlangen, nicht umgekehrt.

Welche Theorien die angemessenen sind, erfahre ich erst, indem ich sie bei meinem Versuch, den Dingen auf den Grund zu gehen, verwende. Wenn man sich dann auf eine bestimmte Theorie eingelassen hat, dann muss man die Phänomene auch konsequent nach der Kausalität dieser Theorie weiterverfolgen. Wissenschaft ist nämlich, mahnt Weber, „kein Fiaker, den man beliebig halten lassen kann, um nach Befinden ein- und auszusteigen. Sondern: ganz *oder* gar nicht, *das* gerade ist ihr Sinn, wenn etwas anderes als Trivialitäten herauskommen soll." (Weber 1919b, S. 173) Deshalb ist es auch höchst problematisch, wenn man seine theoretischen Analysen mit einer kleinen Reverenz vor dem aktuellen mainstream aufzupolieren sucht. Ausblicke auf andere Theorien sind erst dann geboten, wenn eine Theorie an einem bestimmten Punkt nicht mehr genügend erklären kann oder wenn sie im Gegenteil sich einer anderen deutlich überlegen zeigt. Nach diesem Einschub über den Soziologen als Theorieverwender nun zurück zu seinen anderen Aufgaben.

Soziologie, das wurde schon deutlich, als die Frage diskutiert wurde, worauf man sich einlässt, wenn man Soziologie studiert, ist eine Wissenschaft, die Theorie und Praxis verbindet. Damit ist nicht gemeint, dass sie sagt, wie wir handeln sollen, sondern dass sie sagt, was die Bedingungen unseres Handelns sind und was aus unserem Handeln folgt. Sie klärt also durch ihre Analysen auf, legt die Logik der strukturellen Bedingungen dar und erzwingt so die Frage nach der Rationalität unseres Handelns. Unter der Voraussetzung, dass die strukturelle Analyse die oben genannten Bedingungen der Wertfreiheit und Sachhaltigkeit erfüllt und bis zum Ende und in kritischer Auseinandersetzung mit anderen Erklärungen durchgeführt worden ist, ergibt sich dann eine vierte Aufgabe der Soziologie: sie *beurteilt* das Handeln und die gesellschaftlichen Verhältnisse nach der Rationalität einer bestimmten Theorie. Das setzt voraus, dass die Theorie dem sozialen Gegenstand angemessen ist und dass man begründen kann, warum man sich für diese Theorie entschieden hat. Wo das rational begründet ist, darf das Urteil der Soziologin ggf. auch die Kritik der Verhältnisse nicht aussparen. Sie sehen, ich versuche, Sie aus dem Elfenbeinturm herauszuführen.

Vollends auf den Markt begibt sich die Soziologie, wenn sie sich einer *möglichen* fünften Aufgabe stellt: in gesellschaftliche Strukturen und Entwicklungen *einzugreifen*. Diese Aufgabe hängt natürlich eng mit der gerade genannten Aufgabe zu beurteilen und ggf. zu kritisieren zusammen. Doch während diese sich auf die Logik einer bestimmten Theorie berufen kann, geht es hier z. B. um die Idee einer *guten Gesellschaft* oder des *richtigen Handelns*. Diese mögliche Aufgabe ist nicht unumstritten. Ich will sie aber dennoch nennen, weil ich voraussetze, dass die Idee des „Guten" und „Richtigen" nicht die persönlichen Vorlieben des Soziologen spiegeln darf, sondern sich aus der Logik einer Theorie ergeben hat. Deshalb ist es auch nicht Aufgabe der Soziologie, *das* Ideal, wie Durkheim verlangte, sondern *ein* Ideal zu bestimmen. Ich vermute, dass dieser Aufgabenbestimmung nicht viele zustimmen werden. Ich bleibe trotzdem dabei, weil ich mit Gouldner der festen Überzeugung bin: „In gewisser Weise stellt jede Theorie einen diskreten Nachruf auf ein Gesellschaftssystem oder seine Lobpreisung dar." (Gouldner 1970, S. 63) Jede noch so reflektierte soziologische Analyse enthält im Kern das Bild einer wahren Gesellschaft.

Nun ist es nicht jedermanns Sache, die Aufgabe der Soziologie so weit auszudehnen. Aber wenn ein Forscher es will und wenn er die strengen Kriterien der wissenschaftlichen Analyse erfüllt hat, dann kann ich ihm nur mit Durkheim raten: er muss „den resoluten Entschluss fassen, vor den Ergebnissen seiner Untersuchung, sofern sie nur methodisch gewonnen sind, nicht zurückzuschrecken." (Durkheim 1895, S. 85) Jetzt dürfte auch klar sein, warum ich von einer fünften, *möglichen* Aufgabe der Soziologie spreche.

Sie könnte wieder in den Rang einer Moralwissenschaft geraten, und in der aktuellen öffentlichen Diskussion über Sinnkrisen, falsch verstandene Individualisierung und neue Unübersichtlichkeiten wäre sie wohl auch nicht der schlechteste Kandidat.

So oder so, bei vier oder fünf Aufgaben, Soziologen – das dürfte jetzt klar sein – geraten leicht in die Rolle des Störenfrieds, weil sie die Gewissheiten der geordneten Welt hinterfragen und rationale Begründungen für soziale Regelungen einfordern. Was das für Konsequenzen haben kann, will ich durch ein armenisches Sprichwort andeuten. Es heißt: „Wer die Wahrheit sagt, sollte ein gesatteltes Pferd dabei haben."

2.7 Zwei grundsätzliche soziologische Perspektiven

Individuum und Gesellschaft sind aufeinander verwiesen. Das liegt auf der Hand und unter dieser Perspektive werde ich auch Grundbegriffe, Themen und Theorien der Soziologie behandeln. Obwohl man bei den allermeisten soziologischen Fragen sowohl den Blick auf das Individuum und sein Handeln als auch auf die Gesellschaft und ihre Struktur einnehmen kann (und sollte!), lohnt es sich, die beiden Perspektiven zunächst einmal deutlich zu unterscheiden und ihre Ausgangsfragen zu präzisieren. Die eine Perspektive firmiert unter dem Titel ‚sociology of social action', die andere unter dem Titel ‚sociology of social system«. In dieser geht es um gesellschaftliche Ordnung, wie sie zu Stande kommt, wie sie funktioniert und was daraus folgt; in jener geht es um das Handeln von Individuen, wie es zu Stande kommt, wie es funktioniert und was daraus folgt.

Die eine Perspektive nimmt die Gesellschaft als Gebilde mit einer bestimmten Ordnung in den Blick und fragt, wie sich Strukturen entwickeln, zu einem System fügen und wie das Individuum dazu gebracht wird, diese Ordnung mit zu tragen und nach ihren Regeln zu handeln. Die andere nimmt das Individuum in den Blick und fragt, wie aus seinen Handlungen fortlaufend soziale Regelungen entstehen und sich Individuen unter gesellschaftlichen Bedingungen oder auch gegen sie behaupten. Dahinter steckt natürlich die uralte Menschheitsfrage nach der Freiheit des Einzelnen bzw. der Unterordnung unter die Gesellschaft, die Frage nach Determinismus und freiem Willen. Dass diese Frage auch die soziologische Theorie von Anfang an bewegt hat, liegt auf der Hand.

Wenn man diese Frage auf das Verhältnis von Individuum und Gesellschaft im Allgemeinen und auf das Handeln der Individuen im Besonderen bezieht, dann lautet sie so: Bestimmt das Handeln die Strukturen oder bestimmen die Strukturen das Handeln? Das ist nicht die müßige Frage, was zuerst da war, die Henne oder das Ei. Da kein Mensch mehr in die glückliche – vielleicht wäre es ja auch gar keine glückliche? – Lage kommt, ganz allein für sich zu regeln, wie hinfort Gesellschaft sein soll, steht ohnehin jeder einer solchen gegenüber. Die konkrete Frage, um die es in der Soziologie geht, läuft deshalb darauf hinaus: Wie abhängig ist das Individuum von dieser Gesellschaft bzw. welchen Effekt hat sein Handeln?

Um die polaren Positionen gleich zu Anfang deutlich zu machen, zitiere ich zwei Klassiker dieser gegensätzlichen Perspektiven, den englischen Nationalökonomen *John Stuart Mill (1806-1873)* und den deutschen Philosophen *Karl Marx (1818-1883)*.

John Stuart Mill, der einige Jahre für die East-Indian-Company tätig war und dann als liberales Mitglied im englischen Unterhaus saß, verfocht eine streng positivistische Soziologie, deren Aufgabe es sein sollte, Gesetzmäßigkeiten des menschlichen Lebens und der Gesellschaft herauszufinden und damit soziale Phänomene zu erklären. Als Wissenschaftstheoretiker forderte er eine Forschungslogik, die sowohl für die Natur-, wie für die Geisteswissenschaften gelten sollte. Mill schreibt nun in seiner „Logik der Moralwissenschaften" aus dem Jahre 1843:

John Stuart Mill: Gesellschaftliche Phänomene sind nichts anderes als die Gesetze der Handlungen der Menschen

„Die Gesetze der gesellschaftlichen Phänomene sind faktisch und können nichts anderes sein als die Gesetze des Tuns und Leidens menschlicher Wesen, die durch den gesellschaftlichen Zustand miteinander verbunden sind. Menschen sind jedoch auch im Gesellschaftszustand immer Menschen, ihr Tun und Leiden gehorcht den Gesetzen der individuellen menschlichen Natur. Die Menschen werden nicht, wenn sie zusammenkommen, in eine andere Art von Substanz mit verschiedenen Eigenschaften verwandelt. (...) Menschliche Wesen in der Gesellschaft besitzen keine anderen Eigenschaften als jene, die von den Gesetzen der Natur des individuellen Menschen herstammen und sich in diese auflösen lassen." (Mill 1843: Zur Logik der Moralwissenschaften, S. 91)

Im Klartext heißt das: Wenn wir von Gesellschaft sprechen, dann meinen wir nur Einzelmenschen, die handeln. Ein besonders strenger Vertreter dieses Individualismus hat es vor einigen Jahren noch krasser ausgedrückt: „Es gibt keine Gesellschaften, sondern nur Individuen, zwischen denen es zu Interaktionen kommt." (Elster 1989, S. 248)[12] Und an anderer Stelle heißt es: „The elementary unit of social life is the individual human action. To explain social institutions and social change is to show how they arise as the result of the action and interaction of individuals." (Elster 1989a, S. 13)

Eine völlig andere Position vertrat Karl Marx. Er stand zunächst unter dem Einfluss Hegels, wandte sich aber schließlich von dessen idealistischer Philosophie ab. In Frankreich kam er in Berührung mit der sozialistischen Arbeiterbewegung und trat, nach seiner Ausweisung aus Paris, in London dem Bund der Kommunisten bei. Sein Menschenbild war durch die Auffassung geprägt, dass die Geschichte der Menschheit eine Geschichte der Unterdrückung des Individuums durch die materiellen Verhältnis-

12 Der oben zitierte Ausspruch der englischen Politikerin „There is no such thing like society. There are only individuals" gibt es genau wieder!

se ist. Darunter verstand er die Strukturen der Macht, wie sie durch die konkreten Produktionsverhältnisse gegeben sind. Unter den objektiven Verhältnissen entfremdet sich das Individuum seiner selbst. Diesen Gedanken bringt Marx im Jahre 1859 im Vorwort seiner Schrift „Zur Kritik der politischen Ökonomie" zum Ausdruck, in der er das Ergebnis seiner kritischen Auseinandersetzung mit der Hegel'schen Rechtsphilosophie mit den folgenden Worten bekannt gab: „Meine Untersuchung mündete in dem Ergebnis, dass Rechtsverhältnisse wie Staatsformen weder aus sich selbst zu begreifen sind noch aus der so genannten allgemeinen Entwicklung des menschlichen Geistes, sondern vielmehr in den materiellen Lebensverhältnissen wurzeln." (Marx 1859, S. 8) Deshalb sei die „Anatomie der bürgerlichen Gesellschaft", als die Hegel die Verhältnisse bezeichnet habe, „in der politischen Ökonomie zu suchen." Marx fährt dann fort:

Karl Marx: Die Verhältnisse sind unabhängig vom Willen der Menschen

„In der gesellschaftlichen Produktion ihres Lebens gehen die Menschen bestimmte, notwendige, von ihrem Willen unabhängige Verhältnisse ein, Produktionsverhältnisse, die einer bestimmten Entwicklungsstufe ihrer materiellen Produktivkräfte entsprechen. Die Gesamtheit dieser Produktionsverhältnisse bildet die ökonomische Struktur der Gesellschaft, die reale Basis, worauf sich ein juristischer und politischer Überbau erhebt und welcher bestimmte gesellschaftliche Bewusstseinsformen entsprechen. Die Produktionsweise des materiellen Lebens bedingt den sozialen, politischen und geistigen Lebensprozess überhaupt. Es ist nicht das Bewusstsein der Menschen, das ihr Sein, sondern umgekehrt ihr gesellschaftliches Sein, das ihr Bewusstsein bestimmt." (Marx 1859: Zur Kritik der Politischen Ökonomie, S. 8f.)

Nach Mill wird die gesellschaftliche Struktur aus den Handlungen der Individuen erklärt. Da alle Individuen an ihrem persönlichen Nutzen interessiert sind, schaffen sie im freien Spiel der Kräfte Strukturen, die den größten *Nutzen* bringen. Deshalb wird diese Theorie auch „utilitaristisch"[13] genannt. Genau umgekehrt argumentiert Marx. Die Menschen handeln nicht aus freien Stücken, sondern sie können nur so handeln, wie die historisch-materiellen Bedingungen ihres Lebens es erzwingen. Die Handlungen der Individuen werden also aus den gesellschaftlichen Verhältnissen, und nur aus diesen, erklärt.

Lässt man die politischen Implikationen der liberalistischen Theorie von Mill bzw. der historisch-materialistischen Theorie von Marx einmal beiseite, dann kann man sagen, dass sich hier schon die „zwei Soziologien" abzeichnen, die später als „sociology of social system" bzw. als „sociology of social action" unterschieden worden sind. (Dawe 1970) In der deutschen Diskussion hat Vanberg die beiden theoretischen Ansätze nach Kollektivismus und Individualismus unterschieden. (Vanberg 1975) Die eine Soziologie ist systemisch angelegt und rückt die Strukturen in den Vordergrund. Die andere ist individualistisch ausgerichtet und rückt das Handeln in den Vordergrund. Diese denkt von den Teilen der Gesellschaft, den Individuen, jene vom Ganzen her, weshalb sie gelegentlich auch als ‚Holismus«[14] bezeichnet wird.

Martin Hollis: Holismus und Individualismus

„Der Begriff ‚Holismus« bezieht sich auf jeden Ansatz, der das Tun (menschlicher oder sonstwie beschaffener) Einzelakteure durch Berufung auf ein größeres Ganzes erklärt. (...) Sofern die in Marx' Vorwort dargelegten Ideen zutreffen, verfährt die Erklärung ‚von oben nach unten«, indem sie individuelle Handlungen ‚holistisch« erläutert, d. h. durch Bezugnahme auf die Funktionsweise eines Systems. Wird die richti-

13 Darum wird es in Band 2, Kapitel 4.4 „Individualistische Theorien des Verhaltens" gehen.

14 Holos, griech. – „das Ganze". Verstehen Sie es bitte nicht als Kalauer, wenn ich ausdrücklich darauf aufmerksam mache, dass der Begriff Holismus nichts mit dem gleich zitierten Autor zu tun hat!

> ge Vorstellung dagegen von Mill vertreten, behält der ›Individualismus‹ die Oberhand, und die Erklärung verfährt ›von unten nach oben‹, während die Systeme keinen unabhängigen Beitrag leisten oder sogar in Fakten ›zerlegt‹ werden, die einzelne Akteure betreffen." (Hollis 1994: Soziales Handeln, S. 31)

Die holistische Sichtweise betont das Faktische und die Institutionen, die individualistische das Potenzielle und das Handeln der Individuen. Diesen Unterschied kann man sich klar machen, wenn man das Verhältnis zwischen Institutionen und ihrer „Macht" (verstanden als Einfluss, Potenz und Wirkung) auf der einen Seite und Individuen und ihrer „Macht" auf der anderen betrachtet. Für den Holismus stellt es sich so dar: „Durch Institutionen werden die Individuen sowohl eingeschränkt als auch mit gewissen Fähigkeiten ausgestattet. Institutionen verhindern manche Handlungsweisen, während sie andere erforderlich machen. Außerdem schaffen sie Chancen, sodass die Einzelnen tun können, wozu sie sonst nicht im Stande gewesen wären." (Hollis 1994, S. 148f.) Hier liegt die Macht also eindeutig auf der Seite der Institutionen. Auf den Einwand, dass doch Institutionen ursprünglich von Individuen geschaffen worden sind, würden die Holisten antworten, das spiele für die Erklärung ihrer derzeitigen Macht keine Rolle mehr. Schließlich – gibt Hollis die entsprechende Antwort wieder – habe auch Frankensteins Monster nach kurzer Zeit ein Eigenleben geführt.

Die Individualisten sehen es natürlich genau andersherum: „Institutionen sind nichts weiter als Regeln und Praktiken. Ihre Macht beruht auf der Akzeptierung durch Individuen oder auf dem Zwang, den Individuen auf andere Individuen ausüben. Gemeinsames Vorgehen zur Veränderung der Institutionen ist stets möglich, und dazu gehören sowohl die Weigerung, etwas durchzusetzen, als auch die Weigerung zu gehorchen. Auch wenn Kontinuität häufiger vorkommt als dramatische Veränderungen, ist die Erklärung beider (gemeint sind Kontinuität und Veränderung, H. A.) doch in den Überzeugungen und Wünschen der Individuen zu suchen. Allmählicher Wandel ist eine verbreitete Erscheinung, und am ehesten lässt er sich als Summe geringfügiger Einzelentscheidungen erklären, die tendenziell in dieselbe Richtung gehen." (Hollis 1994, S. 149)

Ich habe beide Positionen so ausführlich dargestellt und so streng gegeneinander gesetzt, um deutlich zu machen, wo bei den folgenden Grundbegriffen, Themen und Theorien die Akzente gesetzt werden. Besonders augenfällig wird die Unterscheidung von zwei Soziologien, wenn es um die soziologischen Antworten auf die Frage „Wie ist Gesellschaft möglich?" geht. Ich behandele sie in chronologischer Reihenfolge, da die Geschichte der soziologischen Theorie immer auch eine Geschichte der Aufnahme oder Ablehnung früherer Theorien ist.

3. Soziale Ordnung oder: Wie ist Gesellschaft möglich?

Eine alte Grundfrage der Soziologie lautet: Wie ist gesellschaftliche Ordnung möglich? Obwohl die Antworten, die auf diese Grundfrage der Soziologie bisher gegeben wurden, zahlreich sind, kann man einige Grundkonzepte oder Paradigmen unterscheiden. Die klassischen Vertreter dieser typischen Konzepte sind *Thomas Hobbes, Jean-Jacques Rousseau, die schottischen Moralphilosophen, Herbert Spencer, Georg Simmel* und *Emil Durkheim*.

Die Frage „Wie ist Gesellschaft möglich?" – so lautet übrigens ein Exkurs in Simmels großem Buch „Soziologie" aus dem Jahre 1908 – hat natürlich auch eine Gegenfrage: wie ist das Individuum angesichts von Gesellschaft möglich? Ich will es weniger tiefgründig formulieren: Wie ist das Verhältnis von Individuum und Gesellschaft? Da mir diese Frage ganz wichtig ist, lese ich Theorien sozialer Ordnung immer auch als Erklärungen, in welchem strukturellen Rahmen Handeln möglich, erwünscht, erlaubt oder verboten ist.

Unter dieser Perspektive referiere ich dann auch eine Erklärung sozialer Ordnung, die von der Erhaltung eines gesellschaftlichen Funktionszusammenhangs ausgeht und danach dem Individuum den Rahmen seines Handelns vorgeht. Das ist die Theorie von *Talcott Parsons*, für den die freiwillige Anerkennung von Rollen Voraussetzung für jede Ordnung ist. Eine andere Erklärung ist die von *Peter L. Berger* und *Thomas Luckmann*, die die konstruktive Seite der Ordnung – sowohl was die Ordnung selbst, als auch was den täglichen Beitrag des Individuums zum Erhalt sozialer Ordnung und zur Erzeugung von Wirklichkeit betrifft – in den Blick rücken.

3.1 Hobbes: Die Furcht vor dem Leviathan

Eine der wichtigsten Antworten auf die Frage, wie Gesellschaft möglich ist, hat der englische Staatsphilosoph *Thomas Hobbes (1588-1679)* in seinem Werk „Leviathan" (1651) gegeben. Hobbes geht davon aus, dass der Mensch von Natur aus auf seinen Vorteil bedacht ist und dieses Interesse auch gegen die Interessen seiner Mitmenschen durchsetzt. Im berühmten 13. Kapitel, das „Von den Bedingungen der Menschen in Bezug auf das Glück ihres Erdenlebens" handelt, stellt Hobbes fest, dass die Natur die Menschen „sowohl hinsichtlich der Körperkräfte wie der Geistesfähigkeiten" ziemlich gleichmäßig begabt habe. Natürlich gebe es Unterschiede, aber sie seien nicht so groß, dass nicht ein jeder – sei es durch List oder durch Vereinigung mit anderen – doch hoffen kann, den Vorteil zu bekommen, den ein anderer schon hat. „Hierauf gründet sich nun auch die Hoffnung, die ein jeder zur Befriedigung seiner Wünsche hegt. Sooft daher zwei ein und dasselbe wünschen, dessen sie aber beide nicht zugleich teilhaftig werden können, so wird einer des andern Feind, und um das gesetzte Ziel, welches mit der Selbsterhaltung immer verbunden ist, zu erreichen, werden beide danach trachten, sich den andern entweder unterwürfig zu machen oder ihn zu töten." (Hobbes 1651, S. 113f.)

Wer einen Vorteil – sei es ein einträglicheres Stück Land oder ein Geschäft – hat, muss befürchten, dass er ihm streitig gemacht wird; wer einen Nachteil hat, wird, wenn er die Macht dazu hat, ihn zum Schaden eines anderen auszugleichen versuchen. „Wäre folglich keine Macht da, welche allen das Gleichgewicht halten könnte, so wäre das Leben der Menschen nebeneinander natürlich nicht bloß freudlos, sondern vielmehr auch höchst beschwerlich", und am Ende stünde das berüchtigte „bellum omnium contra omnes". (Hobbes 1651, S. 114 u. 115) Da jeder meint, mehr Anspruch auf die guten Dinge des Lebens zu haben als der andere, kommt es zwangsläufig zum Krieg aller gegen alle. Diese soziale „Ordnung" des Faustrechts ist also höchst riskant, und die Geschichte der Menschheit zeigt, dass solche Ordnungen nie von Dauer gewesen sind.

Weil der Mensch so ist, wie er ist, vertraut Hobbes auch nicht auf sog. natürliche Gesetze wie z. B. die „goldene Regel", wonach wir anderen nichts antun oder abverlangen sollen, was wir nicht auch uns zumuten lassen. Gegen die Hoffnung, den Krieg aller gegen alle allein durch codifizierte Gesetze und Verträge zu verhindern, wendet Hobbes ein: sie bestehen nur in Worten, „und bloße Worte können keine Furcht erregen." (Hobbes 1651, S. 151) Genau die aber ist nach der pessimistischen Sicht von Hobbes vonnöten, und von ihr leitet er nun auch die Erklärung sozialer Ordnung ab. Furcht, vor allem die vor einem gewaltsamen Tod, gehört zu den Leidenschaften, die den Menschen zum Frieden veranlassen können. Deshalb bedarf es einer großen Macht, die die Begehrlichkeiten der Einzelnen im Zaum hält und jedem die Früchte seiner Anstrengungen sichert. Nun läge es nahe, an einen starken Herrscher zu denken oder einen Diktator, aber Hobbes meint, dass auch der immer damit rechnen muss, dass ein Stärkerer kommt oder sich viele Schwächere gegen ihn zusammentun. Also bleibt als der einzig mögliche Weg, auf dem es zu einer dauerhaften Ordnung kommen kann, folgender:

Thomas Hobbes: Der große Leviathan

„Jeder muss alle seine Macht oder Kraft einem oder mehreren Menschen übertragen, wodurch der Willen aller gleichsam auf einen Punkt vereinigt wird, so dass dieser eine Mensch oder diese eine Gesellschaft eines jeden einzelnen Stellvertreter werde und ein jeder die Handlungen jener so betrachte, als habe er sie selbst getan. (...) Es ist eine wahre Vereinigung in einer Person und beruht auf dem Vertrage eines jeden mit einem jeden, wie wenn ein jeder zu einem jeden sagte: *Ich übergebe mein Recht, mich selbst zu beherrschen, diesem Menschen oder dieser Gesellschaft unter der Bedingung, dass du ebenfalls dein Recht über dich ihm oder ihr abtrittst.* Auf diese Weise werden alle Einzelnen eine Person und heißen *Staat* oder *Gemeinwesen.* So entsteht der *große Leviathan.*" (Hobbes 1651: Leviathan, S. 155)[1]

Um sich voreinander zu schützen und dadurch Gesellschaft überhaupt erst möglich zu machen, vereinen die Individuen durch wechselseitigen Vertrag die Kontrolle über sich in einem Punkt und übertragen ihre einzelne Macht auf eine zentrale Instanz, den Staat. Er allein ist mit Sanktionsmacht ausgestattet, und deshalb ist der Vertrag, der zur Garantie der Freiheit aller geschlossen wurde, auch unkündbar. Damit ist der zweite Blickwinkel angesprochen, der aus der Perspektive des Individuums erfolgt: um überhaupt frei zu sein, muss es ein Stück seiner Freiheit aufgeben. Freiheit gibt es nur, wo es Regeln gibt, die die Freiheit beschränken.

3.2 Rousseau: Gesellschaftsvertrag und moralische Freiheit

Anders als Hobbes ist der Genfer Philosoph *Jean Jacques Rousseau (1712-1778)* fest davon überzeugt, dass der Mensch von Natur aus gut ist, dass ihn aber die Gesellschaft verdorben hat. Im Naturzustand lebte der Mensch frei und einsam. Er folgte seinen Trieben und tat das, was seine Bedürfnisse forderten. Der einzige Zwang, dem er unterworfen war, war der Zwang der Natur. Dieser Natur-

1 Leviathan, das ist das schreckliche Ungeheuer in der Bibel, dem keiner trotzen kann.

zustand endete, als äußere Umstände ihn nötigten, sich mit anderen zusammenzutun. Solche Umstände waren z. B. extreme Herausforderungen durch die äußere Natur wie Schutz vor Naturgewalten oder aber auch das Erlegen eines starken Tieres.

Mit dem Zusammenschluss beginnt für Rousseau das Übel, denn von nun an lebt der Mensch in Gesellschaft, und das heißt: er wird von anderen Menschen abhängig. Abhängig wird er auf vielfältige Weise. Einmal dadurch, dass Territorien abgesteckt werden, die jemand für sich reklamiert. In dieser Definition (im lat. Sinne der Abgrenzung) von *Eigentum* sieht Rousseau ein Grundübel, mit dem die Gleichheit der Menschen beendet wurde. Abhängig wird der Mensch aber auch dadurch, dass er sich anderen konfrontiert sieht, die sich von ihm unterscheiden, denn diese Erfahrung reizt dazu, sich selbst auszuzeichnen und den anderen herabzusetzen. Unter der Hand kommt hier bei Rousseau ein pessimistisches Menschenbild ins Spiel. In dem Augenblick, wo der Mensch nicht mehr frei und einsam ist, sondern mit anderen zusammen ist, beginnt *Konkurrenz*. Der Gesellschaftszustand zwingt die Menschen, gegeneinander zu kämpfen. Dieser Zustand entspricht nicht seiner Natur. Der Mensch wird durch die Gesellschaft seiner Natur entfremdet. Die Gesellschaft macht den ursprünglich guten Menschen böse. Rousseaus Denken ist kulturkritisch. Es kreist darum, wie man den Menschen der Gesellschaft wieder in einen Zustand versetzen kann, der die wesentlichen Vorzüge des Naturzustandes beinhaltet.

Rousseau wollte mit seinem Schlachtruf „zurück zur Natur" also nicht, wie es oft zu lesen ist, den Gesellschaftszustand einfach abschaffen. Im Gegenteil. Rousseau akzeptiert die Tatsache der Gesellschaft, will den Zustand aber in einer bestimmten Richtung neu konstituieren. Ihm schwebt eine Art Urdemokratie vor, in der alle gleich sind und in gleicher Weise mitbestimmen. Einer solchen Ordnung, in der es keine individuelle Macht – sei es auf Grund von Eigentum oder physischer Überlegenheit – geben soll, werden die Menschen freiwillig zustimmen. Diesen Gedanken entwickelt Rousseau in seinem bahnbrechenden Werk „Vom Gesellschaftsvertrag oder Prinzipien des Staatsrechtes" (*„Du contrat social ou Principes du droit politique"*) aus dem Jahre 1762.

Ausgangspunkt ist die Annahme einer ursprünglichen Freiheit. So heißt es im 1. Kapitel: „Der Mensch wird frei geboren, aber überall liegt er in Ketten." Überraschenderweise meint Rousseau mit den Ketten keineswegs einen schrecklichen Zustand, sondern im Grunde die Tatsache, dass der Freiheit des Einzelnen überall Einhalt geboten wird. Das ist das Problem der sozialen Ordnung. Die Frage von Rousseau lautet deshalb auch: wie ist es zu dieser Ordnung gekommen und ist sie legitim?

Diese Ordnung, das liegt nach der Ausgangsthese auf der Hand, entspricht nicht der Natur, sondern sie beruht auf einer Absprache zwischen den Menschen. Sie basiert auf einem *Vertrag*.

Die Natur kennt den Gedanken des Vertrages nicht, deshalb muss man fragen, wie die Menschen dazu kommen, sich in einem Vertrag zusammenzutun. Bei Hobbes schlossen die Individuen aus Furcht voreinander einen Vertrag, und sie hielten sich an ihn, weil jemand - der Staat - ihn mit Gewalt durchsetzen konnte. Rousseau bezweifelt, dass die Gewalt auf Dauer einen Vertrag sichern kann. Für ihn ist die Grundlage des Vertrages die freie Vereinigung zu einem gemeinsamen Handeln, damit der Einzelne so frei wie im ursprünglichen Naturzustand ist. Rousseau glaubte an die Vernunft des Menschen, und deshalb übertragen die Individuen im Gesellschaftsvertrag nicht aus Furcht voreinander ihre Rechte aufeinander, sondern aus freier Zustimmung zueinander. Sie vereinen sich in einem gemeinsamen Wille, und jeder versteht sich als Teil eines gemeinsamen Körpers:

Jean Jacques Rousseau: Der Moral- oder Kollektivkörper

„Jeder von uns unterstellt gemeinschaftlich seine Person und seine ganze Kraft der höchsten Leitung des Gemeinwillens (volonté générale); und wir empfangen als Körper jedes Glied als unzertrennlichen Teil des Ganzen. Im gleichen Augenblick entsteht aus dieser Vergesellschaftung, an Stelle des einzelnen Vertragspartners, ein Moral- und Kollektivkörper." (Rousseau 1762: Vom Gesellschaftsvertrag oder Prinzipien des Staatsrechts, 1. Buch, 6. Kap.)

Der Mensch verliert durch den Gesellschaftsvertrag seine natürliche Freiheit und gewinnt eine moralische Freiheit. Rousseau ist überzeugt, dass die wahre Gesellschaft nur entstehen kann, wenn der Egoismus der Einzelnen unterdrückt wird. Er legt denn auch die Aufsicht über die Erziehung in die Hände des Staates. Der Mensch muss lernen, das Allgemeine, das *fait social*[2], zu wollen.

3.3 Schottische Moralphilosophie: Erfahrungen und Gewohnheiten

Anders als Hobbes und auch Rousseau, die von einem Urzustand des Menschen oder der Gesellschaft her spekulierten und danach sagten, was zu tun ist, um eine bestimmte Form von Gesellschaft herbeizuführen oder zu sichern, gingen die sog. *schottischen Moralphilosophen David Hume, Adam Smith und Adam Ferguson* fast naturwissenschaftlich vor und konstatierten, wie sich Individuen verhalten und was sich aus diesem Verhalten ergibt. Der Ausgangspunkt zur Erklärung sozialer Ordnung ist also das individuelle Verhalten. Als Moralphilosophen waren sie an der Frage interessiert, wie moralische Gefühle entstehen. In moderner soziologischer Sprache würden wir sagen: sie wollten wissen, wie soziale Normen zu Stande kommen und wie sie das Handeln bestimmen.

Eine erste Antwort findet sich bei *David Hume (1711-1776)*. Er stellt zunächst einmal fest, dass der Mensch nicht auf ein bestimmtes Verhalten festgelegt ist, sondern aus Erfahrungen lernt, was zweckmäßig und geboten ist. Ergo gibt es auch keine natürlichen Regeln des Umgangs miteinander und folglich auch keine natürlichen Institutionen. Sie werden stattdessen aus den Handlungen der Menschen selbst entwickelt und verändert. Seine moralische Einstellung (‚moral sense') findet das Individuum im Umgang mit den anderen. Es lässt sich vom ‚moral sense' leiten, weil er sich als zweckdienlich erwiesen hat. Deshalb können auch alle die Eigenschaften als moralisch bezeichnet werden, die von

2 Durkheim wird diesen Begriff im Plural verwenden und von ‚faits sociaux' sprechen.

allen bei allen gutgeheißen werden. Der moral sense wird vor allem in der Familie anerzogen. Sie ist die erste und wichtigste soziale Konstellation, in der der Mensch angemessenes soziales Verhalten erlernt. Dort werden die Leidenschaften des Menschen auf das für die Gesellschaft erträgliche bzw. zuträgliche Maß umgeformt. In der Familie und in anderen sozialen Konstellationen einer gewissen Dauer werden Bedürfnisse umgeformt und auf geistige Leistungen ausgerichtet, die dann wiederum die Bedürfnisse modifizieren. Auf diese Weise entstehen Interessen zu handeln. Welche Richtung diese Interessen nehmen, ob sie sich zum Beispiel freundlich mit denen anderer Menschen verbinden oder ob sie sich gegen sie richten, das hängt von den Meinungen ab, die die Menschen haben. Der englische Staatsphilosoph *John Locke* hatte von einem „law of opinion or reputation" bzw. „law of fashion" gesprochen, dem wir mehr gehorchen als dem göttlichen oder staatlichen Gesetz. (Locke 1694, II, Kap. 28, §10 und § 12) Was die anderen von uns sagen, ist uns wichtig!

Diese Erklärung sozialer Ordnung führt *Adam Smith (1723-1790)* weiter. Er geht von einem grundlegenden Zug der menschlichen Natur aus, dem *Selbstinteresse.* Das nun scheint eine denkbar schlechte Voraussetzung für die Entstehung von Gesellschaft zu sein. Die Frage ist deshalb für Smith, wie es die Menschen schaffen, dauerhaft miteinander auszukommen und gemeinsam zu handeln. Er gibt zwei Antworten. Zur ersten Antwort. Nach Smith liegt es im Prinzip der Natur des Menschen, am Schicksal eines anderen *Anteil* zu nehmen. Anteilnahme bedeutet, dass wir uns vorstellen, wie wir empfinden würden, wenn wir in der gleichen Lage wie er wären: „Vermöge der Einbildungskraft versetzen wir uns in seine Lage, (...) in unserer Phantasie treten wir gleichsam in seinen Körper ein und werden gewissermaßen eine Person mit ihm; von diesem Standpunkt aus bilden wir uns eine Vorstellung von seinen Empfindungen." (Smith 1759, S. 2)[3] Smith nennt dieses Mitgefühl „fellow feeling" oder „Sympathie". Es ist die

3 Das ist eine frühe Formulierung des von Mead später so genannten Prinzips „taking the role of the other".

Voraussetzung, mit anderen Menschen auszukommen. (Smith 1759, S. 127)

Nun zur zweiten Antwort. Smith stellt fest, dass der Mensch zwar von Natur aus an sein Selbstinteresse denkt, dass diese Schwäche aber ausgeglichen wird: „Die fortgesetzten Beobachtungen, die wir über das Verhalten anderer Menschen machen, bringen uns unmerklich dazu, dass wir uns gewisse allgemeine Regeln darüber bilden, was zu tun oder zu meiden schicklich und angemessen ist." (Smith 1759, S. 238) Wir lernen also durch Beobachtung, wie wir uns richtig verhalten sollen. Die *Erfahrung des Billigen oder Unbilligen* geht einher mit der Ausbildung bestimmter moralischer Empfindungen. Diese gelernten Gefühle nennt er ‚moral sentiments'. Sie sind die Grundlage der allgemeinen Regeln. (Smith 1759, S. 241) Die gesellschaftliche Ordnung basiert auf der wechselseitigen Beobachtung der Regeln angemessenen Handelns.

Auch *Adam Ferguson (1723-1816)* maß dem Thema Erfahrung und Gewohnheiten entscheidende Bedeutung bei der Erklärung menschlichen Handelns und den daraus entstehenden sozialen Regelungen bei. Da er eine Naturgeschichte des Menschen schreiben wollte, stellte er historische und kulturelle Vergleiche an und prüfte, wie sich die Menschen in bestimmten Gesellschaftsformen verhalten. Ferguson betrachtete den Menschen wie jedes andere Lebewesen, das sein Verhalten seiner spezifischen Lage anpasst. Der Mensch ist das *Produkt konkreter Verhältnisse.* Eine Besonderheit des Menschen liegt nun darin, dass der Mensch in Gruppen vorkommt, und deshalb kann man ihn nur verstehen, wenn man sein Verhalten in Beziehung zu anderen Individuen betrachtet. Das Individuum ist also auch das *Produkt sozialer Erfahrungen.*

An diesem Punkt setzt nun das zweite Argument ein, mit dem Ferguson die Geschichte der bürgerlichen Gesellschaft beschreibt. Die Beziehung des Individuums ist eine Beziehung zu seinesgleichen und zu *Fremden*! Es identifiziert sich mit seiner Gruppe und setzt sich von anderen Gruppen ab. Ferguson zieht für die Erklärung des einen Verhaltens eine natürliche *soziale* Veranlagung („social disposition‘) und für das andere eine ebenso natürliche zur *Opposition* heran. (Ferguson 1767, S. 120 und 127; Ferguson 1773, S. 29) Beide bedingen sich wechselseitig, denn erst in dem Maße, wie ich mich von einem anderen unterscheide, werde ich mir meiner Eigenheit bewusst. Jede Gesellschaft hält sich für eine verfeinerte (‚polished') Gesellschaft und blickt auf die anderen mit einer gewissen Verachtung herab. Die Griechen unterschieden sich von den brabbelnden ‚Barbaren', und die Christen hatten ihre ‚Heiden'. Der Mensch neigt dazu, sich durch die Abwertung der anderen aufzuwerten! Doch um diese falsche Einstellung, die er für dumm und gefährlich hält, geht es Ferguson nicht. Die positive Seite der „Dialektik von Eigenem und Fremdem" (Batscha u. Medick 1986, S. 43) liegt in seiner Theorie woanders: wir würden uns als *Mitbürger* nicht erkennen, wenn wir nicht zugleich *Ausländer* unterschieden. (Ferguson 1767, S. 123) Die Erfahrung des Fremden ist ein Prinzip der gesellschaftlichen Integration, da sie das Gefühl der Verbundenheit innerhalb einer Gruppe stärkt. Außerdem spornt die Erfahrung des Fremden den Wettstreit um die Richtigkeit und Angemessenheit von Regeln des Verhaltens – dort wie hier – an.

Weiter behauptet Ferguson, der Mensch verlange danach, etwas zu tun; würde man ihm seine Beschäftigung nehmen oder seine Wünsche zum Stillstand bringen, würde ihm das Leben zur Last. Erst „beim Ersinnen und Ausführen eines Plans, bei der Hingabe an die Flut der Erregungen und Gefühle scheint der Geist sein Wesen zu entfalten und sich selbst zu erfreuen." (Ferguson 1767, S. 152) Der Mensch ist durch *vorwärtsdrängende Aktivität* gekennzeichnet, und er schafft sich und seine Verhältnisse selbst: „Er ist gewissermaßen der Künstler sowohl seiner eigenen Gestalt als seines Schicksals und ist bestimmt, von der frühesten Zeit seiner Existenz an zu erfinden und Entwürfe zu machen." (Ferguson 1767, S. 103f.) Wohl mit Blick auf Rousseaus Vision eines Naturzustandes stellt Ferguson die rhetorische Frage, wo der Naturzustand zu finden ist, und kommt zu der lapidaren Feststellung: „Hier ist er." (Ferguson 1767, S. 105) Nicht damals und nicht irgendwann und auch nicht jenseits des Horizontes, sondern immer da, wo der Mensch handelt.

Der Mensch ist das handelnde Wesen, das in jedem Augenblick die Bedingungen seiner Zukunft schafft. Das kann mit den Mitteln geschehen, die seine Gesellschaft bereithält, das können aber auch ganz andere sein. Bei seinen Versuchen, seine Zukunft zu gewinnen, kann er sich auch irren. Wenn er daraus aber Erfahrungen zieht, die sein weiteres Handeln bestimmen, behält er das Heft in der Hand. (vgl. Ferguson 1767, S. 107) Das gilt selbst für den Fall, dass Wirkungen eintreten, die er nicht intendiert hat, denn auch hier ist er es, der sie zur Bedingung seiner Entscheidung zu handeln macht. In jedem Fall trifft er selbst die Entscheidung, die auf der Höhe seiner Rationalität ist. Die Gesellschaft ist die Summe dieser Entscheidungen. Die Aktivität des Menschen treibt die Verhältnisse weiter. Deshalb kann es auch keine vollendete gesellschaftliche Ordnung geben, sondern nur eine Ordnung im Prozess.

Bei seinen Überlegungen über das Gemeinwohl merkt Ferguson eher beiläufig eine weitere Besonderheit des Menschen an: er kann verschiedene Rollen spielen! Obwohl immer wieder gesagt werde, die Menschen seien ursprünglich gleich gewesen, sei doch nicht zu übersehen, dass sie befähigt sind, „auf Grund höchst unterschiedlicher Talente, verschiedener Seelenlagen und Heftigkeiten der Triebe höchst unterschiedliche Rollen zu spielen." (Ferguson 1767, S. 179) Der Mensch kann sich also auf die unterschiedlichen Anforderungen unterschiedlicher Situationen einstellen. Die Fähigkeit, den Umständen zu entsprechen, ist die Voraussetzung für regelmäßige Erwartungen an sein Handeln.

Ferguson kommt nun zu einer weiteren Erklärung, warum Gesellschaft möglich ist. Er nimmt nämlich an, dass den Menschen eine „Anlage zur Gesellschaft" auszeichnet. Diese besteht aber nicht in einer instinktiven „Neigung, sich mit der Herde zu vermischen," und auch nicht in einer Erwägung, dass es Vorteile bringt, wenn man in einer Gruppe unterstützt wird, sondern in einer „innigen Zuneigung" (‚ardent affection'), die man zu seinesgleichen empfindet. (Ferguson 1773, S. 29) Sie wird „durch Bekanntschaft und Gewohnheit" (‚acquaintance and habitude') genährt. (Ferguson 1767, S. 119 und 120; Ferguson 1773, S. 29) Ihre Stärke und ihre Form findet diese Anlage in konkreten gesellschaftlichen Verhältnissen.

Zuneigung ist in Verbindung mit den Verstandeskräften das Fundament der sittlichen Natur. Das Handeln in Gemeinschaft mit anderen ist getragen von einem ‚moral sentiment', einem sittlichen Gefühl, das aus sozialen „Zusammenstößen" (‚collisions') entsteht. (Ferguson 1773, S. 54) Zusammenstoß heißt neutral, dass Individuen in Szenen – freundlichen, feindlichen oder auch interesselosen – aufeinander treffen. Zuneigung erwächst aus der Erfahrung, was das Handeln der anderen für *sie* und für *mich* bedeutet.

Eine letzte Erklärung, wie es zu einer gesellschaftlichen Ordnung kommt, betrifft die *Nützlichkeit von Interessengegensätzen oder Konflikten*. Diese These vertritt Ferguson mit der kaum zu widerlegenden impliziten Argumentation, dass die Freiheit des Menschen auch bedingt, dass er eigene Interessen verfolgt. Da jeder dieses Recht hat, bleiben Interessengegensätze und Konflikte zwischen den Individuen nicht aus. Doch Konflikte sind nichts Schlechtes, im Gegenteil, denn sie feuern die Anstrengung an, die beste Lösung herauszufinden. Es ist wieder das Prinzip des Vergleichs mit dem Fremden, das oben angesprochen wurde: die Erfahrung des Gegensatzes bewirkt Anstrengung. Im Streit der Interessen werden vertretbare Kompromisse geschlossen. Insofern halten „die beständigen Meinungsverschiedenheiten und Gegensätze der vielen" letztlich die Freiheit eines jeden Einzelnen aufrecht. (Ferguson 1767, S. 266) Die bürgerliche Gesellschaft, die Ferguson so eindringlich beschreibt, ist eine Gesellschaft streitbarer und engagierter Bürger.

Die gesellschaftliche Integration hängt also in gewisser Weise sogar von Konflikten ab, da erst sie die besten Erfahrungen zu Tage fördern. Konflikte befördern den gesellschaftlichen Fortschritt.

Dieser Gedanke, dass Individuen sich an ihren Interessengegensätzen abarbeiten und so zu den besten Lösungen im Interesse aller kommen, könnte zu der falschen Annahme verleiten, die Gesellschaft sei das Ergebnis eines rationalen Plans. Das ist sie nach Ferguson aber ganz und gar nicht: „Wie die Winde, von denen wir nicht wissen, woher sie kommen, und die wehen, wohin sie wollen, stammen auch die Formen der Gesellschaft von einem dunklen und fernen Ursprung her. Lange vor der Entstehung der Philosophie entspringen diese den Instinkten und nicht den Spekulationen der Menschen. Die Masse der Menschen wird in ihren Einrichtungen und Maßnahmen durch die Umstände geleitet, in die sie versetzt ist." (Ferguson 1767, S. 258)

Der Mensch handelt zwar und verfolgt individuelle Ziele, aber er tut es nicht „ohne die mitwirkende Stimmung und Anlage seines Zeitalters." (Ferguson 1767, S. 258) Die Menschen sind durch die sozialen Umstände geprägt: selbst in Zeiten umfassenden Nachdenkens über mögliche Reformen hängen sie „doch fast unlöslich an ihren Einrichtungen" (‚institutions'), und wenn sie auch unter dem Druck vieler Unbequemlichkeiten leiden, so können sie „doch die Fesseln der Gewohnheit nicht brechen." (Ferguson 1767, S. 259f.; Ferguson 1773, S. 207) Es scheint in der Natur des Menschen zu liegen, sich an das Gewohnte zu halten, es liegt aber eben auch in der Natur des Menschen, dass er biegsam und lenkbar (‚pliant and ductile') ist. (Ferguson 1773, S. 207) In modernerer Sprache: er ist plastisch und sozialisierbar!

Ich fasse die Annahmen der schottischen Moralphilosophen über das Verhalten des Menschen zusammen: Der Mensch führt sein Leben durch Erfahrung und ist – so könnte man den Gedanken von Ferguson weiterführen – in seinem Handeln jedesmal auf der Höhe seiner Rationalität. Da alle in permanenter Konkurrenz zueinander um die erfolgreichsten sozialen Regelungen stehen, ist die gesellschaftliche Ordnung auch kein endgültiges Gebilde, sondern besteht in den Handlungen der Einzelnen und ist insofern nur eine Ordnung im Prozess.

Die Gesellschaft, die die schottischen Moralphilosophen vor Augen hatten, war eine bürgerliche Gesellschaft sozial verantwortlicher Individuen. Das Selbstinteresse als die treibende Kraft der gesellschaftlichen Entwicklung sollte getragen sein von tief empfundenen ‚moral sentiments'. Von daher konnten die schottischen Moralphilosophen tatsächlich davon ausgehen, dass sich eine freie Gesellschaft selbst organisiert. Unter dieser Prämisse der Selbstorganisation der Individuen, die sich in ‚moral sentiments' verbunden fühlen, ist denn auch Fergusons Antwort auf die rhetorische Frage, welche Berechtigung es gebe, die Handlungen der

Menschen einzuschränken: „Gar keine, vorausgesetzt, dass ihre Handlungen nicht den Zweck verfolgen, ihre Mitmenschen zu benachteiligen." (Ferguson 1767, S. 180)

Nun darf man aber nicht meinen, damit sei die Gesellschaft das geplante Ergebnis des Handelns von Individuen, im Gegenteil. Weil eben jedes individuelle Streben nach Glück und Nutzen von dem gleichen Streben der anderen abhängt, kommt etwas heraus, was kein Einzelner bewusst geplant hat. Adam Smith hat das das Wirken der „unsichtbaren Hand" genannt. (Smith 1759, S. 316) Damit ist gemeint, dass es hinter dem Rücken der Individuen zu einer Selbstregulierung der Gesellschaft kommt, die dann wiederum das weitere Handeln der Individuen beeinflusst. Der Gedanke der unsichtbaren Hand steht für die Überzeugung, dass es eine natürliche harmonische Ordnung der sozialen Beziehungen gibt. Zwar gibt es zahlreiche Beispiele, in denen das nicht der Fall ist, aber letztlich tendieren die Beziehungen immer wieder zu einem harmonischen Zustand.

3.4 Spencer: Fortlaufende Differenzierung und Integration

Die Erklärung sozialer Ordnung, die der englische Philosoph und Soziologe *Herbert Spencer (1820-1903)* geliefert hat, atmet einerseits den Geist des politischen Liberalismus und erfolgreicher Industrialisierung im England des 19. Jahrhunderts und ruht andererseits auf der Faszination auf, die von den Fortschritten der Naturwissenschaften ausging. Vor allem die Erklärungen der Biologie des „Kampfes ums Dasein" („struggle for existence') und des „Überlebens des Passendsten" („survival of the fittest') haben es Spencer angetan. (Spencer 1877, §§ 451 und 558) Diese Prinzipien galten seines Erachtens nicht nur für die organische Natur, sondern auch für die soziale Entwicklung: auf der Ebene des Individuums, der Beziehungen zwischen den Individuen und der gesellschaftlichen Organisation insgesamt setzen sich Regelungen durch, die sich unter gegebenen Verhältnissen als die zweckmäßigsten erweisen. Die Gesellschaft betrachtete Spencer als Organismus, der durch

Wachstum, d. h. *Differenzierung* und *Integration* seiner Teile gekennzeichnet ist. Diese Analogie begründet er so:

Herbert Spencer: Die Gesellschaft ist ein Organismus

„Die Gesellschaft ist einem fortwährenden Wachstum unterworfen. Während sie wächst, werden ihre Teile ungleich: sie zeigt also auch eine Zunahme der Verschiedenheiten des inneren Baus (‚structure'). Die ungleichen Teile übernehmen zugleich Tätigkeiten verschiedener Art. Diese Tätigkeiten weichen nicht einfach voneinander ab, sondern ihre Verschiedenheiten stehen in der Beziehung zueinander, dass die eine erst die andere möglich macht. Die wechselseitige Unterstützung (‚reciprocal aid'), welche sie sich auf diese Weise gewähren, verursacht dann wieder eine wechselseitige Abhängigkeit (‚mutual dependence') der Teile, und indem die wechselseitig abhängigen Teile so durch und für einander leben, bilden sie ein Aggregat, das nach demselben allgemeinen Grundsatz aufgebaut ist wie ein einzelner Organismus." (Spencer 1877: Die Principien der Sociologie, § 223)[4]

Die „dauernden Beziehungen zwischen den Teilen einer Gesellschaft" nannte Spencer *Struktur*, die wechselseitige Unterstützung der Teile untereinander *Funktion*. (§§ 213, 215 und 216) Struktur und Funktion bedingen einander: „There can be no true conception of a structure without a true conception of its function." (§ 583) Die soziale Entwicklung stellt sich Spencer als fortlaufende *Differenzierung der Funktionen* und *Integration* vor. Zu einer Differenzierung kommt es, wenn die Bevölkerung in einem bestimmten Gebiet größer wird und die einzelnen Individuen nicht mehr alle das Gleiche tun, sondern unterschiedliche Funktionen übernehmen. Solange z. B. ein Clan relativ klein ist, werden alle Mitglieder im Verteidigungsfall alle das Gleiche tun: auf einem überschaubaren Territorium kämpfen. Bei einem größeren Stamm geht das nicht mehr. Wollten alle zugleich dreinschlagen, gäbe es wahr-

4 Um die Suche in den Quellen zu erleichtern, zitiere ich die „Principien der Soziologie" immer nach Paragraphen. Die deutsche Übersetzung wurde an die heutige Sprache angepasst; englische Begriffe wurden eingefügt.

scheinlich vorne gar nicht genügend Platz und hinten fehlten Leute, die das eigene Territorium an den entfernten Rändern verteidigten. Ein zweites Beispiel aus einem friedlicheren Kontext: in einer kleinen Horde, die durch die Savanne streift, sorgt jeder im Prinzip für die Fristung seines Lebens selbst: er besorgt sich die Nahrung auf die Weise, wie alle anderen es auch tun. Im Prinzip sind alle Mitglieder gleich, differenziert wird höchstens nach Kraft und Geschick oder nach Alter und Geschlecht. Nach diesem Prinzip funktionieren einfache und kleine Gesellschaften, die Spencer militärische Gesellschaften nennt. Es sind *homogene* Systeme.

Anders ist es aber schon in Gruppen, die an einer festen Stelle siedeln. Dort wird nicht nur ein Territorium definiert, das jemand für sich reklamieren darf, sondern es beginnen sich besondere Fertigkeiten herauszubilden. Möglich ist das schon aus dem einfachen Grund, weil Aktivitäten zur Lebensfristung mehr Zeit beanspruchen und gestatten. Man muss nicht mehr die Gelegenheit beim Schopf fassen, wenn eine Herde Büffel vorbeizieht, sondern kann z. B. planen, wann und wie man sein Stück Land beackert oder sein Vieh pflegt. Nach und nach findet jeder heraus, wie er es am besten macht. Schließlich tun die Mitglieder nicht mehr alle das Gleiche, sondern das, was sie am besten können, und sie tun auch nicht mehr alles. Die besondere Leistung fällt den anderen natürlich auch auf, und sie beanspruchen diese Leistung, die ihnen fehlt. Auf diese Weise erbringt letztlich jeder eine besondere Leistung, und zugleich fehlt ihm eine andere. Wer etwas besser als andere kann, wird diese Leistung verstärken, weil er im Austausch mit anderen, die andere Leistungen anbieten können, Vorteile hat. Wer besonders dicke Keulen anfertigen kann, wird sie vielleicht gegen besonders fette Gänse eintauschen können. Wie der erste allmählich verlernt, selbst fette Gänse zu ziehen, wird der zweite sich allmählich darauf verlassen, gegen seine Gänse immer die besonders dicken Keulen eintauschen zu können.

Dieser Prozess der *Arbeitsteilung* wird in Gang gehalten, weil die Mitglieder der Gesellschaft sich von der Koordinierung spezieller Leistungen insgesamt Vorteile versprechen. Arbeitsteilung ist das, was die Gesellschaft „erst zu einem lebenden Ganzen macht". (§ 217) Wie bei lebenden Körpern wird auch bei Gesellschaften „die Massenzunahme gewöhnlich begleitet von einer Zunahme der inneren Struktur." (§ 228) Es kommt zu einer fortlaufenden Differenzierung von Funktionen. Differenzierung heißt „Fortschritt vom Allgemeinen zum Besonderen" oder „Umwandlung des Gleichartigen in das Ungleichartige". (§ 230)

Die fortschreitende Spezialisierung der Funktionen bedeutet, dass die Teile der Gesellschaft ungleich werden. Das kennzeichnet den Übergang von einer *homogenen* Gesellschaft, in der die Tätigkeiten der Individuen im Prinzip gleich, aber wenig verbunden sind, zu einer *heterogenen* Gesellschaft, in der die Tätigkeiten sich differenzieren, aber aufeinander bezogen sind. *Arbeitsteilung* und damit gegebene Differenzierung bedeuten nämlich nicht, dass die Gesellschaft auseinanderfällt. Das Beispiel zeigte, dass das Gegenteil der Fall ist. So stellt Spencer fest, dass parallel zur Funktionsdifferenzierung ein Prozess der *Integration* abläuft, in dem wechselseitig voneinander abhängige Einzelaktivitäten zu einer dauerhaften Struktur zusammengeführt werden. Mit zunehmender Differenzierung kommt es zu einer immer engeren Verbindung der einzelnen Teile und Kräfte, da sie einander bedingen und aufeinander angewiesen sind. Auf diese Weise entstehen soziale Aggregate, deren Struktur die Funktion der Teile füreinander und für das soziale Ganze bestimmt. (§ 224) Soziales Wachstum besteht in fortlaufender Differenzierung; sie wird durch fortlaufende Integration gefestigt. Die Gesellschaft befindet sich somit in einem fließenden Gleichgewicht.

Integration heißt auch, dass sich soziale Regelungen verfestigen: „Ursprünglich ist die soziale Organisation sehr schwankend, aber jeder Fortschritt führt zu neuen feststehenden Anordnungen (‚settled arrangements'), welche allmählich immer schärfer sich ausbilden; die Sitten und Gebräuche gehen in Gesetze über, welche, an Sicherheit gewinnend, zugleich hinsichtlich ihrer Anwendung auf die verschiedensten Vorgänge immer genauer gefasst werden; und so pflegen alle Einrichtungen (‚institutions'), anfänglich verworren durcheinander gemischt, sich nach und nach deutlicher zu sondern, während zu gleicher Zeit jede innerhalb ihres eigenen Bereichs die ihr angehörigen Bestandteile immer schärfer abgrenzt." (§ 271) Integration ist also auch ein Prozess der *Institutionalisierung*. Institutionen sind zweckmäßige, funktionale Regelungen.

Hinter der Theorie der Entwicklung von Gesellschaft steht auch eine Theorie menschlichen Verhaltens, denn Spencer nimmt an, dass es ein allgemeines Interesse an einer Gratifikation für die individuelle Leistung gibt. Aus der Differenzierung individueller Leistungen und der Erfahrung der Integration aller Leistungen erwächst nämlich nicht nur das Gefühl, als Individuum für das Funktionieren des Ganzen wichtig zu sein, sondern auch der Anspruch auf gerechte Anerkennung. Die Handlungsmotive sind also bestimmt von der Aussicht auf Beifall, Lohn oder einen höheren Status.

Anders als Hobbes geht Spencer davon aus, dass in einer immer komplexer werdenden arbeitsteiligen Gesellschaft die Handlungen der Individuen nicht mehr durch Macht zusammengehalten werden, sondern aus Einsicht in vernünftige Regelungen der Kooperation. An die Stelle direkter staatlicher Kontrolle tritt der *freie Austausch* (‚free exchange') zwischen Individuen, die in Konkurrenz ihrer individuellen Leistungen freiwillig miteinander kooperieren. (§ 260) Dieses Organisationsprinzip kennzeichnet den entwickelten Gesellschaftstypus, den Spencer den *industriellen Gesellschaftstypus* nennt. Während im militärischen Typus ein *Regime des Status* herrscht, das den Einzelnen anweist, was er zu tun hat und wo sein Platz ist, ist die industrielle Gesellschaft ein *System des Vertrags*. (§ 562) Er besteht in der gegenseitigen Erwartung und Verpflichtung, dass individuelle, direkte Leistungen regelmäßig ausgetauscht werden. (§ 573) Diesem freien Austausch dürfen von keiner Seite – vor allem nicht vom Staat – Schranken auferlegt werden außer der, dass kein Individuum dem anderen schadet. (§ 565) Das aber werden alle aus eigenem Interesse schon beherzigen, und deshalb ist diese Ordnung auch gerecht: „Wenn jeder Einzelne als Erzeuger, Verteiler, Verwalter, Berater, Lehrer oder Helfer irgendwelcher Art von seinen Genossen keine andere Belohnung für seine Dienste erhält, als dem Werte derselben, welcher durch die Nachfrage bestimmt wird, entspricht, so ergibt sich daraus genau jene Verteilung der Belohnung je nach dem Verdienst, welche das Gedeihen der Überlegenen sichern." (§ 568) Die Individuen handeln aus rationaler Einsicht in die Vernünftigkeit sozialer Regelungen. Der Platz des Individuums in dieser Ordnung bemisst sich aus der Wertschätzung seines funktionalen Beitrags zum sozialen Ganzen. Deshalb definiert Spencer das Verhältnis zwischen Individuum und Gesellschaft so: „Die Gesellschaft existiert zum Nutzen ihrer Glieder und nicht ihre Glieder zum Nutzen der Gesellschaft." (§ 222)

3.5 Simmel: Wechselwirkung und die Feststellung eines Allgemeinen

In seiner Fundierung der Soziologie als Methode und als eigener Wissenschaft hat sich auch der deutsche Soziologe *Georg Simmel (1858-1918)* mit dem Phänomen der sozialen Ordnung auseinandergesetzt, und er ist zu einer sehr schlichten Annahme gekommen, die ich so formulieren möchte: bei allen Erklärungen sozialer Ordnung, die man sich vorstellen kann, wird eine mindeste Voraussetzung von Gesellschaft lauten: es gibt Individuen, die zueinander in Beziehung stehen. Diese Beziehungen nennt Simmel *Wechselwirkungen*, und „Gesellschaft ist nur der Name für die Summe dieser Wechselwirkungen". (Simmel 1890, S.131) Damit deutet Simmel schon an, dass soziale Ordnung ein Prozess ist. Er wird dadurch in Gang gebracht, dass Individuen Interessen und Neigungen haben und bestimmte Zwecke verfolgen. Das sind die Inhalte der Vergesellschaftung. Aufgrund dieser Inhalte treten sie wechselseitig in Beziehung, sie „vergesellschaften" sich. Wechselwirkung ist Vergesellschaftung. Vergesellschaftung ist also *Prozess*. Das ist der erste Begriff von Vergesellschaftung.

Indem Individuen ihre Interessen in dieser Wechselwirkung verwirklichen, wachsen sie „zu einer Einheit" zusammen. Diese Einheit nennt Simmel ebenfalls Vergesellschaftung, um deutlich zu machen, dass hier etwas „gesellschaftlich" geworden ist. Der zweite Begriff der Vergesellschaftung meint also eine *Tatsache* oder *Form*. Da Simmel sein Augenmerk auf diese Formen der Vergesellschaftung richtet, wird seine Soziologie auch als „formale"

Soziologie bezeichnet. Er selbst hat das Ergebnis dieses Prozesses so beschrieben: „Wo eine Vereinigung stattgefunden hat, deren Formen beharren, wenngleich einzelne Mitglieder ausscheiden und neue eintreten; wo ein gemeinsamer äußerer Besitz existiert, dessen Erwerb und über den die Verfügung nicht Sache eines Einzelnen ist; wo eine Summe von Erkenntnissen und sittlichen Lebensinhalten vorhanden ist, die durch die Teilnahme der Einzelnen weder vermehrt noch vermindert werden, die, gewissermaßen substantiell geworden, für jeden bereit liegen, der daran teilnehmen will; wo Recht, Sitte, Verkehr Formen ausgebildet haben, denen jeder sich fügt und fügen muss, der in ein gewisses räumliches Zusammensein mit andern eintritt – da überall ist Gesellschaft, da hat die Wechselwirkung sich zu einem Körper verdichtet." (Simmel 1890, S. 133f.)

Aus der Wechselwirkung entsteht ein ‚Allgemeines', das den Individuen zur Verpflichtung wird und Orientierung gibt. Simmel drückt es so aus, dass das, „was in der Mehrzahl der Fälle wirklich geschieht, das typisch soziale Verhalten, für den Einzelnen zum Sollen wird. So ist es bei der Sitte, so ist es auch beim Recht der Fall; denn die Allgemeinheit fixiert dasjenige zum Recht, was thatsächlich in ihr geübt wird, weil es sich als die für sie erforderliche Lebensbedingung herausgestellt hat." (Simmel 1892, S. 84) In diesem Sinne ist also das Zweckmäßige als das Allgemeine ‚festgestellt', ‚substantiell'.

Jetzt komme ich noch einmal auf den ersten Begriff von Vergesellschaftung zurück. Diesen prozessualen Begriff, den er mit Blick auf die handelnden Individuen entwickelt, hat Simmel gleich zu Beginn seiner Definition von Gesellschaft angesprochen, wo es heißt, dass Wechselwirkungen „aus bestimmten Trieben heraus oder um bestimmter Zwecke willen" entstehen. (Simmel 1908, S. 17) Das Handeln des Individuums ist also durch etwas motiviert und auf etwas gerichtet. Zum *gesellschaftlichen* Ereignis wird die Verfolgung seiner Ziele, wenn es sich dabei auf andere Individuen bezieht, sei es, dass es sie braucht, um ein bestimmtes Ziel zu erreichen, sei es, dass sie als Konkurrenten auftreten oder dass sie einfach nur so – als Beobachter, als Personen, auf die man sich bezieht, usw. – vorhanden sind. Wechselwirkung ist also ein neutraler Ausdruck.[5] Auf diese wirkende Beteiligung der Individuen an der Form der Wechselwirkung hebt der prozessuale Begriff der Vergesellschaftung ab. Prozessual ist sie, weil die Wechselwirkung in keinem Augenblick eine definitive Form erreichen kann, da jedes Handeln jedes Individuums fortlaufend wirkt und bewirkt wird. Das ist gemeint, wenn man die Ordnung als Prozess versteht.

Mit fortschreitender Entwicklung nimmt der Einzelne zu anderen Kontakt auf, die „durch sachliche Gleichheit der Anlagen, Neigungen und Thätigkeiten u.s.w. eine Beziehung zu ihm besitzen." (Simmel 1908, S. 237f.) Dadurch ergeben sich Konstellationen, die Simmel „soziale Kreise" nennt. Das sind objektive Gebilde, die über Inhalte und nicht über individuelle Einstellungen definiert sind. Von daher gibt es Erwartungen, die nicht nur für ein bestimmtes Individuum, sondern grundsätzlich für alle Individuen gelten, die in einen solchen Kreis gestellt sind. Sie sehen sich mit einem Allgemeinen konfrontiert, dem sie sich nicht entziehen können. Individualität wird also durch etwas überindividuell Geltendes eingeschränkt.

Doch Simmel hat auch die andere Seite dieser Entwicklung gesehen. So werden die verschiedenen Kreise in der modernen, arbeitsteiligen Gesellschaft immer zahlreicher. Die Gesellschaft differenziert sich und wird komplex, und bezogen auf das Individuum kann man den Grad einer Kultur danach bemessen, in wievielen Kreisen der Einzelne gleichzeitig steht. (Simmel 1908, S. 239) Diese Differenzierung aber hat Konsequenzen, denn die vielen sozialen Kreise überschneiden sich auch. Simmel schreibt: „Die Gruppen, zu denen der Einzelne gehört, bilden gleichsam ein Koordinatensystem, derart, dass jede neu hinzukommende ihn genauer und unzweideutiger bestimmt. Die Zugehörigkeit zu je einer derselben lässt der Individualität noch einen weiten Spielraum; aber je mehr es werden, desto unwahrscheinlicher ist es, dass noch andere Personen die gleiche Gruppenkombination aufweisen werden, dass diese vielen Kreise sich noch einmal in

5 In diesem Sinne ist der englische Begriff „interaction" auch eine gute Übersetzung von Wechselwirkung, denn „action" heißt auch „Wirkung".

einem Punkt schneiden." (Simmel 1908, S. 240) So kann man denn auch unter Persönlichkeit die individuelle Kombination der Elemente der Kultur verstehen. (Simmel 1908, S. 241)

Aus diesen Überlegungen könnte man den Schluss ziehen, dass die Mannigfaltigkeit der sozialen Kreise jeden Einzelnen durch die Summe ihrer je spezifischen sachlichen Geltungen immer genauer eingrenzt und somit Individualität „feststellt". Aber es lässt sich auch der genau gegenteilige Schluss ziehen: dadurch dass sich so viele Kreise in so vielen Punkten überschneiden, kommt es zu einer immer stärkeren Differenzierung, und Individualität kann sich gegen die Summe der Erwartungen profilieren. Das heißt erstens: je zahlreicher die sozialen Kreise sind, in denen eine Person vorkommt, umso geringer ist das Gewicht jedes einzelnen Kreises für ihre Persönlichkeit; der Einzelne wird von keinem Kreis ganz bestimmt. Und zweitens: je komplexer ein sozialer Kreis ist, umso diffuser sind die allgemeinen Erwartungen, und umso größer ist der Spielraum des Einzelnen.

Der Blick auf die Gesellschaft und auf das Individuum provoziert die Frage, wie beide zueinander passen. Darauf hat Simmel folgende Antwort gegeben: „Die Ausbildung des öffentlichen Geistes zeigt sich nun darin, dass genügend viele Kreise von irgendwelcher objektiven Form und Organisierung vorhanden sind, um jeder Wesensseite einer mannichfach[6] beanlagten Persönlichkeit Zusammenschluss und genossenschaftliche Bethätigung zu gewähren. Hierdurch wird eine gleichmäßige Annäherung an das Ideal des Kollektivismus wie des Individualismus geboten. Denn einerseits findet der Einzelne für jede seiner Neigungen und Bestrebungen eine Gemeinschaft vor, die ihm die Befriedigung derselben erleichtert, seinen Thätigkeiten je eine als zweckmäßig erprobte Form und alle Vorteile der Gruppenangehörigkeit darbietet; andererseits wird das Specifische der Individualität durch die *Kombination* der Kreise gewahrt, die in jedem Fall eine andere sein kann." (Simmel 1890, S. 244) Wenn man es genau liest, dann

6 Die Schreibweise hier und an anderen Stellen verdankt sich nicht einer unbekümmerten Lizenz des „anything goes" in der neuen deutschen Rechtschreibung, sondern hält sich an Simmels Originaltext.

hat Simmel in dem kleinen Halbsatz über die Darbietung zweckmäßig erprobter Formen eine komplette Rollentheorie entworfen – und gleich eine kritische dazu, denn die Legitimität der Erwartungen wird auch an die Erwartungen des Einzelnen gebunden!

Diese Lesart sehe ich aus zwei Gründen gestützt. Einmal hat Simmel in seiner „Soziologie" aus dem Jahre 1908, in der er seinen Aufsatz „Über sociale Differenzierung" weiterbearbeitet hat, just an diesen gerade zitierten Satz den folgenden angehängt: „So kann man sagen: aus Individuen entsteht die Gesellschaft, aus Gesellschaften entsteht das Individuum." (Simmel 1908, S. 485) Zum anderen scheint mir die kritische Lesart auch durch Simmels Aussage gestützt, „das Specifische der Individualität" werde „durch die Kombination der Kreise gewahrt". Diese Kombination der Kreise kommt natürlich nicht über einen, sondern der Einzelne schafft sie durch seine Interessen. Man kann es auch so sagen: im Verhältnis zwischen Gesellschaft und Individuum setzt dieses eigene Relevanzen gegenüber jener. Die subjektive Kultur oder das „individuelle Gesetz" gerät so in Konflikt mit der objektiven Kultur. Simmel hat das die „Tragödie der Kultur" genannt, aber nicht in dem Sinne der Katastrophe, in der die Ordnung schließlich untergehen würde, sondern im Sinne des Konfliktes der Kulturen, aus dem sich der notwendige Wandel der Ordnung speist.

Konflikte sind eine Form der Vergesellschaftung, weil in ihnen Gegensätze in Wechselwirkung geraten und ein neues Drittes erzeugen. Deshalb stören sie auch nicht – anders als Parsons das sehen wird – die soziale Ordnung, sondern erzwingen fortlaufend Einheit, stellen also Ordnung auf einer höheren Stufe her. Genau diese Ansicht hatte schon Adam Ferguson vertreten.

Simmel verbindet schließlich mit der Anwort auf die selbst gestellte Frage, wie Gesellschaft möglich ist, eine anthropologische Erklärung. Er hält nämlich den Menschen notwendig für egoistisch und altruistisch zugleich. Dann stellt sich aber die Frage, was denn den Menschen antreibt, in dieser oder in jeder Hinsicht zu handeln, mal egoistisch und mal altruistisch. Hier nun bringt Simmel die verblüffende Erklärung: wir können nur egoistisch handeln, wenn wir zugleich altruistisch handeln und umgekehrt. Was sich so paradox anhört, kann man leicht erklären, wenn man

„egoistisch“ und „altruistisch“ nicht als moralisch wertende Begriffe versteht, sondern in dem Sinne, dass sie den Grund des Handelns meinen: auf den Einzelnen orientiert oder am Anderen orientiert.

Folgt man meiner Interpretation der beiden Begriffe „egoistisch“ und „altruistisch“, dann löst sich der scheinbar paradoxe Satz in folgender Erklärung des Zusammenhangs von Individuum und Gesellschaft so auf: „Die Festsetzungen des Rechts, der Sitte, der Verkehrsformen jeder Art, die die Allgemeinheit zu ihrem Nutzen, d. h. im sittlichen, der individuellen Selbstsucht entgegengesetzten Interesse geprägt hat, erstrecken sich schliesslich soweit in alle Lebensverhältnisse des Einzelnen hinein, dass er in jedem Augenblick von ihnen Gebrauch machen muss. Je ausgedehnter und mannigfaltiger meine Beziehungen zu anderen Menschen sind, desto häufiger bin ich genöthigt, um meines Vortheils willen für den ihrigen in der Form der Assoziation wie der Zuwendung zu sorgen. Je grösser die Kreise sind, in denen der Einzelne steht, ein desto kleinerer Theil jedes derselben kann er nur sein, desto weniger kann er unmittelbar egoistisch verfahren, sondern muss seine eigene Förderung von der der Personen und Kreise erwarten, mit denen er zusammengeschlossen ist. Hierin liegt die wichtige Erkenntnis, dass die blosse quantitative Ausdehnung der Beziehungen, Interessen, Verbindungen rein als solche schon ein Hebel der Sittlichkeit, über den Egoismus hinweg, wird.“ (Simmel 1892, Bd. 1, S. 94f.)

Mit den ‚Festsetzungen‘ wäre eigentlich die Frage geklärt, wie Ordnung entsteht und sich erhält. Doch für Simmel ist das Pendant der Ordnung – das Individuum – von gleichem Rang! Deshalb hat er in seinem Exkurs über die Frage „Wie ist Gesellschaft möglich?“ gewissermaßen die Vorgänge beschrieben, die sich in den Individuen abspielen, wenn sie in Wechselwirkung mit anderen stehen. Konkret interessiert ihn, welches *Bewusstsein* notwendige Voraussetzung von Vergesellschaftung ist. Ich komme also, wie oben angekündigt, nun noch einmal auf den prozessualen Begriff der Vergesellschaftung zurück.

Simmel schreibt: „Das Bewusstsein, Gesellschaft zu bilden, ist zwar nicht in abstracto dem Einzelnen gegenwärtig, aber immerhin weiß jeder den andern als mit ihm verbunden." (Simmel 1908, S. 46) Das ist genau das Neue an diesem Exkurs, dass Simmel jetzt die Möglichkeit von Gesellschaft an das Bewusstsein der Individuen voneinander bindet. Deshalb lautet seine Frage auch: „Welche Voraussetzungen müssen wirksam sein, damit die einzelnen, konkreten Vorgänge im individuellen Bewusstsein wirklich Sozialisierungsprozesse seien, welche Elemente sind in ihnen enthalten, die es ermöglichen, dass ihre Leistung, abstrakt ausgesprochen, die Herstellung einer gesellschaftlichen Einheit aus den Individuen ist?" (Simmel 1908, S. 46) Nicht nur die eigentümliche Verwendung des Konjunktivs macht ein Verständnis des Textes schwierig. Ich interpretiere ihn so: Bedingung der Vergesellschaftung ist „das Bewusstsein, sich zu vergesellschaften oder vergesellschaftet zu sein." (Simmel 1908, S. 47) Es ist ein wie auch immer „bewusstes" Wissen um die Prozesse der Wechselwirkung, in denen die Individuen stehen. Simmel fragt nun nach den „spezifischen Kategorien", die „der Mensch gleichsam mitbringen muss, damit dieses Bewusstsein" entstehen kann. Dazu stellt er erstens fest, dass „das Bild, das ein Mensch vom andern aus der persönlichen Berührung gewinnt", durch gewisse „Verschiebungen" bedingt ist, die seine reale Beschaffenheit prinzipiell ändern. Konkret ist damit gemeint, dass wir „den Andern in irgend einem Maße verallgemeinert" sehen. (Simmel 1908, S. 47) Wir sehen ihn als Typus. Zweitens sehen wir den anderen als den typischen Repräsentanten des sozialen Kreises, in dem wir mit ihm in Wechselwirkung verbunden sind. Wir wissen: „dieser ist ein Mitglied meines Kreises." (Simmel 1908, S. 49) Er ist Mitbewohner meiner besonderen Welt.

Schließlich gibt es ein Bewusstsein, dass es wegen der individuellen Interessen und Fähigkeiten und der einmaligen Schneidung der sozialen Kreise in einem Punkt auch nur diesen einen Platz für das Individuum in dieser Gesellschaft gibt. Für die Gesellschaft bedeutet das: jeder Punkt in der Gesellschaft konnte sich nur in einer bestimmten Weise ergeben, und er kann sich auch nur in einer bestimmten Weise entwickeln – „wenn nicht die

Struktur des Ganzen geändert sein soll." (Simmel 1908, S. 57) Und bezogen auf das Individuum lautet die Bedingung der Möglichkeit, dass der Einzelne einer Gesellschaft zugehören kann, so: „Dass jedes Individuum durch seine Qualität von sich aus auf eine bestimmte Stelle innerhalb seines sozialen Milieus hingewiesen ist: dass diese ihm ideell zugehörige Stelle auch wirklich in dem sozialen Ganzen vorhanden ist – das ist die Voraussetzung, von der aus der Einzelne sein gesellschaftliches Leben lebt." (Simmel 1908, S. 59) Die prozessuale Ordnung lebt also von dem Bewusstsein der Individuen, dass für jedes von ihnen sich fortlaufend ein besonderer Platz ergibt, von dem es aus in Wechselwirkung zu vielen anderen steht, und dass von dieser Wechselwirkung die Struktur des Ganzen abhängt.

3.6 Durkheim: Mechanische und organische Solidarität

Spencer hatte soziale Ordnung aus der wechselseitigen Vereinbarung über die Rationalität funktionaler Differenzierung abgeleitet. Nach dieser Theorie schlossen Individuen, die aus der Erwartung größtmöglicher Gratifikation handeln, freiwillig Verträge. Dagegen wandte der französische Soziologe *Emile Durkheim (1858-1917)* ein, dass dies erst in einem zweiten Schritt erfolgen könne. Vorher müsse es schon eine gewisse Integration geben, die diese Verabredung erst möglich macht. Diese Integration nennt Durkheim *Solidarität*. Um diese Erklärung sozialer Ordnung geht es in seinem berühmten Buch über die *Arbeitsteilung* (1893).

Ganz allgemein heißt Solidarität sich mit jemandem verbunden zu fühlen. Durkheim hat für dieses Gefühl eine doppelte Erklärung: „Jeder weiß, dass wir den lieben, der uns ähnlich ist, der so denkt und fühlt wie wir. Aber das gegenteilige Phänomen ist nicht weniger häufig. Es kommt sehr oft vor, dass wir uns zu Personen, die uns nicht ähnlich sind, hingezogen fühlen, gerade weil sie uns nicht ähnlich sind." (Durkheim 1893, S. 101) Diese scheinbar widersprüchliche Tatsache hat die Philosophen aller Zeiten bewegt, und beide Erklärungen wurden zur Begründung der wahren Natur von Freundschaft herangezogen. Weniger erhaben weiß der

Volksmund: Gleich und gleich gesellt sich gern – Gegensätze ziehen sich an. Durkheim wendet sich nun besonders der zweiten Erklärung für die Hinwendung zu einem anderen zu und leitet daraus das Prinzip von Gesellschaft ab. Er schreibt: „Wie reich wir auch begabt seien, es fehlt uns immer etwas.“ (Durkheim 1893, S. 102) Deshalb suchen wir jemanden, der etwas kann, was wir nicht können, und werden selbst aus dem gleichen Grund gesucht. So kommt es zu einer Aufteilung von unterschiedlichen, aber aufeinander bezogenen Leistungen. Durkheim nennt es „Aufteilung der Funktionen“ oder *Arbeitsteilung*. Die Arbeitsteilung bewirkt etwas zwischen den Menschen; sie stellt zwischen ihnen „ein Gefühl der Solidarität“, das Gefühl der wechselseitigen Verbundenheit, her. (Durkheim 1893, S. 102) *Solidarität* ist das Prinzip des Sozialen schlechthin.

Seine besondere Form ist allerdings von Gesellschaft zu Gesellschaft verschieden. Durkheim blickt nun in die Geschichte der menschlichen Gesellschaft zurück, um die spezifischen Formen des Prinzips des Sozialen aufzuzeigen. Er stellt fest, dass die soziale Integration in primitiven Gesellschaften andere Formen aufweist als in modernen Gesellschaften. Die unterschiedlichen Formen dieser Solidarität erklärt er aus dem spezifischen sozialen Milieu. Die wichtigsten Merkmale des Milieus sind die Zahl der sozialen Einheiten (das *Volumen* der Gesellschaft) und der Grad der Konzentration der Mitglieder (die *Dichte* der Gesellschaft).

Drittens hängt die Ausformung der Solidarität ganz wesentlich von der Differenzierung der einzelnen Teile des Ganzen und ihrer Funktion füreinander ab. Diese Differenzierung sieht Durkheim durch die Organisation der Arbeit bedingt. Sie ist das Strukturprinzip von Gesellschaft, nach dem sich verschiedene Formen von Solidarität ergeben. Sie kommen in zwei verschiedenen Gesellschaftstypen zum Ausdruck. Den historisch älteren Typ nennt Durkheim eine *segmentierte Gesellschaft* und den entwickelten Typ eine *arbeitsteilige Gesellschaft*.

In einer *segmentierten Gesellschaft* leben die Menschen in abgegrenzten Gruppen oder Clans, die nach außen, zu anderen Gruppen, relativ wenige Beziehungen pflegen. Das Charakteristikum der sozialen Struktur einer solchen Gesellschaft ist, „dass sie ein

System von homogenen und untereinander ähnlichen Segmenten darstellt." (Durkheim 1893, S. 237) In diesen einfachen Gesellschaften (sociétés primitives) ist die Arbeit kaum geteilt. Im Prinzip sorgt jeder für seinen gesamten Lebensunterhalt selbst. Die Mitglieder sind sich im großen Ganzen ähnlich; sie stimmen in ihren Anschauungen und religiösen Überzeugungen, die seit je zu existieren scheinen, überein und folgen ihnen wie mechanisch. Deshalb nennt Durkheim die Solidarität, die diese Beziehungen auszeichnet, auch *Solidarität der Ähnlichkeiten* oder *mechanische Solidarität*. Diese Solidarität bindet das Individuum direkt an die Gesellschaft. (vgl. Durkheim 1893, S. 156)

Die Beziehungen änderten sich, als sich zwei entscheidende Randbedingungen der Gesellschaft veränderten: die Bevölkerung nahm zu, und es kam zu einer sozialen Verdichtung. Dadurch wurden die Kommunikations- und Verkehrswege zahlreicher und komplexer, aber es entstanden auch neue Bedürfnisse und neue Abhängigkeiten der Menschen untereinander. Wo viele Menschen auf einem begrenzten Territorium dauerhaft leben, kommt es notwendig zu einer „Konkurrenz um Lebenschancen". (vgl. Jonas 1969, Bd. IV, S. 42) Das bedroht im Prinzip die gesellschaftliche Solidarität. Dass die Gesellschaft nicht auseinanderbricht, hängt für Durkheim, damit zusammen, dass es zu einer *Arbeitsteilung* kommt. Arbeitsteilung bedeutet Differenzierung der Funktionen. Die einzelnen Mitglieder der Gesellschaft sind nun nicht mehr gleich, sondern unterscheiden sich nach ihrem funktionalen Beitrag für das Ganze. Dadurch entsteht ein Gefühl der *Individualität*. Individualität wird durch Differenzierung begünstigt. Durch die Arbeitsteilung entstehen spezielle Funktionen, die wiederum spezielle Tätigkeiten verlangen. Das aber heißt: Individualität wird zur Voraussetzung der Entwicklung der Gesellschaft.

Mit wachsender Differenzierung lockern sich – so Durkheim – auch die gemeinsamen Anschauungen und Gefühle der Mitglieder der Gesellschaft. Die Ansichten darüber, was „man" tun soll, werden heterogener, d. h. individueller. Der unaufhaltsame Fortschritt von der segmentierten zur arbeitsteiligen Gesellschaft und die damit gegebene Ausweitung des Individualbewusstseins könnte also bedeuten, dass die sozialen Bande schwächer würden.

Dies ist aber nicht der Fall: der soziale Fortschritt besteht „nicht aus einer stetigen Auflösung; im Gegenteil, je mehr man fortschreitet, desto mehr gewinnen die Gesellschaften ein tiefes Gefühl ihrer selbst und ihrer Einheit." (Durkheim 1893, S. 228) Die Arbeitsteilung fördert nämlich das Bewusstsein, dass jeder auf jeden angewiesen ist, dass aber auch jeder für das Ganze eine Funktion hat. Die Solidarität, die sich aus der Arbeitsteilung ergibt, nennt Durkheim deshalb *organische Solidarität*. Es ist eine *Solidarität der Individualität*. Organische Solidarität ist eine funktionale Solidarität. Diese neue Form der Solidarität beinhaltet die Verpflichtung, zur Förderung des Ganzen beizutragen.

Arbeitsteilung führt zu einer sozialen Differenzierung und zu einer zunehmenden sozialen Abhängigkeit, gleichzeitig führt sie aber auch zu einer wachsenden Individualisierung. Dieser Zusammenhang veranlasst Durkheim zu der scheinbar paradoxen Feststellung, dass das Individuum im Laufe der gesellschaftlichen Entwicklung immer autonomer geworden ist und gleichzeitig immer mehr von der Gesellschaft abhängt. (Durkheim 1893, S. 82) „Tatsächlich hängt einerseits jeder um so enger von der Gesellschaft ab, je geteilter die Arbeit ist, und andrerseits ist die Tätigkeit eines jeden um so persönlicher, je spezieller sie ist." (Durkheim 1893, S. 183)

Die häufige Betonung der Individualität darf nicht übersehen machen, dass Durkheim keine Theorie des Individuums, sondern eine Theorie der *funktionalen Ordnung* entworfen hat. Dieses Anliegen ist ihm so wichtig, dass er gegen Ende seines Buches über die Arbeitsteilung noch einmal betont: „Die Arbeitsteilung stellt nicht Individuen einander gegenüber, sondern soziale Funktionen. Und die Gesellschaft ist am Spiel der letzteren interessiert. Entsprechend der Regelmäßigkeit oder Unregelmäßigkeit, mit der diese Funktionen ablaufen, ist die Gesellschaft gesund oder krank." (Durkheim 1893, S. 478)

Höhere, das heißt arbeitsteilige, Gesellschaften sind groß, komplex und funktional differenziert. Diese Gesellschaften „bilden sich nicht durch die Wiederholung von ähnlichen und homogenen Segmenten, sondern bestehen aus einem System von verschiedenen Organen, von denen jedes eine Sonderrolle ausübt, und die ihrerseits aus differenzierten Teilen bestehen." (Durkheim 1893, S. 237) Den funktionalen Zusammenhalt der Gesellschaft sieht Durkheim dadurch gewährleistet, dass vertragsmäßige Regelungen die einzelnen Arbeiten untereinander in Verbindung halten und so sicherstellen, dass jeder seiner Verantwortung für das gesellschaftliche Ganze nachkommt.

Durkheim hat neben diese strukturelle Erklärung sozialer Ordnung noch eine zweite gestellt, die ich hier nur andeute, da sie später ausführlich behandelt wird. Er stellt nämlich fest, dass es in jeder Gesellschaft Vorstellungen von richtig und falsch, gut und böse usw. gibt. Diese Vorstellungen umfassen die Werte und Normen einer Gesellschaft und sind so etwas wie soziale Regelungen. Sie sind im *Kollektivbewusstsein* verankert. Daran partizipieren wir zwar alle, aber es existiert schon vor uns, und es besteht auch weiter, wenn wir nicht mehr sein werden. Die Vorstellungen sind objektive Tatsachen, *festgestellt* und verbindlich. Durkheim nennt sie „Institutionen".[7] Wir kommen nicht an ihnen vorbei, weil in ihnen festgelegt ist, wie „man" sich zu verhalten hat und weil sie mit Sanktionen verbunden sind. Wir kommen aber auch deshalb nicht an ihnen vorbei, weil wir sie im Prozess der *Sozialisation* verinnerlichen.[8] So werden wir unmerklich dazu gebracht, das tun zu wollen, was wir tun sollen.

Will man die Frage, wie Durkheim soziale Ordnung erklärt, kurz beantworten, kann man sagen: im Prozess der Sozialisation internalisiert das Individuum vernünftige Regeln, die sich in einer arbeitsteiligen Gesellschaft unter den Bedingungen der funktionalen Abhängigkeit aller Mitglieder der Gesellschaft voneinander herausgebildet haben. Diese Erklärung ist aber nicht nur das, sondern sie ist auch normativ zu verstehen. Mit seiner Theorie der Sozialisation betont Durkheim nämlich ganz eindeutig die Priorität der sozialen Ordnung gegenüber den Interessen des Individuums. Mit seiner Theorie der Solidarität erklärt er, warum dies in einer Gesellschaft, die als Struktur differenzierter Funktionen verstanden wird, auch gar nicht anders gedacht werden kann.

---

7 Darum geht es gleich im nächsten Kapitel 4.1 „Durkheim: Soziale Tatsachen".

8 Vgl. dazu Band 2, Kapitel 2.1 „Durkheim: Socialisation méthodique".

3.7 Parsons: Normative Integration

Auf die Theorie der Internalisierung von Institutionen, mit der Durkheim soziale Ordnung erklärt hat, bezieht sich auch der amerikanische Soziologe *Talcott Parsons (1902-1979)*, der als *der* Soziologe der sozialen Ordnung bezeichnet werden kann. Seine Theorie hat die soziologische Diskussion über Jahrzehnte bestimmt.[9] Parsons hat wiederholt betont, in seiner Theorie gehe es um „the Hobbesian problem of order", genauer um die Frage, wie die Individuen wechselseitig motiviert werden können, sich in ihrem Handeln aufeinander einzustellen. (Parsons 1951, S. 36) Hobbes war der Meinung, dass das nur gelingt, wenn sich alle einer zentralen, starken Macht unterwerfen, die mit genügend Sanktionsmacht ausgestattet ist und so die Ordnung erzwingen kann. Dieser Lösung misstraut Parsons, weil sie die „motivationale Dynamik" unterschätze. (Parsons 1951, S. 43) Nicht die Unterwerfung unter eine zentrale Macht schien ihm auf Dauer die soziale Ordnung zu garantieren, sondern die freiwillige Einsicht in die Vernünftigkeit einer Ordnung.

Von *Spencer*, bei dem der Gesichtspunkt des aufeinander bezogenen Ganzen im Vordergrund steht, übernimmt Parsons den Gedanken, dass sich das soziale System dadurch erhält, dass alle seine Teile für es funktional sind und dass die Strukturen, in denen einzelne Teile zueinander stehen, insgesamt zu einem Ganzen integriert werden. Außerdem greift er den Gedanken Spencers auf, dass die Individuen ein Gratifikationsinteresse verfolgen, das heißt auf eine möglichst hohe Belohnung für ihre Anstrengungen spekulieren.

---

9 Sie kann hier nur unter einem bestimmten Aspekt, dem der Ordnung, behandelt werden. In späteren Kapiteln wird sie fortgeführt. Einiges wird immer wieder thematisiert, aber da Parsons nicht zu den leichten Theoretikern gehört, halte ich das auch für gerechtfertigt. Wer allerdings eine grundlegende Einführung bevorzugt, kann gerne auch das Kapitel 6 „System" zuerst lesen. Ich gebe aber zu bedenken, dass es dort schon ziemlich abstrakt zugeht. Vielleicht ist es besser, Sie lassen sich auf meine immer neuen Hinführungen zu Parsons ein und erfreuen sich daran, wenn Sie etwas wiedererkennen.

Nach *Durkheim* tritt uns die soziale Ordnung in ihren Institutionen entgegen. Während er von sozialen Tatsachen spricht, an denen wir nicht vorbeikommen, spricht Parsons von einem kulturellen System, das die Werte und Normen einer Gesellschaft repräsentiert. Werte sind typische symbolische Orientierungen, Normen verpflichten. Wie Durkheim fragt auch Parsons, was Institutionen bewirken, aber ihn interessiert noch mehr die Frage, wie die Prozesse der Institutionalisierung funktionieren. Wie gesagt übernimmt Parsons von Durkheim, der ja in der Sozialisation von Werten und Normen eine Erklärung sozialer Ordnung gesehen hatte, den Gedanken der Internalisierung und verbindet ihn mit einer Theorie der Motivation, worunter die Bereitschaft verstanden wird, im Hinblick auf ein bestimmtes Ziel zu handeln. Sie ist, wie gleich zu zeigen ist, die psychologische Voraussetzung für die Integration und das Funktionieren von sozialen Systemen, also Systemen, in denen Individuen handeln. Da Parsons vom Erhalt solcher Systeme her denkt, heißt Motivation in seiner Theorie, dass das Individuum so handeln will, wie es handeln soll. Darauf komme ich noch einmal zurück.

Mit Blick auf das Handeln von konkreten Individuen stellt sich für Parsons darüber hinaus die Frage, ob es etwas Gemeinsames gibt, an dem sich die Handelnden orientieren. Das waren nach Durkheim die Institutionen, über die im kollektiven Bewusstsein bewusst oder unbewusst Einvernehmen herrscht. Parsons erweitert diese Erklärung durch die Annahme von *Max Weber*, dass sich die Individuen in ihrem Handeln an einem gemeinten Sinn orientieren.

Weiter war Parsons von der kulturanthropologischen Theorie des *Funktionalismus* fasziniert, wonach jede Kultur für sich ein sinnvolles *System* ist. *Bronislaw Malinowski*, einer der Begründer des Funktionalismus, dessen Seminar Parsons bei seinem Studium an der London School of Economics besuchte, verstand Kultur als instrumentellen Apparat, durch den der Mensch in die Lage versetzt wird, mit seiner Umwelt besser fertig zu werden und seine Bedürfnisse zu befriedigen. Kultur ist ein *System* von Gegenständen, Handlungen, Einstellungen, innerhalb dessen jeder Teil als Mittel zu einem Zweck existiert. (vgl. Malinowski 1939, S. 21f.)

Die einzelnen Elemente des Systems stehen in gegenseitiger Abhängigkeit zueinander. Den kulturellen Zweck sozialer Phänomene kann man auch als *Funktion* bezeichnen. Diese Erklärung von Kultur sollte nach Parsons auch für die Gesellschaft insgesamt gelten. Ähnlich hatte auch *Alfred Radcliffe-Brown* betont, dass die einzelnen Teile der Gesellschaft in einem Funktionszusammenhang stehen. Diesen Funktionszusammenhang nannte er soziale *Struktur*. Das „soziale Leben einer Gemeinschaft" definierte er als „the *functioning* of the social structure". (Radcliffe-Brown 1935, S. 631)

Mit den Begriffen ‚System', ‚Struktur' und ‚Funktion' hatte Parsons die Zentralbegriffe seiner Theorie gefunden. In einer ersten Bilanz kann man sie so definieren: System bedeutet den Zusammenhang von Ereignissen und Prozessen, die wechselseitig aufeinander wirken; Struktur bezeichnet die Ordnung der Beziehungen zwischen Einheiten; Funktion meint den Beitrag zur Erhaltung der Struktur. Da ein System dazu tendiert, sich zu erhalten, und nicht, sich aufzulösen, müssen soziale Regelungen als sinnvoller Beitrag zur Erhaltung des Ganzen betrachtet werden. Je besser die einzelnen funktionalen Leistungen aufeinander abgestimmt sind, umso stabiler ist das System.

Als letzten Einfluss auf das funktionalistische Denken Parsons' möchte ich noch die Unterscheidung zwischen Status und Rolle erwähnen, die der amerikanische Kulturanthropologe *Ralph Linton* vorgenommen hat. Status (‚a position in a particular pattern') und Rolle (‚the dynamic aspect of status') existieren unabhängig vom Individuum. (Linton 1936, S. 113 und 114) Insofern beziehen sich die Begriffe auch nicht auf die handelnden Menschen, sondern auf das, was ihr Handeln bestimmt. Diese wichtige Differenz hatte Linton mit der Unterscheidung von Gesellschaft und *sozialem System* zum Ausdruck gebracht: „A society is an organization of individuals; a social system is an organization of ideas. It represents a particular arrangement of statuses and roles which exist apart from the individuals who occupy statuses and express the roles in overt behavior." (Linton 1936, S. 253) Innerhalb des sozialen Systems hat jeder Teil eine Funktion. (Linton 1936, S. 406)

Ein System weist eine bestimmte Struktur auf, weshalb Parsons die Begriffe *System* und *Struktur* manchmal synonym verwendet. Die Erhaltung dieser Struktur verlangt bestimmte Funktionen. Parsons verwendet den Begriff der Funktion zur Beschreibung der Bedeutung eines Elementes für die Erhaltung oder Veränderung eines bestimmten Zustandes. Wenn die Faktoren zur Erhaltung des Systems beitragen, sind sie *funktional;* stören sie das Gleichgewicht, sind sie *dysfunktional.* Parsons geht also vom Vorrang des Systems – der Struktur – vor den Funktionen aus. Deshalb hat er seine Systemtheorie auch als „strukturfunktionalistische" Theorie bezeichnet. (Parsons 1951, S. 19) Parsons fragt, unter welchen Bedingungen ein System bestehen kann, was also Ordnung garantiert.

Bezogen auf das Verhältnis von Gesellschaft und Individuum kann man sagen: Parsons konstatiert eine bestimmte gesellschaftliche Ordnung, deren Struktur z. B. durch eine Konstellation von Werten und Normen bestimmt ist und die sich in funktional notwendigen Rollen niederschlägt. Als Erwartungen ziehen sie ein bestimmtes Verhalten der Individuen nach sich. Der Strukturfunktionalismus fragt also nicht danach, ob und wie sich Werte und Institutionen aus Bedürfnissen und Handlungen ableiten, sondern wie die Bedürfnisse und Handlungen mit dem System zusammengebracht werden.

Dem aufmerksamen Leser wird aufgefallen sein, dass es bisher noch gar nicht um die Frage ging, wie Ordnung überhaupt möglich ist, sondern wie eine bestehende Ordnung – abstrakt – funktioniert. Auf diesen Einwand komme ich gleich zurück. Vorher will ich aber Parsons' zweite Erklärung referieren, die man als Theorie der Motivation oder der Institutionalisierung von Wertorientierungen bezeichnen kann. Auch sie fasse ich kurz zusammen. Parsons schreibt: „Sociological theory (...) is for us *that aspect of the theory of social systems which is concerned with the phenomena of the institutionalization of patterns of value-orientation in the social system,* with the conditions of that institutionalization, and of changes in the patterns." (Parsons 1951, S. 552) Werte sind in der Theorie von Parsons „geradezu als die entscheidenden Verbindungsglieder zwischen dem gesellschaftlichen und dem personalen System", also dem Individuum, anzusehen. (Klages 1998, S. 108) Damit will Parsons nach eigenen Worten keineswegs die soziologische Theorie auf eine psychologische reduzieren, sondern er will den „strukturellen Aspekt" seiner Theorie hervorheben. Das tut er mit der „expliziten Feststellung", diese soziologische Theorie handele vom Prozess der Motivation im funktionalen Zusammenhang eines sozialen Systems. (Parsons 1951, S. 552) Motivation als Prozess ist Kernstück der Theorie der *Institutionalisierung*.

Parsons unterscheidet Verhalten und Handlung (action). Von Handlung kann man dann sprechen, wenn das Handeln zielorientiert ist, sich in einer konkreten Situation abspielt, von bestimmten Normen geleitet ist und aus einer bestimmten Motivation heraus erfolgt (vgl. Parsons und Shils 1951, S. 53) und wenn es darüber hinaus auf das Handeln anderer bezogen ist. Der Bezug des Handelns von ego und alter stellt sich in einer konkreten Handlungssituation als wechselseitige Bedingung des Handelns dar. Einfacher: was ego tut, beeinflusst alter und umgekehrt. Das Handeln hat also wechselseitig motivationale Bedeutung. (Parsons 1951, S. 4)

Eine Situation ist definiert durch die Objekte der Orientierung, was bedeutet, dass eine spezifische Situation durch die Objekte bestimmt ist, an denen sich der einzelne Handelnde orientiert. Solche Objekte können sozialer, physischer oder kultureller Natur sein. Soziale Objekte sind ego und alter; sie sind füreinander der Bezugspunkt, an dem sie sich orientieren. Ein physisches Objekt ist z. B. die Straße, auf die ich mich einstelle, wenn ich sie betrete. Physische Objekte „interagieren" nicht mit ego oder alter. Kulturelle Objekte sind „symbolische Elemente der kulturellen Tradition, Ideen oder Überzeugungen, Symbole oder Werte." (Parsons 1951, S. 4) Die Situation ist aber auch dadurch gekennzeichnet, dass sie bestimmte Mittel vorsieht, die bei der Bewältigung der Situation zulässig bzw. nicht zulässig sind. Wo in unserer Gesellschaft die Situation z. B. lautet, Reichtum zu erwerben, sind die Mittel des Raubes ausgeschlossen. Wo in einer anderen Gesellschaft die Ehre der Schwester verletzt worden ist, ist das Mittel der Blutrache geboten.

Mit dem Handelnden, der Situation mit ihren Objekten und der Orientierung an der Situation ist der Bezugsrahmen der Handlung (‚frame of reference') abgesteckt: Wenden wir uns nun der Handlung zu, die Parsons auch als Orientierung bezeichnet. Diese Orientierung kann man analytisch unterscheiden in Wertorientierung und Motivorientierung. Im ersten Fall orientiert sich der Handelnde an spezifischen kulturellen Werten, die mehr oder weniger verbindlich sind, im zweiten Fall geht es um die spezifischen Ziele, die er verfolgt.

Ordnung ist nur möglich, wenn alle Handelnden etwas *gemeinsam* wollen. Nun ist aber nicht zu übersehen, dass Individuen – wenn man sie nur lässt – höchst unterschiedliche Bedürfnisse artikulieren und eben nicht das Gemeinsame wollen. Damit wären wir wieder bei dem ‚Hobbesian problem of order'. Hobbes' Lösung – ich sagte es schon – scheidet für Parsons aus, weil sie nur unter Androhung von Gewalt funktioniert. Auch die normative Lösung Durkheims, wonach ein gemeinsames Wertsystem genügend Druck ausübt, dass sich alle daran halten, reicht Parsons nicht. Er präsentiert stattdessen eine ‚voluntaristische' Lösung des Problems sozialer Ordnung, das heißt, dass die Individuen „freiwillig in einem normativen Bezugsrahmen übereinstimmen und sich selbst an diesen binden." (Münch 1982, S. 38) Die Individuen stimmen der Ordnung also *freiwillig* zu, weil sie ihnen als zweckmäßigste Regelung erscheint.

Kritiker haben eingewandt, damit setze Parsons gerade das voraus, was er erklären soll – einen verbindlichen normativen Bezugsrahmen, also Ordnung. Vielleicht gibt es tatsächlich einen Zirkel im Denken Parsons', dann allerdings einen der gehobenen Art: die ewige Frage nämlich, wann etwas zuerst da war, das Sein oder das Werden, die Henne oder das Ei, die Normen oder die Handelnden. Diese Spekulationen führen auch in der Soziologie nicht weiter. Deshalb scheint mir nur eins zu helfen. Ich behaupte, Parsons hat mit dem Prinzip der freiwilligen Zustimmung eine Erklärung *sozialer* Ordnung gefunden, die von dem Augenblick an gilt, wo zwei Individuen zum ersten Mal etwas gemeinsam getan haben und sich wechselseitig die Erwartung einstellte, künftig wieder so zu handeln. Diese Rettung der „großen Theorie" ist nicht ganz befriedigend, aber eine bessere scheint mir logisch nicht zu haben zu sein.

Diesen Ausgangspunkt gesetzt, ist Ordnung ein Prozess, in dem sich alle Handelnden gemeinsam befinden und an dem sie auch bestätigend und korrigierend beteiligt sind. Allerdings tun sie das nicht einfach aus sich heraus, sondern aus einer durch Normen schon bestimmten Situation heraus. Da die müßige Spekulation ausgeklammert wurde, was zuerst war, die individuellen Interessen der Handelnden oder die sozialen Normen, muss die keineswegs müßige Frage gestellt werden, wie die Individuen zur Zustimmung zu einem allgemeinen Wertsystem kommen. Das ist die Frage der Sozialisation. In diesem Prozess werden die Bedürfnisse der Individuen mit den kulturellen Werten in Übereinstimmung gebracht.

Schimank drückt es so aus, „dass für Parsons soziale Ordnung schlechthin, und damit auch gesellschaftliche Integration, auf von allen Gesellschaftsmitgliedern geteilten normativen Orientierungen beruht." (Schimank 1996, S. 82) Ordnung ist nur möglich, wenn es gemeinsame normative Orientierungen gibt, die sowohl die *Ziele*, die die Handelnden verfolgen könnten, einschränken wie auch die *Mittel*, die sie bei der Verfolgung dieser eingeschränkten Ziele einzusetzen gedenken.

Ich fasse zusammen: Ordnung ist also zunächst einmal ein Prozess der Institutionalisierung der Regeln des richtigen Handelns und dann der Zurichtung von Bedürfnissen auf gesellschaftlich Zulässiges. Im ersten Fall geht es um berechtigte soziale Erwartungen und den Prozess der sozialen Kontrolle und im zweiten um individuelle Motivation und den Prozess der Sozialisation. Wenn man das als Erklärung, wie soziale Ordnung möglich ist, akzeptiert, kann man es auch kurz und knapp so ausdrücken: Das Wertsystem hat eine integrierende Funktion in jeder Gesellschaft; mit dieser strukturierten, funktionalen Ordnung müssen die Bedürfnisse und Handlungen der Individuen in Verbindung gebracht werden.

3.8 Berger u. Luckmann: Gesellschaftliche Konstruktion der Wirklichkeit

Die Frage, auf welche Weise gesellschaftliche Ordnung überhaupt entsteht, ist auch eine der Grundfragen in einem Buch, das unter dem Titel „The Social Construction of Reality" im Jahre 1966 zuerst in den USA erschienen ist. Die Autoren sind *Peter L. Berger (* 1929)* und *Thomas Luckmann (* 1927)*. Das Buch ist ein Meilenstein in der modernen Soziologie. Es erschien im Jahre 1969 in Deutschland unter dem Titel „Die gesellschaftliche Konstruktion der Wirklichkeit". Im Grunde ist das Buch eine Theorie der gesellschaftlichen Ordnung, ihrer Entstehung und ihres Erhalts. Es hat die soziologische Diskussion im letzten Drittel des 20. Jahrhunderts enorm beeinflusst, doch anders als bei Parsons, fanden die Grundannahmen von Berger und Luckmann meist nur Zustimmung. Das liegt sicher auch daran, dass die Autoren in Grenzen eine optimistische Theorie entwerfen, sagen sie doch, dass die gesellschaftliche Konstruktion der Wirklichkeit eine Konstruktion ist, an der jedes Individuum beteiligt ist. Macht es sich das nur klar – so muss man diese Theorie weiterlesen – , ist das Leiden an der Gesellschaft vielleicht nicht mehr gar so schlimm.

Auf die Frage, was gesellschaftliche Ordnung ist, geben Berger und Luckmann eine scheinbar triviale erste Antwort: „Die allgemeinste Antwort wäre, dass Gesellschaftsordnung ein Produkt des Menschen ist, oder genauer: eine ständige menschliche Produktion. (...) Sowohl nach ihrer Genese (Gesellschaftsordnung ist das Resultat vergangenen menschlichen Tuns) als auch in ihrer Präsenz in jedem Augenblick (sie besteht nur und solange menschliche Aktivität nicht davon ablässt, sie zu produzieren) ist Gesellschaftsordnung als solche ein Produkt des Menschen." (Berger u. Luckmann, 1966, S. 55)

Diese Produktion erfolgt weder systematisch noch geplant, aber sie ist auch nicht zufällig, vielmehr spielt sie sich zweckmäßig ein: „Alles menschliche Tun ist dem Gesetz der Gewöhnung unterworfen. Jede Handlung, die man häufig wiederholt, verfestigt sich zu einem Modell, welches unter Einsparung von Kraft reproduziert werden kann und dabei vom Handelnden als Modell aufgefasst wird. Habitualisierung in diesem Sinne bedeutet, dass die betreffende Handlung auch in Zukunft ebenso und mit eben der Einsparung von Kraft ausgeführt werden kann." (Berger u. Luckmann 1966, S. 56) Hintergrund dieser Annahme ist die anthropologische Theorie von *Arnold Gehlen*, der die sich feststellenden Gewohnheiten Institutionen nennt. Darauf komme ich noch zurück.

Berger und Luckmann verstehen sich als Wissenssoziologen. Sie fragen, wie die Habitualisierungen, die sich ohne unser Zutun *festzustellen* scheinen, in den Bestand des Wissens eingehen, das jedermann hat. Dieses Wissen entsteht nicht mit uns neu, sondern ist Teil einer geordneten Wirklichkeit, die schon existierte, bevor wir auf die Bühne der Welt traten. Die Frage ist, was diese Wirklichkeit ausmacht und inwiefern das Wissen in der Gesellschaft Ordnung schafft. Diese beiden Fragen stellen sich dem Mann auf der Straße in aller Regel gar nicht. Er „kümmert sich normalerweise nicht darum, was wirklich für ihn ist und was er weiß, es sei denn, er stieße auf einschlägige Schwierigkeiten. Er ist seiner ‚Wirklichkeit' und seines ‚Wissens' gewiss. Der Soziologe kann sich solche Unbekümmertheit nicht erlauben." (Berger u. Luckmann 1966, S. 2) Nun geht es nicht um die Bekümmerung von Soziologen, sondern – hier – um die Frage, wie Gesellschaft möglich wird.

Ihre Antwort läuft auf die These von der ‚gesellschaftlichen Konstruktion der Wirklichkeit' hinaus. Bei dieser Erklärung beziehen sie sich auf das Diktum des Philosophen *Karl Marx*, dass das Bewusstsein des Menschen durch sein gesellschaftliches Sein bestimmt wird. (Marx 1859, S. 9) Berger und Luckmann meinen es aber nicht in dem ökonomischen Sinne, aus dem heraus Marx seine Kritik der Politischen Ökonomie seinerzeit entfaltet hat, sondern schlicht in dem Sinne, dass alle objektiven Bedingungen, unter denen der Mensch lebt, auch sein Denken beeinflussen. Zu diesen objektiven Bedingungen zählt auch das *Wissen*, das in der Gesellschaft existiert.

Es liegt auf der Hand, dass es bei diesem Wissen weniger um das Wissen geht, das im deutschen Kreuzworträtsel verlangt wird, und auch nicht um das Fachwissen des italienischen Geigenbauers, sondern um das gesellschaftliche Wissen, das „jedermann" besitzt. Dieses Wissen nennen Berger und Luckmann *Alltagswissen*. Die Erklärung, warum das Hauptinteresse der Wissenssoziologie nicht Ideen, sondern diesem Allerweltswissen gilt, liegt auf der Hand: „dieses ‚Wissen' eben bildet die Bedeutungs- und Sinnstruktur, ohne die es keine menschliche Gesellschaft gäbe." (Berger u. Luckmann 1966, S. 16) Es ist ein Wissen über das ‚richtige Verhalten' in der Gesellschaft. Es ist ‚selbstverständlich' und insofern objektiv wirklich. Das gesellschaftliche Wissen ‚stellt sich fest' und wird uns allen so selbstverständlich, dass wir über die gesellschaftliche Wirklichkeit normalerweise keinerlei Zweifel hegen.

Auf der anderen Seite wissen wir, dass sich das Wissen auch ändert. So ‚wusste' man z. B. im 8. Jahrhundert, dass es der höheren Ehre Gottes dient, wenn man taufunwillige Friesen und Sachsen einen Kopf kleiner macht, und morgen werden wir wissen, dass man seine Feinde lieben muss. Obwohl es sich ständig ändert, scheint das Wissen doch immer auf der Höhe der Zeit zu sein, denn so gut wie nie kommt uns der Zweifel an, dass unser Wissen nicht mit der Wirklichkeit übereinstimmen könnte. Wissen, das ‚out' ist, vergessen wir, und für das neue richtige Wissen sind wir offen. Wissen stellt sich immer wieder neu fest.

Um genau diese ‚Feststellung' (lat. institutio) des Wissens über das richtige Verhalten in der Gesellschaft als Grundlegung von Gesellschaft geht es in der Theorie der Ordnung, die Berger und Luckmann entwickeln. Oder anders: sie fragen, „wie es vor sich geht, dass gesellschaftlich entwickeltes, vermitteltes und bewahrtes Wissen für den Mann auf der Straße zu außer Frage stehender ‚Wirklichkeit' gerinnt", wie Wirklichkeit institutionalisiert wird. (Berger u. Luckmann 1966, S. 3) Die Antwort ist ziemlich einfach: indem gesellschaftliches Wissen immer wieder akzeptiert und durch unser Handeln bestätigt wird, schafft es permanent soziale Ordnung.

Anders als Durkheim, der über Institutionen die Ordnung erklärte, verwenden Berger und Luckmann den dynamischen Begriff der ‚Institutionalisierung'. Ihre Theorie der Ordnung ist eine Theorie der immer neuen ‚Feststellung' der gesellschaftlichen Wirklichkeit. Das wichtigste Medium, über das diese Feststellung erfolgt, ist die *Sprache*. Sie versorgt uns mit dem Wissen, das jedermann in dieser Gesellschaft besitzt; in ihrer natürlichen Verwendung erkennen wir das Selbstverständliche in dieser Gesellschaft an. In der Wirklichkeit der Alltagswelt haben die Dinge schon ihren Platz, bevor wir überhaupt über sie nachdenken: „Ich erfahre die Wirklichkeit der Alltagswelt als eine Wirklichkeitsordnung. Ihre Phänomene sind vor-arrangiert nach Mustern, die unabhängig davon zu sein scheinen, wie ich sie erfahre, und die sich gewissermaßen über meine Erfahrung von ihnen legen. Die Wirklichkeit der Alltagswelt erscheint bereits objektiviert, das heißt konstituiert durch eine Anordnung der Objekte, die schon zu Objekten deklariert worden waren, längst bevor ich auf der Bühne erschien. Die Sprache, die im alltäglichen Leben gebraucht wird, versorgt mich unaufhörlich mit den notwendigen Objektivationen und setzt mir die Ordnung, in welcher diese Objektivationen Sinn haben und in der die Alltagswelt mir sinnhaft erscheint." (Berger u. Luckmann 1966, S. 24)

Objektivation kann man so verstehen, dass ein bestimmter Sinn eines Prozesses oder eines Phänomens objektiv geworden ist, also die konkrete Situation übersteigt und als typischer Ausdruck ähnlicher Situationen von allen verstanden wird. Berger und Luckmann bemühen in einer ziemlich vagen Anmerkung u. a. den Begriff der Vergegenständlichung. (Berger u. Luckmann 1966, S. 22 Anm. 1) Er scheint mir der Sache nahe zu kommen, wie aus „subjektiv sinnvollen Vorgängen" eine „*inter*subjektive Welt" entsteht. (Berger u. Luckmann 1966, S. 22) Danach werden subjektive Erfahrungen im Wiederholungsfall zu typischen Erfahrungen verallgemeinert und führen zu entsprechenden typischen Erwartungen.[10]

10 Bei dieser Erklärung stützen sich Berger und Luckmann auf die Gedanken des Philosophen Alfred Schütz. Eine kurze Einführung in dessen Werk findet sich

Wo diese beiden Typisierungen – der Erfahrungen und der Erwartungen – mit ähnlichen Typisierungen anderer Subjekte vermittelt werden, entsteht ein gemeinsames ‚Wissen', das objektiv gilt. Es wird zur verbindlichen Grundlage gemeinsamen Handelns. Dieses Wissen ist aufgehoben in der gemeinsamen Sprache. In ihr objektiviert sich der Wissensvorrat der Gesellschaft. Er ist das „Rezeptwissen", auf das wir uns verlassen, und von dem wir wissen, dass auch die anderen sich darauf verlassen. So wird unser Denken über die gesellschaftliche Wirklichkeit zur Routine, und das Handeln wird es auch! Die Gesellschaft wird zur *objektiven, geordneten* Wirklichkeit.

Die Wirklichkeit der Alltagswelt erhält sich aber nicht nur, weil sie Sinn macht und Zweifel gar nicht erst aufkommen lässt. Sie kennt auch eine Reihe von Mechanismen, die Plausibilität der institutionalen Ordnung zu unterstreichen. Berger und Luckmann sprechen von *Legitimationen sozialer Wirklichkeit.* Die Frage der Legitimität einer institutionalen Ordnung stellt sich solange nicht, wie alle Beteiligten wissen, wie „man" sich in dieser Ordnung zu verhalten hat. Grundlage der Legitimation sind die Erfahrungen, die alle Beteiligten mit dieser Ordnung gemacht haben. Die Erfahrungen haben sich abgelagert, sie bilden so etwas wie *Sedimente.* Dadurch, dass die Erfahrungen von allen Beteiligten geteilt werden, erhalten sie institutionalen Charakter: „Das Fortwirken einer Institution gründet sich auf ihre gesellschaftliche Anerkennung als ‚permanente' Lösung eines ‚permanenten' Problems." (Berger u. Luckmann 1966, S. 74)

Kritisch – im Sinne der Selbstverständlichkeit einer sozialen Ordnung – wird es in dem Augenblick, wenn nicht mehr alle Mitglieder einer Gesellschaft über gleiche Erfahrungen verfügen. Vor dieser Situation steht die Gesellschaft grundsätzlich immer, weil sie ständig mit einer nachwachsenden Generation konfrontiert ist. Solange die Schöpfer einer gesellschaftlichen Welt leben, können sie „den Sinn einer Institution erkennen, wenn sie ihr eigenes Erinnerungsvermögen mobilisieren. Ihre Kinder sind aber

---

in meiner Einführung in interpretative Theorien der Soziologie, Kap. 3; zum Prozess der Institutionalisierung als Typisierung vgl. dort Kap. 4.

in einer völlig anderen Lage. Was sie von der institutionalen Ordnung wissen, haben sie vom ‚Hörensagen'. Der ursprüngliche Sinn der Institutionen ist ihrer eigenen Erinnerung unzugänglich. Dieser Sinn muss ihnen also mit Hilfe verschiedener, ihn rechtfertigender Formeln verständlich gemacht werden." (Berger u. Luckmann 1966, S. 66) Es müssen also Legitimationen vorhanden sein.

Solche Legitimationen sind unterschiedlich explizit und wirken auch mit unterschiedlicher Macht auf uns ein. Sie reichen von Allerweltswissen über Sprichwörter und Lebensweisheiten bis hin zu expliziten Legitimationstheorien, wie sie z. B. in rechtlichen Bestimmungen oder religiösen Vorschriften niedergelegt sind, und zu den symbolischen Sinnwelten, unter deren Dach alles, was „man" in dieser Gesellschaft denkt und tut, letztlich irgendwie zusammengefasst wird.

Beispiele solcher umfassenden Legitimationen sind „der real existierende Sozialismus", „die christlich-abendländische Kultur", aber auch modische Begründungen wie „Postmoderne" oder „Rationalität", die mit dem Anspruch umfassender Erklärung für alles und jedes auftreten. Symbolische Sinnwelten ordnen die Wirklichkeit. Sie haben eine „*nomische*" Funktion und rücken „jedes Ding an seinen rechten Platz". (Berger u. Luckmann 1966, S. 105) Symbolische Sinnwelten sind „wie schützende Dächer über der institutionalen Ordnung und über dem Einzelleben. (...) Sie setzen die Grenzen dessen, was im Sinne gesellschaftlicher Interaktion relevant ist." (Berger u. Luckmann 1966, S. 109)

Will man die Antwort, die Berger und Luckmann auf die Frage geben, was gesellschaftliche Ordnung ist und wie sie zu Stande kommt, zusammenfassen, dann kann man sagen: gesellschaftliche Ordnung erwächst aus der Institutionalisierung von Verhaltensweisen; sie erhält sich über die Vermittlung verbindlichen Wissens im Prozess der Sozialisation und durch die Bestätigung dieses gemeinsamen Wissens in den Interaktionen des Alltags. In unserem Denken und Handeln wird Wirklichkeit immer wieder von uns hergestellt. Da wir es mit den Mitteln, die uns die Gesellschaft zur Verfügung stellt, tun – Sprache, Wissen, Handlungsformen, kurz: Institutionen – erhalten wir die soziale Ordnung.

4. Institution

„Institutionen sind geronnene *Kultur*. Sie transformieren kulturelle Wertorientierungen in eine normativ verbindliche soziale Ordnung. Institutionen sind Ausdruck einer den Menschen gegenübertretenden objektiven Macht." Mit dieser Definition und Beschreibung leitet Klaus Eder einen aktuellen Beitrag zu einem Phänomen ein, ohne das Gesellschaft nicht zu denken ist, und er schreibt weiter: „Institutionen sind (...) Ideen über die Welt." (Eder 1997, S. 159) Zwei Implikationen stecken in dieser Definition: die Implikation, dass Institutionen dem Individuum als etwas Objektives gegenüberstehen, und die, dass sie so etwas wie Erklärungen der sozialen Wirklichkeit sind.

In die erste Richtung geht die Theorie von *Emile Durkheim*, für den Institutionen objektive Tatsachen sind. Als soziale Typen des Denkens und Handelns haben sie die Funktion, die Struktur der Gesellschaft zu erhalten. Das ist auch die These, die *Talcott Parsons* in seiner strukturfunktionalistischen Theorie vertritt. In anderen Theorien wird dagegen eher gefragt, wie der Mensch Institutionen schafft und was sie schließlich für ihn bedeuten. Diese zweite Diskussion ist in Amerika vor allem von *William Graham Sumner* und in England von *Bronislaw Malinowski* beeinflusst gewesen. In Deutschland ist es besonders *Arnold Gehlen* gewesen, der die anthropologische Grundfrage, wie der Mensch es fertig bringt, sich am

Leben zu erhalten und in Gesellschaft zu leben, mit einer Theorie der Institutionen beantwortet. *Peter L. Berger* und *Thomas Luckmann* betonen schließlich, dass *Institutionalisierung* ein fortlaufender Prozess der gesellschaftlichen Konstruktion der Wirklichkeit ist, an dem das Individuum in jedem Augenblick beteiligt ist. Eine ähnliche Sicht findet sich auch bei *Niklas Luhmann*, für den die Geltung von Institutionen eine riskante Sache ist.

4.1 Durkheim: Soziale Tatsachen

Als eben die Frage behandelt wurde, wie Gesellschaft möglich ist, habe ich *Emile Durkheim* mit der Erklärung zitiert, dass sich im Zuge der Arbeitsteilung eine bestimmte Form der Solidarität herausbildet, die er als organische Solidarität bezeichnet. Sie besteht in dem Gefühl der Mitglieder der Gesellschaft, wechselseitig voneinander abhängig und aufeinander angewiesen zu sein, was umgekehrt heißt, dass jeder das Gefühl hat, für den anderen und das Ganze insgesamt eine funktionale Bedeutung zu haben. In diese Erklärung spielte auch schon hinein, dass sich in jeder Gesellschaft bestimmte soziale Überzeugungen und Regelungen „feststellen". Es sind Vorstellungen, was „man" in einer bestimmten Gesellschaft zu tun und zu lassen hat, „wie die Welt ist und wie sie sein soll". (Hauck 1984, S. 94)

Die Summe dieser sozialen Vorstellungen nennt Durkheim *Kollektivbewusstsein*. Es bildet gewissermaßen die Klammer, durch die die Individuen zusammengehalten werden. Das Kollektivbewusstsein als das mehr oder weniger bewusste Einverständnis über zentrale Werte und Normen regelt das Handeln der Menschen untereinander, ohne dass es in jeder Situation einer expliziten Abstimmung der Gründe und Ziele des Handelns bedürfte. Das Kollektivbewusstsein ist ein Bewusstsein von etwas, das unabhängig vom Willen oder der Sympathie eines einzelnen Individuums existiert. Dieses ‚Etwas' ist real schon vorhanden, bevor das Subjekt die Bühne des Lebens betritt, und es bestimmt das

Denken und Handeln eines jeden Individuums. Diese objektive Realität nennt Durkheim *faits sociaux*, soziale Tatsachen.[1]

Wie kommt es zu diesen Tatsachen? Durkheim schreibt: „Damit aber ein soziologischer Tatbestand vorliege, müssen mindestens einige Individuen ihre Tätigkeit vereinigt haben, und aus dieser Verbindung muss ein neues Produkt hervorgegangen sein." (Durkheim 1895, S. 99f.) Wenn zwei Bergsteiger sich an einer schwierigen Stelle in einer bestimmten Weise geholfen haben, wird diese Regelung auch in künftigen Notfällen eine Rolle spielen. Wo der Verkehr durch eine rote Ampel geregelt wird, hat es jemanden gegeben, der eine zweckmäßige Regelung mit diesem Zeichen zum Ausdruck gebracht hat, und mindestens einen anderen, der durch sein Handeln bestätigte: ich habe verstanden. Bis auf weiteres ist damit *festgestellt*, wie gehandelt werden soll. Das „Produkt" des Handelns überdauert also das Handeln der Menschen, wird gewissermaßen objektiv und führt ein Eigenleben.

Emile Durkheim: Faits sociaux

„Wenn ich meine Pflichten als Bruder, Gatte oder Bürger erfülle, oder wenn ich übernommene Verbindlichkeiten einlöse, so gehorche ich damit Pflichten, die außerhalb meiner Person und der Sphäre meines Wissens im Recht und in der Sitte begründet sind. Selbst wenn sie mit meinen persönlichen Gefühlen im Einklang stehen und ich ihre Wirklichkeit im Innersten empfinde, so ist diese doch etwas Objektives. Denn nicht ich habe diese Pflichten geschaffen, ich habe sie vielmehr im Wege der Erziehung übernommen. Wie oft kommt es vor, dass über die Einzelheiten der auferlegten Verpflichtungen Unklarheit herrscht und sich, um sie voll zu erfassen, die Notwendigkeit ergibt, das Gesetz und seine berufenen Interpreten zu Rate zu ziehen. Ebenso hat der gläubige Mensch die Bräuche und Glaubenssätze seiner Religion bei seiner Geburt fertig vorgefunden. Dass sie vor ihm da waren, setzt voraus, dass sie außerhalb seiner Person existieren. Das Zeichensystem, dessen ich mich bediene, um meine Gedan-

1 Sie erinnern sich: bei Simmel hieß es „Festsetzungen", und Rousseau sagte, der Einzelne müsse das ‚fait social' wollen lernen.

ken auszudrücken, das Münzsystem, in dem ich meine Schulden zahle, die Kreditpapiere, die ich bei meinen geschäftlichen Beziehungen benütze, die Sitten meines Berufes führen ein von dem Gebrauche, den ich von ihnen mache, unabhängiges Leben. Das eben Gesagte kann für jeden einzelnen Aspekt des gesellschaftlichen Lebens wiederholt werden. Wir finden also besondere Arten des Handelns, Denkens und Fühlens, deren wesentliche Eigentümlichkeit darin besteht, dass sie außerhalb des individuellen Bewusstseins existieren.

Diese Typen des Verhaltens und des Denkens stehen nicht nur außerhalb des Individuums, sie sind auch mit einer gebieterischen Macht ausgestattet, kraft derer sie sich einem jeden aufdrängen, er mag wollen oder nicht. Freilich, wer sich ihnen willig und gerne fügt, wird ihren zwingenden Charakter wenig oder gar nicht empfinden, da Zwang in diesem Falle überflüssig ist. Dennoch ist er aber eine diesen Dingen immanente Eigenschaft, die bei jedem Versuch des Widerstandes sofort hervortritt. Versuche ich, die Normen des Rechtes zu übertreten, so wenden sie sich wider mich, um meine Handlung zu verhindern, wenn es noch an der Zeit ist, oder sie als nichtig aufzuheben und in ihre normale Form zu bringen, wenn sie schon begangen ist und noch gutgemacht werden kann, oder mich für sie büßen zu lassen, wenn sie nicht mehr gutzumachen ist. Handelt es sich um rein moralische Gebote? Die öffentliche Meinung verhindert jeden Akt, der sie verletzt, durch die Aufsicht, die sie über das Benehmen der Bürger ausübt, und durch die besonderen Strafen, über die sie verfügt. In anderen Fällen ist der Zwang weniger fühlbar. Allein er besteht auch da. Wenn ich mich geltenden Konventionen der Gesellschaft nicht füge, etwa in meiner Kleidung den Gewohnheiten meines Landes und meiner Klasse keine Rechnung trage, wird die Heiterkeit, die ich errege, und die Distanz, in der man mich hält, auf sanftere Art denselben Erfolg erzielen wie eine eigentliche Strafe." (Durkheim 1895: Die Regeln der soziologischen Methode, S. 105f.)

Die sozialen Tatsachen existieren außerhalb unserer Person. Sie sind im kollektiven Bewusstsein verankert und drängen sich einem jeden auf, „er mag wollen oder nicht.” Es sind Vorstellungen vom richtigen Handeln und Denken, die uns im Prozess der Sozialisation als ganz selbstverständlich nahe gebracht werden. Sie haben sich als Regelungen in der Gesellschaft *festgestellt*. In der zweiten Auflage der „Regeln der soziologischen Methode“ führt Durkheim dann einen neuen Begriff für die „faits sociaux“ ein. Er schreibt: „Es gibt (...) ein Wort, das in geringer Erweiterung seiner gewöhnlichen Bedeutung diese ganz besondere Art des Seins ziemlich gut zum Ausdruck bringt, nämlich das Wort Institution. Tatsächlich kann man alle Glaubensvorstellungen und durch die Gesellschaft festgesetzten Verhaltensweisen Institutionen nennen.“ (Durkheim 1895, S. 100) Institutionen sind für Durkheim das eigentliche Thema der Soziologie, weshalb er sie dann auch gleich als „die Wissenschaft von den Institutionen, deren Entstehung und Wirkungsart” bezeichnet. (Durkheim 1895, S. 100)

Die sozialen Tatsachen erfahren wir im täglichen Umgang miteinander und nehmen sie in uns hinein. Diesen Prozess nennt Durkheim *Internalisierung*. So werden die Institutionen zum stetigen Antrieb des „richtigen” Handelns. Als Grund, weshalb wir sie in uns hineinnehmen, hat Durkheim den sozialen Zwang (contrainte) genannt, den die sozialen Tatsachen auf uns ausüben. Es gibt aber sozusagen auch noch eine positive Begründung für die Beherzigung der sozialen Tatsachen: sie sind auch mit Prestige ausgestattet. (Durkheim 1895, S. 99) Wir akzeptieren sie, weil Konformität die größte Anerkennung findet – oder mindestens die geringste Missbilligung nach sich zieht. Wir verinnerlichen sie schließlich auch, weil sie uns selbstverständlich zu sein scheinen. Solange Alternativen des Handelns nicht bekannt sind, wird in der Tat mancher den „zwingenden Charakter” der sozialen Tatsachen nicht empfinden. So gewährleistet die Internalisierung der sozialen Tatsachen soziale Integration.

4.2 Sumner: Folkways, Mores, Institutions

Der amerikanische Kulturanthropologe *William G. Sumner (1840-1910)*, einer der Gründungsväter der Soziologie in den USA, war ein entschiedener Vertreter der darwinistischen Evolutionstheorie und sah im Überleben des Tüchtigsten das Prinzip von Entwicklung. Nach diesem Prinzip haben sich in der Gesellschaft bestimmte Formen des Zusammenlebens herausgebildet, die als erprobte Mittel der Anpassung an die gegebenen Umstände gelten. Sumner geht davon aus, dass es vier große Motive zu handeln gibt: Hunger, Sexualität, Eitelkeit, worunter man im weitesten Sinne das Bedürfnis nach sozialer Anerkennung verstehen kann, und Furcht vor übernatürlichen Kräften. (Sumner 1906, sec. 22) Der Mensch handelt also, um Grundbedürfnisse zu befriedigen. Was er tut, erfolgt nach dem Prinzip von „trial and failure". Was sich als zweckmäßig („expedient") erweist, behält er bei. Da alle unter den gleichen Bedingungen leben, bilden sich auch gemeinsame Formen der Anpassung heraus. Von der Erfahrung des Einzelnen profitieren auch die anderen. So werden aus individuellen Gewohnheiten („habits") soziale Gewohnheiten oder Bräuche („customs"). Sumner nennt sie *folkways*:[2]

William Graham Sumner: Folkways

„Nach allem, was wir (...) über den primitiven Menschen und die primitive Gesellschaft wissen, besteht die erste Aufgabe des Lebens darin zu leben. Die Menschen beginnen mit Taten, nicht mit Gedanken. Jeder Augenblick bringt Notwendigkeiten (‚necessities'), auf die man sofort reagieren muss. Bedürfnisse (‚needs') waren das Erste; ihnen folgten ungeschickte und tastende Bemühungen (‚blundering efforts'), sie zu befriedigen (‚satisfy'). Es wird allgemein angenommen, dass die Menschen von ihren tierischen Vorfahren einige Leitinstinkte mitbekommen haben, was durchaus stimmen

2 Ich habe Sumners Definition sinngemäß selbst übertragen, da die einzige mir bekannte deutsche Übersetzung längerer Passagen von Hans Naumann (1958) an den entscheidenden Stellen sehr unglücklich ist.

mag, obwohl es noch keiner bewiesen hat.[3] Wenn es sie gibt, dann dienten sie sicher dazu, die ersten Versuche zu unterstützen, Bedürfnisse zu befriedigen. Man kann auch annehmen, dass sich beim Tier Gewohnheiten herausgebildet haben, die dem Verhalten dann die Bahn vorgaben. Versuche mit neugeborenen Tieren zeigen nämlich, dass ihre Anstrengungen, Bedürfnisse zu befriedigen, plump und planlos sind, solange sie über keine Erfahrungen verfügen. Ihre Anstrengungen erfolgen nach dem Prinzip von Versuch und Irrtum (‚trial and failure'). Sie verursachen Lust oder Unlust. Es ist eine Methode schlichten Herumexperimentierens und allmählichen Herausfindens einer befriedigenden Lösung. Ganz genau so ist es auch bei den ersten Aktivitäten des Menschen gewesen. Bedürfnisse trieben ihn an, etwas zu tun. Lust und Unlust (‚pleasure and pain') bestimmten, in welche Richtung er seine Anstrengungen verstärkte. Diese Fähigkeit, zwischen Lust und Unlust unterscheiden zu können, ist die einzige körperliche Kraft (‚physical power'), die wir unterstellen müssen, um zu erklären, wie die zweckmäßigsten Tätigkeiten herausgefunden wurden. Es waren einfach die besseren Antworten auf die Anforderungen und mit weniger Anstrengung und Unlust verbunden. Auf diese Weise entwickelten sich Gewohnheit (‚habit', Routine und Geschicklichkeit (‚skill').

Der Kampf um's Überleben (‚struggle to maintain existence') wurde nicht individuell, sondern in der Gruppe geführt. Ein jeder profitierte von der Erfahrung des anderen; von daher gab es eine Konkurrenz um die zweckmäßigsten Lösungen. Zum Schluss verhielten sich alle in der gleichen Weise für den gleichen Zweck; die Praktiken wandelten sich zu Gewohnheiten (‚customs') und wurden zu einem kollektiven Phänomen. Mit diesen Gewohnheiten entwickelten sich auch die Instinkte, (die gewissermaßen überformt werden).[4]

3 Sumner war anfangs heftig angegriffen worden, weil er sich auf den „Atheisten" Spencer und dessen darwinistische Erklärung der Abstammung des Menschen bezogen hatte. Daher die vorsichtige Formulierung.

4 Da die englische Formulierung „Instincts were developed in connection with them" (gemeint die „customs") leicht zu Missverständnissen führt (so z. B. in der erwähnten Übersetzung von Naumann), habe ich das, was Sumner meint, in Klammern nachgetragen. Instinkte werden also überformt!

Auf diese Weise entstehen die folkways. Die Jungen lernen sie durch Tradition, Nachahmung und Autorität. Folkways gibt es von einem bestimmten Punkt an für alle Bedürfnisse des Lebens. Sie sind einheitlich und allgemein in einer Gruppe; sie sind normativ und unveränderlich. Mit der Zeit werden die folkways immer eigenmächtiger ('arbitrary)' sie stellen sich immer stärker fest ('positive') und werden immer zwingender ('imperative'). (...)

Der Vorgang, durch den folkways erzeugt werden, besteht in der häufigen Wiederholung geringfügiger Handlungen, die sehr oft von vielen gleichzeitig vollzogen werden oder wenigstens in der gleichen Weise erfolgen, wenn Menschen mit dem gleichen Bedürfnis konfrontiert werden. Das unmittelbare Motiv zu handeln ist das Interesse ('interest'). Es führt beim Individuum zur Gewohnheit ('habit') und in der Gruppe zum Brauch ('custom'). (...) Durch Gewohnheit und Brauch wird auf jedes Individuum ein starker Druck ausgeübt. (Die folkways) werden somit zu einer sozialen Kraft ('societal force')." (Sumner 1906: Folkways, sec. 1 und 2)

Folkways entstehen also aus erst tastenden, dann nach und nach sicherer werdenden Aktivitäten des Menschen, seine Bedürfnisse zu befriedigen. Sie sind nicht das Produkt rationaler Planung, sondern ergeben sich eher zufällig oder nach mühseligem Versuch und Irrtum. Wo sie sich aber als zweckmäßig erwiesen haben, da werden sie zur Routine, und der Mensch vollzieht sie schließlich unbewusst. Das trifft auch für die Aktivitäten der ganzen Gruppe zu, die handelt, wie es allmählich Brauch wurde.

Soziale Gewohnheiten enthalten im Kern immer schon Vorstellungen vom Richtigen und Wahren. Vorstellungen, die sich von konkreten Handlungen ablösen und zur allgemeinen Richtschnur *gemeinsamen* Handelns, also normativ werden, nennt Sumner *mores*:

William Graham Sumner: Mores

„Mores: they are the popular habits and traditions, when they include a judgment that they are conducive to societal welfare, and when they exert a coercion on the individual to conform to them, although they are not coordinated by any authority." (Sumner and Keller 1927: The science of society, § 20)

An anderer Stelle setzt Sumner hinter das Wort ‚mores' in Klammern das deutsche Wort „Sitte". (z. B. Sumner 1906, sec. 4 und 66) Sitten sind gesellschaftliche Überzeugungen des „richtigen Lebens". Sie „durchdringen und kontrollieren" das gesamte Leben und haben die „authority of facts" – „they are facts". (Sumner 1906, sec. 80) Von den folkways unterscheiden sich mores dadurch, dass sie ein „moralisches" Gewicht haben und unter diesem Aspekt als zweckmäßige Lösung der Probleme des *sozialen* Lebens in der Gesellschaft anerkannt werden. Auch das erfolgt in der Regel unbewusst. Die Anerkennung ist so selbstverständlich, dass die meisten Menschen „taub gegen jedes Argument gegen die Sitten" sind. (Sumner 1906, sec. 80) Darin liegt für Sumner auch das soziologische Problem der mores: „They do not stimulate to thought, but the contrary. The thinking is already done and is embodied in the mores. (...) They are not questions, but answers, to the problem of life. They present themselves as final and unchangeable, because they present answers which are offered as ‚the truth'." (Sumner 1906, sec. 83) Darauf komme ich gleich zurück. Verfolgen wir aber zunächst, wie Institutionen allmählich aus folkways und mores erwachsen (‚crescive') oder ganz gezielt eingerichtet (‚enacted') werden. Sumner schreibt:

William Graham Sumner: Crescive and enacted institutions

„Institutions and laws are produced out of mores. An institution consists of a concept (idea, notion, doctrine, interest) and a structure. The structure is a framework, or apparatus, or perhaps only a number of functionaries set to cooperate in prescribed ways at a certain conjuncture. The structure holds

> the concept and furnishes instrumentalities for bringing it into the world of facts and action in a way to serve the interests of men in society. Institutions are either crescive or enacted. They are crescive when they take shape in the mores, growing by the instinctive efforts by which the mores are produced. Then the efforts, through long use, become definite and specific. Property, marriage, and religion are the most primary institutions. They began in folkways. They became customs. They developed into mores by the addition of some philosophy of welfare, however crude. Then they were made more definite and specific as regards the rules, the prescribed acts, and the apparatus to be employed. This produced a structure and the institution was complete. Enacted institutions are products of rational invention and intention.“ (Sumner 1906: Folkways, sec. 61)

Institutionen liegt also eine bestimmte Idee zu Grunde, und sie weisen eine bestimmte Struktur auf, wie zu handeln ist. Statt von einer Idee kann man auch von einem bestimmten Zweck sprechen. Sie erwachsen aus folkways und mores, aber sie können auch ganz bewusst für bestimmte Zwecke eingerichtet werden. Als Beispiele für ‚crescive institutions‘ nennt Sumner Eigentum, Ehe und Religion, als Beispiele für ‚enacted institutions‘ könnte man das Geld oder das Wahlrecht nennen. Natürlich gründen diese letztlich auch in gewachsenen Bräuchen. Sumner will mit dieser Unterscheidung nur andeuten, dass in hochzivilisierten Gesellschaften viele Regelungen ganz bewusst und gezielt getroffen und verbindlich gemacht werden.

Ich komme jetzt noch einmal darauf zurück, dass in der „Unbewusstheit“ der Institutionen ein Problem liegt. Was das Verhältnis zwischen Individuum und Gesellschaft angeht, kann man nach den Ausführungen Sumners nämlich festhalten: die Gesellschaft versorgt uns über ihre Institutionen mit fertigen Antworten, bevor wir überhaupt fragen. Für Sumner ist das legitim, weil die Institutionen ja aus menschlichen Bedürfnissen entstanden und somit funktional und zweckmäßig sind.

Die Annahme, dass Institutionen mit menschlichen Grundbedürfnissen zusammenhängen, findet sich auch in der folgenden Theorie von Bronislaw Malinowski, allerdings mit einem bemerkenswerten Unterschied.

4.3 Malinowski: Die soziale Organisation des Verhaltens

Auch der polnisch-englische Kulturanthropologe *Bronislaw Malinowski (1884-1942)* geht von fundamentalen Bedürfnissen (‚basic needs') des Menschen aus. Zu diesen Grundbedürfnissen zählen z. B. das Bedürfnis nach Nahrung, nach Schutz vor der Natur und vor gefährlichen Tieren oder Mitmenschen, nach Fortpflanzung oder nach Regelung des Heranwachsens. (Malinowski 1939, S. 39f.) Der Mensch gestaltet, um sich am Leben halten zu können, die Natur um. Dadurch schafft er Kultur. Sie ist die zweite, *künstliche* Umwelt des Menschen. Malinowski beschreibt Kultur als einen „instrumentellen Apparat, durch den der Mensch in die Lage versetzt ist, mit den besonderen konkreten Problemen, denen er sich in seiner Umwelt und im Lauf der Befriedigung seiner Bedürfnisse gegenüber gestellt sieht, besser fertig zu werden. Sie ist ein System von Gegenständen, Handlungen, Einstellungen, innerhalb dessen jeder Teil als Mittel zu einem Zweck existiert. Sie ist ein Ganzes, dessen mannigfaltige Elemente in gegenseitiger Abhängigkeit stehen." (Malinowski 1939, S. 21f.) Im Rahmen dieses kulturellen *Systems* handhaben die Menschen Gegenstände, die sie selbst geschaffen haben (‚Artefakte'); sie stehen in bestimmten Beziehungen zueinander, sind also organisiert, und sie verkehren miteinander „durch die Sprache oder einen andersartigen Symbolismus". (Malinowski 1939, S. 22)

An dieser Definition wird deutlich, dass Malinowski den Menschen als Mitglied einer sozialen Gemeinschaft vor Augen hat. Als solches muss er seine Aktivitäten mit denen der anderen abstimmen. Außerdem gibt es Bedürfnisse, die er besser in Kooperation mit anderen befriedigen kann. Das Verhalten muss also *sozial organisiert* werden. Die Form dieser sozialen Organisation des Verhaltens nennt Malinowski *Institution.* Institutionen organisieren Handlungen, die sich rings um vitale Aufgaben ergeben. Beispiele solcher Institutionen sind Familie, Clan, Erziehung, soziale Kontrolle, Wirtschaft oder Moral. In der Summe stellen die Institutionen das kulturelle System dar. Seine erste Funktion ist, die Bedürfnisse des Menschen zu befriedigen.

Malinowskis funktionale Definition von Kultur muss man denn auch in dreierlei Hinsicht interpretieren: der Mensch erzeugt künstliche Produkte (Artefakte), um seine Grundbedürfnisse zu befriedigen; er verbindet sich mit anderen und koordiniert seine Tätigkeiten mit deren Tätigkeiten; er sieht von konkreten Handlungen ab und hält ihre zweckmäßigen Formen in generellen Symbolen fest. Symbole repräsentieren die Idee des richtigen, d. h. funktional notwendigen Handelns und lenken das Handeln in die sozial erforderliche Richtung. Insofern kann man Symbole, die in einem Kollektiv anerkannt werden, auch als *Institutionen* bezeichnen. Sie sind die gemeinsame Idee einer Gruppe oder Gesellschaft, wie vernünftigerweise gehandelt werden soll.

Betrachtet man nun das Handeln des Menschen in einer konkreten Gesellschaft, dann müssen alle drei Dimensionen – Artefakte, soziale Bindungen und Symbolisierung – berücksichtigt werden: „Alle drei Dimensionen der kulturellen Wirklichkeit spielen bei jedem Schritt mit." Oder anders: „Die Gesamtheit des Kulturprozesses umfasst die materielle Grundlage der Kultur, das heißt, Produkte des Fleißes; menschliche soziale Bindungen, das heißt, standardisierte Arten des Verhaltens, und schließlich symbolische Handlungen, das heißt, Einflüsse, die ein Individuum aufs andere durch gebahnte Reflexausübung ausübt." (Malinowski 1939, S. 25)

Der Hinweis auf den wechselseitigen Einfluss durch symbolische Handlungen dient nicht nur der Erklärung von Kultur, sondern auch der kollektiven Form der Bedürfnisbefriedigung. Manche Bedürfnisse – ich wiederhole es – kann der Einzelne nämlich nicht allein befriedigen. Dieses Problem stellt sich in jeder Gesellschaft, aber die Formen der Befriedigung sind vielfältig. Als strukturierenden Begriff zur Beschreibung dieser Vielfalt bietet sich wieder der Begriff der Institutionen an. (Malinowski 1939, S. 43) Institutionen bezeichnen die Organisation oder die *Form* der Bedürfnisbefriedigung, die für eine Gruppe oder Gesellschaft typisch ist. Institutionen stellen ein „organisiertes System von Tätigkeiten" dar. Sie sind zweckdienliche *Formen* der Befriedigung von primären Bedürfnissen. (Malinowski 1939, S. 31 und 26)

An dieser Stelle wird nun ein Unterschied zwischen Malinowski und Sumner deutlich, die ja beide von Grundbedürfnisse ausgehen. Malinowski geht nämlich davon aus, dass in dem Augenblick, wo die Befriedigung von primären Bedürfnissen eine dauerhafte Form annimmt, neue, *abgeleitete Bedürfnisse* entstehen. Wenn der Mensch z. B. dazu übergeht, die Früchte des Feldes nicht einfach zu ernten, wenn er Hunger hat, sondern sie sammelt, um auch in Zeiten, in denen es keine Früchte gibt, nicht zu hungern, entwickelt sich eine Form von Vorratshaltung. Wenn er das systematisch betreibt und mit den Aktivitäten anderer Menschen verbindet, die vielleicht anderes zur Sicherung des Lebensunterhaltes tun, indem sie z. B. einen Notgroschen auf die hohe Kante legen, entstehen neue Bedürfnisse wirtschaftlicher Natur, z. B. nach gerechtem Tausch. Auch diese Bedürfnisse müssen befriedigt werden. Diese abgeleiteten Bedürfnisse nennt Malinowski „kulturelle Imperative". (Malinowski 1941, S. 150) Es treten neue zwingende und unabweisliche Typen des Verhaltens auf. Institutionen sind die funktionalen Regelungen dieses neuen Verhaltens.

Malinowski beschreibt den Übergang zwischen primären und abgeleiteten Bedürfnissen und die Funktion der Institutionen, indem er zusammenfassend feststellt, „dass die menschlichen Institutionen, wie auch alle Teilhandlungen innerhalb dieser Institutionen in Beziehung stehen zu primären, d. h. zu biologischen, oder zu abgeleiteten, d. h. zu kulturellen Bedürfnissen. Funktion bedeutet immer die Befriedigung eines Bedürfnisses; das beginnt bei dem einfachsten Akt des Essens und reicht bis zur heiligen Handlung, in der das Nehmen der Kommunion mit einem ganzen System von Glaubenssätzen verbunden ist, die von dem kulturellen Bedürfnis bestimmt sind, mit dem lebendigen Gott eins zu sein." (Malinowski 1939, S. 29) Die *Funktion* der Institutionen ist also, primäre und kulturelle Bedürfnisse zu befriedigen. Institutionen sind die spezifische *Form*, in der das entsprechende Handeln *sozial* möglich und geboten ist. Institutionen leisten soziale Integration. (Schelsky 1970, S. 15)

Helmut Schelsky hat noch auf ein anderes Ergebnis dieser Theorie aufmerksam gemacht, dass nämlich „Institutionen nicht als die Erfüllung nur *eines* Bedürfnisses oder gar *eines* Triebes aufgefasst werden können, sondern dass sie immer sehr verschiedene Bedürfnisse befriedigen; Institutionen sind daher immer Bedürfnis- und das heißt auch Funktions*synthesen*. Damit wird die Einsicht *Freuds*, dass menschliche Handlungen psychisch immer überdeterminiert sind, von Malinowski in die Institutionstheorie übersetzt. Negativ wird dieser Gedanke in die Formel gefasst: es gibt keine ‚point-for-point-correlation between biological need and institutionalized response', keine exakte Einzelzuordnung zwischen einzelnem Antrieb und einzelner Institution. Damit wird allen Versuchen, die Institutionen monokausal biologisch oder psychologisch zu erklären und sie von dort her kasuistisch zu ordnen, der Boden entzogen. Die in den Institutionen gefassten Bedürfnisinhalte sind – wenigstens bis zu einem gewissen Ausmaß – durchaus variabel.“ (Schelsky 1970, S. 19)

Mit seiner Theorie der abgeleiteten Bedürfnisse und der Symbolisierung hat Malinowski eine grundlegende Erklärung des Handelns geliefert, indem er die *Normativität* der kulturell erzeugten Institutionen herausstellte. (Malinowski 1939, S. 33) Vor allem um diesen zweiten, kulturell bedeutsamen, funktionalen Aspekt der Institutionen geht es in der Theorie von *Talcott Parsons*.

4.4 Parsons: Normative Muster

Während Malinowski Institutionen aus den „basic needs“ der Individuen ableitet, betrachtet *Talcott Parsons (1902-1979)* sie genau aus der anderen Perspektive. Er fragt, was sie für die Integration einer Gesellschaft bedeuten. Woher sie kommen, ist eine eher sekundäre Frage, die sich aber leicht beantworten lässt: sie bringen die Normen und Werte einer Gesellschaft zum Ausdruck. Sie entspringen also dem kulturellen System. Darauf komme ich gleich zurück. Zunächst aber ein Blick auf den Hintergrund dieser Theorie der Institutionen, auf die Überlegungen von Durkheim.

Nach der funktionalen Theorie von Durkheim sorgen Institutionen für den Zusammenhalt einer Gesellschaft. Für das Individuum bedeuten sie Sicherheit und Einschränkung zugleich: sie sichern seine Freiheit, weil sie Verhalten festlegen und somit berechenbar machen, und sie schränken ein, weil sie Geltung beanspruchen und Regelverletzungen sanktionieren. In jedem Fall tragen sie zu einer gemeinsamen Sicht der Welt bei und gelten schließlich als selbstverständlich. In der Summe stellen die Institutionen ‚gesellschaftliche Ordnung' dar, in ihrer spezifischen Form und ihrer spezifischen Zuordnung bringen sie die ‚Sozialstruktur' einer bestimmten Gesellschaft zum Ausdruck. Deshalb hat Durkheim die Soziologie ja auch als die Wissenschaft von den Institutionen bezeichnet. (Durkheim 1895, S. 100)

Diese ordnende Funktion von Institutionen steht im Zentrum der strukturfunktionalen Systemtheorie von Parsons. Ich beginne mit einer Definition, die Parsons in der Zusammenfassung seines Buches „The Social System" (1951) ausdrücklich hervorhebt:

Talcott Parsons: Institutionalization of patterns of value-orientation

„Sociological theory (...) is for us that aspect of the theory of social systems which is concerned with the phenomena of the institutionalization of patterns of value-orientation in the social system, with the conditions of that institutionalization, and of changes in the patterns, with conditions of conformity with and deviance from a set of such patterns and with motivational processes in so far as they are involved in all of these." (Parsons 1951: The social system, S. 552)

Zunächst einmal fällt auf, dass Parsons nicht von Institutionen, sondern von Institutionalisierung und zwar in einem sozialen System spricht. Warum ist Institutionalisierung von so zentraler Bedeutung für ein soziales System? Eine einfache Antwort könnte lauten: Institutionalisierung ist die Voraussetzung für soziale Ordnung. Doch diese einfache Antwort ist gewissermaßen nach zwei Seiten hin offen: zur Seite des kulturellen Systems und zur Seite des personalen Systems, zwischen denen ja das soziale System steht, wie ich oben gezeigt habe. Diese drei empirischen Systeme will ich noch einmal kurz mit den Worten von Helmut Dubiel beschreiben:

- „Das personale System besteht aus dem Komplex der Handlungen eines Individuums, aus den verinnerlichten Normen, die die Weise seiner Bedürfnisbefriedigung regulieren.
- Das soziale System besteht aus dem Gefüge der Handlungen mindestens zweier Individuen, die ihr Verhalten aneinander orientieren, das wiederum gesteuert wird durch den Konsens über gemeinsame normative Grundlagen.
- Das kulturelle System wird gebildet aus dem Gefüge der kulturell verbürgten aufeinander abgestimmten Werte, Normen und Symbole, die für das soziale System das Legitimationspotential darstellen." (Dubiel 1973, S. 27)

Institutionalisierung ist der Prozess, in dem diese drei Systeme vermittelt werden. Institutionalisierung bedeutet, die Bedürfnisse des Handelnden mit den Werten, die in einer Gesellschaft gelten, zu vermitteln. (Parsons 1951, S. 205) Das erfolgt im Prozess der Sozialisation, worauf ich im nächsten Kapitel eingehen werde. Hier nur so viel: Sozialisation heißt für Parsons, eine *funktional* notwendige Motivation herzustellen. Sozialisation ist ein Prozess der Institutionalisierung einer bestimmten Handlungsbereitschaft. Er ist erfolgreich, wenn das Individuum die kulturellen Werte internalisiert hat. In welchem Verhältnis Individuum und Gesellschaft stehen, bedarf für Parsons auch in der Theorie der Institutionalisierung keiner Frage! Soweit also zum gesellschaftlichen Aspekt der Institutionalisierung.

Parsons behandelt die Frage der Institutionen aber auch auf der Ebene des Individuums, indem er die Grundsituation der Interaktion zwischen ego und alter betrachtet. Und auch hier steht die Normativität des kulturellen Systems im Hintergrund. Ego kann nämlich nur dann in Interaktion mit alter handeln, wenn beide sich an gemeinsamen Werten orientieren. Das ist nun keine Frage der Institutionalisierung, denn das kulturelle System existiert und die Werte sind schon in bestimmten Handlungsmustern festgelegt, sondern eine Frage von Institution. Dazu heißt es bei Parsons:

Talcott Parsons: Institutionelle Muster – legitime Erwartungen

„Institutionen oder institutionelle Muster (...) sind die *normativen* Muster, durch die definiert wird, welche Formen des Handelns oder welche sozialen Beziehungen in einer gegebenen Gesellschaft als angemessen, rechtmäßig oder erwartet betrachtet werden. Die institutionellen Muster unterscheiden sich von anderen normativen Mustern, die das Handeln bestimmen können, durch zwei Hauptkriterien. Erstens sind sie von einem allgemeinen normativen Empfinden getragen; sie zu befolgen ist nicht bloß zweckmäßig, sondern eine moralische Pflicht. Zweitens sind sie keine ‚utopischen' Muster, die – so erstrebenswert sie immer sein mögen – nur von einigen wenigen oder nur unter außergewöhnlichen Umständen verwirklicht werden. Der extreme Altruismus der Bergpredigt z. B. oder außergewöhnliches Heldentum werden zwar allgemein gebilligt, doch vom gewöhnlichen Menschen *erwartet* man nicht, dass er sie verwirklicht. Wenn ein Muster dagegen institutionalisiert ist, so wird seine Befolgung zum Bestandteil der legitimen Erwartungen der Gesellschaft, wie auch der jeweils Handelnden." (Parsons 1940: Die Motivierung des wirtschaftlichen Handelns, S. 140f.)

Institutionen sind also Normkomplexe, die vorschreiben, wie zu handeln ist. Sie sind legitim, weil in ihnen die Normen und Werte des kulturellen Systems zum Ausdruck kommen. Sie gelten als richtig, weil sie als zweckmäßig angesehen werden. Mit der Differenzierung von Zweckmäßigkeit und moralischer Pflicht verschiebt Parsons zwar das Problem, das Malinowski noch mit dem Begriff der „kulturellen Imperative" beschrieben hat, deutlich in Richtung des unbedingten Anspruchs der Gesellschaft; auf der anderen Seite spielt er eine mögliche Spannung zwischen Individuum und Gesellschaft von vornherein herunter: die Muster sind schon Teil unserer Moral, sie sind internalisiert. Institutionen schrauben abstrakte Werte auf ein vernünftiges Maß der Handlungsorientierung herab; insofern überfordern sie keinen.

Institutionen in dem gerade genannten Sinn ordnen die Beziehungen zwischen den Menschen, da sie Verhalten in Erwartungen festlegen. Solche Erwartungen, über die sozialer Konsens besteht und denen man sich nicht ohne weiteres entziehen kann, werden als Rollen bezeichnet. Sie legen Verhalten fest. Das drückt Parsons mit einer leicht veränderten Definition von Institution so aus:

Talcott Parsons: Institution – interdependent role-patterns

„An institution will be said to be a complex of institutionalized role integrates which is of strategic significance in the social system in question. The institution should be considered to be a higher order unit of social structure than the role and indeed it is made up of a plurality of interdependent role-patterns or components of them." (Parsons 1951: The social system, S. 39)

In diesem Institutionenbegriff geht es weniger um normative Vorgaben, als vielmehr um die „Feststellung" der Beziehung zwischen Rollen. Diese neue Interpretation von Institution erfolgt nicht zufällig, denn Parsons betont, „dass ein Sozialsystem immer durch ein institutionalisiertes Wertsystem gekennzeichnet ist. Das oberste funktionale Gebot eines jeden derartigen Systems liegt daher in der Erhaltung der Integrität jenes Wertsystems und seines Institutionalisierungsgrades." (Parsons 1958a, S. 163) Mit Institutionalisierung meint Parsons also nicht, dass Werte allmählich verbindlich werden, sondern dass Werte, die schon in Institutionen „festgestellt" sind, in die Motivation der Handelnden integriert werden. Der Erhalt der Integrität des Wertsystems hängt von der Zustimmung der Individuen zu den institutionalisierten Werten ab. Parsons nennt die dauerhafte Bereitschaft zur Zustimmung *Wertbindung* („commitment‘). Wertbindung ist ein Medium, über das sich soziale Systeme, also Systeme konkreten Handelns, nach Maßgabe vorab definierter Rollen konstituieren. Institutionalisierung ist die Hinführung zur Ordnung der Rollen.

Diese ordnende Funktion von Institutionen hat auch *Friedrich Tenbruck* im Auge, wenn er Institutionen als ein Netz von Rollen versteht: „Die Soziologie hat es nun einmal mit der Gesellschaft, nicht unmittelbar mit dem Einzelnen zu tun. (...) Wesentlich sind die sozialen Institutionen, die als ein Netz von aufeinander abgestimmten sozialen Rollen ein geregeltes Zusammenleben erst ermöglichen. Sie machen die wirkliche Struktur der Gesellschaft aus und setzen dem Handeln der Einzelnen den beherrschenden Rahmen." (Tenbruck 1964, S. 435) In Bezug auf das Handeln der Individuen *regeln* Institutionen einerseits, welches Handeln angemessen ist und folglich legitimerweise erwartet werden kann, und andererseits *relativieren* sie Erwartungen und Sanktionen auf den spezifischen Status des Handelnden und die konkrete Situation des Handelns. (vgl. Parsons 1958c, S. 177)

Um es an einem Beispiel klar zu machen: die Institution Schule regelt, wie ein Lehrer korrekt handelt und was die Eltern füglich erwarten können. Aber sie definiert nicht die Erwartungen an ihn als Mitglied einer politischen Partei, und deshalb lassen sich auch allfällige Missbilligungen seiner politischen Aktivitäten nicht mit den Vorschriften der Institution Schule rechtfertigen! Noch einmal in der Sprache von Parsons: „Institutions are generalized patterns of norms which define *categories* of prescribed, permitted and prohibited behavior in social relationships, for people in interaction with each other as members of their society and its various subsystems and groups. They are always *conditional* patterns in some sense. *If* you occupy a certain status in a social group or relationship, and *if* certain types of situations arise, you are expected to behave in certain ways with respect to these three ‚P's'." (Parsons 1958c, S. 177)

Werte dienen, wie oben gezeigt wurde, als *allgemeine* normative Orientierung. Weil sie aber zu allgemein sind, sagen sie dem Individuum nicht, was es in einer gegebenen Situation zu tun und zu lassen hat. (vgl. Parsons 1958c, S. 177f.) Genau das leisten Institutionen. Sie sind spezifische, differenzierte Regelungen für Ausschnitte der gesellschaftlichen Struktur und setzen fest, welche Rollen in einer gegebenen Situation wie zu spielen sind. (vgl. Parsons 1958c, S. 171)

Institutionen bezeichnen funktional notwendige soziale Regelungen. So wird der Begriff auch umgangssprachlich verwandt, wenn wir z. B. von der Institution der Ehe, der Familie oder auch des Rechtes sprechen. Diese Regelungen erscheinen uns so selbstverständlich, dass wir sie gar nicht mehr bedenken. Und doch sind sie von Menschen geschaffen worden. Dieser Gedanke, dass Menschen die Institutionen geschaffen haben und zwar aus Notwendigkeit, steht im Mittelpunkt der anthropologischen Theorie der Institution von Arnold Gehlen. An seine Erklärung werden dann Peter L. Berger und Thomas Luckmann anknüpfen, die ebenfalls die Produktion der Institutionen betonen, dabei aber zeigen, dass die Individuen es eher unbewusst und fortlaufend, und zwar mit den Mitteln der Gesellschaft, tun. Mit Parsons stimmen sie insofern überein, als sie den Prozess der Institutionalisierung genau so sehen. Der eigentliche Hintergrund ihrer Erklärung von Institutionen ist aber eine wissenssoziologische Lesart zu Durkheim.

4.5 Gehlen: Institutionen - sich feststellende Gewohnheiten

Vergleicht man den Menschen mit dem Tier, fallen zunächst zwei grundsätzliche Defizite auf. Während das Tier optimale Instinkte mitbringt, die ihm das Überleben in seiner spezifischen Umwelt sichern, hat der Mensch solche Instinkte nicht. Zweitens können die meisten Tiere nach ihrer Geburt ziemlich schnell allein überleben, während der neugeborene Mensch über lange Zeit von der intensiven Unterstützung erwachsener Artgenossen abhängt. Defizite scheint der Mensch im Vergleich auch mit fast allen Tieren zu haben, wenn man *spezifische* Fähigkeiten betrachtet. Bestimmte Tiere können viel schneller laufen, andere können fliegen, wieder andere verfügen über große Körperkräfte, allen gemeinsam ist, dass sie auf ihre Lebensbedingungen mit optimalen Instinkten reagieren. Aus dieser Blickrichtung ist der Mensch in der Tat ein Wesen mit ‚Lücken und Mängeln', wie es der Philosoph Johann Gottfried Herder einmal ausgedrückt hat. (Herder 1770, S. 352)

Diesen Blick auf scheinbare Defizite übernimmt auch der Anthropologe *Arnold Gehlen (1904-1976)*: Das geringe Maß an Ausstattung mit lebenssichernden und -steuernden Instinkten bedeutet zunächst einmal einen Nachteil. Doch diesen scheinbaren Nachteil nutzt der Mensch zu seinem arttypischen Vorteil. Gehlen begründet diese These mehrfach. Das Tier bringt zwar vom Instinkt bis zur Organausstattung alles mit, in seiner Umwelt zu überleben, aber es ist auch auf dieses „nicht auswechselbare Milieu" *festgelegt*. (Gehlen 1940, S. 35) Der Mensch dagegen kann in fast jeder Umwelt leben. Er ist *plastisch* und passt sich an spezifische Umwelten an. Zur Not schafft er sie sogar für seine Zwecke um. Friedrich Schiller, auf den sich Gehlen ausdrücklich bezieht, hat es in „Anmut und Würde" so formuliert: Während die Natur beim Tier und der Pflanze die Bestimmung angibt und sie „*auch allein*" ausführt, gibt sie dem Menschen „bloß die Bestimmung und überlässt *ihm selbst* die Erfüllung derselben"; er greift in den „Ring der Notwendigkeit, der für bloße Naturwesen unzerreißbar ist, durch seinen Willen" ein und schafft etwas Eigenes. Diesen Akt nennt Schiller „Handlung". (Schiller 1793, S. 397) Gehlen greift diesen Gedanken auf und spricht von „Eigentätigkeit", mit der der Mensch über die Natur verfügt. Während das Tier auf seine Umwelt festgestellt ist, schafft sich der Mensch *Welt*. (Gehlen 1940, S. 37 u. 35)

Eine weitere Differenz zwischen Tier und Mensch besteht in Folgendem: Das Tier nimmt nur relevante Dinge seiner Umwelt wahr, und sein „Verhalten verläuft sozusagen wie auf Schienen" (Dubiel 1973, S. 30), aber es ist eben nur zu diesem spezialisierten Verhalten fähig. Der Mensch ist dagegen offen für alle Reize; er ist ein „unspezialisiertes Wesen" und *weltoffen*. (Gehlen 1940, S. 41 u. 194) Diese Reize können aus seiner Umwelt (Regen, Hitze, Feinde, Beute), aber auch aus ihm selbst (Bedürfnisse wie Hunger, Durst, Zuwendung, Sexualität) kommen. Hier liegt nun im Prinzip das Problem, von der Fülle der Reize überflutet zu werden. (Gehlen 1940, S. 36) Doch der Mensch ist in der Lage, „den Bannkreis der Unmittelbarkeit" zu brechen, seine Reaktion zu verzögern und Reize je nach Situation zu bewerten. (Gehlen 1940, S. 46) So kann er z. B. entscheiden, dass ihm die sexuelle Zuneigung zu seiner

Partnerin im Augenblick größere Befriedigung verspricht, als hinter dem Fasan herzurennen, mit dem er seinen Hunger stillen könnte. Die Auswahl von Handlungs*möglichkeiten* heißt, der Situation einen Sinn zu geben. Auch die Antriebe des Handelns sind also plastisch und variabel. (Gehlen 1940, S. 55) Damit stellt sich für Gehlen eine grundsätzliche Frage, die er so beantwortet:

Arnold Gehlen: Institutionen - sich feststellende Gewohnheiten

„Wie bringt es denn der Mensch angesichts seiner Weltoffenheit und der Instinktreduktion, bei aller potentiell in ihm enthaltenen unwahrscheinlichen Plastizität und Unstabilität eigentlich zu einem voraussehbaren, regelmäßigen, bei gegebenen Bedingungen denn doch mit einiger Sicherheit provozierbaren Verhalten, also zu einem solchen, das man quasi-instinktiv oder quasi-automatisch nennen könnte, das bei ihm *an Stelle* des echt instinktiven steht und das offenbar den stabilen sozialen Zusammenhang erst definiert? So fragen, heißt das Problem der *Institutionen* stellen. Man kann geradezu sagen, wie die tierischen Gruppen und Symbiosen durch Auslöser und durch Instinktbewegungen zusammengehalten werden, so die menschlichen durch Institutionen und die darin erst ‚sich feststellenden' quasi-automatischen Gewohnheiten des Denkens, Fühlens, Wertens und Handelns, die allein als institutionell gefasste sich vereinseitigen, habitualisieren und damit stabilisieren. Erst so werden sie in ihrer Vereinseitigung gewohnheitsmäßig und einigermaßen zuverlässig, d. h. voraussehbar." (Gehlen 1940: Der Mensch, S. 79)

Institutionen stehen also „an Stelle" des instinktiven Verhaltens, sie sind *funktionaler Instinktersatz*. Während das Tier sich instinktiv richtig *verhält*, *handelt* der Mensch oder anders: „Der Mensch lebt nicht, sondern er *führt* sein Leben." (Gehlen 1940, S. 165) Unter den Begriff der *Handlung* hat Gehlen - ganz im Schillerschen Sinne! - zunächst all die Aktivitäten des Menschen gefasst, mit denen er der Welt begegnet: „Der Mensch ist das handelnde Wesen. Er ist (...) nicht ‚festgestellt', d. h. er ist sich selbst noch Aufgabe - er ist, kann man auch sagen: das stellungnehmende Wesen.

Die Akte seines Stellungnehmens nach außen nennen wir Handlungen." (Gehlen 1940, S. 32) Später hat er diesen Begriff immer häufiger durch den der Institution ersetzt. An der Stelle, wo beim Tier Instinkte wirken, stehen beim Menschen die Institutionen. „Genau an der Stelle, wo beim Tiere die ‚Umwelt' steht, steht beim Menschen die ‚zweite Natur' oder die Kultursphäre." (Gehlen 1940, S. 80)

Institutionen gelten als *sozial* angemessene Lösung wiederkehrender Probleme. Sie basieren auf einem fundamentalen anthropologischen Prinzip, dem der „Gegenseitigkeit" oder Reziprozität. Mit dieser Annahme führt Gehlen seine Anthropologie an die Soziologie heran. Bewährte und auf Dauer gestellte Lösungen werden im soziologischen Sinne nämlich erst dann zu Institutionen, wenn sie *gemeinsam* anerkannt werden. Von dem Augenblick an bestimmen sie das Handeln, indem es immer unter der Perspektive erfolgt, was es für einen beteiligten Anderen bedeutet. Bei diesem Gedanken der Gegenseitigkeit bezieht sich Gehlen ausdrücklich auf George Herbert Meads Formel, wonach wir im Handeln „die Rolle des Anderen übernehmen".[5] Aus dieser Identifikation mit dem Anderen leitet er nicht nur – wie Mead – das Selbstbewusstsein des Individuums, sondern auch die Entstehung und die Funktion der Institutionen und der über sie gegebenen Sozialstruktur ab. Sie erfüllen das primäre Bedürfnis nach sozialem Kontakt. (vgl. Gehlen 1956, S. 47)

Vordergründig muss man sagen, dass Kultur einschränkt, denn immerhin ist nicht jedes denkbare Handeln mehr möglich, aber viel richtiger ist, dass sie Freiheit gibt. Das ist, wie Gehlen später ausgeführt hat, „unser Lebensgesetz: Verengung der Möglichkeiten, aber gemeinsamer Halt und gemeinsame Abstützung; Entlastung zu beweglicher Freiheit, aber innerhalb begrenzter Gefüge." (Gehlen 1969, S. 96) Institutionen entlasten und geben soziale Sicherheit: sie erscheinen „als geschichtlich bedingte Weisen der Bewältigung lebenswichtiger Aufgaben und Umstände, so wie die

5 Darauf komme ich in Band 2 in den Kapiteln 5.1 „Mead: Symbolische Verschränkung der Perspektiven" und 6.1 „Mead: Identität - sich mit den Augen des anderen sehen" zurück.

Ernährung, die Fortpflanzung, die Sicherheit ein geregeltes und dauerndes Zusammenwirken erfordern; sie erscheinen von der anderen Seite als stabilisierende Gewalten und als die Formen, die ein seiner Natur nach riskiertes und unstabiles, affektüberlastetes Wesen findet, um sich selbst und um sich gegenseitig zu ertragen, etwas, worauf man in sich und anderen einigermaßen zählen kann. (...) Auf der einen Seite werden in diesen Institutionen die Zwecke des Lebens gemeinsam angefasst und betrieben, auf der anderen orientieren sich die Menschen zu genauen und abgestimmten Gefühlen und Handlungen, mit dem unschätzbaren Gewinn einer Stabilisierung des Innenlebens, so dass sie nicht bei jeder Gelegenheit sich affektiv verwickeln oder sich Grundsatzentscheidungen abzwingen müssen." Durch die Entlastung durch Institutionen entsteht eine „wohltätige Fraglosigkeit". (Gehlen 1969, S. 97) Sie gilt für das Handeln, wie für seine Motivation und Reflexion.

Da Institutionen von allen als bewährte Lösung akzeptiert werden, fließt ihnen unter der Hand die Legitimität des Selbstverständlichen zu. Das aber birgt die Gefahr in sich, dass sie sich gegenüber den Individuen verselbständigen, dass diese von jenen beherrscht werden. Die Verselbständigung hat auch Gehlen gesehen, aber er sieht darin keine Gefahr, sondern – wie er an vielen Stellen und zunehmend pessimistischer betont – den notwendigen Halt in einer Moderne, die einem grenzenlosen Subjektivismus Tür und Tor öffnet. Dies muss man in Rechnung stellen, wenn man Gehlens Beschreibung der Bedeutung und der Folgen von Institutionen liest: „Alle Stabilität bis in das Herz der Antriebe hinein, jede Dauer und Kontinuität des Höheren im Menschen hängt zuletzt von ihnen ab. Dass der Mensch ein geschichtliches Wesen ist, hat umgekehrt die Folge, dass er sich von den historisch gewachsenen Wirklichkeiten konsumieren lassen muss, und das sind wieder die Institutionen: der Staat, die Familie, die wirtschaftlichen, rechtlichen Gewalten usw. (...) Dieselben Einrichtungen also, die die Menschen in ihrem Denken und Handeln untereinander hervorgehen lassen, verselbständigen sich ihnen zu einer Macht, die ihre eigenen Gesetze wiederum bis in ihr Herz hinein geltend macht." (Gehlen 1956, S. 8)

Ich sagte, dass Gehlen darin nicht die Gefahr der Moderne sieht, im Gegenteil. Deshalb stellte er auch in seiner kulturpessimistischen Schrift über „Moral und Hypermoral“, die in einer bewegten Zeit geschrieben wurde, die Frage, was eigentlich vor sich geht, wenn Institutionen gesprengt oder erschüttert werden, wenn „die früher einverseelten Haltungen, die als selbstverständlich, d. h. natürlich galten, zerbrechen“. Seine Antwortet lautet: dann greift Verunsicherung um, und letztlich wird Freiheit unmöglich. (Gehlen 1969, S. 100 u. 101) An anderer Stelle hat er es drastischer gesagt: „dann primitivisieren wir sehr schnell, dann vernatürlicht sich der Mensch.“ Das Ende heißt „Chaos“. (Gehlen 1956, S. 105)

4.6 Habitualisierung, Institutionalisierung, Verdinglichung

Der Gedanke des Chaos spielt auch bei *Peter L. Berger* und *Thomas Luckmann* eine Rolle, für die „jede Gesellschaft eine Konstruktion am Rande des Chaos“ ist. (1966, S. 111) Damit meinen sie, dass jede Gesellschaft ständig damit rechnen muss, dass die symbolische Sinnwelt, in der die gemeinsamen Werte und Normen, die letzten Überzeugungen und fundamentalen Legitimationen aufgehoben sind, durch Einwände, Verweigerungen, Vergessen oder ähnliches in Frage gestellt wird. Gefährdet sind dann vor allem die Institutionen, durch die das richtige Denken und Handeln in einer Gesellschaft normiert wird. Institutionen treten uns nämlich nicht abstrakt, sondern höchst konkret in entsprechenden Rollen entgegen, die wir zu spielen haben. (Berger u. Luckmann 1966, S. 78) Wenn Berger und Luckmann Gesellschaften als „Institutionsballungen“ (Berger u. Luckmann 1966, S. 58) bezeichnen, ist klar, wie nahe Institutionen an uns heranrücken: sie sind Teil unserer selbstverständlichen Wirklichkeit, in der wir tagtäglich handeln. Der Blick auf die Entstehung, die Leistung und die Entwicklung von Institutionen ist also immer auch ein Blick auf den Zustand und vielleicht die Zukunft der Gesellschaft insgesamt. Deshalb schenken Berger und Luckmann den Institutionen auch so viel Beachtung.

Bei ihrer Erklärung, wie Institutionen entstehen und was sie sind, beziehen sie sich auf *Emile Durkheim* und *Arnold Gehlen*. Von Durkheim übernehmen sie den Gedanken der „Faktizität" der Institutionen, von letzterem die anthropologische Erklärung. Berger und Luckmann sind aber auch der interaktionistischen Theorie von *George Herbert Mead* verpflichtet. Diese Theorie ziehen sie heran, um zu zeigen, wie wir durch unser Handeln permanent Regelungen „institutionalisieren" und bestehende Institutionen bestätigen.

Wenden wir uns zunächst der anthropologischen Erklärung der Entstehung von Institutionen zu. Danach verdichtet sich jede Handlung, die man häufig wiederholt, zu einem Modell weiteren Handelns in ähnlichen Situationen. Das bezeichnen Berger und Luckmann als *Habitualisierung*. Genauer heißt das, dass der Mensch sein Verhalten als *typisches* Verhalten generalisiert und probate Verhaltensform verinnerlicht. So erübrigt es sich, „dass jede Situation Schritt für Schritt neu bestimmt werden muss. Eine Menge von Situationen lässt sich unter ihre Vorherbestimmungen subsumieren. Was bei solchen Gelegenheiten getan wird, kann also antizipiert werden." (Berger u. Luckmann 1966, S. 57) Das Ergebnis von Habitualisierungsprozessen kann man als *Institutionalisierung* bezeichnen:

Peter L. Berger u. Thomas Luckmann: Institutionalisierung – reziproke Typisierung habitualisierter Handlungen

„Institutionalisierung findet statt, sobald habitualisierte Handlungen durch Typen von Handelnden reziprok typisiert werden. Jede Typisierung, die auf diese Weise vorgenommen wird, ist eine Institution. Für ihr Zustandekommen wichtig sind die Reziprozität der Typisierung und die Typik nicht nur der Akte, sondern auch der Akteure. Wenn habitualisierte Handlungen Institutionen begründen, so sind die entsprechenden Typisierungen Allgemeingut. Sie sind für alle Mitglieder der jeweiligen gesellschaftlichen Gruppe *erreichbar*. Die Institution ihrerseits macht aus individuellen Akteuren und individuellen Akten Typen. (...) Durch die bloße Tatsache ih-

> res Vorhandenseins halten Institutionen menschliches Verhalten unter Kontrolle. Sie stellen Verhaltensmuster auf, welche es in eine Richtung lenken, ohne ‚Rücksicht' auf die Richtungen, die theoretisch möglich wären. Dieser Kontrollcharakter ist der Institutionalisierung als solcher eigen. Er hat Priorität vor und ist unabhängig von irgendwelchen Zwangsmaßnahmen, die eigens zur Stütze einer Institution eingesetzt werden oder worden sind. Derartige Sanktionsmechanismen, deren Gesamtheit das ist, was man ein soziales Kontrollsystem nennt, gibt es selbstverständlich in vielen Institutionen und in all den Institutionsballungen, die wir Gesellschaften nennen." (Berger u. Luckmann 1966: Die gesellschaftliche Konstruktion der Wirklichkeit, S. 58)

A und B werden füreinander typische Repräsentanten typischer Handlungen. Als Typen von Handelnden sind sie Träger von *Rollen*. (Berger u. Luckmann 1966, S. 78) Typisierung heißt nämlich immer eine Generalisierung von Erwartungen, und folglich bedeutet Institutionalisierung Normierung. Sie macht Handeln wechselseitig kalkulierbar. Das entlastet. Das Leben mit den anderen wird durch Routine erleichtert. Auf diese institutionale Welt verlässt man sich, weil man auch annimmt, dass sie für alle anderen selbstverständlich ist. Und solange man keine Überraschungen erlebt, dass z. B. der andere ganz andere Vorstellungen von einer guten Ehe hat oder die Sache mit dem christlichen Teilen ganz ernst nimmt, kann man das ja auch annehmen. In der stillschweigenden Annahme der Geltung von Institutionen kommt ihre „Faktizität" zum Ausdruck, die Durkheim mit dem Begriff „faits sociaux" angedeutet hat.

Die institutionale Welt wird zur Geschichte, sie erhält Objektivität, aber hier liegt auch das Problem:

Peter L. Berger u. Thomas Luckmann: Die Objektivität der institutionalen Welt

> „Durch die erreichte Historizität ergibt sich (...) noch eine andere entscheidende Qualität, welche von Anfang an da war, seit A und B mit der reziproken Typisierung ihres Verhaltens begonnen hatten: Objektivität. Die Institutionen nämlich,

> welche sich nun herauskristallisiert haben (...) werden als über und jenseits der Personen, welche sie ‚zufällig' im Augenblick verkörpern, daseiend erlebt. Mit anderen Worten: Institutionen sind nun etwas, das seine eigene Wirklichkeit hat, eine Wirklichkeit, die dem Menschen als äußeres, zwingendes Faktum gegenübersteht.
>
> Solange entstehende Institutionen lediglich durch Interaktion von A und B aufrechterhalten werden, bleibt ihr Objektivitätszustand spannungsvoll, schwankend, fast spielerisch. (...) Nur A und B sind für die Konstruktion dieser Welt verantwortlich, und A und B behalten die Macht, sie zu verändern oder gar zu vernichten. (...) Sie verstehen, was sie selbst geschaffen haben. Das ändert sich jedoch mit der Weitergabe an eine neue Generation. Die Objektivität der institutionalen Welt 'verdichtet' und 'verhärtet' sich. (...) Eine Welt, so gesehen, gewinnt Festigkeit im Bewusstsein. (...) Den Kindern ist die von den Eltern überkommene Welt nicht mehr ganz durchschaubar. Sie hatten nicht Teil daran, ihr Gestalt zu geben. So steht sie ihnen nun als gegebene Wirklichkeit gegenüber – wie die Natur und wie diese vielerorts undurchschaubar." (Berger u. Luckmann 1966: Die gesellschaftliche Konstruktion der Wirklichkeit, S. 62f.)

Die Institutionen als Regelungen der sozialen Welt haben sich zu objektiver Faktizität „verdichtet" und „verhärtet". Sie stehen uns „unabweisbar" gegenüber. (Berger u. Luckmann 1966, S. 64) Das kann man durchaus im Sinne von Durkheim verstehen, der ja von „sozialen Tatsachen" spricht, die uns wie Dinge objektiv gegenüberstehen. Gegen diese „Faktizität" – und hier verlassen sie die normative Theorie von Durkheim – setzen Berger und Luckmann nun eine Warnung, ohne die Soziologie nicht zu denken ist. Die Warnung gilt einem Trugschluss, dem wir leicht aufsitzen, weil alles so selbstverständlich scheint: „Wir müssen uns immer wieder vor Augen führen, dass die Gegenständlichkeit der institutionalen Welt, so dicht sie sich auch dem Einzelnen darstellen mag, von Menschen gemachte, konstruierte Objektivität ist. Der Vorgang, durch den die Produkte tätiger menschlicher Selbstentäußerung objektiven Charakter gewinnen, ist Objektivation, das heißt Vergegenständlichung. Die institutionale Welt ist vergegenständlichte menschliche Tätigkeit, und jede einzelne Institution ist dies ebenso. Mit anderen Worten: trotz ihrer Gegenständlichkeit für unsere Erfahrung gewinnt die gesellschaftliche Welt dadurch keinen ontologischen Status, der von jenem menschlichen Tun, aus dem sie hervorgegangen ist, unabhängig wäre." (Berger u. Luckmann 1966, S. 64f.)

Den äußersten Schritt des Prozesses der Objektivation nennen Berger und Luckmann *Verdinglichung*; es ist der Moment, von dem an die Fähigkeit und die Bereitschaft, die Dinge anders zu denken, ausgeschaltet werden:

Peter L. Berger u. Thomas Luckmann: Verdinglichung

„Verdinglichung bedeutet, menschliche Phänomene aufzufassen, als ob sie Dinge wären, das heißt als außer- oder gar übermenschlich. (...) Verdinglichung impliziert, dass der Mensch fähig ist, seine eigene Urheberschaft der humanen Welt zu vergessen, und weiter, dass die Dialektik zwischen dem menschlichen Produzenten und seinen Produkten für das Bewusstsein verloren ist. Eine verdinglichte Welt ist per definitionem eine enthumanisierte Welt. Der Mensch erlebt sie als fremde Faktizität, ein opus alienum[6], über das er keine Kontrolle hat, nicht als das opus proprium seiner eigenen produktiven Leistung." (Berger u. Luckmann 1966: Die gesellschaftliche Konstruktion der Wirklichkeit, S. 94f.)

Marx und Engels haben diesen Sachverhalt seinerzeit so ausgedrückt: „Die Ausgeburten ihres Kopfes sind ihnen über den Kopf gewachsen. Vor ihren Geschöpfen haben sie, die Schöpfer, sich gebeugt." (Marx u. Engels 1846, S. 13) Verdinglichung heißt, den Institutionen „einen ontologischen Status zu verleihen, der unabhängig von menschlichem Sinnen und Trachten ist." (Berger u. Luckmann 1966, S. 97) Hier liegt das Problem, vor dem Soziologie warnen muss. Deshalb gehen Berger und Luckmann das Problem der Institutionen auch genau von dieser Seite an und

6 Opus alienum (lat.) fremdes Werk, Werk eines anderen, opus proprium - eigenes Werk.

signalisieren schon durch den dynamischen Begriff der Institutionalisierung, dass das Individuum sich seiner Mitwirkung an der gesellschaftlichen Konstruktion der Wirklichkeit immer bewusst bleiben – und sie einfordern – muss.

4.7 Die Geltung von Institutionen und Rituale der Rebellion

Bei allen Theorien der Institution, die bisher dargestellt wurden, spielte im Hintergrund die Annahme mit, dass sie gelten. Aber warum gelten sie? Eine Antwort wäre, dass Institutionen weiter gelten, weil sie mit *Sanktionen* verbunden sind, die eintreten, wenn wir gegen den Geist der Institution verstoßen. Das ist ganz ähnlich wie bei den Verstößen gegen Normen. Eine zweite Antwort könnte heißen, dass Institutionen als *zweckmäßige* Antwort auf wiederkehrende Bedürfnisse und Probleme angesehen werden.

Doch hier meldet Niklas Luhmann seine Zweifel an. So rational und reflektiert geht es im Verhältnis zwischen Individuum und Gesellschaft, sprich: Institution, gar nicht zu. Und vor allem: so sicher ist das Eis gar nicht, auf dem wir uns bewegen, wenn wir uns auf Institutionen verlassen. Luhmann geht nämlich davon aus, dass die Welt, in der wir leben, außerordentlich komplex ist. Zwar versuchen wir, die Überfülle der Möglichkeiten dadurch zu ordnen, dass wir sie in einzelne Teile zerlegen, denen wir einen bestimmten Sinn beimessen. Wir reduzieren die Komplexität also. Doch da das jeder auf seine Weise tut, können wir nie sicher sein, was der andere tun wird. Da der andere also als „unzuverlässig" bewusst wird, ist auch die „wechselseitige Abstimmung des Verhaltens problematisch". (Luhmann 1970, S. 29) Unsere Erwartungen sind immer riskant. Nun könnte man sagen, hier helfen Institutionen, denn sie legen Verhalten fest und definieren berechtigte Erwartungen. Institutionen ruhten demnach auf einem generellen Konsens auf. Und deshalb gälten sie auch.

Diese Erklärung weist Luhmann mit seiner These der „Institutionalisierung“ zurück. Sie besagt, dass in einer Situation, in der Personen gemeinsam handeln, die Möglichkeiten der Kommunikation begrenzt sind. Es können nicht alle gleichzeitig reden. Wer redet, gibt ein Thema vor und definiert die Situation, schließt also bestimmte Handlungsmöglichkeiten aus. Zweitens kann niemand jedem Ereignis permanent seine volle Aufmerksamkeit schenken. Man nimmt selektiv wahr, setzt das, was vermutlich gemeint ist, zu einer eigenen Geschichte zusammen, an die alle Beteiligten so lange glauben, wie niemand Einspruch erhebt. Auf diese Weise kommt es zu einer Institutionalisierung eines scheinbar gemeinsamen Sinns. Wenn man aber genauer hinschaut, dann wird der tatsächlich vorhandene Konsens nur erfolgreich überschätzt. (vgl. Luhmann 1970, S. 31 und 30) Nur aufgrund dieser Konsensvermutung bleiben die Beteiligten in einem gemeinsamen Handlungszusammenhang. (vgl. Luhmann 1965, S. 12 Anm. 14) Nach dieser These geht es nicht um Institutionen, die gelten, sondern um den Prozess der *Institutionalisierung*, in dem sich die Beteiligten ständig durch ihr Handeln zu verstehen geben, es gäbe einen Konsens der Erwartungen und von daher auch die Bereitschaft, die entsprechenden Rollen zu spielen. Die Institution Ehe funktioniert nach dieser Theorie, weil die Beteiligten meinen, sie verstünden darunter das Gleiche! Wenn wir uns also auf die zweite Erklärung, warum Institutionen gelten, kaprizieren, können wir nur hoffen, ihre Zweckmäßigkeit gelte den anderen so selbstverständlich wie uns auch!

Doch zu dieser Vermutung, dass ein Konsens nur unterstellt wird, stoßen wir selten durch. Dafür gibt es die soziologisch interessantere, dritte Erklärung: Institutionen gelten, weil wir sie *verinnerlicht* haben. Sie werden uns zur „zweiten Natur“. Dass sie insofern eine noch denkbare erste Natur einschränken, merken wir, wenn wir uns von ihnen befreien. Interessanterweise kennt jede Gesellschaft Formen einer zeitweiligen Außerkraftsetzung bestimmter Institutionen, – um sie dadurch umso stärker in unserem Wissen und Handeln zu verankern. Diesen scheinbar paradoxen Zusammenhang beschreibt Klaus Eder so: „Das kulturelle Wissen muss immer wieder bestätigt werden und gegen Kritik und Zweifel abgesichert werden. (...) Eine besondere Form der Integration des Zweifels und Widerspruchs in die Selbststabilisierung von Institutionen sind die ‚Rituale der Rebellion' (...), die sich in allen Gesellschaften finden. Das bekannteste Beispiel ist der Fasching (oder Karneval), in dem durch Umkehrung der Ordnung die gegebene Ordnung bestätigt wird (...)." (Eder 1997, S. 160) Alfred Vierkandt hat das einmal als „Ventilsitten" bezeichnet, durch die wir dosiert Dampf ablassen. Ganz im Sinne der oben dargestellten integrativen Funktion, die begrenzte Normverletzungen für eine soziale Ordnung haben können, kann man sagen, dass die temporäre Außerkraftsetzung institutioneller Regelungen eine umso stärkere Verankerung der Institutionen im Bewusstsein bewirkt. Oder anders: die allermeisten, die im survival-Urlaub den Fisch mit bloßen Fingern gegessen haben, essen im Restaurant mit Messer und Gabel!

Aus soziologischer Perspektive sollte uns das Thema Institution denn auch nicht deshalb am Herzen liegen, weil wir uns dann Alternativen und Gegenstrategien ausdenken können – was ja im Alltag auch nicht jedermanns Sache ist – , sondern weil sie uns so selbstverständlich sind, dass wir schon gar nicht mehr wissen, dass es „Institutionen" (wieder im lat. Sinne) sind. Der Prozess, in dem sie uns „selbstverständlich" werden, ist der Prozess der Sozialisation.[7]

7 Um die entsprechenden Theorien geht es in Band 2, Kapitel 2 „Sozialisation".

5. Organisation

Soziale Organisationen entstehen, wo immer Menschen zusammenleben. Vier Beispiele: Wenn der Bürgermeister einen runden Geburtstag hat, wird das Dorf ein Festkomitee bilden, das Jubelrede, Umzug und Tanz auf der Tenne organisiert. Wenn alles vorbei ist, löst sich diese temporäre Organisation wieder auf. Ein Stamm, der wiederholt von anderen heimgesucht worden ist und in Panik das Falsche getan hat, wird irgendwann regeln, was wer zu tun hat, wenn der Feind wieder anrückt. Das wird von der Aufstellung der Kämpfer und der Koordination ihrer Aktivitäten bis zur Sicherung des Nachschubs reichen. Diese natürliche Organisation, die schon formale Elemente (so wird zum Beispiel festgelegt, wer wann dreinzuschlagen und wer wem zu gehorchen hat) enthält, bleibt so lange bestehen, wie die Gefahr besteht. Ein Dorf, das mit seinem Passionsspiel regelmäßig tausende Besucher anlockt, muss Jahre vorher organisieren, wie die Leute untergebracht und beköstigt werden, wer die Hauptrolle spielen soll und wie die Statisten motiviert werden können usw. usw. Letztes Beispiel: Eine Gesellschaft, die ihren Mitgliedern bestimmte Dienste anbietet, z. B. Verteidigung, Sicherheit der Wege oder Versorgung mit Gütern, wird ihnen auch etwas abverlangen. Konkret: sie wird Steuern erheben. Damit es alle gleich trifft und regelmäßig Geld hereinkommt, wird sich ein System herausbilden, das all das organisiert und kontrolliert. Auch diese Art von Organisation entwickelt sich, zumindest am Anfang, organisch und auf eine natürliche Weise. Damit meine ich, dass in dem Maße, wie sich das Zusammenleben differenziert und Arbeit geteilt wird, allmählich spezifische Rollen entstehen und dass die Beziehung zwischen diesen Rollen mehr und mehr institutionalisiert wird.

Wo bewusst soziale Regelungen getroffen werden, die Arbeit auf ein bestimmtes Ziel hin dauerhaft zu koordinieren, und Rollen differenziert und langfristig festgelegt werden, sprechen wir von einer *formalen Organisation*. Zur Unterscheidung zwischen Organisationen, die einfach entstehen (‚emerge'), und solchen, die ausdrücklich für einen bestimmten Zweck eingerichtet und formalisiert werden, verweisen die beiden amerikanischen Organisationssoziologen *Peter M. Blau* und *W. Richard Scott* auf Sumners[1] Unterscheidung von ‚crescive' und ‚enacted institutions'. (Blau u. Scott 1963, S. 5) Auf diese *planvolle* Einrichtung hatte schon *Chester Barnards* Definition einer formalen Organisation abgehoben: „Formal organization is that kind of cooperation among men that is conscious, deliberate, purposeful." (Barnard 1938, S. 4)

Der Begriff der Organisation ist uns heute recht vertraut, aber er ist – zumindest im Sinne der Planung und Regelung – noch gar nicht so alt. Er taucht erst Ende des 18. Jahrhunderts in der öffentlichen Diskussion auf. *Eckart Pankoke* wertet das als Zeichen eines „radikal modernen Weltverhältnisses." (Pankoke 1992, S. 15) Der Mensch begriff sich als Schöpfer seiner Welt: er „organisierte" seine Arbeit und gab sich z. B. aus eigener Vernunft eine Verfassung. Es „entwickelte sich ein neues radikal ›konstruktivistisches‹ Weltverständnis, das dazu aufforderte, für die Entwicklung, Gestaltung und Steuerung moderner Wirklichkeit nun selbst die Verantwortung zu übernehmen." (Pankoke 1992, S. 16) Das ist der geistesgeschichtliche Hintergrund für die soziologische Aufmerksamkeit für das Thema Organisation.

Organisation war eine Form der Ordnung der Welt, die der Mensch selbst vornahm. Diesen Umschlag des Verhältnisses zwischen Mensch und Welt und die Konsequenzen, die daraus folgen, hat der Zeitzeuge *Immanuel Kant* mit Blick auf die französische

1 Vgl. oben Kapitel 4.2 „Sumner: Folkways, Mores, Institutions".

Revolution seinerzeit so beschrieben: „So hat man sich, bei einer neuerlich unternommenen gänzlichen Umbildung eines großen Volkes zu einem Staat, des Worts *Organisation* häufig für die Einrichtung der Magistraturen u.s.w. und selbst des ganzen Staatskörpers sehr schicklich bedient. Denn jedes Glied soll freilich in einem solchen Ganzen nicht bloß Mittel, sondern zugleich auch Zweck, und, indem es zu der Möglichkeit des Ganzen mitwirkt, durch die Idee des Ganzen wiederum, seiner Stelle und Funktion nach, bestimmt sein." (Kant 1790, § 65 (A 290), S. 487). Am Ende der Aufklärung setzte sich die Überzeugung durch, „dass der menschliche Verstand die Daseinsbewältigung besser sichern könne als Religionen und Traditionen." (Gukenbiehl 1992, S. 105) Rationalität, Planung und Einsatz bestimmter Mittel zur Erreichung eines definierten Zwecks, das war und ist „das gedankliche und soziale Umfeld, in dem Organisationen entstehen und existieren." (Gukenbiehl 1992, S. 104)

Umgangssprachlich wird der Begriff der Organisation manchmal zur Bezeichnung einer planenden Tätigkeit benutzt. So fällt die Organisation des Kindergeburtstages ganz selbstverständlich in das Ressort der bemühten Mutter, und aus der Organisation der Abschlussfete hat sie sich ganz selbstverständlich rauszuhalten. Und auf dem Betriebsausflug freuen wir uns, wenn der beste aller Kollegen im überfüllten Biergarten in kürzester Zeit eine Runde Bier organisiert. Um diesen Begriff geht es in der Soziologie nicht. Näher an einer soziologischen Verwendung liegt ein anderer, älterer Begriff von Organisation, der auf die Eigenschaft eines sozialen Gebildes zielt. In diesem Sinne wird der Begriff der Organisation in einigen älteren Gesellschaftstheorien gebraucht. Er bezeichnet dann eine bestimmte Ordnung von Beziehungen, wobei der Gedanke des Organismus mitschwingt. So legte *Auguste Comte* im Jahr 1822 einen Plan der wissenschaftlichen Arbeiten vor, die für eine Reform der Gesellschaft notwendig sind. In diesem Plan wird Soziologie als „positive" Organisationswissenschaft bezeichnet. Bei Comte fließen also der Gedanke des organischen Gefüges mit der rationalen Planung zusammen.

Eine andere Wurzel organisationssoziologischen Denkens findet sich in der älteren Kulturanthropologie. So forderte *Bronislaw Malinowski*, „die Realwissenschaft vom menschlichen Verhalten" müsse bei der Organisation beginnen (Malinowski 1941, S. 83). Frei von jedem Ethnozentrismus fragte diese Wissenschaft, wie sich das menschliche Zusammenleben an einem konkreten Ort darstellt. Sie konstatierte, dass alle Regelungen und kulturellen Produkte in einer sinnvollen Beziehung zueinander standen und sich ergänzten. Das Ganze war optimal an seine Umwelt angepasst und geordnet. In Analogie zu biologischen Vorstellungen sprach man von Organisation.

Manchmal werden die Begriffe Institution und Organisation *synonym* (z. B. bei Malinowski 1951, S. 146) verwandt, wenn es um irgendeine Form geregelter Zusammenarbeit geht. Richtet man den Blick allerdings auf die Intentionalität solcher Regelungen, dann kann man sehr wohl zwischen Institution und Organisation unterscheiden. Eine *Institution* stellt ein soziales Regelsystem dar, das historisch aus menschlicher Praxis gewachsen ist, sich aber weitgehend verselbständigt hat. Eine *Organisation* ist ein rationales Zweckgebilde, das durch bewusstes Denken und Handeln hervorgebracht wurde. Diese Intentionalität spielt auch in der klassischen Definition von *Max Weber* eine Rolle, der unter Organisation die „Ordnung von Menschen und Dingen nach dem Prinzip von Zweck und Mittel" (Weber 1922, S. 760) versteht. Diese zweckvolle Ordnung spielt auch in einer der bekanntesten Definitionen von Organisation eine Rolle, die von der deutschen Soziologin *Renate Mayntz (* 1929)* stammt. Sie versteht unter Organisationen alle sozialen Gebilde, „in denen eine Mehrzahl von Menschen zu einem spezifischen Zweck bewusst zusammenwirken". (Mayntz 1969, S. 762) Mayntz hat sich in vielen Beiträgen mit dem Thema Organisation befasst. In einer weit verbreiteten Einführung aus dem Jahre 1969 hat sie beschrieben, wie Organisationen entstehen und wie sie sich verbreiten, wie sie funktionieren und was sie bewirken.

Renate Mayntz: Definition von Organisation

„Unsere gegenwärtige Gesellschaft wird oft industrielle Gesellschaft, demokratische Massengesellschaft, spätkapitalistische oder Wohlfahrtsgesellschaft genannt. Ebensogut könnte man sie als organisierte Gesellschaft bezeichnen, denn sie ist durch vielfaches Organisieren und durch eine große Zahl von komplexen, zweckbewusst und rational aufgebauten sozialen Gebilden gekennzeichnet. Solche Gebilde sind die bürokratisierten Institutionen auf den wichtigsten Lebensgebieten, also Betriebe, Krankenhäuser, Gefängnisse, Schulen, Universitäten, Verwaltungsbehörden, Militärverbände und Kirchen. Weiter gehören zu diesen Gebilden die Vereinigungen, seien das Parteien, Gewerkschaften, Berufs-, Wirtschafts-, Kriegsopfer- oder Heimatvertriebenenverbände. Alle diese zweckorientierten sozialen Gebilde sollen hier als Organisationen bezeichnet werden. (...)

Organisationen sind für die stark differenzierte, leistungsorientierte Industriegesellschaft ein notwendiges Ordnungsmittel. Dabei ist nicht nur an die Ordnungsmacht der weite Lebensbereiche umspannenden staatlichen Verwaltung gedacht, sondern ganz allgemein an die Tatsache, dass ein kontinuierliches Zusammenwirken zahlreicher Menschen zu einem spezifischen Zweck der Organisation bedarf. In der rational geformten Organisation bleibt die kontinuierliche Durchführung der Aufgaben auch bei einem Wechsel von Mitgliedern gewährleistet, weil die Inhaber der einzelnen Positionen bis zu einem gewissen Grade auswechselbar sind. (...)

Entstehung, Wachstum und Ausbreitung von Organisationen sind kein universalgeschichtlicher Prozess. Es hat Hochkulturen gegeben, in denen sich Organisationen entweder nur ansatzweise oder nur auf wenigen Gebieten entwickelten. (...) Dass Organisationen sich bilden und zu den wesentlichen Strukturelementen einer Gesellschaft werden, ist jedenfalls alles andere als eine zwangsläufige Entwicklung in jeder Kultur. Es ist vielmehr ein Prozess, der auf zahlreichen besonderen Voraussetzungen beruht und nur unter ganz bestimmten Bedingungen so beherrschend wird, wie wir es in der modernen Industriegesellschaft erleben. (...)

Angesichts der verwirrenden Vielfalt historischer Facetten, in die sich die Organisationsgeschichte bei näherem Hinsehen auflöst, muss man fragen, ob sich überhaupt allgemein sagen lässt, *was* hier geschehen ist und *warum* es geschah. In der einem einleitenden Kapitel angemessenen Kürze soll versucht werden, hierauf zusammenfassend zu antworten.

Das Ergebnis des (...) geschilderten Entwicklungsprozesses ist die Verbreitung von sozialen Gebilden, die sich institutionell *verselbständigt* haben und *spezifische Zwecke* erfüllen bzw. spezifische Ziele verfolgen. Die Zugehörigkeit zu diesen sozialen Gebilden steht weder immer jedem frei, noch ist sie immer freiwillig; sie ist jedoch typischerweise *zweckbestimmt* und richtet sich nicht nach familiärer oder territorialer Zusammengehörigkeit. Die letzte Feststellung mag angesichts des lokalen oder regionalen Charakters mancher Organisation zweifelhaft erscheinen; doch auch Organisationen mit einem lokal begrenzten Einzugsbereich rekrutieren ihre Mitglieder aufgrund spezifischer, nicht territorial gebundener Merkmale. Diese verselbständigten und spezifisch zweckorientierten oder zielgerichteten Gebilde zeichnen sich weiter durch eine horizontal ebenso wie vertikal *differenzierte Struktur* aus, die ein dem Einzelnen vorgegebenes *Rollensystem* darstellt und von den jeweiligen konkreten Mitgliedern abhebbar ist. Ein entscheidendes Merkmal dieser sozialen Gebilde ist schließlich ihre *Rationalität*. Das bedeutet nicht, dass Organisationen tatsächlich nach ausschließlich rationalen Gesichtspunkten aufgebaut sind und das Handeln in ihnen ausschließlich rational bestimmt ist, sondern nur, dass eine solche Orientierung als Leitbild oder Richtungsweiser gilt. Das Merkmal der Rationalität bezieht sich übrigens nur auf die Art, wie eine Organisation ihr Ziel verfolgt, und nicht auf den Inhalt dieser Ziele, die durchaus ‚unvernünftig', auch unmoralisch oder gesellschaftsschädigend sein können." (Mayntz 1963: Soziologie der Organisation, S. 7, 8f. und 18f.)

Halten wir als zentrale Bestimmung fest: Organisationen sind alle sozialen Gebilde, „in denen eine Mehrzahl von Menschen zu einem spezifischen Zweck bewusst zusammenwirken.“ (Mayntz 1969, S. 762) Damit stellt sich die Frage, was denn die Elemente solcher sozialen Gebilde sind.

5.1 Elemente einer Organisation

Betrachtet man eine Organisation als ein geregeltes soziales Gebilde, dann muss man zur Analyse der Prozesse, die in diesem Gebilde ablaufen, und der Effekte, die diese Prozesse bewirken, zwischen zentralen Elementen der Organisation unterscheiden. Das sind vor allem die Mitglieder, die Ziele, die Sozialstruktur und die Umwelt der Organisation.

Eine Organisation besteht zunächst einmal aus *Mitgliedern*. Von ihnen wird erwartet, dass sie dem Zweck der Organisation zustimmen und zur Mitarbeit motiviert sind. So kann man von jemandem, der unter allen Umständen in eine weiterführende katholische Schule aufgenommen werden will, erwarten, dass er dies nicht in der Absicht tut, als bekennender Atheist gegen den Geist der Schule anzutreten. Grundsätzlich gilt, dass die Bedingungen des Eintritts in die Organisation und die Aufgaben, die die Mitglieder zu erfüllen haben, vorab geregelt sein müssen. Deshalb wird auch von den künftigen Mitgliedern eine Qualifikation verlangt. Sie kann sehr formal wie z. B. beim Eintritt in ein Finanzamt oder eine Universität sein, sie kann aber auch eher in einem diffusen Bekenntnis zu den allgemeinen Zielen z. B. einer Partei oder der Organisation zur Rettung Schiffbrüchiger bestehen.

Die Zugehörigkeit zu diesen sozialen Gebilden ist zwar typischerweise zweckbestimmt, steht aber weder immer jedem frei, noch erfolgt sie immer freiwillig. (Mayntz 1963, S. 18) Organisationen mit zwangsweiser Rekrutierung der Mitglieder sind gekennzeichnet durch „zwei größere Mitgliedergruppen, zwischen denen eine scharfe Trennungslinie verläuft. Dabei ist die untere Gruppe, d.h. diejenige, auf die eingewirkt wird, gewöhnlich weniger in sich gegliedert als die einwirkende Gruppe, das Personal. Bürokratisierung und rationale Ordnung herrschen besonders in dieser oberen Gruppe vor. Ihre Mitglieder werden in der Regel freiwillig rekrutiert und üben in der Organisation ihren Beruf aus. Zwischen den beiden Mitgliedergruppen existiert typischerweise keine Mobilität, d. h. ein direkter Aufstieg von der unteren in die obere Gruppe findet normalerweise nicht statt." (Mayntz 1963, S. 60) Beispiele für Organisationen mit zwangsweiser Rekrutierung sind die Schule oder das Gefängnis.

Organisationen verfolgen zweitens ein bestimmtes *Ziel* und erfüllen einen bestimmten *Zweck*. Obwohl beide Begriffe oft synonym verwandt werden, gibt Mayntz die Richtung einer sinnvollen Unterscheidung an: „Vom Ziel spricht man eher als von etwas, das angestrebt wird und das vielleicht eines Tages erreicht sein wird, wogegen ein Zweck etwas ist, das fortlaufend erfüllt wird, also eine kontinuierliche Leistung. Vielleicht erscheint das Wort Ziel auch allgemeiner, Zweck dagegen spezifischer." (Mayntz 1963, S. 58) Man kann eine Organisation aber auch von innen und von außen betrachten, dann zieht man den Begriff „zielgerichtet" vor, „wenn man von der Organisation aus spricht", während man von „zweckorientiert" spricht, „wenn man bei der Betrachtung von der Gesellschaft ausgeht." (Mayntz 1963, S. 58) Unter dieser zweiten Perspektive geht es also um die Frage, welche Funktion eine Organisation hat, d. h. welche Wirkung sie innerhalb des Systems der Gesellschaft erzielt bzw. welchen Beitrag sie für die Gesellschaft leistet.

Organisationen zeichnen sich durch zweckrationales Denken und Handeln aus. Deshalb werden auch die Leistungen der Mitglieder einer Organisation so koordiniert, dass die Ziele der Organisation möglichst effektiv und rasch erreicht werden. Die dauerhafte Ordnung dieser Koordination nennt man *Struktur*. Bei den Zielen kann man zwischen formellen und informellen unterscheiden. Die *formellen Ziele* einer Organisation sind meist auch offiziell festgelegt (Gesetze, Satzungen, Statuten). *Informelle Ziele*, z. B. das Ziel, ein besonderes Betriebsklima zu erhalten oder eine bestimmte Kooperationsform durchzusetzen, machen den Geist einer Organisation aus und setzen sich in der Form der Zusammenarbeit der Mitglieder durch. Wie ich gleich zeigen werde, kann es zu Konflikten zwischen inoffiziellen und offiziellen Zielen kommen. „Mitglieder können das Ziel bejahen, weil es für sie ein Selbstwert ist oder weil es ihr eigenes Interesse ausdrückt, sie können ihm aber auch indifferent gegenüberstehen oder es ablehnen. Dabei können die Unterschiede zwischen verschiedenen Mitgliedergruppen in der gleichen Organisation erheblich sein. Die Führungsgruppen und oberen Ränge von Organisationen sind dem Ziel gegenüber allgemein positiver eingestellt als die unteren Ränge, besonders natürlich in Organisationen mit internem Zwangscharakter. Je weniger einer Mitgliedergruppe an dem Organisationsziel liegt, je weniger sie sich damit identifiziert, um so weniger wird sie auch dafür eintreten." (Mayntz 1963, S. 64)

Element einer Organisation ist drittens ihre *soziale Struktur*. Gerade wurde Struktur als dauerhafte Ordnung der Koordination der Aktivitäten der Mitglieder einer Organisation bezeichnet. Es ist aber nicht zu übersehen, dass diese offizielle Ordnung, die zielgerichtet und zweckorientiert entworfen wird, nur eines ist. Etwas anderes ist die *tatsächliche* Ordnung der sozialen Beziehungen, die neben dieser offiziellen Ordnung bestehen, sie sogar beherrschen können, von ihr aber auch beherrscht werden können. Auf diese Tatsache einer *doppelten Realität* zielte der amerikanische Soziologe *Kingsley Davis*, der zwischen Normensystem und faktischer Ordnung unterscheidet:

Kingsley Davis: Normative system and factual order

„(...) the unique trait in human society – the thing which transforms the primate grouping into a new emergent reality – is the system of symbolic communication. By such a system situations can be depicted, thought about, and acted on even when they are not present. This makes possible (...) a distinction between legitimate and illegitimate conduct; so that always in human society there is what may be called a double reality – on the one hand a normative system embodying what *ought* to be, and on the other a factual order embodying what *is*. In the nature of the case these two orders cannot be completely identical, nor can they be completely disparate." (Davis 1949: Human society, S. 52)

Unter Bezug auf diese Differenzierung unterscheidet Scott innerhalb der Sozialstruktur einer Organisation zwischen einer *normativen Struktur* (Werte, Normen, Rollenerwartungen) und einer *Verhaltensstruktur*, worunter er das tatsächliche Verhalten der Individuen in einer Organisation versteht. Scott benutzt also statt des Begriffs der „faktischen Ordnung" von Davis den Begriff „Verhaltensstruktur". (Scott 1981, S. 36)

Die *normative Struktur* schließt Werte, Normen und Rollenerwartungen ein. „Werte sind (...) die Kriterien, die bei der Auswahl bzw. Setzung von Verhaltenszielen verwendet werden; Normen sind die generalisierten Regeln der Verhaltenssteuerung, die vor allem die Mittel benennen, die bei der Verfolgung gesetzter Ziele erlaubt und angemessen sind." (Scott 1981, S. 36) Unter Rollen versteht Scott sowohl Erwartungen, die an bestimmte Positionen geknüpft sind, als auch die Wertmaßstäbe zur Einschätzung des Verhaltens der Inhaber dieser Positionen. Werte, Normen und Rollen stehen in keiner Gruppe in einem zufälligen Zusammenhang, sondern sie bilden ein „relativ konsistentes System von Überzeugungen und Vorschriften zur Steuerung des Verhaltens aller Beteiligten". (Scott 1981, S. 36)

Die *Verhaltensstruktur* wird sehr stark durch Gefühle und Stimmungen geprägt. Mitglieder fühlen sich aus irgendwelchen Gründen verbunden oder mögen sich nicht. So kann sich z. B. ein Zusammengehörigkeitsgefühl aufgrund von Tätigkeitsmerkmalen oder Qualifikationsmerkmalen (die Systemanalytiker; die FH-Chemiker) herausbilden. Es passiert aber auch nicht selten, dass außerberufliche Interessen (Mitglieder im Rassegeflügelzuchtverein; Rotarier; Aktionskomitee freies Wendland) zu bestimmten Aktivitäten und Interaktionen führen. Sie tun Dinge gemeinsam, und das berührt letztlich auch die sachliche Zusammenarbeit in der Organisation. Auf diese Weise entsteht eine informelle Struktur. In manchen Organisationen stellt sich ein Gefühl der Verbundenheit aufgrund sozialer oder regionaler Herkunft (hie Rheinländer, hie Lausitzer) ein, oder es verbinden sich Mitglieder, weil sie gemeinsame generations- und altersspezifische Interessen (im Wartestand zum Vorruhestand; Silberjubilare; Jungpioniere) entdecken. Informelle Strukturen können zu einer spezifischen

Gruppensolidarität führen. Sie können förderlich (funktional) sein, weil sie die Zusammenarbeit erleichtern, sie können aber auch störend (dysfunktional) sein, wenn die Mitglieder, die sich besonders verbunden fühlen, anderen Zielen als den offiziellen eine höhere Priorität beimessen und sie sich unbewusst – oder auch ausdrücklich! – bei der Durchsetzung eben dieser Ziele gegenseitig unterstützen. Die sog. jungen Wilden in allen Parteien versuchen durch Solidarisierung neue Ziele durchzusetzen.

Die Kluft zwischen den offiziellen Zielen und den inoffiziellen kann sehr gering sein, sie kann aber auch sehr groß sein. Eine informelle Struktur, nach der die Mitglieder es etwas gemächlicher angehen lassen als es die Chefin gerne hätte, wird eine Organisation zur Not in Kauf nehmen, eine informelle Struktur, die auf Sabotage angelegt ist, natürlich nicht.

Doch was aus der Sicht der Organisation als Obstruktion erscheint, kann man aus der Sicht der Betroffenen auch ganz anders interpretieren, nämlich als Versuch, sich vor der Organisation zu retten. Das hat *Erving Goffman* in seiner Studie „Asyle" (1961a) gezeigt. In sog. *totalen Institutionen* wie Gefängnisse, psychiatrische Kliniken, Gefangenenlager oder Konzentrationslager versuchen Individuen ein Leben unterhalb des offiziell zugelassenen oder vorgeschriebenen zu organisieren, um zu überleben. Goffman nennt es *underlife*. (Goffman 1961a, S. 194) Es ist die informelle Struktur, mit der die Betroffenen für sich eine alternative Ordnung schaffen, die von der formellen Struktur der Organisation nicht zugelassen ist.[2] So weiß man, wer Zigaretten besorgen kann, wer es gut mit einem Wärter kann und deshalb Beschwerden vortragen könnte, und man weiß, an wen von den anderen Insassen man sich halten muss, wenn man von anderen drangsaliert wird. Umgekehrt nutzt auch das Personal inoffizielle Strukturen, um bestimmte Vorschriften durchzusetzen, indem es z. B. über eigentlich verbotene Dinge (privater Besitz, Kontakte etc.) hin-

2 Sehen Sie sich unter diesem Aspekt doch einmal den Film „Einer flog über das Kuckucksnest" (1975) an. Ein besonders eindringliches Beispiel für einen kompletten Gegenentwurf zur offiziellen, unerträglichen Organisation schildert der Film „Das Leben ist schön", wo ein Vater versucht, seinem kleinen Sohn die Brutalität des KZ als grandioses Spiel zu verkaufen.

wegsieht, dafür aber Gehorsam verlangt. Und schließlich kennen wir auch den Fall, dass die Leiter eine Organisation für eigene Zwecke ausnutzen.[3]

Ein nicht unwichtiges Element einer Organisation ist schließlich ihre *Umwelt*. Jede Organisation hat eine spezifische Umwelt, auf die sie sich einstellen muss und von der sie beeinflusst wird. Scott nennt die folgenden Verbindungen zwischen Organisationen und ihren jeweiligen Umwelten:

- Eine Organisation ist von der Sozialisation und Ausbildung ihrer Mitglieder bestimmt.
- Die Mitglieder sind immer an mehreren Organisationen gleichzeitig beteiligt, weshalb immer nur ein „partielles Engagement" erwartet werden kann.
- Organisationen übernehmen Technologien (von Maschinen bis zu Arbeitsprogrammen).
- Die Ziele einer Organisation haben eine gesellschaftliche Funktion.
- Die Sozialstruktur einer Organisation hängt auch mit den Strukturformen der Gesellschaft zusammen. (vgl. Scott 1981, S. 41f.)

Organisationen sind also keine geschlossenen Systeme, sondern stehen in einem ständigen Austausch mit ihrer Umwelt. In der Sprache der Systemtheorie kann man sie auch als offene Systeme bezeichnen. So sind sie z. B. „darauf angewiesen, dass Menschen und Mittel von außen in ihr System hineinströmen." (Scott 1981, S. 47) Menschen müssen veranlasst werden, Zeit und Energie zugunsten der Organisation zur Verfügung zu stellen. Aus der Sicht der Organisation heißt das, ständig die richtige Qualifikation zu finden und intern Motivation zu erhalten. Ich komme darauf zurück.

3 So berichtet Eugen Kogon, der sechs Jahre im KZ Buchenwald war, in seinem Buch „Der SS-Staat" (1946), dass die SS Häftlinge zur Weihnachtszeit gerne als Schneider oder Anstreicher benutzte.

Mit der Aufzählung der Elemente einer Organisation ist das schon genannt, was Organisationsstudien im Einzelnen immer wieder untersucht haben. Interessant ist nun, worauf diese Studien oder Theorien im Laufe der Jahre jeweils ihr besonderes Augenmerk gerichtet haben.

5.2 Taylor: Scientific management

Die erste Phase der Organisationsstudien war *arbeits- und betriebswirtschaftlich* orientiert. Der Hauptvertreter dieser Phase war der Ingenieur *Frederick W. Taylor*, dessen „Grundsätze wissenschaftlicher Betriebsführung" (1911) eine völlig neue Form der Arbeitsgestaltung nach sich zogen. Er entwarf Soll-Strukturen einer Organisation, sog. Organigramme, nach denen die Mitarbeiter eines Betriebs eingesetzt werden sollten. Taylors Ausgangsfrage lautete: Wie kann man angesichts einer enormen Produktivitätssteigerung mittels Maschinen den ›waste of human effort‹ reduzieren? Auf das Problem war er gestoßen, als er 1878, kurz vor Ende der wirtschaftlichen Depression in den USA, vor seinem Studium zunächst als einfacher Arbeiter, dann als Meister in einer Dreherei arbeitete. Er schreibt: „Fast alle Arbeit in dieser Werkstatt wurde seit vielen Jahren im Stücklohn getan. Wie es damals üblich war und tatsächlich noch in fast allen Werkstätten in Amerika üblich ist, waren die Arbeiter und nicht die Leiter Herren der Werkstatt. Die Arbeiter hatte sich genau darüber verständigt, in welcher Zeit jede einzelne Arbeit zu geschehen habe; sie hatten eine bestimmte Geschwindigkeit für jede Maschine in der ganzen Werkstatt festgesetzt, die nur ungefähr 1/3 einer guten Tagesleistung ermöglichte." (Taylor 1911, S. 52) Damit, erinnert sich Taylor, „begann der Krieg". Am Ende hatte er die entlassen, die sich hartnäckig weigerten, rascher zu arbeiten, und genügend neue Leute eingestellt, die schneller arbeiteten und die anderen zwangen, ebenfalls mehr zu leisten. Zur Strategie des „friedlichen, aber immer erbitterteren" (!) Krieges gehörte die konsequente Anwendung der Grundsätze der wissenschaftlichen Betriebsführung („scientific management').

Was Taylor damit gemeint hat, kann man in einem Satz zusammenfassen: die Menschen müssen optimal an technische Vorgaben angepasst werden: „Bisher stand die ›Persönlichkeit‹ an erster Stelle, in Zukunft wird die Organisation und das System an erste Stelle treten.“ (Taylor 1911, S. 4) Dazu schlug Taylor u. a. vor:

- Arbeitsteilung, vor allem zwischen Hand- und Kopfarbeit;
- Standardisierung der Arbeitsabläufe nach vorheriger Untersuchung der wirklich notwendigen Handgriffe, was später als Grundlage von Arbeitszeitstudien und Ergonomie diente;
- Feststellung von Leistungskurven und darauf abgestellte Arbeitszeiten und Pausen;
- Vorgabe eines genauen Arbeitspensums und Festlegung einer Prämie für die Erfüllung des Solls;
- Einführung von Akkordlöhnen, weil der wirtschaftliche Anreiz als höchste Motivation angesehen wurde.

Die Erfolge schienen Taylor Recht zu geben. Überall, wo seine Prinzipien angewandt wurden, stieg die Produktivität an. Die Erfolge der Arbeitsorganisation veranlassten sogar den russischen Revolutionär und Planer einer besseren Zukunft, *Lenin*, zu den „nächsten Aufgaben der Sowjetmacht“ Folgendes zu bemerken: „Der russische Mensch ist ein schlechter Arbeiter im Vergleich mit den fortgeschrittenen Nationen. Und anders konnte das auch nicht sein unter dem Regime des Zarismus und angesichts so lebendiger Überreste der Leibeigenschaft. Arbeiten lernen – diese Aufgabe muss die Sowjetmacht dem Volk in ihrem ganzen Umfang stellen. Das letzte Wort des Kapitalismus in dieser Hinsicht, das Taylorsystem, vereinigt in sich – wie alle Fortschritte des Kapitalismus – die raffinierte Bestialität der bürgerlichen Ausbeutung und eine Reihe wertvollster wissenschaftlicher Errungenschaften in der Analyse der mechanischen Bewegungen bei der Arbeit, der Ausschaltung überflüssiger und ungeschickter Bewegungen, der Ausarbeitung der richtigsten Arbeitsmethoden, der Einführung der besten Systeme der Rechnungsführung und Kontrolle usw. Die Sowjetrepublik muss um jeden Preis alles Wertvolle übernehmen, was Wissenschaft und Technik auf diesem Gebiet errungen haben. Die Realisierbarkeit des Sozialismus hängt ab eben von unseren Erfolgen bei der Verbindung der Sowjetmacht und der sowjetischen Verwaltungsorganisation mit dem neuesten Fortschritt des Kapitalismus. Man muss in Russland das Studium des Taylorsystems, die Unterweisung darin, seine systematische Erprobung und Auswertung in Angriff nehmen." (Lenin 1918, S. 249f.)

Taylor war fest davon überzeugt, dass diese Organisation der Arbeit auch dem Arbeiter nützt, denn wenn er einmal die Prinzipien des Bewegungsablaufs und der Zusammenarbeit begriffen habe, dann werde er auch ein Interesse daran haben, dass ihm seine Leistung individuell und genau zugerechnet werde. Deshalb hielt Taylor auch den Akkordlohn für das ideale Lohnsystem. Natürlich mussten auch die äußeren Bedingungen der Arbeit stimmen. Neben der genauen Plazierung von Pausen war es u. a. die Forderung nach einer optimalen Beleuchtung am Arbeitsplatz, von der Taylor die Produktivität abhängen sah. Just dieses Thema spielte dann in den sogenannten Hawthorne-Studien[4] eine zentrale Rolle. Sie läuteten die zweite Phase der Organisationsstudien ein.

5.3 Human relations – der Hawthorne-Effekt

Nachdem das Management der Western Electric Company in Hawthorne erfolglos mit der Beleuchtung experimentiert hatte, wandte es sich an den Industriepsychologen Elton Mayo von der Harvard Business School, der ganz in der Forschungstradition Taylors stand. Unter seiner Leitung gingen *Fritz J. Roethlisberger* und *William J. Dickson* ans Werk und führten zwischen 1927 und 1933 Experimente durch, beobachteten Arbeitsabläufe und befragten die Arbeiter. Aus den umfangreichen, ziemlich überraschenden Forschungsergebnissen will ich hier nur einige organisationssoziologische Ergebnisse referieren.

4 Vgl. dazu auch Band 2, Kapitel 8.4 „Bezugsgruppe und soziale Beeinflussung in der Gruppe".

Roethlisberger und Dickson wollten optimale Helligkeitswerte ermitteln und experimentierten dazu in einer Montagegruppe, die Telephonrelais zusammenstellte. Was dann passierte, beschrieb Mayo später so: „Die Ergebnisse waren verwirrend. Roethlisberger gibt zwei Beispiele: die Beleuchtung im Experimentierraum wurde verbessert, und die Erzeugung stieg; aber sie stieg auch im Kontrollraum. Und das Gegenteil davon: die Beleuchtung im Experimentierraum wurde von drei Meterkerzen[5] auf eine Meterkerze herabgesetzt, und wieder stieg die Erzeugung; gleichzeitig stieg sie aber auch im Kontrollraum, in dem die Beleuchtung gleich geblieben war." (Mayo 1945, S. 110) Ob man es strahlend hell machte oder auf schummeriges Mondlicht drosselte, die Produktivität stieg. Als die Forscher nicht weiter kamen, wandten sie sich an die Arbeiter selbst und fragten sie, ob sie sich das erklären könnten. Sie konnten! Sie sagten nämlich, sie freuten sich, dass Wissenschaftler ihnen so viel Aufmerksamkeit schenkten, und da wollten sie auch zeigen, was sie können. „Der ‚Hawthorne-Effekt' war entdeckt!" (Scott 1981, S. 128)

Damit war auf einen Schlag eine Grundannahme des ‚scientific management' in Frage gestellt: der Arbeiter war keineswegs der kühle homo oeconomicus, für den nur optimale Arbeitsbedingungen und guter Lohn für gute Arbeit zählten. Ihm war es offensichtlich wichtig, auch als Individuum wahrgenommen zu werden. Das war in den Organisationskonzepten nicht vorgesehen. Und noch etwas anderes war dort nicht vorgesehen, was die Forscher dann zu Tage förderten: es gab neben der *formellen* Organisationsstruktur offensichtlich eine *informelle*, die u. U. weitaus entscheidender für die Produktivität war.

Auf diese informelle Struktur stieß man, als man die Experimente aufgab und Arbeiter in Gruppendiskussionen zum Reden brachte. Da zeigte sich nämlich, dass es informelle Statushierarchien gab, die mit der offiziellen Führungsstruktur nicht übereinstimmten. Es gab Arbeiter, an die man sich wandte, wenn man Probleme mit der Arbeit oder mit Vorgesetzten hatte, und es gab

---

5 Was das genau ist, weiß ich auch nicht, aber ich kann es mir, wie Sie sicher auch, denken.

Arbeiter, die die Meinung anderer beeinflussten. Außerdem kam heraus, dass es einen stillschweigenden Konsens, ich wiederhole es, gab, was ein angemessenes Arbeitstempo war. Auch da gab es Meinungsführer und Mitläufer. Aus all diesen Ergebnissen schlossen die Forscher, dass die menschlichen Beziehungen (‚human relations') ein entscheidender Faktor in jeder Organisation sind.

Für eine Theorie der Organisation ergab sich daraus zwingend, dass eine Optimierung der *technical organization* ohne eine Optimierung der *human organization* nicht zu einer dauerhaften Steigerung der Produktivität und schon gar nicht zu einer dauerhaften Motivierung der Mitglieder führt. Die dann unter dem Titel „Human relations school" firmierende praktische Organisationstheorie setzte denn auch wesentlich auf die sog. Menschenführung im Betrieb. Eine zentrale Rolle spielte dabei auch ein neues Konzept der sozialen Kontrolle: „In klassischen Organisationen übt die Organisationsleitung Kontrolle im wesentlichen durch gewisse allgemeine organisatorische Maßnahmen (...), durch generelle Durchsetzung und Aufrechterhaltung von Disziplin (u. a. mittels Aufsicht von Vorgesetzten über Untergebene) und durch Verarbeitung von Informationen aus, die auf Anforderung der Unternehmensleitung von unten heraufgereicht werden. Unter den Bedingungen des Human-relations-Modells nimmt die Wahrnehmung der Kontrollfunktion eine andere Gestalt an. Wegen der Verlagerung wichtiger Entscheidungsfunktionen nach unten hat Gehorsam gegenüber Anordnungen von oben und damit die unternehmerische, politische Ausübung von Kontrolle mittels Durchsetzung und Aufrechterhaltung von Disziplin nur noch begrenzt Bedeutung. Stattdessen spielt Kontrolle durch professionale Qualifikation und durch horizontale Kommunikation und Kooperation (...) eine große Rolle." (Fürstenau 1967, S. 348)

Ein gewissermaßen neu definiertes wissenschaftliches Management nutzt die informelle Struktur, um Arbeitsabläufe zu planen, zu verbessern und zu kontrollieren. Diese neue Sicht auf die Struktur einer Organisation rief gewissermaßen nach einer neuen *soziologischen* theoretischen Fundierung. Die erfolgte dann auch in der dritten Phase der Organisationstheorie, die durch *systemtheoretische* Ansätze gekennzeichnet ist.

5.4 Organisation als System

Die systemtheoretischen Ansätze betrachten Organisationen als soziale Systeme und fragen, wie ihre Struktur aussieht, wie sie funktionieren und was notwendig ist, dass sie funktionieren, und schließlich, was ihre Funktion für die Gesellschaft ist.

Ausgangspunkt dieser Sicht ist die Theorie von *Talcott Parsons*. Danach sind Organisationen „Systeme kooperativer Beziehungen", bei denen instrumentelle Interessen gegenüber emotionalen Interessen dominieren. (Parsons 1951, S. 39 und S. 72) Sie sind zielorientierte soziale Systeme, die eine bestimmte Struktur aufweisen. Parsons stellt nun die Frage, welche funktionalen Erfordernisse (*functional prerequisites*) erfüllt werden müssen, damit das System nach innen ‚funktioniert' und nach außen optimale Leistungen erbringt. Er spricht von vier grundlegenden Erfordernissen:

- adaptation – Anpassung an die Umwelt
- goal attainment – Zielentwicklung und Zielerreichung
- integration – Koordination der Einzelhandlungen
- latency – Erhaltung der Sozialstruktur, was die Bewältigung von Spannungen und Konflikten beinhaltet.[6]

Diese vier Systembedürfnisse kann man als die grundlegenden *Organisationsziele* bezeichnen. Die Organisation muss sich denn auch erstens an ihre Umwelt anpassen, sonst verliert sie ihre Bedeutung oder ihr gehen die Ressourcen aus. Eine Organisation, die nur zum Zwecke der Erinnerung an Sedan operiert, verliert über kurz oder lang Mitglieder und ideelle oder materielle Unterstützung. Zweitens muss eine Organisation ihre Ziele klar definieren und sie auch konsequent verfolgen. Eine Partei, die heute dies und morgen das propagiert oder ihren angeblichen Zielen keine Taten folgen lässt, verliert ihre Glaubwürdigkeit. Die Wähler laufen ihr davon. Drittens muss eine Organisation in der Lage sein, die Aktivitäten ihrer Mitglieder auch zu koordinieren. Nicht nur

6 Dieses sog. AGIL-Schema wird im nächsten Kapitel ausführlich hergeleitet und dargestellt.

zweckmäßige Tätigkeiten müssen so zusammengebracht werden, dass sie sich gegenseitig fördern, sondern es müssen auch abweichende Verhaltensweisen und störende Prozesse so gesteuert werden, dass das Organisationsziel nicht gefährdet wird. Zur Integration gehört natürlich auch, die Loyalität der Mitglieder zu erhalten. Das verweist schon auf das vierte Erfordernis einer Organisation: sie muss über alle Tagesprobleme das eigentliche Ziel der Organisation hochhalten. Es muss Konsens über bestimmte Werte herrschen. Ob Mitglieder die Organisation verlassen, neue eintreten oder schlechte am Werk sind, bei allem muss sichergestellt werden, dass das Ziel nicht aus den Augen verloren geht. Deshalb ist das wichtigste ordnende Prinzip einer Organisation auch, dass ihre Struktur erhalten bleibt.

Parsons übersieht aber auch nicht, dass die einzelnen Organisationsziele durchaus im Widerspruch zueinander stehen können, indem z. B. das Interesse an Erhaltung der Loyalität (integration) mit den Erwartungen der Gesellschaft (adaptation) kollidiert. Es kommt zu strukturellen Spannungen, die eine *strukturelle Differenzierung* nach sich ziehen. Das bedeutet, dass in Organisationen wie in jedem sozialen System Rollen und Subsysteme zur Bewältigung spezifischer Probleme entstehen. Das reicht von der Rolle der Frauenbeauftragten über den Kontrolleur bis zur Einbeziehung informeller Führungspersonen in die Planung und zur PR-Abteilung. Strukturelle Differenzierung dient der Optimierung des Systems und fängt Spannungen zwischen der formalen Organisation und den Mitgliedern auf.

In Deutschland war es vor allem *Niklas Luhmann*, der für die Untersuchung von Organisationen eine systemtheoretische Fundierung geschaffen hat. Da ich diese Systemtheorie gleich ausführlicher behandele, will ich hier nur so viel andeuten, wie es für das Verständnis der Organisation als eines *sozialen Systems* notwendig ist.[7] Luhmann spricht immer dann von sozialen Systemen, „wenn Handlungen mehrerer Personen sinnhaft aufeinander bezogen werden und dadurch in ihrem Zusammenhang abgrenz-

7 Nehmen Sie es zunächst einmal als Schnellkurs in Sachen Systemtheorie (erster Teil) hin. Im nächsten Kapitel sollte sich dann hoffentlich alles klären.

bar sind von einer nicht dazu gehörigen Umwelt. Sobald überhaupt Kommunikation unter Menschen stattfindet, entstehen soziale Systeme." (Luhmann 1975c, S. 9)

Mit jeder Kommunikation beginnt nämlich ein Prozess von Selektionen: es wird festgelegt, worum es in der Kommunikation geht und worum nicht, was für den aktuellen Zusammenhang relevant ist und was im Augenblick nicht berücksichtigt wird. Das heißt aber, dass von den vielen Möglichkeiten, worüber kommuniziert werden könnte und was zur Erklärung eines Zusammenhangs beitragen könnte, nur einige realisiert werden: „Die Umwelt bietet immer mehr Möglichkeiten, als das System sich aneignen und verarbeiten kann. Sie ist insofern notwendig komplexer als das System selbst. Sozialsysteme konstituieren sich durch Prozesse der Selbstselektion (...). Sowohl ihre Bildung als auch ihre Erhaltung impliziert daher eine Reduktion der Komplexität des überhaupt Möglichen." (Luhmann 1975c, S. 9f.) Es sind also die Systeme, die selegieren (Selbstselektion), was dazu gehört und was nicht (Grenzziehung) und was sie aus der Fülle der komplexen Möglichkeiten beanspruchen und was nicht (Reduktion von Komplexität).

„Je nach dem, unter welchen Voraussetzungen der Prozess der Selbstselektion und der Grenzziehung abläuft", können sich soziale Systeme auf verschiedene Weise bilden, nämlich als *Interaktionssysteme*, als *Organisationssysteme* und als *Gesellschaftssysteme*. (Luhmann 1975c, S. 10) Luhmann beschreibt sie so: „*Interaktionssysteme* kommen dadurch zustande, dass *Anwesende sich wechselseitig wahrnehmen*. Das schließt die Wahrnehmung des Sich-Wahrnehmens ein. Ihr Selektionsprinzip und zugleich ihr Grenzbildungsprinzip ist die Anwesenheit. Wer nicht anwesend ist, gehört nicht zum System." (Luhmann 1975c, S. 10) Die Systemgrenze zeigt sich darin, „dass man nur *mit* Anwesenden, aber nicht *über* Anwesende sprechen kann; und umgekehrt nur *über* Abwesende, aber nicht *mit* ihnen." (Luhmann 1975c, S. 10) Interaktionssysteme sind strukturell beschränkt, weil sich die Interaktionen auf jeweils ein Thema konzentrieren müssen (man kann nicht gleichzeitig über alles sprechen) und weil die Beiträge zur Interaktion nacheinander erfolgen müssen (es können nicht alle gleichzeitig reden). Das kostet Zeit und schließt viele Themen aus. Leistungsfähiger sind dagegen Sozialsysteme vom Typ *Gesellschaft*. Die Gesellschaft umfasst Interaktionen zwischen Anwesenden, aber sie ist darüber hinaus noch in der Lage, „auch die möglichen Kommunikationen unter jeweils Abwesenden oder mit jeweils Abwesenden mit zu thematisieren." (Luhmann 1975c, S. 11) Sie umfasst alle möglichen Kommunikationen, soweit sie vorstellbar und sinnvoll sind. Das ist die Grenze sozialer Systeme vom Typ Gesellschaft.

Luhmann stellt nun fest, dass in komplexen Gesellschaftsordnungen ein dritter Typ von Sozialsystemen immer größere Bedeutung gewinnt, „der sich in zahlreichen Bereichen gesellschaftlichen Lebens sozusagen zwischen das Gesellschaftssystem und die einzelnen Interaktionssysteme schiebt, nämlich der Typus *Organisation*." (Luhmann 1975c, S. 12) Je komplexer nämlich im Verlaufe der soziokulturellen Evolution die möglichen Beziehungen wurden und je mehr der Prozess der sozialen Differenzierung, z. B. in Form von Rollen im Zuge der Arbeitsteilung, voranschritt, um so mehr rückten Interaktionssysteme und Gesellschaftssystem auseinander.

Luhmann betrachtet die Anfangs- und Endpunkte dieser Entwicklung: „In den einfachsten archaischen Gesellschaftsformationen sind Interaktion, Organisation und Gesellschaft nahezu identisch. Die Stammesgesellschaft besteht aus dem Umkreis absehbarer, für den Einzelnen zugänglicher Interaktionen. Sie stößt wie eine Organisation Personen, die sich nicht fügen, aus und nimmt, vor allem durch Heirat, Personen auf. Interaktion, Organisation und Gesellschaft sind strukturell ineinander verschränkt und limitieren sich wechselseitig." (Luhmann 1975c, S. 13) Das änderte sich in Hochkulturen, die von der Zahl ihrer Mitglieder und der anfallenden Aufgaben der Koordination ihrer arbeitsteiligen Aktivitäten her eine strukturelle Differenzierung geradezu erzwangen. Für diese Gesellschaften ist kennzeichnend, „dass das Gesellschaftssystem eine Größe und Komplexität erreicht, die den Umfang der für den Einzelnen möglichen Interaktionen definitiv sprengt. In den städtischen Zentren bilden sich bereits Organisationen, vornehmlich für religiöse, politische, militärische, kommerzielle Funktionen oder für einzelne Produktionsaufgaben." (Luhmann 1975c, S. 14)

Was sind nun Organisationen? Es sind besondere Sozialsysteme, die sich durch *generalisierte* Handlungs- und Erwartungsstrukturen auszeichnen.

Niklas Luhmann: Organisationssysteme

„Als organisiert können wir Sozialsysteme bezeichnen, die die Mitgliedschaft an bestimmte Bedingungen knüpfen, also Eintritt und Austritt von Bedingungen abhängig machen. Man geht davon aus, dass die Verhaltensanforderungen des System und die Verhaltensmotive der Mitglieder unabhängig voneinander variieren können, sich aber unter Umständen zu relativ dauerhaften Konstellationen verknüpfen lassen. Mit Hilfe solcher Mitgliedschaftsregeln – etwa Autoritätsunterwerfung gegen Gehalt – wird es möglich, trotz frei gewählter, variabler Mitgliedschaft hochgradig künstliche Verhaltensweisen relativ dauerhaft zu reproduzieren. Man muss nur ein allgemeines Gleichgewicht von Attraktivität des Systems und Verhaltensanforderungen sicherstellen und wird unabhängig davon, ob für jede Einzelhandlung natürlich gewachsene Motive oder moralischer Konsens beschafft werden können. Die Motivlage wird über Mitgliedschaft generalisiert: Die Soldaten marschieren, die Schreiber protokollieren, die Minister regieren, ob es ihnen in der Situation nun gefällt oder nicht." (Luhmann 1975c: Interaktion, Organisation, Gesellschaft, S. 12)

Organisationen verlangen, aber sie ermöglichen auch, zwischen Person und Handeln zu differenzieren. Sie sind Sozialsysteme mit eigener Rationalität und eigenen Imperativen. Organisationen koordinieren Interaktionen unter sachlichen Aspekten und trennen zwischen Individuum und Rolle. Das macht Luhmann am Beispiel der Konfliktbewältigung in einer Organisation deutlich. Organisationssysteme „differenzieren (...) interne und externe Konflikte und unterbrechen deren Zusammenhang mit sonstigen Konflikten ihrer Mitglieder. Man darf sich im Dienst nicht an seinen Privatfeinden rächen, darf den Kindern des politischen

Gegners keine schlechteren Zensuren erteilen oder umgekehrt dem Lehrer die Auszahlung eines Bankkredits verweigern, weil er schlechtere Zensuren erteilt hatte. Entsprechend ist es eine für Organisationen typische Mitgliederpflicht, intern bestehende Konflikte – etwa Meinungsverschiedenheiten des Kollegiums in der Versetzungskonferenz – nach außen zu verbergen." (Luhmann 1975c, S. 18) Letzteres gelingt nicht immer, aber als Prinzip einer Organisation gilt es allemal.

Auch das andere Prinzip des Sozialsystems Organisation muss noch einmal in Erinnerung gerufen werden: Organisationen betreffen bestimmte Rollen und nur diese. Luhmann drückt es eher nüchtern so aus: „Die organisatorische Spezifikation des Verhaltens kann immens gesteigert werden, wenn Organisationssysteme soweit ausdifferenziert werden, dass sie nicht mehr auf andere gesellschaftliche Rollen ihrer Mitglieder, etwa auf religiösen Glauben oder politische Aktivität, Familienstand oder nachbarliche Beziehungen Rücksicht nehmen müssen." (Luhmann 1975c, S. 14) Was Luhmann hier als Chance der Organisation begreift, liegt der Theorie der Organisation als eines *sachlichen, formellen Systems* als Prinzip zugrunde. Um Sachlichkeit, Formalität und um die Bürokratie als einer besonderen Form der Organisation geht es nun.

5.5 Weber: Bürokratische Organisation

Organisationen sind soziale Gebilde, die einen definierten Zweck verfolgen und nach bestimmten Prinzipien Aufgaben erledigen. Das klang schon in Chester Barnards Definition einer „formalen Organisation" an, die ich noch einmal in Erinnerung rufen möchte: „Formal organization is that kind of cooperation among men that is conscious, deliberate, purposeful." (Barnard 1938, S. 4) Mit dieser Definition des bewussten, freiwilligen und zielgerichteten Zusammenarbeitens in einer formalen Organisation ist ein Merkmal angesprochen, das *Renate Mayntz* für das entscheidende Merkmal einer Organisation hält: ihre *Rationalität*. Dabei betont sie ausdrücklich, dass sich Rationalität „nur auf die

Art, wie eine Organisation ihr Ziel verfolgt, bezieht, „und nicht auf den Inhalt dieser Ziele, die durchaus ‚unvernünftig', auch unmoralisch oder gesellschaftsschädigend sein können." (Mayntz 1963, S. 18f.) Gefangenenlager, die Menschen einer Gehirnwäsche unterziehen, sind höchst rational organisiert, auch wenn jeder gute Mensch diese Ziele für verwerflich hält.

Vor dem Hintergrund der Rationalität der Planung aller Prozesse in einer Organisation unterscheidet *W. Richard Scott* zwei strukturelle Merkmale von Organisationen: sie weisen eine hohe *Zielspezifität* und eine relativ hohe *Formalisierung* auf.

- „Organisationen sind Kollektivitäten, die an der Verfolgung relativ spezifischer Ziele orientiert sind. Sie sind ›zweckgerichtet‹ in dem Sinne, dass die Aktivitäten und Interaktionen der Beteiligten im Hinblick auf genau benannte Ziele zentral koordiniert sind." (...)
- „Organisationen sind Kollektivitäten, die einen relativ hohen Formalisierungsgrad aufweisen. Die Kooperation zwischen ihren Mitgliedern ist ›bewusst‹ und ›beabsichtigt‹." Die Struktur der Beziehungen ist formalisiert, was heißt, dass „die Regeln, die das Verhalten der Beteiligten steuern, präzise und explizit formuliert sind und (die) Rollen (...) unabhängig von den persönlichen Qualitäten derjenigen festgeschrieben sind, die Positionen in dieser Struktur innehaben." (Scott 1981, S. 44)

Der Begriff der *Struktur* – ich wiederhole es – hebt auf die Regelmäßigkeit, den Umfang und die Form des Zusammenwirkens ab. Sie ist „horizontal ebenso wie vertikal differenziert". (Mayntz 1963, S. 18) Die horizontale Struktur betrifft die Formen der Zusammenarbeit, die vertikale die Hierarchie.

Die Struktur stellt ein Rollensystem dar, das vorab geregelt und prinzipiell unabhängig von konkreten Mitgliedern ist. Die entsprechenden Leistungen, die sich auf die Struktur der Organisation beziehen, werden mit dem Begriff der *Funktion* bezeichnet. Man kann also sagen: In der Organisation ist, unabhängig vom Willen des einzelnen Mitgliedes, festgelegt,

- was jeder in welcher Situation zu tun hat,
- wer wem zu befehlen oder zu gehorchen hat,
- wer über was durch wen zu informieren ist (...),
- wer in welcher Hinsicht wie zu behandeln ist.

Die Arbeit der Mitglieder einer formalen Organisation erfolgt nach einem Plan, in dem Aufgabenverteilung, *Zuständigkeiten* und Entscheidungsbefugnisse geregelt sind. Die Arbeit der einzelnen Mitglieder wird *koordiniert* und nach spezifischen Regeln *kontrolliert*.

Was ich hier beschrieben habe, trifft für eine Form der Organisation in besonderem Maße zu, die *Max Weber* als Bürokratie bezeichnet hat. Bekanntlich[8] hat er dieses Thema im Rahmen seiner Theorie der Herrschaft abgehandelt. Ich will das kurz erläutern. Weber sieht den Unterschied zwischen Macht und Herrschaft darin, dass die erste ausgeübt werden kann, wenn die Chance dazu besteht; die zweite aber führt immer Legitimitätsgründe an. Ein Legitimitätsgrund ist die Legalität. Diese *legale* oder *rationale Herrschaft* gründet sich auf angebbare Rechtsverhältnisse und dokumentiert das in einer „formal korrekt gewillkürten Satzung" (Weber 1922a, S. 152), also in Gesetzen oder Vorschriften, die willentlich so gewählt wurden. Reinste Form der legalen Herrschaft ist die *Bürokratie*.

Sie ist Herrschaft, die Sachlichkeit und Zweckmäßigkeit vereint und jederzeit in ihrem Vollzug von außen einsichtig ist: „Die rein bureaukratische, also: die bureaukratisch-monokratische aktenmäßige Verwaltung ist nach allen Erfahrungen die an Präzision, Stetigkeit, Disziplin, Straffheit und Verlässlichkeit, also: Berechenbarkeit für den Herren wie für den Interessenten, Intensität und Extensität der Leistung, formal universeller Anwendbarkeit auf alle Aufgaben, rein technisch zum Höchstmaß der Leistung vervollkommenbare, in all diesen Bedeutungen: formal rationalste, Form der Herrschaftsausübung." (Weber 1922, S. 128)

8 Was ich hier schon einmal unterstelle, werde ich in den Kapiteln 7.4 „Herrschaft: Die Legitimation von Macht" und 7.5 „Bürokratie: Reine Herrschaft und ihre Gefahr" unterfüttern!

Mit dieser These setzt sich Weber von einer anderen Interpretation des Phänomens Bürokratie ab, die weit in die politische Diskussion des 18. und 19. Jahrhunderts zurückreicht und geradezu gegenteilig lautete. Diese Diskussion hat *Bernd Wunder* in seiner Geschichte der Bürokratie in Deutschland (1986) nachgezeichnet. Er stellt zunächst einmal fest, dass das Wort ‚bureau' von ‚bure' kommt, womit der grobe Wollstoff bezeichnet wurde, mit dem Schreibtische in französischen Amtsstuben bespannt waren. Auf diese Konnotation zielt dann auch gleich die erste Verwendung des Wortes ‚bureaucratie'. So regte sich Mitte des 18. Jahrhunderts der französische Physiokrat de Gournay, der den Merkantilismus durch den Freihandel ersetzen wollte, über die Reglementierungssucht der Regierung auf, die er ›bureaumanie‹ oder ›bureaucratie‹ nannte. Das Kunstwort ›bureaucratie‹ war also ursprünglich ein Kampfwort des Wirtschaftsliberalismus, der gegen jeden staatlichen Eingriff opponierte. (vgl. Wunder 1986, S. 7)

Der Begriff Bürokratie erfuhr im Vormärz, also der Zeit der Restauration vor 1848, die durch starke Spannungen zwischen demokratischen Forderungen und Obrigkeitsstaat geprägt war, eine ungeheure Verbreitung. Ganz im Sinne der Kritik des Wirtschaftsliberalismus an der Reglementierungssucht umschrieb der Freiherr vom Stein im Jahre 1818 den Begriff so: Wir werden „von besoldeten, buchgelehrten, interessenlosen, ohne Eigentum seienden Buralisten regiert. (...) Diese vier Worte enthalten den Geist unserer und ähnlicher geistloser Regierungsmaschinen." (zit. nach Wunder 1986, S. 7) Der Volkswirt und Politiker Friedrich List, der 1821 ähnlich kritisch wie Stein die Bürokratie kritisierte, wurde „wegen Beamtenbeleidigung zu einer Haftstrafe und dem Verlust der bürgerlichen Ehrenrechte verurteilt, wonach ihm nur die Auswanderung nach Amerika übrigblieb", nachdem er den Beamten in den Ministerien vorgehalten hätte, sie kännten die Bedürfnisse des Volkes nicht und kreisten nur in endlosem Formenwesen. (Wunder 1986, S. 7f.)

Besonders seit 1830 wurde ‚Bürokratie' in Deutschland „zu einem Schlagwort und zu einem zentralen Kampfbegriff des Liberalismus in seiner Auseinandersetzung mit den herrschenden Gewalten, ja Bürokratie – und nicht Monarchie – wurde zum

Gegenbegriff von Volksfreiheit, von Selbstverwaltung, letztlich von Demokratie.“ (Wunder 1986, S. 8)

Ausgerechnet ein Liberaler war es dann, der den Begriff der Bürokratie völlig neu bestimmte. Wunder schreibt: „Die Aufgabe, den Begriff Bürokratie zu versachlichen, übernahm Max Weber. Bezeichnenderweise erfolgte das in einer Zeit, als der Liberalismus in Deutschland gegenüber den alten Gewalten auf die Durchsetzung seiner Forderungen nach Verwirklichung der politischen Freiheit des Bürgers verzichtet hatte. Weber nahm die spöttische Wortbildung von Gournay ernst und bezeichnete ‚bürokratische Herrschaft‘ sogar als die effizienteste Herrschaftsform überhaupt.“ (Wunder 1986, S. 8) Wunder fasst die erstaunliche Karriere des Begriffs Bürokratie denn auch so zusammen: „Die Bewertung der Bürokratie hatte sowohl im Hinblick auf das Wort wie auch auf den Inhalt innerhalb von 100 Jahren einen völligen Wandel erfahren: Der kompromisslosen Verdammung im Vormärz war die kritiklose Bewunderung in der Vorkriegszeit gefolgt. Die Unterdrückung der Freiheit und die Bevormundung des Volkes wurden zur Fürsorge für das Volk und Daseinsvorsorge, die Sonderstellung und Trennung des Staatsapparates von der Gesellschaft zur selbstlosen Hingabe an den Dienst für das Allgemeinwohl und der Formalismus zum gesetzmäßigen Handeln. Das ehemalige Schimpfwort war zum neutralen, wissenschaftlichen Terminus technicus avanciert.“ (Wunder 1986, S. 9f.)

Der Begriff der Bürokratie war aber sicher mehr als das, denn Weber sah darin die Prinzipien der Rationalität und Sachlichkeit verwirklicht, die den Erfolg der Moderne ausmachen. Er schreibt: „Der entscheidende Grund für das Vordringen der bürokratischen Organisation war von jeher ihre rein *technische* Überlegenheit über jede andere Form. Ein voll entwickelter bürokratischer Mechanismus verhält sich zu diesen genau wie eine Maschine zu den nicht mechanischen Arten der Gütererzeugung. Präzision, Schnelligkeit, Eindeutigkeit, Aktenkundigkeit, Kontinuierlichkeit, Diskretion, Einheitlichkeit, straffe Unterordnung, Ersparnisse an Reibungen, sachlichen und persönlichen Kosten sind bei streng bürokratischer (...) Verwaltung durch geschulte Einzelbeamte gegenüber allen kollegialen oder ehren- und nebenamtlichen Formen auf das Optimum gesteigert.“ (Weber 1922, S. 660f.)

Die bürokratische Verwaltung, so Weber, ist nicht zuletzt wegen der Qualifikation ihres Personals und der spezifischen Form seines Handelns so effizient. Die Beamten gehorchen nämlich nur sachlichen Amtspflichten, sie stehen in einer festen Amtshierarchie mit festen Amtskompetenzen und werden aufgrund fachlicher Qualifikation (ggf. durch Prüfung ermittelt) angestellt (nicht gewählt!). Sie unterliegen einer strengen einheitlichen Amtsdisziplin und Kontrolle. Alle Vorgänge werden schriftlich erledigt, über die Vorgänge werden Akten geführt und Daten werden fortgeschrieben. Das alles berechtigt dazu, die bürokratische Organisation als die angemessenste Form eines wirtschaftlichen Unternehmens wie des Marktes überhaupt, insonderheit aber der modernen Verwaltung anzusehen. Weber schreibt:

Max Weber: Bürokratie - sachliche Erledigung nach berechenbaren Regeln

„Vor allem aber bietet die Bürokratisierung das Optimum an Möglichkeit für die Durchführung des Prinzips der Arbeitszerlegung in der Verwaltung nach rein sachlichen Gesichtspunkten, unter Verteilung der einzelnen Arbeiten auf spezialistisch abgerichtete und in fortwährender Übung immer weiter sich einschulende Funktionäre. ‚Sachliche' Erledigung bedeutet in diesem Fall in erster Linie Erledigung ‚ohne Ansehen der Person' nach *berechenbaren Regeln*. ‚Ohne Ansehen der Person' aber ist auch die Parole des ‚Marktes' und aller nackt ökonomischen Interessenverfolgung überhaupt. (...) Für die moderne Bürokratie hat das zweite Element: die ‚berechenbaren Regeln' die eigentlich beherrschende Bedeutung.“ (Weber 1922: Wirtschaft und Gesellschaft, Dritter Teil, Kapitel VI, S. 661f.)

Die „Berechenbarkeit“ setzt auch eine entsprechende Qualifikation der Mitglieder einer Organisation voraus. Weber spricht in einem ganz grundsätzlichen Sinne von „Funktionären“ und genau darum geht es: die bürokratische Organisation braucht den

„menschlich unbeteiligten, daher streng ‚sachlichen' Fachmann" (Weber 1922, S. 662), der regelmäßig „funktioniert".[9]

Man kann sicher sagen, dass Webers Analyse der Bürokratie neben Taylors Analyse der Arbeit im Betrieb eine der Grundlagen der Organisationssoziologie ist. Webers Forderung, dass eine Bürokratie nach sachlichen Regeln funktioniert und die „Funktionäre" ihre Arbeit „ohne Ansehen der Person" zu erledigen haben, darf aber nicht übersehen machen, dass der Erfolg einer Organisation ganz entscheiden von der Motivation der Mitglieder abhängt.

5.6 Motivation der Mitglieder

Eine Organisation ist nur so gut wie das *persönliche Engagement* ihrer Mitglieder. Das wird auf vielerlei Wegen forciert. So gibt es innerhalb der Organisation abgestufte Privilegien (von der Größe des Schreibtischs bis zur Schrittlänge des Vorzimmers) und Rituale zur Erzeugung eines Wir-Gefühls (vom jährlichen Fußballspiel Amt A gegen Amt B bis zum Betriebsausflug). Aber auch äußere Symbole der Besonderheit (vom erweiterten Vorgarten bis zur Kunst am Bau) tragen zu einem Wir-Gefühl der Mitglieder bei. Was Außenstehenden oft gar nicht auffällt oder als belanglos erscheint, dient der *kollektiven Motivierung* der Mitglieder.[10]

Wichtiger ist aber die *individuelle Motivierung* der einzelnen Mitglieder einer Organisation. Das ist aber genau das Problem. Denn das Rollensystem existiert prinzipiell unabhängig vom konkreten Einzelnen und in der Erbringung von rollenbezogenen Leistungen wäre prinzipiell jeder durch jeden anderen gleich Qualifizierten ersetzbar. Deshalb müssen gerade formale Organisationen ihre

9 Auf dieses Thema komme ich noch einmal in Kapitel 7.6 „Bürokratie: Reine Herrschaft und ihre Gefahr" zurück.

10 Natürlich dient dies alles auch der symbolischen Präsentation der Organisation nach außen. Wie anders wäre zu erklären, dass Organisationen über kurz oder lang nach einer „repräsentativen Unterbringung" suchen? Doch über den Effekt der Identifikation der Mitglieder mit dieser Repräsentanz dient es letztlich wieder der kollektiven Motivierung.

Mitglieder motivieren oder es ihnen wenigstens erlauben, sich für unverwechselbar und unersetzbar zu halten. Das geschieht durch beiläufiges Lob („Wenn wir Sie nicht hätten!"), öffentliche Ehrung („Unser diesjähriger Held der Aktenberge!“) und die Tolerierung individueller Ausgestaltung einer Rolle. So wird erreicht, dass die Mitglieder die formalen Aufgaben zu ihrem persönlichen Anliegen machen, Frustration aushalten und Mehrleistung erbringen. Auf der Seite der Mitglieder sieht das so aus: sie erhalten sich die Illusion, dass es ohne sie nicht weiterginge. Die Tragik dieser Illusion – die es übrigens auf allen Ebenen der Hierarchie gibt und von der das gute Funktionieren einer formalen Organisation ganz wesentlich abhängt! – tritt dann zutage, wenn einem von heute auf morgen gekündigt wird oder wenn man nach einer ordentlichen Verabschiedung („Was werden wir nur ohne Sie machen?!“) beim nächsten Besuch bei den alten Kollegen feststellt, dass die ganze Organisationsstruktur umgekrempelt und die alte Stelle ersatzlos gestrichen worden ist. Manche betrachten ihren Abschied aus einer Organisation oder aus einem Betrieb auch als sozialen Tod.

Nach diesem Blick auf die Erwartung eines bestimmten Verhaltens in einer *formellen* Organisation will ich noch einmal auf die eingangs erwähnte *natürliche* Organisation zurückkommen. In formellen Organisationen wird die Motivation wesentlich über formale Qualifikationen und entsprechende Eintrittsbedingungen definiert und durch formalisierte Verwaltungsvorgänge eingeschränkt. Motivation steht unter sachlichem Interesse. Anders ist es in natürlichen Organisationen, die davon leben, dass die Mitglieder eine Aufgabe aus persönlichem Interesse verfolgen und sie nach nur vagen Regeln mit Eifer betreiben. Als ich den Begriff der natürlichen Organisation eingangs erwähnte, habe ich ihn gewissermaßen umgangssprachlich benutzt: es bildet sich eine bestimmte Organisation von Aktivitäten heraus oder man „organisiert“, was zu einem bestimmten Zweck und dauerhaft zu tun ist.

Nun haben soziologische Studien gezeigt, dass dieses quasi natürliche Prinzip der Regelung von Einzelaktivitäten nicht nur nicht notwendig in formellen Organisationen münden muss, sondern im Gegenteil bestimmte Organisationen es auch nicht für erforderlich halten, ihre Ziele ausdrücklich zu formulieren oder

Verfahrensweisen festzulegen. Organisationen werden unter dieser Perspektive nicht als formale und rationale, sondern als *natürliche Systeme* betrachtet. Dazu zählen besonders die sog. „kollektivistischen“ Organisationen. Darunter versteht man vor allem die Innovationen auf dem Dienstleistungssektor z. B. freie Schulen, Frauenzentren, Rechtshilfekollektive, Erzeugerkooperativen. Manche verfolgen nur relativ diffuse Ziele, alle versuchen, Formalisierung zu vermeiden. Sie lehnen Autorität und Statusunterschiede ab, alle haben am Entscheidungsprozess teil, individuellen Interessen und persönlichen Qualitäten wird eine große Bedeutung beigemessen. (vgl. Scott 1981, S. 46)

Im Zentrum des Interesses steht die Frage, wie Organisationen „den Bedürfnissen oder Erfordernissen ihres eigenen Systems Rechnung tragen. Organisationen werden als organische Systeme gesehen, ausgestattet mit einem starken Selbsterhaltungstrieb, mit dem Drang, sich als Systeme zu erhalten. Die Entwicklung informeller Strukturen wird als ein wichtiges Mittel zu diesem Zweck betrachtet. Diese Strukturen erwachsen aus den natürlichen Fähigkeiten und Interessen der einzelnen Beteiligten und versetzen die Kollektivität in die Lage, sich die menschlichen Ressourcen ihrer Mitglieder zunutze zu machen.“ (Scott 1981, S. 46) So haben humanitäre Organisationen nicht deshalb Erfolg, weil sie sich irgendwann eine Satzung gegeben haben und regeln, wer was im Notfall zu tun hat, sondern weil sie den persönlichen und sozialen Interessen ihrer Mitglieder Raum geben. Indem sie den spezifischen Fähigkeiten, soziale Interaktionsformen zu gestalten, nachgehen, gelingt es ihnen, das Engagement auf Dauer zu stellen.

6. System

In den 1930er Jahren rückte in den biologischen Wissenschaften der Gedanke in den Vordergrund, dass in lebenden Gebilden die Elemente in einer komplexen Wechselwirkung zueinander stehen und gleichzeitig Ursache und Wirkung füreinander sind. Diese dynamische Ordnung von Beziehungen wird mit dem Begriff des *Systems* bezeichnet. Zu den wichtigsten Grundannahmen der biologischen Systemtheorie zählen die folgenden:

- Die Wechselbeziehungen zwischen den Elementen sind nicht zufällig, sondern sind in einer bestimmten Weise geordnet. Die Ordnung der Beziehungen wird *Struktur* genannt. Dadurch unterscheidet sich ein System auch von einer Menge.
- Die Elemente haben füreinander und für das System insgesamt eine bestimmte Bedeutung und erfüllen einen bestimmten Zweck. Das wird als *Funktion* bezeichnet.
- Systeme tendieren dazu, ihre Struktur in einem *Gleichgewicht* zu erhalten.
- Jedes System ist auf ein bestimmtes *Ziel* gerichtet.
- Das System bildet zu seiner Umwelt, die nicht Teil des Systems ist, eine *Grenze*. Zu dieser Umwelt gehört natürlich jedes andere System. Man kann also zwischen „drinnen“ und „draußen“ unterscheiden.

- Manche Systeme stehen in *Austauschbeziehungen* mit ihrer Umwelt, weshalb sie als offene Systeme bezeichnet werden, andere sind geschlossen.

Dieses biologische Denken traf in den Sozial- und Kulturwissenschaften auf eine Tradition, in der der Gedanke des Systems, wenn auch nicht unter diesem Namen, schon lange eine Rolle spielte. So hatten die „organischen" Theorien des 18. und 19. Jahrhunderts die Gesellschaft mit einem lebenden Organismus verglichen, in dem die einzelnen Teile vor allem in ihrer *Funktion* für den Erhalt des Ganzen betrachtet wurden. Diese Frage stand dann im Mittelpunkt des *Funktionalismus*, einer Strömung in der Kulturanthropologie zu Beginn des 20. Jahrhunderts, die sich gegen den bis dahin gültigen Evolutionismus wandte. Sie ging nicht mehr davon aus, dass es eine einheitliche, sich vollendende kulturelle Entwicklung gibt, in der z. B. die europäischen Gesellschaften die Spitze einnähmen. Kulturanthropologen wie *Bronislaw Malinowski (1884-1942)* oder *Alfred Reginald Radcliffe-Brown (1881-1955)* lehnten denn auch die Bewertung von Kulturen, die ja im Prinzip in jeder Theorie der Evolution enthalten ist, ab und stellten fest, dass jede Kultur für sich ein sinnvolles Ganzes, ein zusammenhängendes *System*, ist. Deshalb dürften Institutionen auch nicht nach einem externen Standard beurteilt, sondern müssten in ihrer Bedeutung für den spezifischen Alltag einer spezifischen Kultur gesehen werden.

Kultur ist nach Malinowski - ich wiederhole es - nichts anderes als ein instrumenteller Apparat, durch den der Mensch in die Lage versetzt wird, mit seiner Umwelt besser fertig zu werden und seine Bedürfnisse zu befriedigen, ein System von Gegenständen, Handlungen, Einstellungen, in dem jeder Teil als Mittel zu einem Zweck existiert. (vgl. Malinowski 1939, S. 21f.) Die einzelnen Elemente des Systems stehen in gegenseitiger Abhängigkeit zueinander. Den kulturellen Zweck sozialer Phänomene bezeichnete Malinowski als *Funktion*. Die Funktion ist der „Beitrag zu einer besseren Verkittung der sozialen Gebilde", d. h. zu einem wirkungsvollen Austausch von Leistungen und Gütern innerhalb eines Systems. (vgl. Malinowski 1939, S. 39)

Radcliffe-Brown ging ausdrücklich von Durkheims Definition der *Funktion* aus, die in der Aktivität oder dem Beitrag eines Teils zum Erhalt des Ganzen besteht, und definierte das System der Beziehungen zwischen den Teilen als *Struktur*. (vgl. Radcliffe-Brown 1935, S. 629) Wie bei einem lebenden Organismus ergibt sich auch im sozialen Leben die Funktion aus der Struktur:

Alfred Reginald Radcliffe-Brown: Structure and function

„To turn from organic life to social life, if we examine such a community as an African or Australian tribe we can recognize the existence of a social structure. Individual human beings, the essential units in this instance, are connected by a definite set of social relations into an integrated whole. The continuity of the social structure, like that of an organic structure, is not destroyed by changes in the units. Individuals may leave the society, by death or otherwise; others may enter it. The continuity of structure is maintained by the process of social life, which consists of the activities and interactions of the individual human beings and of the organised groups into which they are united. The social life of the community is here defined as the *functioning* of the social structure. The *function* of any recurrent activity, such as the punishment of a crime, or a funeral ceremony, is the part it plays in the social life as a whole and therefore the contribution it makes to the maintenance of the structural cotinuity.“ (Radcliffe-Brown 1935: Structure and function in primitive society, S. 630f.)

Struktur bezeichnet die Ordnung der Beziehungen zwischen Einheiten; Funktion meint den Beitrag der einzelnen Einheiten zur Erhaltung der Struktur. Dass beides unabhängig von konkreten Individuen zu denken ist, hat der amerikanische Kulturanthropologe *Ralph Linton* (1893-1953) mit seiner Unterscheidung von Status (a position in a particular pattern) und Rolle (the dynamic aspects of status) (Linton 1936, S. 113 und 114) gezeigt. Er unterscheidet zwischen Gesellschaft und sozialem System: „A society is an organization of individuals; a social system is an organization of ideas. It represents a particular arrangement of statuses and roles which exist apart from the individuals who occupy statuses and express the roles in overt behavior." (Linton 1936, S. 253) Ein soziales System besteht also nicht aus handelnden Menschen, sondern aus abstrakten Ideen – oder soziologischer: aus Werten.

Innerhalb des sozialen Systems hat jeder Teil eine Funktion. (Linton 1936, S. 406) Nichts ist entbehrlich. Elemente, die scheinbar ohne Nützlichkeit sind, können dennoch eine solche Funktion haben, wenn sie bestimmten individuellen oder Gruppenbedürfnissen entsprechen. So trägt der Einbezug magischer Rituale in vielen Tätigkeiten nicht direkt zum Erfolg der Arbeit selbst bei, aber er sorgt für innere Sicherheit und Seelenfrieden bei dem, der so arbeitet. (Linton 1936, S. 407) Wenn sich z. B. Fußballspieler nach einem gelungenen Torschuss auf die Finger schlagen, hat das keine unmittelbare Auswirkung auf die Arbeit, die nun gerade nicht mit den Händen ausgeübt wird, aber zum inneren Zusammenhalt der Gruppe trägt dieses Ritual zweifellos bei.

Will man den Einfluss des Funktionalismus auf die Soziologie und ihre Analyse des Verhältnisses von Gesellschaft und Individuum, d. h. von System und Teil, zusammenfassen, dann kann man sagen: „Der Funktionalismus hat die Bedeutung, die Selbständigkeit des Systems gegenüber den Handlungen zu begründen." (Jonas 1969, Bd. IV, S. 156) Das ist das Thema von Talcott Parsons.

6.1 Parsons: Systemtheorie der Strukturerhaltung

Talcott Parsons (1902-1979) wurde während seines Studiums in London mit dem gerade skizzierten Funktionalismus des Kulturanthropologen Bronislaw Malinowski bekannt. Von den zentralen Annahmen des Funktionalismus übernimmt er vor allem den Systemgedanken und wendet ihn als Frage auf die Gesellschaft: wenn die Gesellschaft ein sinnvolles Ganzes ist, was sind dann die Bedingungen, dass das System weiterbesteht?

Eine weitere Quelle seines Systemdenkens kommt im Begriff der Motivation zum Ausdruck, den Parsons von *Sigmund Freud* übernommen hat. Motivation ist die psychologische Voraussetzung für die Integration und das Funktionieren von sozialen Systemen. So besteht für Parsons auch das Kernproblem der Dynamik von sozialen Systemen in der Integration zwischen allgemeinen Wertmustern und der internalisierten Bedürfnisstruktur der Persönlichkeit. (Parsons 1951, S. 42) Von *Herbert Spencer*, der die Gesellschaft als Organismus verstand, übernimmt Parsons den Gedanken, dass sich ihre Ordnung dadurch erhält, dass ihre Teile, die in einer bestimmten Struktur aufeinander bezogen sind, funktionale Leistungen erbringen.

Mit diesen Annahmen ging Parsons nun daran, eine generelle, „systematische Theorie in der Soziologie" zu entwickeln, räumte aber ein, dass eine solche ideale Theorie bisher nur in der analytischen Mechanik erreicht worden sei und alle anderen Wissenschaften in dieser Hinsicht noch auf einer „primitiveren" Ebene stünden. (Parsons 1945, S. 36) Für die Soziologie hat er sich dann an die herkulische Aufgabe gemacht, eine solche allgemeine Theorie zu entwerfen. Er bezeichnet sie als *general system theory*. Um diese generelle Systemtheorie, für die der wissenschaftshistorische Hintergrund kurz ausgeleuchtet wurde, geht es nun.

Parsons geht von der trivialen Alltagserfahrung aus, dass Dinge miteinander verbunden sind. Sie sind weder unverbunden, noch stehen sie in einer zufälligen Beziehung zueinander. Die spezifische Form der Verbundenheit kann man – siehe oben – folgerichtig als System bezeichnen. Das ist der einfache Hintergrund für die Annahme von Parsons, dass alle sozialen Erscheinungen, seien es nun Personen und ihre Handlungen oder die Institutionen, die sie geschaffen haben, und die Kultur, in der sie vorkommen, Systeme sind. Systeme sind sie erstens, weil die Elemente, aus denen sie bestehen, in einer bestimmten Zuordnung zueinander stehen. Diese Zuordnung oder Verbundenheit wird als Struktur bezeichnet, weshalb die Begriffe System und Struktur auch manchmal gleichgesetzt werden. Nach Parsons bezieht sich der Begriff der Struktur „auf diejenigen Systemelemente, die von kurzfristigen Schwankungen im Verhältnis System-Umwelt unabhängig sind." (Parsons 1961, S. 167f.) Oder anders: „Eine Struktur ist eine Reihe von verhältnismäßig stabilen Beziehungsmustern zwischen Einheiten." (Parsons 1945, S. 54) Während Struktur in der allgemeinen Systemtheorie nur die Ordnung der Elemente bezeichnet, dient der Begriff in der Soziologie zur Bezeichnung der Beziehung zwischen Positionen und den damit verbundenen Erwartungen und Normen.

Die Annahme von Struktur, hat Dahrendorf eingewandt, verleitet zu der Annahme, dass die soziale Wirklichkeit statisch sei. (Dahrendorf 1955, S. 229) Das ist sie aber nicht. Sie ist vielmehr ein Prozess. Deshalb sucht Parsons nach einem Weg, die statischen strukturellen Kategorien mit den dynamischen Elementen eines Systems zu verknüpfen. Die Verknüpfung liefert der Begriff der Funktion. Funktion sagt etwas aus über die Bedeutung von Faktoren und Prozessen innerhalb eines Systems. (vgl. Parsons 1945, S. 48) Bei der Darstellung von Grundannahmen von Systemtheorien wurde gesagt, dass die Elemente untereinander in einer Wechselbeziehung stehen und dass in dieser Beziehung alle Elemente gleichzeitig Ursache und Wirkung füreinander sind. Der Begriff der Funktion zielt auf beide Richtungen der Bedingung zwischen den Elementen. Parsons schränkt den Begriff ein, indem er ihn zur Kennzeichnung der Leistung eines bestimmten Elementes oder Prozesses für den *Erhalt* einer bestimmten Struktur benutzt. Der Grund für diese Einschränkung des Begriffs der Funktion liegt in Parsons' Interesse am Phänomen der Ordnung, weshalb er seiner Theorie auch einen bestimmten Namen geben wird.

Erinnern wir uns: eben wurde gesagt, Systeme sind alle sozialen Erscheinungen erstens, weil die Elemente, aus denen sie bestehen, in einer bestimmten Zuordnung zueinander stehen. Systeme sind die sozialen Phänomene zweitens, weil die einzelnen Elemente, aus denen sie bestehen, eine Aufgabe erfüllen, die ihnen vom Zweck des Systems und der damit gegebenen Struktur vorgegeben ist. Diese Aufgabe oder Bedeutung wird als Funktion bezeichnet. Der Begriff bezeichnet die Verknüpfung zwischen der „statischen" Struktur und den dynamischen Elementen des Systems. „Seine entscheidende Rolle besteht darin, Kriterien für die *Wichtigkeit* der verschiedenen dynamischen Faktoren und Prozesse innerhalb des Systems zu setzen." (Parsons 1945, S. 38) In diesem Sinne hatte schon Durkheim den Begriff der Funktion benutzt. Er bezeichnet die Entsprechung von Bewegungen von Elementen eines Systems und den Bedürfnissen des Systems. Statt von Zwecken zu sprechen, was unzulässig gleich auf Ergebnisse der Entsprechung verweisen würde, spricht Durkheim von „Rolle oder Funktion", womit noch keine Vorentscheidung darüber getroffen sei, wie die Entsprechung entstanden sei. (Durkheim 1893, S. 95)

Parsons - ich wiederhole es - verwendet den Begriff der Funktion zur Beschreibung der Bedeutung eines Elementes für die Erhaltung oder Veränderung eines bestimmten Zustandes. Wenn die Faktoren zur Erhaltung des Systems beitragen, sind sie funktional, stören sie das Gleichgewicht, sind sie dysfunktional. Parsons geht vom Vorrang des Systems – der Struktur – vor den Funktionen aus. Deshalb bezeichnet er seine Theorie auch als „strukturfunktionalistisch". (Parsons 1951, S. 19) Dahrendorf hat diese strukturell-funktionale Theorie von Parsons einmal so charakterisiert: Bei dieser Theorie wird

- die Struktur des sozialen Systems vorausgesetzt,
- dann die Funktion besonderer Teile dieses Systems, ihr Beitrag zum Funktionieren des Systems, untersucht,
- um schließlich die Stabilität oder Instabilität von sozialen Systemen bestimmen zu können. (vgl. Dahrendorf 1955, S. 230)

Im Zentrum der Gesellschaftstheorie von Parsons steht denn auch nicht der Wandel, sondern der Bestand des Systems. Seine Theorie hat deshalb folgendes zum Ziel: „sie versucht, geordnete Zusammenstellungen von Bedingungen zu bestimmen, unter denen Beziehungen zwischen den Systembestandteilen zur Stabilität tendieren – sei es in ‚statischem' Sinne oder im Sinne des Durchlaufens einer regelmäßigen Entwicklung." (Parsons 1958a, S. 154) Die Tendenz eines jeden Systems zur Stabilität nennt Parsons die Tendenz zum Äqulibrium oder zur Homöostase.

Für soziale Systeme führt Parsons noch eine anthropologische Annahme ein, die erklärt, was Handeln ist und warum es zum Erhalt eines Systems beiträgt. System heißt Ordnung der Phänomene. Diese Ordnung ergibt sich in der Natur aus der Sache selbst. In der Verfügung des Menschen über die Natur und im Umgang mit seinesgleichen ist Systembildung eine typisch menschliche Form der Problemlösung. Diese Annahme hat *Stefan Jensen*, Herausgeber und Kommentator wichtiger Arbeiten von Parsons, als eine Denkvoraussetzung von Systemtheorie identifiziert. Diese Prämisse, dass „Systembildung ein genereller Problemlösungsmechanismus ist", ist keineswegs „erst von der Wissenschaft, sondern schon vor ihr von der Praxis entdeckt und verwendet worden (...). Die Zusammenfassung von einzelnen Erfahrungselementen zu komplexen Einheiten und die Generalisierung von solchen Elementen zu Klassen von gleichartigen Phänomenen ist aus (...) anthropologischen Gründen notwendig. Das Paradigma solchen Verfahrens ist die sprachliche Bewältigung der Welt: symbolische Abstraktion ist ein Vorgang generalisierenden Zusammenziehens von Erfahrungselementen zu einem System." (Jensen 1976, S. 25)

Der Ursprung des Systemdenkens liegt für Parsons also im systematisierenden Bewusstsein, mit dem der Mensch Ordnung in die Fülle der Erfahrungen bringt. Er erkennt Ereignisse wieder, generalisiert sie und gibt ihnen einen Namen, mit dem der Typus bezeichnet wird. Was Parsons für das Denken annimmt, gilt prinzipiell für alle Verhaltensformen des Menschen, das heißt: auch für sein Handeln. Diese Annahme steckt in dem gerade zitierten Satz Jensens, dass Systembildung als genereller Problemlösungsmechanismus „von der Praxis entdeckt und verwendet worden ist". Die Erklärung, dass Systembildung ein genereller Mechanismus der Problemlösung ist, wird durch jede Praxis – sei es Denken oder Handeln – belegt. Praxis ist immer eine Form der Systematisierung. Ein wichtiger Ursprung des Systemgedankens bei Parsons liegt also in der weitreichenden anthropologischen Annahme, dass Systembildung ein genereller Mechanismus der Problemlösung ist. Aus dieser Erklärung folgt zwangsläufig eine zweite: Handeln selbst ist System.

6.2 Das allgemeine Handlungssystem und seine Subsysteme

Die generelle Theorie, die Parsons entwerfen will, hat einen allgemeinen Bezugsrahmen, den der *Handlung* (‚action'). Er benutzt ihn in einem sehr allgemeinen Sinn und versteht darunter praktisch jede Form von Wechselbeziehungen zwischen Elementen. In diesem Bezugsrahmen (‚action frame of reference') denkt Parsons die Gesellschaft und alles was sich in der Gesellschaft ereignet oder vorhanden ist. Jedes Element oder Ereignis ist insofern Teil des *allgemeinen Handlungssystems* (general action system). Handlungen, in diesem allgemeinen Sinne sind „empirisch nicht vereinzelt", sondern treten „in Konstellationen" auf. (Parsons u. Shils 1951, S. 54) Die Konstellationen von Handlungen nennen Parsons und Shils ‚Systeme', und zwar Handlungssysteme in dem gerade angesprochenen ganz allgemeinen Sinne von Handlung. Um es einfacher zu sagen: wir sehen, dass Dinge passieren, etwas bewirken und selbst bewirkt werden. Alles steht in einer Beziehung zueinander. Eines bedingt das andere. Wenn man dieses „bedingen" mit „Handlung" gleichsetzt, stellt sich die soziale Wirklichkeit tatsächlich als allgemeines Handlungssystem dar. Innerhalb dieses allgemeinen Handlungssystems kann man dann Subsysteme unterscheiden, die jedes für sich ein eigenes Handlungssystem darstellen, insgesamt aber einander bedingen und ihren spezifischen Beitrag für den Erhalt des allgemeinen Handlungssystems erbringen.

Ich will die Grundlage der Theorie versuchen aufzuhellen. Vergleicht man den Menschen mit einem Tier, dann kann man sagen, im Gegensatz zum Tier, das auf Reize instinktiv reagiert, handelt der Mensch. Er ordnet seine Welt, indem er Erfahrungen macht, sie symbolisch generalisiert, d. h. systematisiert, und Institutionen schafft, die ihm das künftige Leben erleichtern. Die Welt ist eine geordnete Welt, und die Ordnung ist Ergebnis einer Systematisierung, die der Mensch in seinen Handlungen vollzogen hat. „In der Theorie des Handelns ist das Verhalten eines oder mehrerer Organismen oder ein Teilbereich solchen Verhaltens als System zu behandeln." (Parsons 1958a, S. 154) Handeln ist also selbst System. Brandenburg referiert Parsons' These so: „Menschliches Verhalten und Handeln wird immer 1. ausgeübt von Individuen, die 2. von den organischen Bedürfnissen und Energien ihres Körpers abhängig sind, 3. von sozialen Gruppen kontrolliert werden und 4. sich an kulturellen Elementen des Wissens, Glaubens und Bewertens orientieren. Jeder dieser vier Aspekte bildet den Kern eines Handlungssystems." (Brandenburg 1971, S. 32)

Handlungen treten in Konstellationen auf, sind also Systeme. Das trifft im allgemeinen Sinn auf das gerade beschriebene allgemeine Handlungssystem und natürlich auch für seine Subsysteme zu. Parsons unterscheidet vier Subsysteme, in denen die Konstellationen, besser: die Bedingungen der Handlungen je spezifisch organisiert sind:

- *Organismus*: Darunter versteht Parsons die individuelle physische Konstitution, aber auch die Triebe und körperlichen Bedürfnisse, die unser konkretes Handeln mit bestimmen.
- *Persönlichkeitssystem*: Damit ist die individuelle psychisch-motivationale Struktur gemeint. Es ist das System der individuellen Bedürfnisdispositionen (‚need-disposition system of the individual actor'). Organismus und Persönlichkeitssystem zusammen bilden den ‚basic frame of reference'. (Parsons 1951, S. 7)
- *Sozialsystem*: Darunter versteht Parsons die bestimmte Ordnung sozialer Interaktionen. So ist z. B. die Familie, die Gruppe oder auch das Verkaufsgespräch ein Sozialsystem. Ein Sozialsystem wird durch Interaktionen und spezifische Rollen konstituiert.
- *Kulturelles System*: In ihm sind die Werte und Normen versammelt, die von allen geteilt werden bzw. geteilt werden sollten, wenn die Gesellschaft insgesamt funktionieren soll. Parsons nennt das kulturelle System deshalb auch „shared symbolic system which functions in interaction". (Parsons 1951, S. 11) Es ist ein System von Symbolen und das dominante System.

Jedes dieser Systeme ist ein Subsystem des allgemeinen Handlungssystems. Die Subsysteme stehen in einer Hierarchie, wobei dem kulturellen System eine allem übergeordnete Bedeutung zukommt, weil die Werte und Normen das Handeln der Mitglieder der Gesellschaft steuern und somit das Zusammenleben garantieren. Das kulturelle System hat eine *normative* Funktion. Die vier Subsysteme bilden zusammen das allgemeine Handlungssystem. Parsons nennt es „general action system".

Da die Begrifflichkeit bei Parsons nicht immer klar ist, muss hier vor drei möglichen Missverständnissen gewarnt werden:

- erstens, das Sozialsystem ist nicht identisch mit Gesellschaft;
- zweitens, Gesellschaft als *ein* Sozialsystem besteht nicht aus konkreten Handlungen, sondern aus normativen Orientierungen des Handelns;
- drittens, Handeln ereignet sich im Sozialsystem, wird aber nicht durch dieses allein bestimmt, sondern ereignet sich nur im Zusammenspiel zwischen allen vier Subsystemen.

Betrachten wir deshalb das Sozialsystem genauer. Parsons schreibt: „Soziale Systeme werden gebildet von Zuständen und Prozessen sozialer Interaktion zwischen handelnden Einheiten." (Parsons 1971, S. 15) Soziales System meint die jeweilige Ordnung in den Interaktionen. Parsons spricht von „stabilized patterns of interaction".[1] Parsons betont ausdrücklich, dass sich die Interaktionseigenschaften nicht von Eigenschaften der handelnden Einheiten ableiten lassen. Das wäre eine individualistische Gesellschaftstheorie. Stattdessen hält er die von konkreten Handlungen unabhängigen Zustände und Prozesse für konstitutiv für das soziale System. Diese theoretische Position führt Parsons selbst zurück auf Durkheim, für den Gesellschaft eine „Realität eigener Art" ist. Soziale Systeme setzen sich aus den vier Strukturkomponenten Werte, Normen, soziale Gesamtheiten, worunter man Gruppensysteme von der Kernfamilie bis zur politischen Gruppierung verstehen kann, und Rolle zusammen. (Parsons 1971, S. 15f.)

1 Zur Verfestigung von Mustern der Interaktion vgl. Band 2, Kapitel 2.5 „Parsons: Herstellung funktional notwendiger Motivation", Kapitel 3.1 „Parsons: Rolle – normative Erwartung" und Kapitel 4.3 „Parsons: Alternative Wertorientierungen des Handelns".

Was ist dann die Gesellschaft? Parsons definiert sie „als den Typ eines sozialen Systems, dessen Kennzeichen ein Höchstmaß an Selbstgenügsamkeit im Verhältnis zu seiner Umwelt, einschließlich anderer sozialer Systeme, ist.“ (Parsons 1971, S. 16) Wohlgemerkt: Parsons spricht von einem Höchstmaß, nicht von einer völligen Selbstgenügsamkeit, denn diese wäre „unvereinbar mit dem Status der Gesellschaft als Handlungssubsystem.“ (Parsons 1971, S. 16f.) Höchstmaß an Selbstgenügsamkeit heißt, dass die Gesellschaft als System in der Lage sein muss, den Austausch mit ihrer physischen Umgebung, mit den Handlungen innerhalb eines bestimmten Territoriums und mit der Persönlichkeit ihrer Mitglieder zu kontrollieren. Das ist die Voraussetzung für das Funktionieren von Gesellschaft. Die Integration der Mitglieder in das soziale System Gesellschaft ist nur dann zu erwarten, wenn die Persönlichkeiten in ihrer Wertorientierung übereinstimmen. Den Konsens über die Legitimität der Werte nennt Parsons Wertverpflichtung (commitment). (Parsons 1951, S. 55)

Werte versteht Parsons im Sinne Webers als „eine Form kollektiver Vorstellungen“. (Parsons 1971, S. 182f.) Sie sind Teil des kulturellen Systems. Soziale Systeme sind nur Ausformungen eines kulturellen Systems. Die Gesellschaft ist die umfassendste Ausformung des kulturellen Systems.

Kehren wir zu der Frage des Handelns in einem Sozialsystem zurück. Handlung, das wurde oben schon angedeutet, kommt nicht durch bloße Reaktion auf Stimuli einer bestimmten Situation zustande, sondern dadurch, dass der Handelnde ein *System von Erwartungen* entwickelt. (Parsons 1951, S. 5) Das konkrete Handeln entfaltet sich zwischen den Bedürfnissen (need dispositions) auf der einen Seite und den kulturellen Werten auf der anderen.

Talcott Parsons: System of expectations

„It is a fundamental property of action thus defined that it does not consist only of ad hoc ‚responses‘ to particular situational ‚stimuli‘ but that the actor develops a *system* of ‚expectations‘ relative to the various objects of the situation. These *may* be structured only relative to his own need-dispositions and the probabilities of gratification or deprivation contingent on the various alternatives of action which he may undertake. But in the case of interaction with social objects a further dimension is added. Part of ego's expectation, in many cases the most crucial part, consists in the probable reaction of alter to ego's possible action, a reaction which comes to be anticipated in advance and thus to affect ego's own choices.

On both levels, however, various elements of the situation come to have special ‚meanings' for ego as ‚signs' or ‚symbols' which become relevant to the organization of his expectation system. Especially where there is social interaction, signs and symbols acquire common meanings and serve as media of communication between actors. When symbolic systems which can mediate communication have emerged we may speak of the beginnings of a ‚culture' which becomes part of the action systems of the relevant actors.

It is only with systems of interaction which have become differentiated to a cultural level that we are here concerned. Though the term social system may be used in a more elementary sense, for present purposes this possibility can be ignored and attention confined to systems of interaction of a plurality of individual actors oriented to a situation and where the system includes a commonly understood system of cultural symbols.

Reduced to the simplest possible terms, then, a social system consists in a plurality of individual actors interacting with each other in a situation which has at least a physical or environmental aspect, actors who are motivated in terms of a tendency to the ‚optimization of gratification' and whose relation to their situations, including each other, is defined and mediated in terms of a system of culturally structured and shared symbols." (Parsons 1951: The social system, S. 5f.)

6.3 Grundfunktionen der Strukturerhaltung (AGIL-Schema)

Das kulturelle System hat eine autonome Bedeutung gegenüber dem Handeln der Individuen. In der Sozialisationstheorie hat Parsons gezeigt, wie „Mechanismen der Motivation" dafür sorgen, dass die Handlungen an die „Schemata der Ordnung" angepasst werden. Damit ist also noch das Zusammenspiel von Individuum und Gesellschaft eingerechnet. Parsons geht in seiner Systemtheorie nun noch einen Schritt weiter und zeigt, wie ein System selbst – ganz unabhängig vom Beitrag des Individuums – seinen Bestand regelt. Das erfolgt über funktionelle Leistungen, die im System selbst angelegt sind.

Parsons stellt die Frage, wie das System verhindert, dass sich seine Struktur verändert. Die Erklärung sieht er in „Mechanismen, die ihrer Tendenz nach die Ordnung schützen." (Parsons 1961, S. 173) Es sind Grundfunktionen der Strukturerhaltung, die jedes soziale System erfüllen muss, um bestehen bleiben zu können. Diese funktionellen Leistungen sind:

A *adaptation*: Systeme müssen sich an ihre äußere Situation anpassen, was auch die aktive Veränderung dieser Umwelt einschließt. Die Anpassung ist eine Voraussetzung für die Zielerreichung.

G *goal attainment*: Systeme müssen die instrumentellen Probleme der Zielerreichung bewältigen.

I *integration*: Systeme müssen ihren Zusammenhalt wahren, indem sie möglichst alle Systemelemente integrieren. In sozialen Systemen kommt der Kultur in dieser Hinsicht eine besondere Bedeutung zu, weil in ihr die gemeinsamen Werte und Verpflichtungen aufgehoben sind.

L *latent pattern maintenance*: Systeme müssen mit Spannungen fertig werden, die zwischen den Handelnden oder in den Handelnden selbst entstehen. Deshalb bedarf es Institutionen, die die Bewältigung solcher Spannungen zur Aufgabe haben und dadurch die latenten Strukturmuster erhalten. (Strukturerhaltung)

Nach den Anfangsbuchstaben wird das Schema dieser vier Grundfunktionen der Strukturerhaltung als ‚AGIL-Schema' bezeichnet.

Es wurde schon mehrfach erwähnt, dass Parsons davon ausgeht, dass ein System sich im Gleichgewicht (‚equilibrium') zu erhalten sucht. Gleichzeitig aber ist ein System offen und auf einen Austausch mit der Umwelt angewiesen, weil nur durch die Zufuhr aus der Umwelt Entwicklung garantiert wird. Es muss also immer ein neuer Input erfolgen, damit das System am Leben bleibt. Das Problem, das dabei entsteht, ist aus den Arbeitspapieren von Parsons einmal so rekonstruiert worden: Neue Elemente werden aus der Umwelt in das System eingeführt, ‚konsumiert'; daraus resultieren Störungen im System; das System tendiert dazu, einen Gleichgewichtszustand herbeizuführen, wie er gewesen wäre, hätte es diese Störung nicht gegeben. (Schwanenberg 1970, S. 161f.) Das aber, so muss man festhalten, ist nicht mehr der alte Gleichgewichtszustand. Das System befindet sich also permanent in einem Fließgleichgewicht.

Unter diesem Aspekt lassen sich die vier Funktionen der Strukturerhaltung nun in zwei Richtungen lesen: in Richtung auf den Austausch zwischen System und Umwelt und in Richtung auf die Erhaltung des Gleichgewichts im System.

Die erste Systemfunktion ist demnach die ‚adaptation', worunter Parsons die *generalisierte* Fähigkeit des Systems versteht, sich auf eine unstabile Situation einzustellen. Diese generalisierte „adaptive Funktion ergibt sich aus der Tatsache, dass das System es nicht nur mit einem einzigen (Verbrauchs-)Objekt in der Umgebung zu tun hat, sondern sich mit der weiteren Umwelt, mit einer Mehrzahl von Objekten in ein Verhältnis bringen muss, die ihm Bedingungen, Mittel und potentielle Ziele sind." (Schwanenberg 1970, S. 163) Das ist die Lesart der Funktionen der Strukturerhaltung mit Blick nach außen.

Wie sieht die Lesart der Funktionen mit Blick nach innen, zur Tendenz der Erhaltung oder Wiederherstellung eines Gleichgewichts im System selbst, aus? Hier kommt die zweite Funktion ins Spiel, die Parsons ‚goal attainment' nennt. Darunter kann man das Hinstreben auf ein Ziel und die Zielverwirklichung verstehen:

„Jedes System hat die Tendenz, sich in ein optimales Verhältnis zur Umwelt zu bringen, d. h. die größtmögliche Befriedigung (gratification) aus dem Verbrauch (consumption) eines bestgeeigneten Umweltobjektes zu ziehen. Da der Zustand des Systems wie der Umgebung Schwankungen ausgesetzt ist, ist das ‚optimale Verhältnis' nicht beständig und muss neu eingerichtet, equilibriert werden." (Schwanenberg 1970, S. 162) Das meint Parsons, wenn er von der Tendenz, Zielzustände zu erreichen, spricht.

Während sich das System durch die Funktionen der Anpassung (adaptation) und der Zielverwirklichung (goal-attainment) „der Außenwelt gegenüber aufschließt, damit aber auch der für die eigene Kontinuität bedrohlichen Veränderlichkeit der Umgebung ausgesetzt ist, sorgen die beiden restlichen Funktionen dafür, dass sich das System bei dem Verkehr mit der Umwelt seine eigene innere Stabilität und Ordnung erhält, mit anderen Worten, dass das Equilibrium sich seine Mitte bewahrt." (Schwanenberg 1970, S. 163)

Da ist zunächst die Funktion der Strukturerhaltung, die ‚integration'. Mit Blick auf die Frage, wie das System sein Gleichgewicht nach innen wahrt, kann man sagen, dass Integration die wechselseitige Anpassung aller Systemelemente soweit bedeutet, dass sie insgesamt das fließende Gleichgewicht garantieren. Dieser Hinweis auf die wechselseitige Anpassung aller Systemelemente ist wichtig, weil damit erklärt wird, warum Parsons auch bei einem Wandel des Systems von einer harmonischen Beziehungsstruktur ausgehen kann: es ist nie so, dass nur ein Element sich auf Kosten eines anderen verändert, sondern mit jeder Veränderung eines Elementes ist eine Veränderung der gesamten Beziehungsstruktur aller Elemente und damit letztlich auch der Funktion eines jeden Elementes für alle anderen verbunden.

Nehmen wir schließlich die vierte Funktion Latenz (‚latent pattern maintenance'), die die dauerhafte Identität des Systems sichert. Schwanenberg bemerkt, dass dieser Begriff der Latenz auf experimentelle Umstände bei den Kleingruppenversuchen von Bales zurückgeht: „Latenz bezeichnete ursprünglich die ‚Phase', in der sich die Gruppe nach der Sitzung auflöste und die einzelnen Studenten in den größeren sozialen Zusammenhang zurückkehrten. Bis zum nächsten Versuch war die Gruppe im Laboratorium physisch abwesend, bestand aber in ihrer Struktur latent weiter." (Schwanenberg 1970, S. 163f.) Erklärt wird die latente Strukturerhaltung damit, dass gemeinsame Orientierungsmuster gelernt werden und im Bewusstsein verankert werden.

Diese latenten Muster dienen natürlich nicht nur für die Beziehung innerhalb des Systems, sondern regeln auch den Austausch mit einer prinzipiell anders strukturierten Umwelt. Dadurch wird der potentielle Input so kontrolliert, dass er zum System „passt". Die Funktion der Latenz oder Strukturerhaltung ist aber auch aus dem System selbst heraus begründet, denn immer muss sichergestellt sein, dass die Motivation aller Mitglieder das Gleichgewicht des Systems garantiert. Wie an anderer Stelle gezeigt wurde, kommt dabei den Prozessen der Sozialisation und der Abstimmung von Sanktion und Gratifikation eine besondere Bedeutung zu.

Verlassen wir diese Lesart der Funktionen der Strukturerhaltung und fassen dieses Kernstück der Systemtheorie von Parsons nach dem geläufigen AGIL-Schema zusammen: Prinzipiell kann ein System nur bestehen, wenn bestimmte funktionelle Bedingungen (‚functional prerequisites') vorliegen. Jedes System muss demnach in der Lage sein, sich im Austausch mit seiner Umwelt Bedingungen zur Herstellung eines optimalen Gleichgewichts zu schaffen und Ziele, die sich unter den Bedingungen des Systems und seines Austauschs mit einer entsprechenden Umwelt ergeben, zu verfolgen; es muss drittens in der Lage sein, die einzelnen Elemente zu integrieren, und schließlich muss es Institutionen ausbilden, die der Strukturerhaltung dienen.

Parsons hat später (1971, S. 20) im Blick auf die Gesellschaft als Ganzes den Versuch unternommen, die funktionellen Leistungen einzelnen Teilsystemen zuzuordnen:

A ‚adaptation' (Anpassung an die Umweltbedingungen; z. B. spezifische Formen des Arbeitens und Wirtschaftens; so müssen z. B. Ressourcen für die Befriedigung gesellschaftlicher Bedürfnisse bereitgestellt werden; Teilsystem: Wirtschaft)

G ‚goal attainment' (Zielerreichung; Verpflichtung auf und Durchsetzung von gemeinsamen Grundüberzeugungen; Teilsystem: Politik)

I ‚integration' (Integration aller Systemelemente durch Institutionalisierung gemeinsamer Deutungsmuster; normative Orientierung; Teilsystem: Schule)

L ‚latent pattern maintenance' (Strukturerhaltung, dauerhafte Sicherung der konstitutiven Überzeugungen des Systems; Teilsystem: Familie)

Diese Teilsysteme haben die einzige Funktion, die Gesellschaft in einem stabilen Gleichgewicht zu halten. Doch, wie gesagt, die vier Funktionen der Strukturerhaltung gelten für soziale Systeme wie für jedes andere System. Die Strukturen erhalten sich, weil ständig funktionale Leistungen erbracht werden.

Genau an dieser Stelle setzt die Revision ein, die *Niklas Luhmann* an Parsons' Systemtheorie der Strukturerhaltung vornimmt.

6.4 Luhmann: Systemtheorie der Strukturerzeugung

In den 60er Jahren kam es zu einer entscheidenden Revision der Systemtheorie von Parsons. Diese Revision ist in Deutschland vor allem mit dem Namen des Soziologen *Niklas Luhmann (1927-1998)* verbunden. Ein zentraler Beitrag in der Phase, in der Luhmann seine Systemtheorie entwirft, ist zweifellos der Aufsatz „Soziologie als Theorie sozialer Systeme" aus dem Jahre 1967. Dieser Aufsatz beginnt mit der – schon von Dahrendorf gestellten – doppelten Frage, ob die Theorie von Parsons „nicht heimlich der Rechtfertigung des Status quo" dient, und ob „alle soziale Wirklichkeit als immer schon strukturell integriert, also in den Grundzügen als harmonisch" (Luhmann 1967, S. 114) anzusehen ist. Die Antwort auf die erste Frage lautet: ja, die auf die zweite: nein. In Umkehrung der Frage von Parsons fragt Luhmann „nach dem Sinn von Strukturbildung, ja nach dem Sinn von Systembildung überhaupt." (Luhmann 1967, S. 114) Er will herausfinden, wie soziale Prozesse, also das, was offensichtlich eine bestimmte

Funktion erfüllt, zu bestimmten Strukturen führen. Deshalb nennt er seine Theorie auch *funktional-strukturelle Theorie*. Ging es bei Parsons um die Frage, wie es gelingt, dass Strukturen *erhalten* werden, geht es bei Luhmann um die Frage, wie Strukturen *erzeugt* werden.

Nach Parsons sind soziale Systeme durch spezifische Norm- und Wertmuster gekennzeichnet. Sie bilden die Struktur des Systems. Um diese Struktur zu sichern, müssen bestimmte Leistungen erbracht werden. Gegen diesen *normativen Gesellschaftsbegriff* von Parsons, nach dem Gesellschaft vom Konsens über Normen und Werte abhängt, wendet Luhmann ein, dass „der strukturell erforderliche ebenso wie der faktisch bestehende Konsens überschätzt" werde. Wenn der Konsens zum Erhalt des Systems unabdingbar wäre, müsse „auch dem Sklaven, auch dem Verbrecher, auch dem Hippie (...) unterschoben werden, dass er im Grunde die Normen der Gesellschaft anerkennt." (Luhmann 1975c, S. 11) Es ist aber ganz offensichtlich, dass Abweichung und Dissens keineswegs die seltene Ausnahme sind. Deshalb, folgert Luhmann, kann nicht der *Normkonsens* Grundlage des Gesellschaftssystems sein. Zweitens unterstellt er, dass das soziale System auch weiter existiert, wenn bestimmte Leistungen ausfallen. Soziale Systeme haben die Möglichkeit und die Fähigkeit, die ausgefallenen Leistungen durch alternative, ähnlich funktionale Leistungen zu ersetzen. Diese Leistungen nennt er *funktionale Äquivalente*.

Nehmen wir z. B. den altertümlichen Tausch fette Gans gegen mageres Schwein. Der Tausch funktionierte auch dann noch, wenn der andere das magere Schwein gerade nicht bei der Hand hatte, aber es später zu liefern versprach. Grundlage der wechselseitigen Erwartung war das Vertrauen. Als dieses funktionale Äquivalent aus welchen Gründen auch immer brüchig wurde, weil beispielsweise mancher doch einen anderen übers Ohr haute oder ein anderer seine Obligationen schlicht vergaß, wurden neue Strukturen erfunden, indem man z. B. Geld für Ware tauschte. Dieses funktionale Äquivalent quittierte nicht nur direkt die Hingabe eines Gutes, sondern versprach auch die Gewissheit, dass mit ihm noch in ferner Zukunft ein anderes Gut erworben werden kann. (Luhmann 1968, S. 54) Ein anderes Beispiel wäre die staatliche Altersversorgung, die an die Stelle der Pflege in der Familie getreten ist. Der moralische Generationenvertrag wurde durch ein staatlich gestütztes sachliches Solidarprinzip ersetzt.[2]

Zweitens wendet Luhmann gegen Parsons ein, dass ein soziales System auf den Ausfall von Leistungen „durch Änderung seiner Struktur und seiner Bedürfnisse reagieren“ kann, „die den Fortbestand unter veränderten Bedingungen ermöglicht.“ (Luhmann 1964a, S. 33) Systeme haben nämlich die Fähigkeit, ihre Struktur *eigenständig* zu verändern und neue Strukturen zu *erzeugen*. Luhmann beginnt denn auch mit einer genau umgekehrten Frage wie Parsons. Er fragt nicht, welche funktionalen Leistungen erbracht werden müssen, damit die Systeme *erhalten* bleiben, sondern welche Strukturen aus welchen Funktionen folgen, wie Strukturen also *erzeugt* werden.

In der ersten Phase seines Denkens, in der er eine *funktional-strukturelle Systemtheorie* entwickelt, geht Luhmann diese Frage ganz grundsätzlich an und formuliert sie allgemeiner: Wie werden Probleme gelöst? Seine Antwort lautet: Sie werden durch Strukturbildung gelöst. Damit ist gemeint, dass in einen komplexen Zusammenhang Ordnung gebracht wird, indem man sinnvolle Ausschnitte macht und diese Ausschnitte ordnet. Strukturbildung heißt *Reduktion von Komplexität*. Systeme sind das Ergebnis solcher Reduktionen. Soziale Systeme, und um die geht es Luhmann vor allem, zeichnen sich durch *Sinngebrauch* aus. (Luhmann 1984, S. 18) Systeme reduzieren die Überfülle der Möglichkeiten einer komplexen Welt auf einen bestimmten Sinnzusammenhang. Um diese These geht es nun.

2 Interessanterweise laufen in jüngster Zeit die Diskussionen über die Pflege alter und kranker Menschen wieder in die Gegenrichtung und bringen eine neue alte Form funktionaler Äquivalenz ins Spiel!

6.5 Die These von der Reduktion von Komplexität

Luhmann, wurde gerade gesagt, fragt nicht, welche funktionalen Leistungen erfolgen müssen, damit ein System – das als gegeben angenommen wird – erhalten wird, sondern er fragt, was die Funktion von Systemen ist. Sie erhellt aus der Definition, die Luhmann gibt. Er spricht - ich wiederhole es - immer dann von einem *sozialen System*, „wenn Handlungen mehrerer Personen sinnhaft aufeinander bezogen werden und dadurch in ihrem Zusammenhang abgrenzbar sind von einer nicht dazugehörigen Umwelt. Sobald überhaupt Kommunikation unter Menschen stattfindet, entstehen soziale Systeme; denn mit jeder Kommunikation beginnt eine Geschichte, die durch aufeinander bezogene Selektionen sich ausdifferenziert, indem sie nur einige von vielen Möglichkeiten realisiert." (Luhmann 1975c, S. 9)

Luhmann unterscheidet zunächst einmal zwischen *System* und *Umwelt*. Ein System ist ohne *Grenzziehung*, ohne Trennung zwischen drinnen und draußen, nicht denkbar. Etwas ist entweder System oder Umwelt.[3] Die Umwelt ist notwendig größer und *komplexer* als die Systeme. Damit ist einer der wichtigsten Begriffe der Systemtheorie Luhmanns angesprochen, der Begriff der *Komplexität*. Er bezeichnet „die Gesamtheit der möglichen Ereignisse". (Luhmann 1967, S. 115) Komplexität ist immer vorhanden, sie ist „ein nichthintergehbares Risiko." (Luhmann 1968, S. 32) Würden wir versuchen, alle möglichen Zustände und Ereignisse der Welt aufzunehmen, wären wir hoffnungslos überfordert. Wie ist dann trotzdem Handeln möglich? Vereinfacht kann man sagen: weil es soziale Systeme gibt, die die *Komplexität reduzieren*. Reduktion von Komplexität heißt *Selektion* bestimmter und Ausschluss anderer Möglichkeiten. Das Bewusstsein betrifft nur einen Ausschnitt aus der Komplexität der Welt und reduziert sie auf einen sinnvollen Zusammenhang.

---

3 Diese Differenz gilt für die Welt allerdings nicht. Sie ist kein System, da sie kein Außen besitzt. Alles, was geschieht, geschieht in der Welt. Sie ist aber auch keine Umwelt, da nichts in ihr ist, was sich von einer Umwelt unterschiede. Die Welt ist die Einheit von System und Umwelt. (Vgl. Luhmann 1967, S. 115.)

Hier wird der Unterschied zwischen der strukturfunktionalen Theorie von Parsons und der *funktional-strukturellen Systemtheorie* Luhmanns deutlich: Luhmann geht nicht von der Frage aus, wie der Mensch handeln muss, um eine bestimmte Ordnung zu erhalten, sondern von der Frage, wie er Ordnung in die Komplexität seiner Welt bringt. Das gelingt ihm mithilfe von *Sinn*. Der Sinnbegriff bezeichnet die „Ordnungsform menschlichen Erlebens" (Luhmann 1971, S. 31). Sinn bedeutet, die Überfülle von Möglichkeiten auf ein bestimmtes Maß zu *reduzieren*, was impliziert, dass Möglichkeiten ausgeschlossen werden, zumindest aktuell. Sinn ist also immer mit *Selektion* verbunden und richtet sich insofern immer nur auf einen Ausschnitt aus der Wirklichkeit. Mittels Reduktion und Selektion bringt der Sinn Ordnung oder *Struktur* in die Wirklichkeit. Das dauerhafte Strukturieren solcher Ausschnitte kann man als *System* bezeichnen. Sinn und System bedingen sich gegenseitig.

Der Sinn steuert Erleben und Handeln; Erleben und Handeln vollziehen sich immer in Systemen; Systeme reduzieren Komplexität. So weit, so gut – aber: sie *reduzieren* nur, sie heben die Komplexität ja nicht auf! Die Anstrengung der Überlegung muss also weitergehen. Sinn ist eine Komplexitätsverarbeitung, die zwar auswählt, die „dabei das jeweils nicht Gewählte aber nicht vernichtet, sondern es in der Form von Welt erhält und zugänglich bleiben lässt." Komplexität wird „gleichsam ausgeklammert, von Moment zu Moment in immer anderer Weise reduziert und bleibt dabei bewahrt." (Luhmann 1971, S. 33f.) Das Besondere sinnhafter Erlebnisverarbeitung liegt darin, Komplexität zu reduzieren und zugleich zu erhalten!

Komplexität muss auch als solche gedacht werden, denn die Reduktionen, die erfolgt sind, sind nur Selektionen aus einer Fülle von *Möglichkeiten* gewesen. Es hätten sich andere ergeben können. Dieses Risiko, dass etwas ‚auch anders möglich sein' könnte, bezeichnet Luhmann als *Kontingenz*. (Luhmann 1984, S. 47) Diesen zweiten Kernbegriff seiner Systemtheorie führt Luhmann so ein:

Niklas Luhmann: Komplexität und Kontingenz

(Es gibt eine) „Überfülle des Möglichen, die bei weitem das überschreitet, was handlungsmäßig erreicht und erlebnismäßig aktualisiert werden kann. Der jeweils gegebene Erlebnisinhalt zeigt in der Form von Verweisungen und Implikationen weit mehr an, als zusammengenommen und auch nacheinander in den engen Belichtungsraum des Bewusstseins eingebracht werden kann. Dem gerade akut bewussten Erleben steht eine Welt anderer Möglichkeiten gegenüber. Die Problematik dieser Selbstüberforderung des Erlebens durch andere Möglichkeiten hat die Doppelstruktur von Komplexität und Kontingenz. Durch den Begriff *Komplexität* soll bezeichnet werden, dass es stets mehr Möglichkeiten des Erlebens und Handelns gibt, als aktualisiert werden können. Der Begriff *Kontingenz* soll sagen, dass die im Horizont aktuellen Erlebens angezeigten Möglichkeiten weiteren Erlebens und Handelns nur Möglichkeiten sind, daher auch anders ausfallen können, als erwartet wurde." (Luhmann 1971: Sinn als Grundbegriff der Soziologie, S. 32)

„Kontingentes", sagt Luhmann, „ist weder notwendig, noch unmöglich, also so, wie es ist, und auch anders möglich." (Luhmann 1981c, S. 14) Kontingenz bedeutet keineswegs willkürlicher Zufall, sondern widerspruchsfreie Möglichkeit.[4] Innerhalb eines Systems ist eben nicht alles möglich, aber vieles ist möglich, und das ist nur möglich, weil das System nichts anderes zulässt. Systeme sind gemacht, also könnten sie auch anders ausgefallen sein und vielleicht werden sie morgen auch anders möglich, aber wiederum bedingt, kurz kontingent sein. Immer wenn gehandelt wird, stellt sich das Problem der Kontingenz, und zwar nicht, weil A und B voneinander abhängig sind, aber nicht genau wissen, was sie tun werden, sondern allein schon deshalb, weil die Verhältnisse generell so sind wie sie sind: komplex, weder notwendig so, noch unmöglich! (vgl. Luhmann 1981c, S. 14)

4 Für diese Formulierung danke ich Jan P. Beckmann, der mich auch auf den aristotelischen Hintergrund dieses Gedankens hingewiesen hat.

Wieder die Frage, wie Handeln möglich ist, diesmal aber angesichts von Kontingenz. Ich skizziere das Problem: Was der andere tun wird, ist kontingent; was ich tun werde, ist für den anderen kontingent. Beide handeln wir also unter der Bedingung „doppelter Kontingenz". Und deshalb wissen wir letztlich auch nicht definitiv, wie wir *uns selbst* entscheiden werden. Unsere Handlungen könnten so oder so ausfallen. Luhmann drückt das Dilemma, das uns eigentlich betrüben müsste, so aus: „Soziale Situationen sind (...) zunächst charakterisiert durch zirkuläre Unfähigkeit zu Selbstbestimmung." (Luhmann 1981c, S. 13) Wie ist gemeinsames Handeln dennoch möglich? Parsons' Lösung, dass ego und alter sich doch auf gemeinsame Werte beziehen, scheidet nach Luhmann ja aus. Also geht es um die Frage, wie ego und alter die Erfahrung bewältigen, dass sie wechselseitig kontingente Selektionen treffen. Luhmann hat zwei Antworten. Solche Mechanismen, die Komplexität reduzieren, Kontingenz aushaltbar machen und bestimmte soziale Systeme erzeugen, sind die *Generalisierung von Erwartungen* und die interne *Ausdifferenzierung von Erwartungsstrukturen.*

Wenden wir uns zunächst der Generalisierung von Erwartungen zu. Soziale Systeme leben davon, dass ego und alter eine gemeinsame und verbindliche Reduktion von Komplexität vornehmen. Zumindest sollte die Reduktion so sein, dass sich ihre Handlungen aneinander anschließen lassen. Das beinhaltet auch, dass es Mechanismen gibt, durch die kontingentes Handeln und Erleben verstanden werden kann. Dies leisten nicht die Handlungen selbst, sondern die ihnen zugrunde liegenden *Erwartungen.* Luhmann erinnert daran, dass dieser Begriff vor allem durch die Rollentheorie Eingang in die soziologische Literatur gefunden hat. Den theoretischen, soziologischen Hintergrund des Begriffes sieht er aber schon bei Webers These angelegt, dass soziales Handeln sich am ‚gemeinten' Sinn des Verhaltens anderer orientiert. (vgl. Luhmann 1984, S. 139 Anm. 73) Deshalb formuliert Luhmann es so: Erwartungen zeigen an, „was eine gegebene Sinnlage in Aussicht stellt". (Luhmann 1984, S. 139) Sie selegieren aus einer Fülle von Möglichkeiten des Handelns diejenigen, die sich aus Erfahrung als *typisch* und normal erwiesen haben. „Erwartung entsteht durch Einschränkung des Möglichkeitsspielraums", ja „sie ist letztlich nichts anderes als diese Einschränkung selbst", und soziale Strukturen sind „nichts anderes (...) als Erwartungsstrukturen". (Luhmann 1984, S. 397) Systeme entstehen auf der Basis von Erwartungen.

Erwartungen haben eine Vorgeschichte, in der sie sich als typische Erwartungen erwiesen haben, und machen sich anheischig, das für „ähnliche" Situationen wieder zu belegen. So kann man sie auch als *generalisierte Erwartungen* bezeichnen. Typische Erwartungen, das stand ja im Mittelpunkt der Rollentheorie von Parsons, werden *normativ* für das Handeln. Luhmann führt diesen Gedanken weiter, indem er die Funktion der Erwartung für die Reduktion der Komplexität selbst und für das Handeln im Angesicht der Komplexität beschreibt:

Niklas Luhmann: Die Doppelfunktion generalisierter Erwartungen

> „Die Generalisierung von Erwartungen auf Typisches oder Normatives hin hat (...) eine Doppelfunktion: Sie vollzieht einerseits eine Selektion aus der Gesamtheit angezeigter Möglichkeiten und reproduziert so die im Sinn angelegte Komplexität, ohne sie zu vernichten; und sie überbrückt Diskontinuitäten in sachlicher, zeitlicher und sozialer Hinsicht, so dass eine Erwartung auch dann noch brauchbar ist, wenn die Situation sich geändert hat: Das gebrannte Kind scheut jedes Feuer. Es liegt deshalb nahe, dass Selektion durch Bewährung erfolgt; dass also diejenigen Verweisungen zu Erwartungen verdichtet werden, die sich generalisieren und zur Überbrückung von Diskontinuitäten verwenden lassen." (Luhmann 1984: Soziale Systeme, S. 140)

Wieder in Kurzform: da die Fülle aller Möglichkeiten des Handelns nicht auszuhalten ist, wählen wir aus. Wir verleihen der Situation also einen bestimmten Sinn, wohl wissend, dass es auch anders sein könnte, aber nach aller Erfahrung nicht anders sein wird. Wir setzen das Mögliche in Klammern und beschränken uns stattdessen auf das Erwartbare. Mit dieser Konstruktion stellen wir Verbindungen von Situationen her und unterlegen ihnen einen verbindenden Sinn. Wenn die Erwartungen dann bestätigt werden, indem z. B. die kleinen grünen Männchen auf Zuruf ebenso wie alle anderen Menschen zusammenfahren, dann kann man sie als bewährte Erwartungen ansehen. Sie werden *generalisiert*. Wenn eine Vielzahl von Sinnaspekten unter einem Symbol zusammengefasst werden, spricht Luhmann von *symbolischen Generalisierungen*. Sie gestatten, eine Vielheit in gleicher Weise zu behandeln. (vgl. Luhmann 1984, S. 135) Insofern sie von allen oder vielen Mitgliedern der Gesellschaft geteilt werden, erlauben sie, Situationen und Prozesse einheitlich zu beschreiben und zu verstehen.

Ich fasse den ersten Mechanismus der Erfassung und Reduktion von Komplexität zusammen: durch die Generalisierung von Erwartungen werden Strukturen geschaffen. Ja, die Strukturen sozialer Systeme sind eigentlich nichts anderes als generalisierte Verhaltenserwartungen. (vgl. Luhmann 1984, S. 139) Sie *erleichtern* die Kommunikation.

Bei Luhmann ist keine Aussicht auf Gewissheit zu bekommen, ohne dass nicht gleich wieder Kontingenz aufscheint. Deshalb muss man den letzten Satz der Zusammenfassung auch erweitern: generalisierte Erwartungen erleichtern, aber sie machen nicht gewiss. Was bedeutet nämlich Generalisierung von Erwartungen auch? Auf der einen Seite heißt Generalisierung von Erwartungen „eine Verallgemeinerung von Sinnorientierungen, die es ermöglicht, identischen Sinn gegenüber verschiedenen Partnern in verschiedenen Situationen festzuhalten, um daraus gleiche oder ähnliche Konsequenzen zu ziehen. Die damit erreichte *relative Situationsfreiheit* reduziert die Mühe der Informationsbeschaffung und -auswertung im Einzelfall und erspart eine vollständige Neuorientierung von Fall zu Fall. Sie absorbiert auf diese Weise zugleich Unsicherheit." (Luhmann 1975a, S. 31) Jetzt kommt die Kehrseite: Die Verallgemeinerung von Sinnorientierungen „ermöglicht Bildung von komplementären *Erwartungen* und Verhalten auf Grund von Erwartungen, läuft damit zugleich aber das Risiko eines zwar erwartungsorientierten, aber nicht ganz situationsadäquaten Verhaltens, einer Nichtausnutzung von Möglichkeiten, die die konkrete Situation böte." (Luhmann 1975a, S. 31f.) Im Klartext heißt das: wir orientieren uns zwar an generalisierten Erwartungen, doch sie sind vielleicht reine Hirngespinste, haben nichts mit der Situation zu tun oder betreffen genau das Falsche in der Situation. Wie ist komplementäres Handeln dennoch möglich? Die Antwort hängt mit dem zweiten Mechanismus der Erfassung und Reduktion von Komplementarität zusammen.

Wir erinnern uns an die Definition, dass „soziale Strukturen nichts anderes sind als Erwartungsstrukturen“. (Luhmann 1984, S. 397) So könnte sich ein System immer weiter ausdehnen. „Ein sinnhafter Aufbau sozialer Systeme stößt jedoch sehr rasch auf Schwierigkeiten, vor allem dadurch, dass die Erwartungen entweder zu unbestimmt oder zu widerspruchsvoll werden und dass sie zu vielfältig und zu veränderlich werden, um noch Konsens zu finden. Von einer gewissen (ziemlich geringen) Schwelle der Komplexität ab können Sozialsysteme, wie übrigens alle Systeme, nur noch weiterwachsen, indem sie sich differenzieren, d. h. Teile bilden, die ebenfalls Systemcharakter haben, also eigene Grenzen stabil halten und in diesen Grenzen eine gewisse Autonomie besitzen. Komplexe Systeme müssen mithin eine weitere Strategie der Erfassung und Reduktion von Komplexität entwickeln, die der internen Differenzierung.“ (Luhmann 1967, S. 123) Das ist der zweite Mechanismus zur Reduktion von Komplexität: die *Ausdifferenzierung von Erwartungsstrukturen*. Sie betrifft und strukturiert immer kleinere Ausschnitte aus der Komplexität. Doch auch diese Ausdifferenzierung schafft nur eine *relative* Sicherheit gegenüber dem Risiko der Komplexität und der Kontingenz. Es wäre nämlich falsch anzunehmen, dass mit genauer Festlegung von Erwartungen Sicherheit erhöht würde. Das Gegenteil ist der Fall: „Je eindeutiger die Erwartung festgelegt wird, desto unsicherer ist sie in der Regel.“ (Luhmann 1984, S. 418) Dafür gibt Luhmann ein gutes Beispiel: man kann ziemlich sicher in Aussicht stellen, zwischen 5 und 6 nach Hause zu kommen. Das Versprechen, um 5.36 zu Hause zu sein, ist dagegen hochgradig unsicher und gegen Störungen aus der Umwelt anfällig.

Wieder einmal: wie ist Handeln dennoch möglich? Die Lösung könnte lauten, die Erwartungsstrukturen nicht zu genau zu differenzieren, um den Anschluss für Anschlusserwartungen zu erleichtern. Es könnte auch eine gewisse Vagheit duchaus förderlich für Kommunikation sein.[5] Das ist auch Luhmanns Lösung. Um relative Sicherheit herzustellen und sich gegen umweltbedingte Störungen abzusichern, wählen wir eine Strategie der *Ambiguisierung*. Diese Strategie schöpft „die logischen, gedanklichen, sprachlichen Detaillierungsmöglichkeiten" nicht aus und „präzisiert Erwartungen nur so weit, wie dies zur Sicherung von Anschlussverhalten unerlässlich ist." (Luhmann 1984, S. 418) „Ambiguisierung steigert die Leistungsfähigkeit von Ketten des Handelns und Erlebens in sozialen Systemen." (Miebach 1991, S. 301) So müssen wir nicht nur mit Komplexität und Kontingenz leben, sondern wir können es auch!

Nachdem ich gezeigt habe, wie gemeinsames Handeln *möglich* und wie es durch soziale Systeme als Systeme von Erwartungsstrukturen *wahrscheinlich* gemacht wird, stellt sich nun die Frage, *was* sich eigentlich in einem sozialen System ereignet. Das kann man im Prinzip mit einem einzigen Wort beantworten – ‚Kommunikation', doch Luhmanns Erklärung, was das eigentlich ist und warum es überhaupt möglich ist, ist viel umfangreicher und verlangt der Mitdenkerin Einiges ab. Überdies hat Luhmann behauptet: „Kommunikation ist unwahrscheinlich." (Luhmann 1981d, S. 26) Wie das, da wir doch alle ständig kommunizieren? Und gibt es da nicht das geflügelte Wort, dass man „nicht *nicht* kommunizieren kann"? (Watzlawick u. a. 1967, S. 51) Zum dritten: Luhmann selbst bezeichnet Kommunikation als einen „alle Gesellschaft fundierenden Sachverhalt". (Luhmann 1981d, S. 26) Ich will das scheinbare Paradoxon aufzulösen versuchen und den Begriff der Kommunikation in der Theorie von Luhmann erklären.[6]

---

5 Harold Garfinkel hat das als eine Methode des Alltagshandelns beschrieben. (Vgl. Band 2, Kapitel 5.3 „Ethnomethodologie: Methodisches im Alltagshandeln".)

6 Für die Hilfestellung bei der Erklärung des Kommunikationsbegriffs danke ich Rainer Schützeichel.

Luhmann selbst trägt in seiner bekannten ironischen Art insofern zu einer Klärung bei, als er feststellt, dass „Soziologen lieber vom Handlungsbegriff als vom Kommunikationsbegriff ausgehen." (Luhmann 1984, S. 226 Anm. 53) Man kann getrost unterstellen, dass er das für eine Verkürzung hält, denn er versteht den Kommunikationsbegriff viel umfassender. Kommunikation besteht nicht nur aus einer Handlung, d. h. einer *Mitteilung* (z. B. Sprechen), sondern vereinigt noch zwei weitere Selektionen in sich, nämlich eine *Information*, die mitgeteilt wird („Lass uns ein Bier trinken gehen!"), und das *Verstehen* (oder auch Missverstehen) dieser Information („Wahrscheinlich will sie sich wieder mal aussprechen!"). Kommunikation lässt sich nicht zerlegen, sondern im kommunikativen Ereignis sind immer alle drei Operationen zugleich aufeinander bezogen: aus der Mitteilung einer Information allein resultiert noch keine Kommunikation, sie muss auch verstanden werden.[7] Da innerhalb des Kommunikationsprozesses immer alle drei Operationen zugleich vorkommen und sich bedingen, spricht Luhmann auch davon, dass Kommunikationen eine spezifische *Systemart* bilden: sie sind soziale Systeme. Soziale Systeme bestehen aus Kommunikation. So kommt es zu Gesellschaft.

Niklas Luhmann: Die Gesellschaft bildet ihre sozialen Systeme um aussichtsreiche Kommunikation herum

„Ohne Kommunikation bilden sich (...) keine sozialen Systeme. Die Unwahrscheinlichkeiten des Kommunikationsprozesses und die Art, wie sie überwunden und in Wahrscheinlichkeiten transformiert werden, regeln deshalb den Aufbau sozialer Systeme. So kann man den Prozess der soziokulturellen Evolution begreifen als Umformung und Erweiterung der Chancen für aussichtsreiche Kommunikation, um die herum die Gesellschaft ihre sozialen Systeme bildet; und es liegt auf der Hand, dass dies nicht einfach ein Wachstumsprozess ist, sondern ein selektiver Prozess, der bestimmt, welche

7 Wenn jemand in St. Petersburg augenzwinkernd an seinen Hals tippt, ist das von ihm aus sicher eine Mitteilung, aber als Information verstehe ich sie erst, wenn man mir die Geschichte von dem mutigen Dachdecker erzählt, der sich das Privileg des freien Trinkens auf den Hals brennen ließ.

> Arten sozialer Systeme möglich werden und was als zu unwahrscheinlich ausgeschlossen wird." (Luhmann 1981d: Die Unwahrscheinlichkeit der Kommunikation, S. 27)

Die Regelung der Kommunikation ergibt sich aus dem System selbst und nicht von dem Willen der Teilnehmer, und insofern ist der merkwürdige Satz von Luhmann – auch wenn man das nicht mag – auch korrekt: „Der Mensch kann nicht kommunizieren; nur die Kommunikation kann kommunizieren." (Luhmann 1990b, S. 31) Das System ist der Akteur. Deshalb muss auch genau unterschieden werden zwischen sozialen Systemen, die sich über Kommunikation konstituieren, und Bewusstseinssystemen der kommunizierenden Akteure. Soziale Systeme bilden sich durch Kommunikation. Aber das kann natürlich erst festgestellt werden, nachdem Kommunikation stattgefunden hat. Soziale Systeme erhalten sich auch nur, solange es Kommunikation gibt. Aber das vollzieht sich hinter unserem Rücken, weil generalisierte Erwartungen ungefragt und unbewusst miteinander kommunizieren. Soziale Systeme reduzieren Komplexität, aber sie stellen nur kontingente Selektionen aus unendlichen Möglichkeiten dar. Insofern ist es in der Tat unwahrscheinlich, dass Kommunikation erfolgt.

Luhmann hat einmal als Forschungsinteresse angegeben, die Welt unter der Perspektive des Unwahrscheinlichen zu rekonstruieren. (Luhmann 1981c, S. 12) Das Thema Kommunikation eignet sich dazu in ganz besonderer Weise. Also: Luhmann geht zunächst einmal davon aus, dass Kommunikation unwahrscheinlich ist. Unwahrscheinlich ist sie aus drei Gründen. Erstens ist es unwahrscheinlich, dass sich Individuen überhaupt *verstehen*, weil ihr Bewusstsein unterschiedlich ist und Sinn nur aus dem Kontext heraus verstanden werden kann. Als Kontext fungiert aber zunächst einmal das, was das individuelle Gedächtnis bereitstellt. Zweitens ist es unwahrscheinlich, dass Kommunikation Empfänger überhaupt *erreicht*. Das ist nur zu erwarten bei Personen, die in einer konkreten Situation anwesend sind. Kommunikation ist also hochgradig beschränkt auf einen Interaktionskreis, ist also nur selektiv möglich. Drittens ist der *Erfolg* der Kommunikation unwahrscheinlich, denn selbst wenn die Information verstanden wird, heißt das noch lange nicht, „dass der Empfänger den selektiven Inhalt der Kommunikation (die Information) als Prämisse des eigenen Verhaltens übernimmt." (Luhmann 1981d, S. 26) Kommunikation kann also ins Leere laufen. Soweit zum Problem.

Luhmann sucht nun nach einem Begriff, „der zusammenfassend sämtliche Einrichtungen bezeichnet, die der Umformung unwahrscheinlicher in wahrscheinliche Kommunikation dienen, und zwar für alle drei Grundprobleme." (Luhmann 1981d, S. 28) Diese Einrichtungen bezeichnet er als *Medien* und er unterscheidet drei Arten nach ihrer Funktion: Sprache, Verbreitungsmedien und symbolisch generalisierte Kommunikationsmedien.

Sprache ist das Medium, das das Verstehen von Kommunikation erst ermöglicht, da sie typische Erfahrungen, Wahrnehmungen und Erwartungen in einer Kultur verallgemeinert, „symbolisch generalisiert". So löst sie das Problem des Verstehens zwischen Individuen, die jedes für sich über ein individualisiertes Bewusstsein verfügen. „Die Sprache ist, mit anderen Worten, darauf spezialisiert, den Eindruck des übereinstimmenden Verstehens als Basis weiteren Kommunizierens verfügbar zu machen – wie brüchig immer dieser Eindruck zustande gekommen sein mag." (Luhmann 1981d, S. 28) Die *Verbreitungsmedien* haben die Funktion, „die Grenzen des Systems der unmittelbar Anwesenden und der face-to-face Kommunikation zu transzendieren. Verbreitungsmedien können sich der Schrift, aber auch anderer Formen der Fixierung von Informationen bedienen. Sie haben eine kaum überschätzbare selektive Auswirkung auf die Kultur, weil sie das Gedächtnis immens erweitern, aber auch durch ihre Selektivität einschränken, was für anschließende Kommunikationen zur Verfügung steht." (Luhmann 1981d, S. 28) Damit wäre das Problem des Erreichens von Empfängern gelöst.

Bleibt die dritte Frage, über welche Medien Kommunikationen denn Erfolg haben können. Das garantieren die *symbolisch generalisierten Kommunikationsmedien.*[8] Sie sind zugleich abstraktere und spezifischere Mittel der Kommunikation, so etwas wie eine „generell verwendbare Schrift“ für soziale Systeme. (Luhmann 1981d, S. 29) Bei Parsons waren solche Medien Geld, Macht, Einfluss und Wertbindung, durch die Beziehungen in den verschiedenen Bereichen des Gesellschaftssystems geregelt werden. Luhmann fügt noch für das Wissenschaftssystem Wahrheit und für den Bereich von Intimbeziehungen Liebe als symbolische generalisierte Kommunikationsmedien hinzu. (vgl. Luhmann 1981d, S. 28 und Luhmann 1974) Diese generalisierten Medien steigern die „Annahmewahrscheinlichkeiten“ (Luhmann 1981d, S. 29) der Information, weil sie für ein bestimmtes soziales System funktional spezifisch sind, also der Umformung unwahrscheinlicher in wahrscheinliche Kommunikation dienen, und gleichzeitig so abstrakt sind, dass sie auf einen allgemeinen Konsens aller Beteiligten eines sozialen Systems rechnen können, mögen diese nun gerade anwesend sein oder nicht.

Schlägt man nun einen Bogen zu der eingangs zitierten Definition des sozialen Systems, dann liegt der Schluss nahe: „System ist die ins Wahrscheinliche umgeformte Unwahrscheinlichkeit der Kommunikation.“ (Luhmann 1981d, S. 30)

Kommunikation ist nur möglich, wenn alle Beteiligten die Informationen, die mitgeteilt werden, auch verstehen. Das gelingt über die symbolische Generalisierung von Erwartungen. Das aber bedeutet nun keineswegs, dass alle eines Sinnes sind. Das scheint zwar oft so, tatsächlich aber ist jeder Beteiligte an der Kommunikation für jeden anderen Umwelt und insofern auch nur Ausschnitt aus kontingenter Komplexität. Kommunikation beinhaltet also immer auch Dissens und den muss sie auch im Spiel halten. Dissens bedeutet keineswegs Streit, sondern Differenz, und insofern ist er sogar produktiv, weil er die Dynamik von Systemen in

8 Manchmal wird auch von Tauschmedien oder von Interaktionsmedien gesprochen. Luhmann zieht den allgemeineren Begriff der Kommunikationsmedien vor. (Vgl. Luhmann 1981d, S. 34 Anm. 7.)

Gang hält. Anders: wir vergessen die Kontingenz nicht. Doch das allein würde nicht erklären, warum sich Systeme laufend ändern und doch erhalten. Um diese Frage geht es in der zweiten Phase des Denkens von Luhmann. Soviel vorab: An der Erklärung von Kommunikation sollte schon deutlich geworden sein, dass Systeme *Prozesse* darstellen, die in weiten Teilen *unabhängig* von den Intentionen der Handelnden ablaufen. Das ist die neue Perspektive, die Luhmann ab den 80er Jahren vollends eingenommen hat.

6.6 Die autopoietische Wende der Systemtheorie

Um 1980 verlässt Luhmann den Blick auf die Differenz von System und Umwelt und fragt grundsätzlicher, wie sich Systeme konstituieren und erhalten. Die Antwort, die er in dieser zweiten Phase seines Denkens gibt, lautet: Systeme sind dynamisch und *selbstreferentiell*, d. h. sie beziehen sich bei der Reproduktion ihrer Struktur auf ihre eigenen Elemente und legen dadurch die Bedingungen für alle Operationen des Systems fest. Den operationalen Charakter des Systems bringt Luhmann im Begriff der *Autopoiesis* zum Ausdruck.[9] *Selbstreferenz* ist in diesem Sinn ein Synonym für *Autopoiesis*. So viel als Ankündigung einer Skizze, die noch etwas abstrakter ausfallen wird als die Skizze der ersten These.

Die Annahme der Autopoiesis sieht Luhmann durch Experimente belegt, die die chilenischen Neurobiologen *Humberto Maturana* und *Francisco J. Varela* an lebenden Systemen durchgeführt haben. Sie stellten fest, dass die Reaktionen bestimmter Zellen nicht mit dem tatsächlichen Lichteinfall korrelierten, sondern dass die Zellen offensichtlich aus sich heraus die Reaktionen organisierten. Sie waren gewissermaßen geschlossene Systeme, die keines inputs von außen bedurften, um bestimmte Prozesse in Gang zu setzen, den input folglich auch nicht als Bedingung dieser Prozesse verwerteten, sondern die Bedingungen autonom konstruierten. Diese Fähigkeit nannten Maturana und Varela *Autopoiesis*. Nach

9 Obwohl Luhmann den Begriff gleich erklärt, will ich doch schon die griechische Wurzel des Wortes nennen: autos – selbst, poiein – schaffen, herstellen.

ihrer Meinung ist Selbsterzeugung das Organisationsprinzip des Lebendigen. Diesen Gedanken, dass biologische Systeme in der Lage sind, ihre Organisation nach eigener Dynamik und mit eigenen Mitteln zu steuern, greift Luhmann auf und behauptet, dass nicht nur biologische, sondern auch *soziale Systeme autopoietisch* organisiert sind.

Niklas Luhmann: Autopoietische Systeme

„Als autopoietisch wollen wir Systeme bezeichnen, die die Elemente, aus denen sie bestehen, durch die Elemente, aus denen sie bestehen, selbst produzieren und reproduzieren. Alles, was solche Systeme als Einheit verwenden: ihre Elemente, ihre Prozesse, ihre Strukturen und sich selbst, wird durch eben solche Einheiten im System erst bestimmt. Oder anders gesagt: es gibt weder Input von Einheit in das System noch Output von Einheit aus dem System. Das heißt nicht, dass keine Beziehungen zur Umwelt bestehen. (...)

Im Unterschied zu Theorien der Reflexion der Identität des Systems und Theorien der Selbstorganisation, die sich auf Strukturen beziehen, bedeutet die Einbeziehung der Elemente in die selbstreferentielle Reproduktion, dass das System nur entweder besteht, das heißt seine Reproduktion fortsetzt, oder nicht besteht. Es gibt weder Zwischenlagen noch in dieser Hinsicht unbestimmte Zustände. (...)

Weiter kommt mit der Einbeziehung der Elemente ein Zeitmoment ins Spiel. Reproduktion ist nur möglich, wenn die Elemente hin und wieder erneuert werden müssen, während das System, das die Erneuerung durchführt, noch besteht. (...) Die Zeit wirkt auf solche Systeme nicht nur auf der Ebene der Strukturen ein in dem Sinne, dass die Strukturen flexibel und änderbar gehalten sein müssen, damit das System sich bei Bedarf geänderten Umweltbedingungen anpassen kann. Vielmehr ist die Zeit aller Anpassung voraus schon in der Form des ständigen Zerfalls der Elemente in das laufende System eingebaut. Das System ist dadurch gehalten, sich selbst durch laufende Neubildung von Elementen irreversibel zu machen, also eine Geschichte zu akkumulieren (...)." (Luhmann 1987: Die Autopoiesis des Bewusstseins, S. 26f.)

Bevor ich auf einzelne Annahmen dieser Definition autopoietischer Systeme eingehe, eine kurze Erläuterung zu dem scheinbar trivialen Satz, dass ein System entweder besteht oder nicht besteht. So trivial ist der Satz nämlich nicht, denn sagt er doch, dass wir nur dann von einem System sprechen können, wenn es sich um einen fortlaufenden *Prozess* der Reproduktion handelt. Deshalb spricht Luhmann auch von einem „laufenden System". Genau die andere (statische) Sicht findet sich in den angedeuteten (und abgelehnten) Theorien der Reflexion der Identität des Systems und der Selbstorganisation, die vor allem mit dem Namen von Talcott Parsons verbunden sind.

Autopoiesis ist ein zirkulärer Prozess, in dem sich die Elemente des Systems *auf sich selbst beziehen.* Sie sind *selbstreferentiell.* Da Luhmann „Element" eines Systems mit „Ereignis" gleichsetzt (Luhmann 1984, S. 507), kann man vermuten, dass er auf die Frage, was denn die Autopoiesis in Gang hält, eine sehr abstrakte Antwort geben wird. Das tut er denn auch: „Der basale Prozess sozialer Systeme, der die Elemente produziert, aus denen diese Systeme bestehen", ist *Kommunikation.* (Luhmann 1984, S. 192) Kommunikation ist die elementare Operation eines jeden Systems. Um kein Missverständnis aufkommen zu lassen, betont Luhmann an anderer Stelle, „dass die sozialen Systeme nicht aus psychischen Systemen, geschweige denn aus leibhaftigen Menschen bestehen", sondern „sich autonom und auf der Basis eigener elementarer Operationen bilden. Bei diesen Operationen handelt es sich um Kommunikation." (Luhmann 1984, S. 346)

Schimank hat dieser Theorie vorgeworfen, sie vernachlässige konkrete Akteure. (1985, S. 427f.) Doch dieser Ausschluss handelnder Individuen ist eigentlich nicht überraschend, denn die Elemente des Systems sollen sich ja in einem zirkulären Prozess *auf sich selbst beziehen.* Übersetzt man diesen Bezug der Elemente aufeinander mit dem Begriff der Kommunikation, dann wird klar, warum es in sozialen Systemen nicht um Menschen, sondern um Kommunikation geht. Die Antwort auf die (ja nun) rhetorische Frage, wo das Handeln vorkommt, lautet denn auch: „Handlung wird in sozialen Systemen über Kommunikation und Attribution konstituiert." (Luhmann 1984, S. 191) Das heißt: Handlung ist das, was als Ereignis (Kommunikation) anfällt und dem eine bestimmte Bedeutung beigelegt (Attribution) wird. In diesem Sinne dürfte es etwas leichter fallen, Luhmanns Satz, wonach nicht die Menschen, sondern nur Kommunikationen kommunizieren, zu akzeptieren.

Nach dieser Erklärung, wie die Elemente des Systems sich auf sich beziehen und in einem autopoietischen Prozess die Bedingungen ihrer Operationen selbst schaffen, kann man selbstreferentielle Systeme auch als „geschlossene Systeme“ bezeichnen: Sie produzieren nicht nur ihre eigenen Elemente, sondern „auch ihre eigenen Strukturänderungen selbst“. (Luhmann 1984, S. 478) „Während der laufenden Tagesarbeit bildet das System allmählich neue Strukturen aus und passt sich auf diese Weise von ihm selbst entwickelten Vorstellungen über eine adäquate Funktionserfüllung (...) an.“ (Miebach 1991, S. 304) Luhmann bezeichnet diesen Prozess der angemessenen Strukturbildung als *Selbstreproduktion*. (Luhmann 1984, S. 386) Die Reproduktion der Relationen zwischen den Elementen erfolgt nach dem Prinzip der *Selbstorganisation*. Ein sich selbst organisierendes System stellt auch seine Umweltbedingungen selbst her. Alle diese Prinzipien wirken als *rekursive Prozesse*. Ein autopoietisches System kann nur als fortlaufender Prozess wechselseitiger Bedingung aller seiner Elemente gedacht werden.

Diesen operationalen Charakter des Sozialen, auf den das Autopoiesis-Konzept abhebt, verdeutlichen Kneer und Nassehi am Beispiel ‚Sinn‘, wobei sie Luhmann darin folgen, dass soziale Systeme *Sinn* konstituierende und verwendende Systeme sind. Was ist konstitutiv für Sinn? Die Antwort liegt aus der Sicht der Systemtheorie auf der Hand: „Konstituiv für Sinn ist die Unterscheidung von Aktualität und Möglichkeit. Etwas steht momentan im Mittelpunkt des Sinngeschehens und verweist zugleich auf weitere Möglichkeiten. Dabei ist der Aktualitätskern instabil: das jeweils Aktualisierte stumpft ab, wird langweilig, zerfällt und zwingt laufend dazu, aus dem Bereich des Möglichen etwas Neues auszuwählen und im nächsten Moment zu aktualisieren. Sinn ist also das ständige Neuarrangieren der Unterscheidung von Aktualität und Möglichkeit, das fortlaufende Aktualisieren von Möglichkeiten. Aus der Instabilität des Aktualitätskerns ergibt sich, dass ständig eine Neuauswahl, eine Selektion getroffen werden muss. Das geschieht dadurch, dass das jeweils Aktualisierte auf weitere Anschlussmöglichkeiten verweist. Die nicht gewählten Anschlüsse bleiben als Möglichkeiten erhalten und können zu einem späteren Zeitpunkt aktualisiert werden." (Kneer u. Nassehi 1993, S. 75) Insofern ist *Sinn* eine *Form des Umgangs mit Komplexität*. Er reduziert Komplexität, aber gleichzeitig erhält er sie auch, da keine der potentiellen Möglichkeiten verloren geht. Das hatte ich oben schon angesprochen.

Sinn, die aktuelle Reduzierung von Komplexität, ist insofern also kontingent. Sinn verweist immer auf weiteren Sinn: „Mit *jedem* Sinn, mit *beliebigem* Sinn wird unfassbar hohe Komplexität (Weltkomplexität) appräsentiert.[10] (...) Jeder bestimmte Sinn qualifiziert sich dadurch, dass er bestimmte Anschlussmöglichkeiten nahelegt und andere unwahrscheinlich oder schwierig oder weitläufig macht oder (vorläufig) ausschließt." (Luhmann 1984, S. 94) Sinn ist eine Form der Selektion und deshalb auch Verweis zugleich: „Die Sinnform zwingt zur Selektion, zur Auswahl aus einem Bereich von Möglichkeiten, aber jede Auswahl enthält wiederum eine Verweisung auf mehr oder weniger wahrscheinliche Anschlussmöglichkeiten." (Kneer u. Nassehi 1993, S. 78) Sinn ist ein geschlossenes, selbstreferentielles Geschehen, indem die Bedingungen, die „unfassbare Komplexität" im Bereich des Möglichen zu halten („appräsentieren"), selbst hergestellt werden. Man kann auch sagen: der Sinn schafft sich die Voraussetzungen, anderen Sinn zu finden, selbst. Deshalb spricht Luhmann auch von der ‚Selbstbeweglichkeit des Sinngeschehens', es ist ‚Autopoiesis par excellence'. (Luhmann 1984, S. 101)

Bei meinen bisherigen Ausführungen sollte klar geworden sein, dass es sich um den Blick auf Prozesse innerhalb eines Systems gehandelt hat, das in sich geschlossen ist. Doch wie ist es mit den anderen Systemen? Gibt es Beziehungen zwischen ihnen und, wenn es sie gibt, ist dann das Konzept von der Autopoiesis hinfällig? Bevor ich auf diese Frage antworte, muss ich noch einmal

10 Im Sinne von „vergegenwärtigen".

kurz in die Geschichte des soziologischen Denkens gehen, das der Systemtheorie voraufgeht.

Obwohl man die Wurzeln des Systemdenkens weit zurückverfolgen kann, scheint doch vor allem die Tatsache der funktionalen Differenzierung, die mit der Arbeitsteilung einsetzte, einen entscheidenden Impuls für dieses Denken gegeben zu haben. Aus der Perspektive einer Systemtheorie bedeutet die funktionale Differenzierung, dass spezifische Handlungen in spezifischen Systemen organisiert sind. Damit stellt sich aber die Frage, wie die Teilsysteme untereinander Beziehung halten. Die Antwort sieht Luhmann im Prinzip des Austauschs, d. h. der Kommunikation zwischen Systemen. Diesen Austausch nennt er *Penetration*, wo er nur in eine Richtung, und *Interpenetration*, wo er wechselseitig erfolgt. „Von *Penetration* wollen wir sprechen, wenn ein System die eigene Komplexität (und damit: Unbestimmtheit, Kontingenz und Selektionszwang) zum Aufbau eines anderen Systems zur Verfügung stellt. (...) *Interpenetration* liegt entsprechend dann vor, wenn dieser Sachverhalt wechselseitig gegeben ist, wenn also beide Systeme sich wechselseitig dadurch ermöglichen, dass sie in das jeweils andere ihre vorkonstituierte Eigenkomplexität einbringen." (Luhmann 1984, S. 290)

Luhmann versteht Interpenetration als einen Spezialfall von Kommunikation. (Luhmann 1984, S. 294) Sie stellt die wechselseitige Übersetzung von Systemlogiken dar. Interpenetration heißt nicht Verwischung der Grenze von System und Umwelt: „Die interpenetrierenden Systeme bleiben füreinander Umwelt. Das bedeutet: die Komplexität, die sie einander zur Verfügung stellen, ist für das jeweils aufnehmende System unfassbare Komplexität, also Unordnung. Man kann deshalb auch formulieren, dass die psychischen Systeme die sozialen Systeme mit hinreichender Unordnung versorgen, und ebenso umgekehrt." (Luhmann 1984, S. 291) Was heißt hier „versorgen"? Wieso sollte Unordnung notwendig sein? Und doch ist sie das nach der Theorie von Luhmann. Was nämlich auf den ersten Blick als Gefährdung des Systems aussieht, erweist sich auf den zweiten Blick als Voraussetzung seiner Potenz: zwar werden Systeme „durch Interpenetration mit Unordnung infiziert", aber das bedeutet auch, dass sie damit

„der Unberechenbarkeit des Zustandekommens ihrer Elementarereignisse ausgesetzt“ werden. (Luhmann 1984, S. 291)

Obwohl Luhmann diesen Schluss nicht so scharf formuliert, liegt er doch auf der Hand: Systeme werden durch Interpenetration mit Alternativen konfrontiert und so zur Vergewisserung der eigenen Strukturen aufgefordert. Insofern kann man den nur scheinbar paradoxen Schluss, den Luhmann zu Recht zieht, durchaus zweiseitig lesen: „Im Falle von Interpenetration wirkt das aufnehmende System auch auf die *Strukturbildung* der penetrierenden Systeme zurück; es greift also doppelt, von außen und von innen, auf dieses ein. Dann sind trotz (nein: wegen!) dieser Verstärkung der Abhängigkeiten größere Freiheitsgrade möglich. Das heißt auch: dass Interpenetration im Laufe von Evolution das Verhalten stärker individualisiert als Penetration.“ (Luhmann 1984, S. 290)

Der Prozess der Interpenetration scheint auf den ersten Blick dem Prinzip der Autopoiesis zu widersprechen, doch dies ist nicht der Fall, denn das System selbst verfügt über den Prozess der Interpenetration: „Es bleibt zwar richtig, dass interpenetrierende Systeme in einzelnen Elementen konvergieren, nämlich dieselben Elemente benutzen, *aber sie geben ihnen jeweils unterschiedliche Selektivität und unterschiedliche Anschlussfähigkeit, unterschiedliche Vergangenheiten und unterschiedliche Zukünfte.*“ (Luhmann 1984, S. 293)

Diese abstrakte Erklärung wird verständlicher, wenn man sich ansieht, welche Bedeutung Luhmann dem Phänomen des *Widerspruchs* beimisst, von dem man ja prima vista annehmen könnte, dass es Ordnung stört. Das tut der Widerspruch auch, aber, sagt Luhmann, das ist nicht nur gut, sondern sogar notwendig für die Autopoiesis. Miebach, ein genauer Leser der Theorie Luhmanns, hat die Wirkung des Widerspruchs so beschrieben: während die Handelnden im System für sich Komplexität in einer bestimmten Weise reduziert, also Kontingenz aufgehoben haben, „legt sich der Widersprechende nicht auf eine Komplexitätsreduktion fest, sondern motiviert die Interaktionspartner zu Anschlussoperationen.“ (Miebach 1991, S. 318) Der Widerspruch zwingt die anderen, sich ihrer Annahmen (Reduktionen) zu vergewissern, um sie dann umso entschiedener zu vertreten oder unter dem Druck der Argumente zu revidieren. Diese anschließenden Operationen halten das System lebendig. Luhmann drückt es mit einem Blick auf eine in diesem Zusammenhang kaum zu vermutende[11] philosophische Tradition so aus:

Niklas Luhmann: Die Alarmfunktion des Widerspruchs

„Man sieht so auch deutlich, wie der Widerspruch eigentlich seine warnende, alarmierende Funktion erfüllt. *Er zerstört für einen Augenblick die Gesamtprätention des Systems: geordnete, reduzierte Komplexität zu sein.* Für einen Augenblick ist dann unbestimmte Komplexität wiederhergestellt, ist alles möglich. *Aber zugleich hat der Widerspruch genug Form, um die Anschlussfähigkeit des kommunikativen Prozessierens von Sinn doch noch zu garantieren.* Die Reproduktion des Systems wird nur auf andere Bahnen gelenkt. Sinnformen erscheinen als inkonsistent, und das alarmiert. Aber die *Autopoiesis* des Systems wird *nicht unterbrochen.* Es geht weiter. Dies zuerst formuliert zu haben, ist das Verdienst der Hegel'schen Neukonzipierung von ‚Dialektik'. Der Widerspruch signalisiert mithin, und das ist seine Funktion, dass der Kontakt abgebrochen werden könnte. Das soziale System könnte aufhören. Auf Handeln folgte dann kein Handeln mehr. Aber das Signal selbst ist im Konjunktiv gesetzt und für das gesamtgesellschaftliche System sogar im Irrealis. Das Signal selbst warnt nur, flackert nur auf, ist nur Ereignis – und legt dann darauf bezogenes Handeln nahe." (Luhmann 1984: Soziale Systeme, S. 508f.)[12]

Ich lasse den Text so stehen, weil er für sich spricht, möchte nur eine kleine Anmerkung machen: der Hinweis, dass das widersprechende Signal „im Konjunktiv" gesetzt ist, ist auch ein Hinweis auf die Autopoiesis selbst: der Widerspruch tut so, als ob er einem ganz anderen System entstammte, was er in Wahrheit aber nicht tut – und auch nicht will. Seine Logik und Relevanz erhält er aus dem System selbst. Mit dieser Würdigung des Widerspruchs tritt

11 Das ist beileibe nicht als Kritik zu verstehen, sondern soll mein immerwährendes Staunen bei der Lektüre von Luhmann zum Ausdruck bringen.

12 Ich habe die Anmerkungen weggelassen.

Luhmann noch einmal in Widerspruch zu Parsons, für den Widerspruch Störung einer Ordnung bedeutete und, im Falle von handelnden Individuen, auf Fehler in der Sozialisation oder Schlimmeres deutete. Luhmann hält Widersprüche und was daraus folgen kann, keineswegs für kontraproduktiv: „Komplexe Systeme benötigen vielmehr ein recht hohes Maß an Instabilität, um laufend auf sich selbst und auf ihre Umwelt reagieren zu können, und sie müssen diese Instabilitäten laufend reproduzieren." (Luhmann 1984, S. 501) Der Grund besteht darin, dass auf diese Weise Systeme ihre eigene Komplexität erhöhen und dadurch leistungsfähiger auf ihre komplexe Umwelt reagieren. Autopoiesis heißt denn auch keineswegs einfache Selbsterhaltung, ist also nicht statisch und konservativ, sondern dynamisch und konstruktiv zu denken.

7. Macht und Herrschaft

7.1 Die Macht des Handelns und die Macht der anderen
7.2 Gründe und Formen der Macht
7.3 Popitz: Prozesse der Machtbildung
7.4 Herrschaft: Die Legitimation von Macht
7.5 Bürokratie: Reine Herrschaft und ihre Gefahr
7.6 Gegen Macht

Es gibt kaum ein soziologisches Thema, das man so leicht mit den dunklen Seiten der menschlichen Leidenschaften zusammenbringen kann wie das Thema Macht. Ich referiere drei Beispiele einer solchen Reflexion der Macht, wobei ich – im Falle Nietzsche – um Nachsicht bitte, den Blick in ein anderes Stockwerk der Schöpfung ganz erhellend gefunden zu haben. Vielleicht ist es auch gar kein anderes Stockwerk, und vielleicht ist es auch gar keine Frage der Evolution.

Nach *Thomas Hobbes*, dem Staatsphilosophen des 17. Jahrhunderts, ist das Streben nach Macht die stärkste Leidenschaft des Menschen. Er spricht von einem ‚restlesse desire of power' (Hobbes 1651, I, 11). Auf diese Leidenschaft können alle anderen Leidenschaften des Menschen zurückgeführt werden. Im Naturzustand fühle sich der Mensch nicht der Gemeinschaft verpflichtet, sondern strebe nach Macht. Deshalb befindet er sich auch im Krieg aller gegen alle (‚bellum omnium contra omnes'). (Hobbes 1651, I 8) Soziale Ordnung könne nur erreicht werden, wenn dieses individuelle Streben nach Macht durch den großen Leviathan in Schranken gehalten wird.

Der russische Dichter und kritische Beobachter des Menschen und der gesellschaftlichen Verhältnisse, *Fjodor M. Dostojewski*, hat die Brutalität ungezügelter Macht am eigenen Leib erfahren. Sein Denken hat auf Freud und andere, die sich mit dem eigentümlichen Handeln des Menschen befasst haben, großen Einfluss gehabt. Dostojewski war „der Meinung, dass selbst der beste Mensch aus bloßer Gewohnheit bis zum Tierischen verrohen und abstumpfen kann. Blut und Macht berauschen, sie machen den Menschen trunken: Roheit und Lüsternheit entwickeln sich; dem Gefühl wie auch dem Verstande wird sogar das Anormalste zugänglich und schließlich ein Genuss. Der Mensch und Bürger erstirbt im Tyrannen auf ewig, und eine Rückkehr zur Menschenwürde, zur Reue, zur Wiedergeburt wird für ihn fast unmöglich. Zudem wirkt das Beispiel, die Möglichkeit eines solchen Eigenwillens, auf die ganze Gesellschaft ansteckend: eine solche Macht ist verführerisch. Eine Gesellschaft, die sich zu derartigen Erscheinungen gleichgültig verhält, ist bereits selbst in ihrer Grundlage vergiftet." (Dostojewski 1860, S. 291)

Der Verführung der Macht scheint auch der Igel nicht widerstehen zu können, von dem der Philosoph *Friedrich Nietzsche* gesagt haben soll: „Frage einen derben kleinen Igel auf der Straße, ob er etwas besser oder klüger werden wolle, und er wird ironisch lächeln; aber raune verheißend: willst Du mehr Macht?!!: hei, wie da die Äuglein leuchten!"[1] Was die Augen zum Leuchten bringt, wissen wir nicht, aber es hat sicher etwas mit der Aussicht auf Überlegenheit zu tun. Macht meint nie ein Verhältnis zwischen Gleichen, und die Aussicht, sich andere dienstbar machen zu können, lässt wohl auch das Herz des kleinen derben Igels höher schlagen!

Mit Hobbes, Dostojewski und Nietzsche habe ich drei Beobachter des Menschen[2] zitiert, die Macht mit der Leidenschaft des Menschen in Verbindung bringen. Eine soziologische Beschreibung und Erklärung von Macht muss anders vorgehen. Deshalb erläutere ich zuerst, was Macht eigentlich ist und welche Formen sie annehmen kann.

---

1 Ich zitiere nach Arno Schmidt 1974: Brand's Haide, S. 99f. (Frankfurt am Main, Fischer). Trotz langer und lehrreicher Suche (incl. CD-ROM) habe ich es bei Nietzsche nicht gefunden, bin aber sicher, dass Arno Schmidt, der Vielbelesene, eine vertrauenswürdige Quelle ist. Für Hilfe bin ich dankbar.

2 Lesen Sie bitte meine einleitende Bitte um Nachsicht und meine in *dieser* Hinsicht höchst persönlichen Spekulationen.

7.1 Die Macht des Handelns und die Macht der anderen

Nach *Max Weber* bedeutet Macht „jede Chance, innerhalb einer sozialen Beziehung den eigenen Willen auch gegen Widerstreben durchzusetzen, gleichviel worauf diese Chance beruht.“ (Weber 1922, Kap. I § 16) Wenn in der Soziologie über Macht gesprochen wird, dann steht fast immer diese berühmte Definition im Hintergrund. Dabei wird dann auch meist eine ganz bestimmte Interpretation suggeriert, wie das z. B. *Dieter Claessens* tut. Er übersetzt ‚Chance‘ mit ‚Möglichkeit‘ und stellt fest, dass in Webers Definition „von einer Legitimation des mit ‚Macht‘ bezeichneten Tuns und der Situation abgesehen wird. Macht kann also ausgeübt werden, wenn die Umstände danach sind.“ (Claessens 1992, S. 113)

Doch diese geläufige Auffassung, dass die Ausübung von Macht Widerstreben und Unterliegen impliziert, ist zumindest einseitig und unterschlägt auch, dass Weber selbst einräumt, dass Macht ganz vieles sein kann und dass Macht durchaus nicht immer mit durchsetzen *wollen* zu tun hat. Er schreibt nämlich: „Der Begriff ‚Macht‘ ist soziologisch amorph. Alle denkbaren Qualitäten eines Menschen und alle denkbaren Konstellationen können jemand in die Lage versetzen, seinen Willen in einer gegebenen Situation durchzusetzen.“ (Weber 1922, Kap. I § 16) Der Gläubiger übt durch den Schuldschein Macht aus und die Verhältnisse in einem Betrieb tun es auch; wer einen Salon führt, übt höflich Macht aus ebenso wie der Hausvater, der es sittenstreng und unwissentlich tut. (vgl. Weber 1922, S. 604ff.) Weil der Begriff amorph ist, verlangt Weber, den anderen, komplementären Begriff der Herrschaft, präziser zu bestimmen. (Weber 1922, Kap. I § 16) Bevor ich auf dieses Thema zu sprechen komme, will ich einen Blick auf die beiden Annahmen werfen, die in dem „amorphen“ Begriff der Macht durchscheinen. Zur genaueren Abgrenzung zitiere ich unterschiedliche Autoren, die jeweils einzelne Aspekte herausstellen.

Nach der einen Annahme ist Macht schon mit jedem Handeln gegeben oder wenigstens intendiert. Das klingt in der These des Individualpsychologen *Alfred Adler* an, wonach Macht der entscheidende Antrieb überhaupt, das „allgemeine Ziel der Menschen“ ist: „Die eingehendste Betrachtung ergibt nun, dass wir die seelischen Bewegungen aller Art am besten verstehen können, wenn wir als ihre *allgemeinste Voraussetzung* erkannt haben, dass sie auf *ein Ziel der Überlegenheit* gerichtet sind. (...) Ob einer ein Künstler, der erste in seinem Fache oder ein Haustyrann sein will, ob er Zwiesprache mit seinem Gotte hält oder die anderen herabsetzt, ob er sein Leid als das größte ansieht, dem alle sich beugen müssen, ob er nach unerreichbaren Idealen jagt oder alte Götter, alte Grenzen und Normen zerbricht, – auf jedem Teil seines Weges leitet und führt ihn seine Sehnsucht nach Überlegenheit, sein Gottähnlichkeitsgedanke, sein Glaube an seine besondere Zauberkraft. In der Liebe will er gleichzeitig seine Macht über den Partner empfinden, bei freiwilliger Berufswahl dringt das vorschwebende Ziel in übertriebenen Erwartungen und Befürchtungen durch, und noch im Selbstmord empfindet er rachedürstend den Sieg über alle Hindernisse. Um sich einer Sache, einer Person zu bemächtigen, kann er auf geraden Linien wandeln, kann stolz, herrschsüchtig, trotzig, grausam, mutig zu Werke gehen; oder er zieht es vor, durch Erfahrungen auf Abwege und Umwege gedrängt, seine Sache zum Siege zu führen durch Gehorsam, Unterwerfung, Sanftmut und Bescheidenheit.“ (Adler 1914, S. 24f.) Wenn man Adlers These genau liest, dann ist Macht jegliches intendierte Handeln.

Eine ganz ähnliche Sicht findet sich bei dem englischen Soziologen *Anthony Giddens*, für den Macht „für jegliches Handeln typisch“ ist, denn Handeln heißt „in die Welt einzugreifen bzw. einen solchen Eingriff zu unterlassen mit der Folge, einen spezifischen Prozess oder Zustand zu beeinflussen.“ (Giddens 1984, S. 67 und 65) Man übt Macht aus, indem man jemanden unterdrückt, aber auch dadurch, dass man einem anderen dient! Herr und Knecht sind in ihrem Handeln wechselseitig verschränkt. In dieser allgemeinen Bedeutung hängt das Handeln von der Fähigkeit des Individuums ab, zu einem vorher existierenden Zustand oder Ereignisablauf ‚einen Unterschied herzustellen‘, das aber heißt „irgendeine Form von Macht auszuüben“. (Giddens 1984, S. 66)[3]

3 Der Gedanke findet sich schon bei Leibniz. (Vgl. Röttgers 1980, S. 599.)

Der Gedanke, dass Macht schon mit Handeln gegeben ist, steht so auch bei *Friedrich Nietzsche*. Danach ist der Wille zur Macht der Wille nach Erkenntnis zum Zwecke des Handelns. In dem Buch „Der Wille zur Macht“, das eine Zitaten-Collage aus Nietzsches Nachlass darstellt, heißt es im ersten Teil, wo es um die Gründe des Nihilismus geht: die obersten Werte entwerten sich, nachdem das Christentum und seine Philosophie ihre Unhaltbarkeit erkannt haben. Der in ihnen enthaltene Wille zum Nichts lässt die Schwachen verzweifeln und treibt die Starken zur Selbstbesinnung und Selbstentfaltung. Das Prinzip des Willens zur Macht bezieht sich auf alle Bereiche der Realität. Macht heißt Erkenntnis: „Das Maß des Erkennenwollens hängt ab von dem Maß des Wachsens des Willens zur Macht der Art: eine Art ergreift so viel Realität, um über sie Herr zu werden, um sie in Dienst zu nehmen.“ (Nietzsche 1887, S. 480) Deshalb ergreift Nietzsche die Partei der Starken.

Mit dieser weiten Definition von Macht hatte übrigens *Francis Bacon* in seinem „Novum organum“ (1620) der europäischen Aufklärung das Programm vorgegeben, als er an die Stelle des Glaubens die Erfahrung als Quelle der Erkenntnis setzte. Empirisches Wissen ermächtigt den Menschen, über die Welt und die Natur zu verfügen und etwas zu bewirken: „The roads to human power and to human knowledge lie close together, and are nearly the same.“ (Bacon 1620, 2nd book, IV, S. 120) Röttgers sieht Bacons Versprechen so begründet: Wenn wir die Ursachen der Erscheinungen wissen, können wir die Erscheinungen auch herbeiführen. Wissen stellt die Bedingungen vor, unter denen man die Dinge verändern kann. (vgl. Röttgers 1990, S. 122) In der deutschen Übersetzung des New organon von 1830 wird denn auch „power“ richtig mit „Können“ übersetzt. Wissen ist Macht im Sinne von „machen können“.

Dem ersten Begriff der Macht liegt also die Vorstellung zugrunde, dass der Mensch über die Bedingungen der Natur und des Zusammenlebens verfügen will. Von daher ist es ein kleiner Schritt zu der Annahme, dass Macht bedeutet, über sie auch verfügen zu können. In diesem Sinne hat *Helmut Schelsky* Macht so definiert: „Der Mensch hat seine Aktivität und ihre Gegenstände in seiner Gewalt, das ist der erste Begriff der *Macht*, der im Gegensatz zum Begriff der *Natur* des Tieres gewonnen ist. *Macht ist Machen-können.*“ (Schelsky 1941, S. 84)

Geht es bei dieser ersten Auffassung um das Handeln des Individuums, so bei der zweiten Auffassung um das, was sich aus dem Handeln aller in einer Gesellschaft ergeben hat bzw. was sich aus den Interaktionen zwischen den Individuen ergibt. Für diese Auffassung steht z. B. die These von *Emile Durkheim*, dass die sozialen Tatsachen, also die Institutionen, Zwang ausüben, dem wir uns nicht entziehen können. Ähnlich klang es schon bei den *schottischen Moralphilosophen* an, dass wir uns dem fügen, was alle anderen denken und erwarten. Dies ist auch die These von *David Riesman*, dass der Mensch der Außenleitung nicht frei ist, sondern sich – scheinbar freiwillig – der Macht der anderen unterwirft. Wenn man es so grundsätzlich sieht, dann ist der homo sociologicus auch gar nicht anders zu denken: wenn er in Gesellschaft mit anderen leben will, dann muss er sich den anderen – wie diese sich auch – und auch den Institutionen fügen. Er beugt sich gewissermaßen der Macht, die in den Verhältnissen steckt, und es Institutionen und andere Individuen gibt, die darüber wachen, dass sie so bleiben, wie sie sind.

Gegen diesen abstrakten Begriff der Macht, der eine Potenz meint, die sozusagen unter der Oberfläche wirkt und im Prinzip alle gleich betrifft, hat der französische Philosoph *Michel Foucault* einen Machtbegriff gesetzt, der Macht als Prozess und als Handeln zwischen ungleichen Individuen versteht. Danach gibt es nicht Macht an sich, sondern „es gibt Macht nur als von den ‚einen‘ auf die ‚anderen‘ ausgeübte. Macht existiert nur in actu.[4] (...) Das heißt auch, dass Macht nicht der Ordnung der Übereinkunft angehört; sie steht nicht für den Verzicht auf eine Freiheit, eine Rechtsübertragung oder die Delegation der Macht aller an Einzelne (obgleich die Zustimmung eine Bedingung für die Existenz und das Fortbestehen des Machtverhältnisses sein kann). Wohl kann das Macht-

4 Die Machtverhältnisse entstehen natürlich nicht erst im Prozess der Ausübung von Macht, sondern sind als typische Geschichte, als regulierende Muster, schon präsent. Diese abstrakten Muster nennt Foucault „Diagramme“. (vgl. z. B. Foucault 1975, S. 264.)

verhältnis auf einer vorangehenden oder permanenten Zustimmung beruhen; seiner eigentlichen Natur nach aber ist es nicht Ausdruck eines Konsenses." (Foucault 1987, S. 254) Diese These Foucaults kann man so lesen, dass Machtverhältnisse einen Konflikt ausdrücken, der über differente *Machtpotentiale* ausgetragen wird.

Man kann aber auch viel allgemeiner sagen, dass in einem Machtverhältnis von der einen Seite etwas bewirkt wird, wie intendiert auch immer, auf das die andere Seite reagiert, wie bewusst und gefügig auch immer. Damit rückt der Begriff der Macht natürlich nahe an den Begriff der Interaktion im Sinne Meads oder Blumers oder der Wechselwirkung im Sinne Simmels heran. Um ihn davon abzugrenzen, ist es deshalb notwendig zu fragen, was denn die Gründe der Macht sind und welche Form sie annehmen kann.

7.2 Gründe und Formen der Macht

Macht ist die Fähigkeit, Verhältnisse zu beeinflussen und andere Menschen zu einem bestimmten Verhalten zu zwingen bzw. es zu verhindern. Macht gibt es in allen sozialen Gebilden. *Norbert Elias* hält Macht für „eine Struktureigentümlichkeit menschlicher Beziehungen – aller menschlichen Beziehungen". (Elias 1970, S. 77) Die Verhaltensforschung hat aber gezeigt, dass es sie auch im Tierreich gibt. Es gibt eine Hackordnung im Hühnerhof und eine Beißordnung zwischen Wölfen. Einige Tiere haben die Macht, sich einen Harem zu halten, und andere dürfen als erste über die Beute herfallen. Interessant ist, dass Macht im Tierreich oft gar nicht physisch ausgeübt, sondern symbolisch demonstriert wird. So erfolgt in der Auseinandersetzung um einen Anspruch häufig z. B. gar kein wirklicher Angriff, sondern eine bloße Imponierhaltung veranlasst den Bedrohten zum Nachgeben und damit zur Anerkennung von Überlegenheit. Der Gorilla fletscht kurz die Zähne, und der Rivale trollt sich. Wieder näher an einer Soziologie des Menschen: der Parteivorsitzende runzelt die Stirn und alle kuschen.

Grund der Macht ist immer irgendeine Form der Überlegenheit. Sie kann *physischer* Art sein, dass jemand eben der stärkste Faustkämpfer ist und deshalb in seiner gang alle kujonieren kann. Macht kann aber auch auf *psychischen* Besonderheiten beruhen, wenn z. B. jemand durch strahlende Schönheit die neidische Konkurrenz in Schach hält, eine Ausstrahlung (‚*Charisma*') hat, die andere zur Nachfolge bewegt, oder schlicht eine *Autorität* ist, deren Überlegenheit man neidlos anerkennt. Auf die beiden letzten Gründe und Ausdrucksformen der Macht komme ich später noch einmal zurück.

Die Macht, die am ehesten ins Auge springt, ist die *politische*. Ich will sie nur unter einer soziologischen Perspektive und auch nur insofern thematisieren, als sie als Faktor sozialer Ordnung und Verfügung über Individuen in Betracht kommt. Dazu zitiere ich *Niccolò Machiavelli* (1469-1527), den politischen Dichter und Zeitkritiker Italiens, der gern als Ratgeber zur Durchsetzung schamloser Macht rezipiert wird. Dabei schrieb er in der aus der Geschichte und seiner Zeit begründeten Sorge, dass eine Regierung die Ordnung im Staat nicht sicherstellen kann, wenn sie das Falsche tut. In Abwägung der berühmten Frage, ob es besser ist, geliebt oder gefürchtet zu werden, meint Machiavelli, „dass man sowohl das eine als das andere sein sollte. Da es aber schwer ist, beides zu vereinigen, ist es viel sicherer, gefürchtet als geliebt zu sein, wenn man schon auf eines von beiden verzichten muss." (Machiavelli 1532a, 17. Kap. S. 68)[5] Deshalb empfiehlt er dem Fürsten auch, die Fähigkeit der Abschreckung zu erwerben. Damit könne er zwei Effekte erzielen: sowohl seinen Vorschlägen wie seinen Drohungen wird Gewicht gegeben. Der Fürst muss aber auch darauf achten, nicht gehasst zu werden. Das könnte ihm passieren, wenn er das Vermögen seiner Untertanen antastet – und ihre Frauen: der Untertan ziehe eher den Tod seines Vaters vor, als sein Vermögen zu verlieren. (1532a, 17. Kap. S. 69)

5 Sueton berichtet in seinen Kaiserbiographien (Calig. 30), dass der Despot Caligula, der ein absolutistisches Gottkaisertum anstrebte, gerne den Satz „oderint, dum metuant!" („Mögen sie mich doch hassen, wenn sie mich nur fürchten!") zitierte.

Machiavelli bricht mit der christlichen Fundierung der Politik und betrachtet die Religion nur als Mittel zum Zweck. So könne sich der Fürst auch auf die Religion stützen, mit der man „die Armen gut führen, das Volk leicht trösten, die Ehrlichen leicht ermuntern und die Ungetreuen leicht beschämen“ kann. Außerdem verleihe Religion der Macht Glanz und vergrößere die Chance, Gehorsam zu finden. Wichtiger ist aber eine tatsächliche Ausübung der Macht. „Waffenlose Propheten“ sind zum Scheitern verurteilt. Die soziale Ordnung kann nur aufrechterhalten werden, wenn die Regierenden die zentrifugalen Kräfte beherrschen und nach Möglichkeit strategisch nutzen. Politik heißt deshalb das kluge Eingreifen des Fürsten in die Verhältnisse. Politik heißt also für Machiavelli, dass Macht auch ausgeübt werden muss.

Schließlich setzt sich Machiavelli auch mit einem Anspruch auseinander, der der Ausübung von Macht entgegenzustehen scheint: dem Anspruch der Freiheit. Machiavelli löst den Widerspruch in einer verblüffenden Weise. Zunächst einmal stellt er fest, dass der Machthaber diesen Wunsch nicht erfüllen könne, schließt aber sogleich eine Verpflichtung für den Machthaber und zur Legitimation der Machtausübung an. Der Machthaber, schreibt er, müsse untersuchen, „aus welchen Gründen das Volk frei zu sein wünscht. Er wird dabei finden, dass nur ein kleiner Teil des Volkes frei zu sein wünscht, um zu herrschen. Die überwiegende Mehrzahl wünscht die Freiheit nur, um sicher leben zu können.“ (Machiavelli 1932b, I. Buch, 16. Kapitel, S. 60)

Eine zweite Quelle der Macht ist die Verfügung über das Denken der anderen. Das kann man als *ideologische Macht* bezeichnen. Natürlich ist jedes Denken insofern ideologisch, als es „sich nicht frei schwebend im sozial freien Raum“ konstituiert, sondern „im Gegenteil stets einem bestimmtem Ort in diesem verwurzelt“ ist. (Mannheim 1929, S. 72f.) Doch im Zusammenhang mit Macht verstehe ich unter Ideologie ein Denken, das in sich geschlossen ist, also Alternativen nicht zulässt, die Verhältnisse, aus denen es stammt und denen es sich verpflichtet fühlt, unkritisch rechtfertigt und deshalb bestimmte Interessen verfolgt. Ideologien definieren die Wirklichkeit und intendieren ein Handeln, das diese Sicht der Wirklichkeit auch bei anderen durchsetzen soll. Insofern gehen sie auch mit Macht einher: So sehen es auch *Peter L. Berger* und *Thomas Luckmann*: „Wenn eine Wirklichkeitsbestimmung so weit ist, dass sich ein konkretes Machtinteresse mit ihr verbindet, kann sie ‚Ideologie' genannt werden." (Berger u. Luckmann 1966, S. 132) Die Verfügung über den Rahmen des Denkens ist eine Form von Macht, weshalb *Sigmund Freud* z. B. auch Religion mit Macht gleichgesetzt hat. (Freud 1933, S. 598 und S. 588)[6] Die Macht über das Denken schließt auch die Macht über das Verdrängte, was man sich nicht zu denken traut, ein. Macht hat man deshalb auch, wenn man die Angst der anderen kennt. So heißt es bei Elias: „Da die Bewirtschaftung der menschlichen Ängste zu den bedeutendsten Quellen der Macht von Menschen über Menschen gehört, entwickelten und erhalten sich auf dieser Basis Herrschaftssysteme in Hülle und Fülle." (Elias 1982, S. 57)

Aus der ideologischen Macht ergibt sich eine bestimmte Chance: „Wer den derberen Stock hat, hat die bessere Chance, seine Wirklichkeitsbestimmung durchzusetzen." (Berger u. Luckmann 1966, S. 117) Deshalb suchen alle totalitären Systeme auch als erstes, sich der Kommunikationsmittel zu bemächtigen, um das richtige Denken zu erzeugen. Ein ausgeklügeltes Spitzelsystem stellt sicher, dass es bei diesem richtigen Denken auch bleibt. Wie weit das geht, hat George Orwell in seinem Roman 1984 beschrieben. Auch wenn wir froh sind, dass das alles hinter uns liegt, ist doch nicht von der Hand zu weisen, dass es ideologische Macht in vielfältiger Form gibt. Sie ist allerdings raffinierter geworden und scheint – zumindest in den westlichen Ländern – auch nichts mehr mit politischer Unterdrückung zu tun zu haben. Das sollte uns aber nicht hindern, kritisch auf diese Form der Macht zu sehen. Natürlich werden die Medien sich nicht als ideologisch verstehen, und doch sind sie es, weil jedes Denken, das sich seiner eigenen Logik sicher ist und nicht bei sich selbst bleibt, sondern auf das Denken anderer einwirken will, per definitionem Ideologie ist. Es wäre auch falsch, würde man nur die eklatanten

---

6 In einem großen Text der Weltliteratur erklärt der Großinquisitor die Verfügung über das Denken als Fürsorge für die Menschen, die mit der Freiheit des Gewissens sonst nicht zurecht kämen. (Dostojewski 1880: Die Brüder Karamasow, 1. Teil, 5. Buch V)

Versuche, Meinung zu machen, als ideologische Macht verstehen. Es sind eher die Bilder vom ganz normalen Leben, die uns permanent und unmerklich in eine bestimmte Richtung des Denkens und Handelns drängen. Eben weil es so ganz nahe bei dem zu liegen scheint, was wir kennen oder was wir uns als realistische Zukunft auch für uns selbst vorstellen können, können wir uns dem Zauber dieser Macht nicht entziehen. *Niklas Luhmann* hat auch diesen Zusammenhang gemeint, als er Einfluss, der unabhängig von der Motivationsstruktur des Beeinflussten gesichert ist, als Macht bezeichnete. Macht bedeutet, dass jemand „durch einflussnehmende Kommunikation (...) in seinen Selektionen dirigiert werden soll." (Luhmann 1975a, S. 8) Die alltäglichste Form, in der wir ideologische Macht ausüben, ist unser Handeln, die alltäglichste, in der wir sie erfahren, ist die Sozialisation.

Macht kann auch in bestimmten Verhältnissen begründet sein. Wer z. B. über die Produktionsverhältnisse bestimmt, so die These von Karl Marx, diktiert anderen ihr Handeln. Wer zu den „richtigen Kreisen" gehört, hat auch die Macht zu definieren, wer draußen vor gehalten wird. Dieser Gedanke stand im Hintergrund der These von den feinen Unterschieden, die Pierre Bourdieu beschrieben hat. Schließlich verleiht allein schon die Zugehörigkeit zu einer Gruppe Macht, wenn der Einzelne sich in seinem Handeln von ihr gestützt weiß. Diese Macht, die sich aus bestimmten sozialen Verhältnissen ergibt, kann man als *strukturelle Macht* bezeichnen. Auf den ersten Blick scheint Macht, die sich aus strukturellen Verhältnissen ergibt, einer Seite Chancen zu geben und sie der anderen Seite zu nehmen. Das ist auch so, aber man darf nicht übersehen, dass es im Grunde nicht die handelnden Individuen sind, die Macht ausüben. Sie geben die Macht der Verhältnisse nur weiter.

Eine vierte Form der Macht kann man als *Autorität*[7] bezeichnen. Sie gründet in einer fachlichen oder moralischen Überlegenheit, die über das Normalmaß weit hinausreicht. Sie wird Personen

7 Das Wort kommt vom lateinischen „auctoritas", worunter Gültigkeit und Verbürgung und in einem weiteren Sinn dann auch Ansehen und Einfluss verstanden wird.

wie Institutionen zugerechnet. Die Macht der Veranlassung eines bestimmten Handelns, kurz: der Einfluss, wird als objektiv gerechtfertigt und in der Sache zuständig anerkannt. Um den Unterschied zwischen ungerechtfertigter Macht und Autorität deutlich zu machen, zitiert Popitz einen chinesischen Philosophen: „Wenn Menschen gewaltsam unterworfen werden, so beugen sie sich nicht in ihrem Sinne, sondern nur, weil die Kraft nicht ausreicht. Werden Menschen durch die Macht der Persönlichkeit unterworfen, so freut es sie im Grunde ihres Herzens und sie beugen sich wirklich." (Popitz 1986, S. 8) Autorität „verbürgt" eine herausragende Qualität oder Fähigkeit. *Robert K. Merton* definiert sie als „kulturell legitimierte Organisation der Macht". (Merton 1957b, S. 263)

Legitimität und freiwillige Anerkennung sind wesentliche Bedingungen von Autorität. Autorität heißt keineswegs, dass einem anderen Gewalt angetan wird oder der sich irrational beugt. Vor dieser falschen Trennung in Vernunft und Autorität hatte *Max Horkheimer* schon in einer Zeit gewarnt, als beides politisch korrumpiert wurde. In seinem berühmten Aufsatz über „Autorität und Familie" aus dem Jahre 1936 schrieb er: „Das bloße Faktum der unbedingten Unterordnung ergibt (...) kein Kriterium für die Struktur eines Verhältnisses von Autorität. Der Formalismus, Vernunft und Autorität einander entgegenzusetzen, zur einen sich zu bekennen und die andere zu verachten" (Horkheimer 1936, S. 329), ist Kennzeichen einer kulturellen Epoche, in der die Menschen ihre wahren Interessen nicht mehr kennen. Das bedeutet, dass wirkliche Autorität keiner Machtmittel bedarf. Die Philosophin *Hannah Arendt* hat sogar einen Gegensatz von Autorität und Macht oder Gewalt gesehen: „Da Autorität immer Gehorsam fordert, wird sie gewöhnlich für eine Art Macht oder Gewalt gehalten. Doch Autorität schließt die Anwendung äußerer Mittel des Zwangs aus; wo Zwang nötig ist, hat Autorität versagt." (Arendt 1968, S. 92f.) Kennzeichen der Autorität „ist die fraglose Anerkennung seitens derer, denen Gehorsam abverlangt wird; sie bedarf weder des Zwanges noch der Überredung." (Arendt 1970, S. 46)

Die Autorität kann in moralischen und ästhetischen Besonderheiten einer Person oder Institution oder in fachlichen Qualifikationen begründet sein. Wenn jemand bestimmte Werte in hervorragender Weise und konsequent vertritt, gilt er als *moralische Autorität*, auf deren Wort man auch in anderen Bereichen des öffentlichen Lebens etwas gibt. So wird eine geachtete Kirchenfrau auch angerufen, wenn es um die tiefsinnige Frage geht, ob man als Deutscher im Ausland ein deutsches Fähnchen auf die Strandburg setzen darf, und von einem Schriftsteller erwartet man, dass er sich auch zur Ästhetik eines Gedenksteins äußern kann. Neben der moralisch-ästhetischen Autorität gibt es eine *funktionale Autorität*, die sich aus der besonderen Position ergibt, die jemand in seinem Beruf oder in öffentlichen Dingen einnimmt. Das trifft für den Werkmeister wie für den Politiker, für den Leitwolf in der Fußballmannschaft wie für den Vorsitzenden des regionalen Arbeitgeberverbandes zu. Interessant ist, dass sich die öffentliche Erwartung an diese funktionalen Autoritäten mit der Erwartung auch an moralische Autorität verbindet. Wer ganz oben steht, soll auch ein Ausbund an Ehrlichkeit sein. Dass damit viele überfordert werden, bleibt nicht aus. Auf der anderen Seite darf man aber auch nicht übersehen, dass hinter solchen Erwartungen auch eine latente Hörigkeit steht! Wahrscheinlich spielen auch Scheinheiligkeit und Projektion mit hinein.

Ich komme zu einer fünften Form der Macht, die sich als *Gewalt* zeigt. Gewalt überschreitet eine bestimmte Grenze der Interaktion. Nach Foucault heißt Machtausübung, „das Feld möglichen Handelns der anderen zu strukturieren." (Foucault 1987, S. 257) Dabei bleibt aber der andere, auf den Macht einwirkt, „als Subjekt des Handelns bis zuletzt anerkannt und erhalten", so dass „sich vor dem Machtverhältnis ein ganzes Feld von möglichen Antworten, Reaktionen, Wirkungen, Erfindungen eröffnet." (Foucault 1987, S. 254) Machtverhältnisse wirken nicht *direkt* auf andere ein, „sondern eben auf deren Handeln. Handeln auf ein Handeln, auf mögliche oder wirkliche, künftige oder gegenwärtige Handlungen. Ein Gewaltverhältnis wirkt auf einen Körper, wirkt auf Dinge ein: es zwingt, beugt, bricht, es zerstört: es schließt alle Möglichkeiten aus; es bleibt ihm kein anderer Gegenpol als der der Passivität.

Und wenn es auf einen Widerstand stößt, hat es keine andere Wahl als diesen niederzuzwingen.“ (Foucault 1987, S. 254)

Wer Gewalt anwendet, hat es aufgegeben (oft noch nicht einmal versucht), irgendeine Rechtfertigung seiner Macht abzugeben. Die unbedingte Chance des Handelns besteht allein in der Fähigkeit, einem anderen zu schaden. Autorität verbindet Individuen, indem eine Seite eine Handlungsmöglichkeit anbietet, die die andere für richtig hält und deshalb freiwillig anerkennt. Gewalt dagegen trennt Individuen. Von daher macht es durchaus Sinn, wenn Hannah Arendt Macht gar als Gegensatz von Gewalt versteht. Macht entspricht „der menschlichen Fähigkeit, nicht nur zu handeln oder etwas zu tun, sondern sich mit anderen zusammenzuschließen und im Einvernehmen mit ihnen zu handeln“ (Arendt 1970, S. 45), Gewalt *rechnet nicht* mit Einvernehmen, sondern fordert Unterwerfung. Terror, als planmäßig organisierte, offene Gewalt, ist die äußerste Demonstration, Einvernehmen auch nicht erzielen zu *wollen*.

Verlassen wir die Gründe und Formen der Macht und fragen, wie sie in der Interaktion zwischen Individuen konkret zustande kommt. Darauf gibt die klassische Studie von *Heinrich Popitz* über „Prozesse der Machtbildung“ eine Antwort.

7.3 Popitz: Prozesse der Machtbildung

Der schottische Moralphilosoph *David Hume (1711-1776)* stellte sich seinerzeit die Frage, wie es kommt, dass die Wenigen so leicht über die Vielen herrschen können.[8] Auf diese rhetorische Frage gibt es – so *Heinrich Popitz* – drei geläufige Antworten: Macht ist das Ergebnis eines allgemeinen Consensus, z. B. wenn äußere Bedrohung den Entscheidungsbedarf einer Gruppe erhöht; Macht hängt mit der Autoritätswirkung einer Person zusammen; Macht

8 Kurt Röttgers machte mich darauf aufmerksam, dass diese Frage schon im Zentrum der politisch-religiösen Schrift „Über die freiwillige Knechtschaft“ (1576) von Étienne de la Boétie stand. Ihm sei Dank. Für philosophisch Interessierte empfehle ich sein Buch „Spuren der Macht“ (1990) und seinen Artikel „Macht“ im Historischen Wörterbuch der Philosophie.

ist pure Vergewaltigung, d. h. Vollzug einer vorher schon bestehenden Überlegenheit. Diese Antworten – Consens, Autorität, überlegene Gewalt – liegen nahe, aber sie bleiben nach Popitz gleichwohl erklärungsbedürftig. Deshalb sucht er nach den Prozessen der Machtbildung und zwar Prozessen, in denen sich eine Minderheit gegen die eindeutigen Interessen einer Mehrheit durchsetzt. Dazu entwirft er Situationen, in die alle Beteiligten „gleichsam mit leeren Händen hineinkommen", in denen sie „unter gleichen Voraussetzungen" anfangen. (Popitz 1968a, S. 6) Es sind Situationen, in denen der „Prozess der Vergesellschaftung" von vorn beginnt. In drei Szenarien wird geschildert, wie Macht entsteht und real ausgeübt wird, wie sie stabilisiert und begründet wird und wie sie sich reproduziert. Jedes Szenario zeigt andere Aspekte der Machtbildung.

Im ersten Beispiel geht es um ein Passagierschiff, auf dem es für jeweils drei Leute einen Liegestuhl gab. Obwohl ein begehrtes Gut also knapp war, gab es keine größeren Konflikte, weil niemand einen Liegestuhl zu lange belegte und jeder jeden freigewordenen benutzen konnte. Im nächsten Hafen stiegen Leute zu, die die Liegestühle den ganzen Tag belegten und sogar freie Nachbarliegestühle für andere, die das gleiche beabsichtigten, „reservierten". Popitz bietet zwei Erklärungen an, wie es zu dieser Machtbildung kommen und warum sie sich erhalten konnte. Die erste Erklärung lautet: die Privilegierten waren den anderen in ihrer Organisationsfähigkeit überlegen, indem sie sich rasch mit anderen Gleichgesinnten solidarisierten. Zweitens reproduzierten sie ihre Überlegenheit, in dem sie sich der Rechtmäßigkeit ihres Handelns gegenseitig versicherten. Sie halfen sich „gegenseitig im Aufbau ihres überzeugend guten Gewissens". (Popitz 1968a, S. 15) Das erfolgte nach der Logik: Ich erkenne den Anspruch desjenigen an, der meinen Anspruch anerkennt. Auf diese Weise entstand so etwas wie eine erste gemeinsame Legitimation der Macht. Diese gegenseitige Anerkennung der Privilegierten ist – oft – „das erste Phänomen der Legitimitätsentwicklung einer neuen Ordnung." (Popitz 1968a, S. 16) Etwas einfacher: Es sind die Sieger, die die Legitimität einer Ordnung dekretieren.

Im zweiten Szenario schildert Popitz ein Gefangenenlager, in dem Lebensmittel nur als Rohprodukte ausgegeben wurden. Unter den Gefangenen befand sich ein Koch, ein Klempner, einer, der Englisch (die Sprache der Sieger) sprach, und ein vierter, der besonders stark und kräftig war. Die vier taten sich zusammen und bildeten einen *Solidaritätskern*. Sie sammelten alle zum Bau eines Herdes geeigneten Steine zusammen und bauten einen Herd. Da offenes Feuer verboten war, hatten sie eine *Monopolstellung*: sie konnten eine Dienstleistung anbieten, für die die anderen Gegenleistungen erbringen mussten. Um diesen Kern entwickelte sich allmählich eine komplexe Struktur (Handelszentrum, Informationsaustausch, Blechwarenmanufaktur, etc.). Fazit: die vier haben andere in ihre Abhängigkeit gebracht, indem sie sich vorab solidarisierten, sich gegenseitig halfen und ‚Gewinne' teilten, schwierige Dinge gemeinsam lösten, sich spezialisierten und ihre Tätigkeiten aufeinander abstimmten. (Popitz 1968a, S. 20) Die Macht wurde also stabilisiert durch die *produktive Überlegenheit von Solidaritätskernen*. Es kam ein zweiter Mechanismus hinzu, durch den verhindert wurde, dass Gegenkoalitionen entstanden, die die Machtstruktur in Frage stellten. Das Machtzentrum begann, „die Außenstehenden *in ihrer Beziehung zum Machtzentrum* zu differenzieren, abzustufen und durch diese Art der Teilung verschiedene Interessenlagen zu schaffen." (Popitz 1968a, S. 25) Diese Politik des Teilens nennt Popitz *Staffelung*. Es ist die Differenzierung nach Teilhabe an oder Abhängigkeit von der Macht. Das Machtzentrum kontrollierte und dirigierte die Differenzierung, weil es über knappe Güter verfügte. Das alte römische Prinzip, durch Teilen zu herrschen, war eine Voraussetzung, politische Macht zu erhalten.

Im dritten Szenario geht es um eine Gruppe von Jugendlichen, die sich im Zuge einer Resozialisierungsmaßnahme selbst verwalten sollte. (Popitz 1968a, S. 29ff.) Eine entscheidende Randbedingung war, dass das Brot rationiert war. Bald zeigte sich ein Machtzentrum mit einem Chef, eine andere Gruppe diente als Einsatzkommando dieses Zentrums, und der Rest wurde herumkommandiert. Die Prozesse der Machtbildung gingen einher mit einer Kontrolle der Wegnahme oder Verteilung von Brot. Diese Struktur blieb auch erhalten, wenn neue Mitglieder in die Gruppe kamen. Popitz zeigt nun, dass die *Reproduktion der Macht im System der Umverteilung* lag: das gestaffelte System funktionierte durch die Ausübung oder Androhung von physischer Gewalt. Wer die Verteilung knapper Güter dauerhaft kontrolliert, hat Macht. Da es bei dieser Verteilung zwangsläufig eine Gruppe gab, die benachteiligt war, stellt sich die Frage, warum sie die Macht auf Dauer anerkennt. Darauf gibt Popitz eine auf den ersten Blick absurde Antwort: es kommt zu einer inneren Anerkennung einer Machtordnung, weil auch den Unterdrückten die Ordnung als Wert an sich erscheint! Popitz nennt das den *Ordnungswert der Ordnung als Basislegitimität.* (Popitz 1968a, S. 33) Die Unterdrückten wissen, woran sie sind – das ist die einzige Gewissheit, die sie haben. Sobald diese Gewissheit erreicht ist und Aussicht auf Änderungen nicht vorhanden, beginnen auch die objektiv Benachteiligten „in die bestehende Ordnung Interessen zu investieren." (Popitz 1968a, S. 36) Sie tun das, was in dieser Ordnung erforderlich ist und Vorteile bringt oder wenigstens Nachteile verhindert. Popitz betrachtet das unter dem Aspekt einer Investition: Wer in diese Ordnung – allein schon durch Hinnahme – doch einiges investiert hat, will den Ertrag seiner Handlungen nicht verlieren. „Seine Investitionen vermehren sich mit der schieren Dauer dieser Ordnung." (Popitz 1968a, S. 36)[9]

Fasst man die Erklärungen der Machtbildung zusammen, kann man sagen: Macht entsteht, indem jemand ein Privileg definiert und wahrnimmt. Da Privilegien immer nur ein knappes Gut betreffen, geht die Durchsetzung des Privilegs immer zu Lasten anderer, die zu kurz kommen. Um ihren Widerstand klein zu halten, solidarisieren sich die Privilegierten und bestätigen sich gegenseitig, legitime Rechte wahrzunehmen. Dass es ursprünglich Macht war, die gegen den Willen eines anderen durchgesetzt wurde, kommt spätestens von dann an den Privilegierten nicht mehr in den Sinn. Macht bekommt Struktur, indem die Mächtigen zwischen sich und anderen differenzieren. Da sie über knappe Güter, von denen das wichtigste jetzt schon die Macht selbst ist, verfü-

9 Das erklärt auch, warum Menschen sich mit einem totalitären System „arrangieren". Sie kalkulieren minimale Investitionen und dosierte Konzessionen!

gen, können sie auch bestimmen, wer wie nah und wie fern zur Macht steht. Macht stabilisiert sich auch über gestufte Partizipation an ihr. Schließlich stimmen auch die weniger oder ganz und gar nicht Mächtigen der Ordnung zu, weil ihnen das die geringsten Nachteile bei der Wahrnehmung von Restchancen bringt.

7.4 Herrschaft: Die Legitimation von Macht

Herrschaft ist ein „Sonderfall von Macht". (Weber 1922, S. 603) Wie eingangs schon zitiert, bedeutet für Max Weber Macht „jede Chance, innerhalb einer sozialen Beziehung den eigenen Willen auch gegen Widerstreben durchzusetzen, gleichviel worauf diese Chance beruht." Es geht also um das Durchsetzen eines Willens. Dagegen bedeutet *Herrschaft* „die Chance, für einen Befehl bestimmten Inhalts bei angebbaren Personen Gehorsam zu finden." (Weber 1922, Kap. I § 16) Es geht also um die Chance, etwas zu bekommen.

Jede Macht, auch wenn sie mit Gewalt einhergeht, hat letztlich ein Bedürfnis nach „Selbstrechtfertigung", um den Unterschied zwischen Macht und Unterliegen zu legitimieren: „Die einfachste Beobachtung zeigt, dass bei beliebigen auffälligen Kontrasten des Schicksals und der Situation zweier Menschen, es sei etwa in gesundheitlicher oder in ökonomischer oder in sozialer oder welcher Hinsicht immer, möge der rein ‚zufällige' Entstehungsgrund des Unterschieds noch so klar zutage liegen, der günstiger Situierte das nicht rastende Bedürfnis fühlt, den zu seinen Gunsten bestehenden Kontrast als ‚legitim', seine eigene Lage als von ihm ‚verdient' und die des anderen als von jenem irgendwie ‚verschuldet' ansehen zu dürfen." (Weber 1922, S. 611) Das ist aus der Perspektive des Machthabers gesehen, der Gründe der Macht *anbietet*. Der Übergang zwischen Macht und Herrschaft erfolgt an dem Punkt, wo andere die Gründe *annehmen*. Wenn Weber also fragt, „auf welche letzten Prinzipien die ‚Geltung' einer Herrschaft (...) gestützt werden kann" (Weber 1922, S. 611), dann geht es um beides: die Selbstrechtfertigung der Herrschaft und die Akzeptanz dieser Rechtfertigung. Weber wechselt in seiner Theorie der Herrschaft die Perspektive zwar nicht völlig, aber die Erklärung, warum *Beherrschte sich fügen*, überwiegt doch deutlich.

Weber schreibt: die Chance, Gehorsam zu finden „kann auf verschiedenen Motiven der Fügsamkeit beruhen: Sie kann rein durch Interessenlage, also durch zweckrationale Erwägungen von Vorteilen und Nachteilen seitens des Gehorchenden, bedingt sein. Oder andererseits durch bloße ‚Sitte', die dumpfe Gewöhnung an das eingelebte Handeln; oder sie kann rein affektuell, durch bloße persönliche Neigung des Beherrschten, begründet sein." (Weber 1922a, S. 151) Entsprechend den drei Motiven der Fügsamkeit unterscheidet Weber drei reine *Legitimitätsgründe der Herrschaft*: *legale* oder rationale Herrschaft kraft Satzung, *traditionelle* Herrschaft und drittens *charismatische* Herrschaft:

Max Weber: Die drei reinen Typen der legitimen Herrschaft

Legale Herrschaft kraft Satzung. Reinster Typus ist die bürokratische Herrschaft. Grundvorstellung ist: dass beliebiges Recht durch formal korrekt gewillkürte Satzung geschaffen und abgeändert werden könne. Der Herrschaftsverband ist entweder gewählt oder bestellt. (...) Gehorcht wird nicht der Person, kraft deren Eigenrecht, sondern der gesatzten *Regel*, die dafür maßgebend ist, wem und inwieweit ihr zu gehorchen ist. Auch der Befehlende selbst gehorcht, indem er einen Befehl erlässt, einer Regel: dem ‚Gesetz' oder ‚Reglement', einer *formal* abstrakten Norm. (...)

Traditionelle Herrschaft, kraft Glaubens an die Heiligkeit der von jeher vorhandenen Ordnungen und Herrengewalten. Reinster Typus ist die patriarchalische Herrschaft. (...) Gehorcht wird der Person kraft ihrer durch Herkommen geheiligten Eigenwürde: aus Pietät. Der Inhalt der Befehle ist durch Tradition gebunden, deren rücksichtslose Verletzung seitens des Herrn die Legitimität seiner eigenen, lediglich auf ihrer Heiligkeit ruhenden, Herrschaft selbst gefährden würde. (...)

Charismatische Herrschaft, kraft affektueller Hingabe an die Person des Herrn und ihre Gnadengaben (Charisma), insbesondere: magische Fähigkeiten, Offenbarungen, Heldentum oder Macht des Geistes und der Rede. Das ewig Neue, Außerwerktägliche, Niedagewesene und die emotionale Hingenommenheit dadurch sind hier Quellen persönlicher Hingebung. Reinste Typen sind die Herrschaft des Propheten, des Kriegshelden, des großen Demagogen. Der Herrschaftsverband ist die Vergemeinschaftung in der Gemeinde oder Gefolgschaft. Der Typus des Befehlenden ist der *Führer*. Der Typus des Gehorchenden ist der ‚*Jünger*'." (Weber 1922a: Die drei reinen Typen der legitimen Herrschaft, S. 151-159)

Die *legale Herrschaft* ist begründet über willkürliche, also willentlich gewählte, und gesatzte, also festgehaltene, Regeln. Das typische Beispiel ist der demokratische Rechtsstaat. Warum Weber die Bürokratie als die reinste Form der legalen Herrschaft bezeichnet, werde ich gleich erklären.

Die *traditionelle* Herrschaft legitimiert sich im Grund durch die dauerhafte Anerkennung ihrer sozialen Tatsache. Ihr wird gefolgt, weil sie als selbstverständliche Regelung sozialer Ordnung angesehen wird. Solange sie sich in dieser Funktion bewährt oder Alternativen nicht bekannt sind, stellt sich die kritische Frage nach ihrer rationalen Legitimation nicht. Auf diese Form der Herrschaft trifft die oben beschriebene Tendenz der „Selbstrechtfertigung" in besonderer Weise zu. Weber drückt es so aus: jede privilegierte Gruppe hat ihre „Legende" von der „natürlichen" Überlegenheit. (Weber 1922, S. 611)

Die *charismatische* Herrschaft findet Zustimmung, weil ihr Führer eine besondere Gabe oder eine beeindruckende Ausstrahlung hat. Das meint das griechische Wort ‚Charisma'. Das charismatische Herrschaftsverhältnis dauert nur solange, wie dem Herrscher die außergewöhnlichen Gnadengaben zugeschrieben werden, d. h. „sein Charisma sich durch deren Erweise bewährt." (Weber 1922a, S. 159) Solche Erweise sind Wunder, Erfolge oder das Wohlergehen der Gefolgschaft. Wenn der charismatische Herrscher „von seinem Gott ›verlassen‹ ist oder seiner Heldenkraft oder des Glaubens der Massen an seine Führerqualität beraubt ist, fällt seine Herrschaft dahin." (Weber 1922a, S. 159) Bleibt der Erfolg aus, wankt die Herrschaft. Insofern, hat Hans Haferkamp zu Recht angemerkt, entbehrt „auch der Glaube der Beherrschten an außergewöhnliche Fähigkeiten nicht der rationalen Grundlage"! (Haferkamp 1983, S. 67) Sie orientieren sich am Nutzen, den diese Form der Herrschaft für sie hat.

Dies scheint denn auch „das generelle Prinzip von Herrschaft zu sein: Gewährleistung von Überleben oder Wohlergehen gegen Herrschaftsunterwerfung", oder anders: „Der Pflicht der Beherrschten zum Gehorsam, zur Anerkennung, steht die Pflicht der Bewährung der Herrschenden gegenüber." (Haferkamp 1983, S. 67) Die Herrschenden müssen nachweisen, dass die Ordnung, die sie setzen oder durch ihr Handeln exekutieren, legitim und zweckmäßig ist, und die Beherrschten müssen ihren Glauben an die erwiesene Rechtmäßigkeit und Zweckmäßigkeit durch zustimmendes Handeln unter Beweis stellen.

Weber hat seine Unterscheidung der Herrschaftsformen mit den Gründen des Handelns (und bestimmten religiösen Vorstellungen) zusammengebracht. Haferkamp, der ähnlich wie Herbert Blumer einen Handlungsbegriff hat, der immer die Verkettung einzelner Handlungen (vgl. Haferkamp 1983, S. 82) oder – im Zusammenhang von Herrschaft – die wechselseitige Bedingung des Handelns, also der Herrschenden und der Beherrschten, meint, hält Webers Ansatz für viel versprechend und führt ihn im Sinne der gerade skizzierten These so weiter:

Hans Haferkamp: Formen der Herrschaft und des Handelns

„Man kann fragen: Warum tritt affektuelles soziales Handeln auf? Warum bilden sich die entsprechenden Herrschaftsformen aus? Wenn unsere allgemeinen Thesen richtig sind, dann tritt affektuelles Handeln und charismatische Herrschaft auf, wenn die pure Existenzsicherung noch unsicher ist, wenn Leid (Krankheit, Tod) und Glück (Reichtum, reichhaltige Funde) dem Leben den Stempel aufdrücken, und Herrscher wird, wer Leid wie Glück Sinn zu geben vermag, wer aus der Not herausführt, wer Begeisterung entfacht.

> Traditionales Handeln und traditionale Herrschaft treten auf, wenn das Existenzminimum für die betrachtete Gruppe der Gesellschaft erreichbar ist. Wer diese Notwendigkeit dauerhaft sichert, der wird als Herrscher anerkannt.
>
> Wert- und zweckrationales Handeln und legal-bürokratische Herrschaft treten auf, wenn gesteigerte Existenz für alle relevanten Gruppen möglich ist, wenn mehr Werte für viele möglich werden. In dieser Gesellschaft ist es die Bürokratie, die verrechtlicht, verstetigt, plant, die paktierten oder oktroyierten Herrscherwillen effizient durchsetzt." (Haferkamp 1983: Soziologie der Herrschaft, S. 68)

Ich will den Zusammenhang zwischen Gründen des Glaubens an eine bestimmte Form der Herrschaft und Gründen des Handelns in *dieser* Sequenz so beschreiben. Der charismatischen Herrschaft stimmt man zu, weil sie einen neuen Aufbruch bei der Lösung von Problemen verspricht, die man nicht rational durchschaut, aber stark emotional empfindet. Einer traditionalen Herrschaft folgt man, weil sich für die Probleme des Alltags, wie sie gewöhnlich und für alle anfallen, zweckmäßige Lösungen eingespielt haben. Man stimmt dem immer gleichen, quasi natürlichen Handeln der Herrschenden zu und attestiert ihm einen Wert an sich. Ihn hält man aus Pietät und mangels Enttäuschung hoch. Mit der legalen Herrschaft verbindet sich das Kalkül, darin die zweckmäßigste Form gefunden zu haben, in der allen die gleichen Chancen garantiert und allen die gleichen Leistungen abverlangt werden, mit den Problemen des Lebens in der Gesellschaft fertig zu werden. Das ist letztlich auch der Grund, weshalb Weber die Bürokratie als reine Form der legalen Herrschaft bezeichnet, die sich notwendig in der Moderne so ergeben hat.

7.5 Bürokratie: Reine Herrschaft und ihre Gefahr

Die Chance der Herrschaft, Gehorsam zu finden, ist umso größer, je rationaler die Gründe der Herrschaft erscheinen. Diese Chance ist für Weber mit der Bürokratie gegeben. Sie verwirklicht, ich wiederhole es, das Prinzip der Rationalität, das den Erfolg der Moderne ausmacht. Bürokratie ist die „rationalste Form der Herrschaftsausübung". (Weber 1922, S. 128) Sie vereint Sachlichkeit und Zweckmäßigkeit, erfolgt nach Regeln ohne Ansehen der Person (‚sine ira et studio') rein sachlich und ist in ihrem Vollzug jederzeit von außen einsichtig. Sie ist verlässlich und berechenbar – „für den Herren wie für den Interessenten". (Weber 1922, S. 128)

Bürokratische Verwaltung bedeutet „Herrschaft kraft Wissen". (Weber 1922, S. 129) Es ist das Wissen, wie Probleme üblicherweise und am zweckmäßigsten zu regeln sind, aber auch das Wissen um die Begründung und Kontrolle der Regeln, die dabei zur Anwendung kommen. Da sie festgelegt (gesatzt) sind, äußert sich bürokratische Herrschaft als Ausführung von Regeln, und deshalb kann diese Herrschaft auch von außen eingesehen und überprüft werden. Im Grunde interessiert Weber Herrschaft „in erster Linie, sofern sie mit ‚Verwaltung' verbunden ist", und das begründet er zweifach: „Jede Herrschaft äußert sich und funktioniert als Verwaltung. Jede Verwaltung bedarf irgendwie der Herrschaft, denn immer müssen zu ihrer Führung irgendwelche Befehlsgewalten in irgend jemandes Hand gelegt sein." (Weber 1922, S. 607)

Mit seiner These von der Bürokratie als reinster Form legaler Herrschaft hat Weber die Form der Herrschaft bezeichnet, in der sie uns im Alltag begegnet: als Verwaltung. (Weber 1922, S. 126) Auf der anderen Seite beschreibt er aber auch, in welcher Form sich Politik als legale Herrschaft vollzieht: als Verwaltung. Das kann man positiv wie negativ sehen. Positiv heißt das, dass Politik bis in die letzte Entscheidung hinein transparent ist und ihre Legitimität ausschließlich durch die Anwendung gesatzter Regeln und ununterbrochen unter Beweis stellt. Negativ heißt das, dass sie sich aus dem gleichen Grund immer mehr „entmenschlicht" und politisches wie soziales und wirtschaftliches Handeln nur noch am

„berechenbaren Erfolg“ bemisst. Das aber scheint in der Moderne eingebaut zu sein:

Max Weber: Vollkommene Bürokratie entmenschlicht sich

„Die Eigenart der modernen Kultur, speziell ihres technisch-ökonomischen Unterbaues aber, verlangt gerade diese ‚Berechenbarkeit‘ des Erfolges. Die Bürokratie in ihrer Vollentwicklung steht in einem spezifischen Sinn auch unter dem Prinzip des ‚sine ira ac studio‘. Ihre spezifische, dem Kapitalismus willkommene, Eigenart entwickelt sie umso vollkommener, je mehr sie sich ‚entmenschlicht‘, je vollkommener, heißt das hier, ihr die spezifische Eigenschaft, welche ihr als Tugend nachgerühmt wird, die Ausschaltung von Liebe, Hass und allen rein persönlichen, überhaupt aller irrationalen, dem Kalkul sich entziehenden, Empfindungselementen aus der Erledigung der Amtsgeschäfte gelingt. Statt des durch persönliche Anteilnahme. Gunst, Gnade, Dankbarkeit, bewegten Herren der älteren Ordnungen verlangt eben die moderne Kultur für den äußeren Apparat, der sie stützt, je komplizierter und spezialisierter sie wird, desto mehr den menschlich unbeteiligten, daher streng ‚sachlichen‘ *Fachmann*. All dies aber bietet die bürokratische Struktur in günstigster Verbindung. Namentlich schafft regelmäßig erst sie der *Rechtsprechung* den Boden für die Durchführung eines begrifflich systematisierten und rationalen *Rechts*, auf der Grundlage von ‚Gesetzen‘ (...).“ (Weber 1922: Wirtschaft und Gesellschaft, S. 662)

Ich denke, der Text spricht für sich, und Sie können sich selbst ausmalen, was diese Form der legalen Herrschaft letztlich bedeutet. Weber selbst greift in seinen Befürchtungen weit aus, indem er schreibt: „Wo die Bürokratisierung der Verwaltung einmal restlos durchgeführt ist, da ist eine praktisch so gut wie unzerbrechliche Form der Herrschaftsbeziehungen geschaffen. Der einzelne Beamte kann sich dem Apparat, in den er eingespannt ist, nicht entwinden.“ (Weber 1922, S. 669) Bürokratische Verwaltung droht sich gegenüber den Aufgaben, die im Wandel der Gesellschaft nicht gleich bleiben, zu verhärten oder gar abzuschotten und die

Beamten auf die pure Ausführung von Regeln zu degradieren. Aus einer anderen Perspektive ist damit eine dritte, politische Gefahr verbunden, die Weber seinerzeit schon gesehen hat: „Der Berufsbeamte ist (...) mit seiner ganzen materiellen und ideellen Existenz an seine Tätigkeit gekettet. (...) Die objektive Unentbehrlichkeit des einmal bestehenden Apparats in Verbindung mit der ihm eigenen ‚Unpersönlichkeit' bringt es andererseits mit sich, dass er (...) sich sehr leicht bereit findet, für jeden zu arbeiten, der sich der Herrschaft über ihn einmal zu bemächtigen gewusst hat." (Weber 1922, S. 669)

Diese Befürchtung weiter gedacht heißt: wer sich auf Herrschaft als reine Exekution abstrakter Regeln einlässt, legitimiert sich nur noch über Sachzwänge, aber nicht mehr über öffentliche Verantwortung. Das gilt für den Manager wie den Politiker, den Amtsvorsteher wie den Polizisten. Damit bin ich bei der letzten Perspektive, aus der das Individuum in den Blick rückt. Seine Freiheit wird durch die Verrechtlichung, die legale Herrschaft in ihrer bürokratischen Form mit sich bringt, auf das Maß eindimensioniert, das sich aus den Sachzwängen ergibt.

Rationalität, das war Webers These in seiner „Protestantischen Ethik", ist das Prinzip der abendländischen Moderne. Legale Herrschaft ist die Organisation der Rechte und Pflichten, die die wirtschaftliche, politische oder gesellschaftliche Ausformung dieser Rationalität erfordern und gewähren. Bürokratie ist die reinste Form der Durchführung legaler Herrschaft – auf allen drei Gebieten. Sie ist „schlechthin unentrinnbar". (Weber 1922, S. 128) Das zu konstatieren, böte schon genug Anlass zur Sorge.[10] Größer wird sie, wenn Weber selbst die bange Frage stellt, wer den bestehenden bürokratischen Apparat beherrscht. Letztlich, so muss man wohl Webers Überlegungen interpretieren, niemand, denn es sind die Sachgesetze, die herrschen.

---

10 Auf diese Sorge komme ich ganz zum Schluss noch einmal in Kapitel 10.3 „Weber: Asketischer Protestantismus, Beruf und rationale Lebensführung" zurück.

Was uns in dieser Hinsicht bevorstehen könnte, hat Sven Papcke in einer Rundfunkdiskussion so auf den Punkt gebracht: „Marx und Weber teilten beide die Erfahrung, dass der Industrialismus in seiner kapitalistischen Form große Gefahren für das Subjekt, ja, für die Geschichte selbst zu bergen schien. Bei Marx etwa ist als Ziel der Evolution durchaus ‚Barbarei' denkbar. Und Weber hat schon 1904 in seiner Arbeit über die protestantische Ethik geradezu prophetische Aussagen getroffen über einen ‚Kältetod' der modernen Zivilisation unter den Bedingungen einer bürokratischen Voll-Herrschaft. (...) Weber schaute – auf die gleiche Krise reagierend – insofern weiter als Marx, als er nicht länger dem Optimismus frönte, der sich bei diesem noch findet. Weber teilte die Sorgen seines Vorgängers. Für ihn aber waren die Prozesse und Sachzwänge, die durch den industriellen Wandel in Gang gesetzt wurden, derart verdinglichend und so überwältigend für die Verarbeitungskapazität der Menschen, dass er einen wie immer gearteten revolutionären oder der Entwicklung entstammenden eschatologischen Umschwung nicht mehr erwartete. Die Geschichte schien ihm vielmehr versperrt zu sein. In dieser Ausweglosigkeit werden bei Max Weber problematische Hilfen angesprochen: etwa die Flucht in die Intimität, oder irrationale Interventionen charismatischer Persönlichkeiten, die vielleicht doch noch Breschen in die Bürokratie schlagen könnten." (Papcke, Topolsky, Wehler 1988, S. 104)

Die Befürchtung vom Kältetod[11] der modernen Zivilisation unter den Bedingungen einer bürokratischen Vollherrschaft findet sich zwar so nicht in der protestantischen Ethik, aber eine Vision, die Weber in seinem Vortrag über „Politik als Beruf" aus dem Jahre 1919 anklingen lässt, passt in dem Zusammenhang durchaus ins Bild. Dort befürchtet er, dass der Kampf zwischen Gesinnungsethik und Verantwortungsethik als Grundlage von Politik nicht auf die Hoffnungen hinauslaufen wird, die die Gesinnungsethiker nach dem Zusammenbruch des Kaiserreiches auf eine politische Revolution gesetzt haben: „Nicht das Blühen des Som-

11 Das Wort vom Kältetod haben Papcke und ich auch nach gemeinsamer Suche nicht bei Weber gefunden.

mers liegt vor uns, sondern zunächst eine Polarnacht von eisiger Finsternis und Härte." (Weber 1919b, S. 184)

Die kritische Sicht auf die letzten Formen der abendländischen Rationalität findet sich vor allem bei den Soziologen der Frankfurter Schule. So heißt es z. B. bei *Herbert Marcuse*: „Auf ihrer fortgeschrittensten Stufe fungiert Herrschaft als Verwaltung", persönliche Abhängigkeit wird ersetzt „durch die Abhängigkeit von der ‚objektiven Ordnung der Dinge'." (Marcuse 1964, S. 266f.) Das war auch die Kritik, die *Max Horkheimer* und *Theodor W. Adorno* in der „Dialektik der Aufklärung" (1944) am Diktat der Rationalität, wie es seit der Aufklärung unausweichlich geworden ist, geübt haben. Herrschaft legitimiert sich unter den Bedingungen der abendländischen Rationalität immer mehr über sachlich gebotene Entscheidungszwänge. Die Aufklärung kehrt sich gegen den Menschen, indem sie seine Bedürfnisse und seine Emotionalität unter das Joch des Zulässigen zwingt, was nach dem Stand der sachlichen Maßgaben von Technik und Ökonomie geboten ist.

7.6 Gegen Macht

Ich habe eingangs gesagt, dass es kaum ein soziologisches Thema gibt, in das Leidenschaft so sehr hineinspielt, wie „Macht". Die Gefahr ist sicher nicht geringer, wenn man fragt, was gegen Macht zu tun ist. Die Frage, ob man überhaupt etwas dagegen tun sollte oder darf, ist für mich dabei schon vorab insofern beantwortet, als ich den Blick auf ungerechtfertigte Macht lenke und zweitens der Freiheit des Individuums höhere Bedeutung als der Macht der Verhältnisse einräume. Da Soziologie weder Bekenntnis noch Anleitung zum Handeln ist, gebe ich drei Eckpunkte an, zwischen denen die Frage rational entschieden werden kann.

An dem einen Eckpunkt steht die handlungstheoretische Erklärung der Macht, wie sie *Anthony Giddens* gegeben hat. In Kurzform kann man sagen: Jedes Handeln in sozialen Beziehungen ist Macht. Insofern macht es auch keinen Sinn, von „nur Mächtigen" und „nur Machtlosen" zu sprechen. Sie sind es nur in der Einschätzung ihrer Beziehung zueinander. In Wirklichkeit sind sie durch ihr Handeln miteinander verschränkt. Giddens nennt das ‚dialectic of control'. Hans Joas, ein genauer Leser der These von Giddens, zieht daraus folgenden Schluss: „Wenn alles Handeln-Können in sozialen Beziehungen Macht ist, dann gibt es keine absolute Machtlosigkeit des Handelnden, dann können noch die Abhängigsten und Geknechtetsten Ressourcen zur Kontrolle ihrer Situation und der Reproduktion ihrer sozialen Beziehungen zu den Unterdrückern mobilisieren." (Joas 1986, S. 241) Dieser Schluss ist sicher richtig, aber ganz sicher nur im Prinzip. Der letzte Teil des Satzes gab mir zu denken.

An dem zweiten Eckpunkt steht der Informatiker *Joseph Weizenbaum*, von dem folgender Satz kolportiert wird: „Die am weitesten verbreitete Geisteskrankheit unserer Zeit ist die Überzeugung der Einzelnen, dass sie machtlos seien."[12] Ich füge hinzu: wenigstens fragen könnten sie. *Eine* entscheidende Voraussetzung dafür, dass Macht abgebaut werden kann, ist denn auch, sich der Machtverhältnisse bewusst zu werden und ihre Legitimität zu befragen. Soziologie ist eine Wissenschaft, die in dieser Hinsicht sicher gute Dienste leisten kann. Doch fragen allein hilft nicht, weshalb ich den Blick auf den dritten Eckpunkt lenken möchte. Dort steht die These, dass die zweite Voraussetzung, gegen ungerechtfertigte Macht zu handeln, ist, sich mit Gleichbetroffenen zu solidarisieren.

12 Da ich selbst erlebt habe, wie Weizenbaum in der Diskussion mit Zitaten jonglierte, vermute ich mal, auch das steht schon irgendwo geschrieben. Für Hilfe bin ich wie immer dankbar.

8. Soziale Schichtung

8.1 Über das dreigeteilte Haus Gottes und den Beruf des Menschen
8.2 Klassen und Stände – Marx und Weber
8.3 Geiger: Soziallagen und Mentalitäten
8.4 Differentielle Wertungen, funktionale Leistungen
8.5 Die empirische Ermittlung von Schichten
8.6 Kritik an der These und am Begriff der Schichtung

Der Begriff „Schichtung" stammt ursprünglich aus der Geologie, wo man übereinander gelagerte Erdschichten unterscheidet. Man weiß, wie sich die Schichten zusammensetzen und warum sie so liegen, wie sie liegen. Wenn wir im Alltag darüber nachdenken, wo die anderen einzuordnen sind oder wo wir wohl von den anderen eingeordnet werden, dann spielen implizit ganz ähnliche Vorstellungen einer vertikalen Anordnung eine Rolle. Davon geht auch die Soziologie der Schichtung aus und sie erklärt, wie es zu einer tatsächlichen vertikalen Gliederung in der Gesellschaft gekommen ist. Darüber hinaus macht sie sich auch anheischig, anhand bestimmter Merkmale festzustellen, wo Individuen objektiv sozial platziert sind.

In der soziologischen Diskussion über die Gliederung der Gesellschaft kann man grob zwei Richtungen unterscheiden. Bei der einen werden *objektive*, materielle Ursachen verantwortlich gemacht. Das wird am entschiedensten von *Karl Marx* so gesehen, aber auch zum Teil von *Max Weber*, die beide den Begriff der *Klasse* verwenden.[1] Bei der zweiten Richtung werden die Zusam-

---

1 Es hätte auch Sinn gemacht, die Theorie von Pierre Bourdieu, der gewissermaßen die Klassenthese von Marx und die These der ständischen Lebensführung von Weber miteinander verbunden hat, schon hier zu behandeln. Weil ich sie aber als *Theorie der Praxis* lese und weil Bourdieu diese Praxis mit ganz

menhänge nicht völlig anders gesehen, aber sie werden stärker aus dem *Handeln* der Individuen erklärt. Dort spricht man von *sozialen Schichten*, um die Konnotation der Interessengegensätze, die beim Begriff der Klasse immer mitschwingt, zu vermeiden. *Talcott Parsons* erklärt die faktischen Ungleichheiten mit differentiellen Wertungen in bestimmten sozialen Merkmalen, von denen ein zentrales die Leistung ist. Das ist dann in dem klassischen Beitrag von *Kingsley Davis* und *Wilbert E. Moore* das entscheidende Merkmal zur Erklärung sozialer Schichtung überhaupt. Schichtung, so kann man es auf den Punkt bringen, kommt aufgrund funktionaler Leistungen der Individuen zustande und ist insofern auch gerecht, als angenommen wird, es handele sich um eine offene Gesellschaft, in der jeder gleiche Chancen hat.

Eine Zwischenstellung[2] nimmt die Theorie von *Theodor Geiger* ein, der in den 30er Jahren auf der Basis ökonomischer Daten ein empirisches Modell der Schichtung entwarf. In dieses Modell bezog er psychologische Faktoren wie Lebensstil und Mentalität mit ein. Dieser Ansatz ist leider etwas in Vergessenheit geraten, obwohl sich dort schon viele Gedanken finden, die später in der Soziologie sozialer Ungleichheit eine zentrale Rolle spielen. Auf diese jüngere Diskussion leite ich über mit der Kritik an These und Begriff der Schichtung.

Ich beginne mit einem Blick auf die Vorgeschichte (wenigstens will ich das mal so annehmen) der Erklärungen, warum bestimmte Individuen oder ganze Gruppen höher oder niedriger stehen oder so eingeschätzt werden.

---

anderen sozialen Merkmalen erklärt, als das in der klassischen Soziologie sozialer Schichtung (Theodor Geiger ausgenommen!) überhaupt gedacht wird, habe ich mich entschieden, sie erst im nächsten Kapitel unter der Überschrift „Soziale Ungleichheit" zu behandeln. Einiges wird auch noch in Band 2, Kapitel 7.4 „Bourdieu: Die feinen Unterschiede" ausgeführt.

2 Deshalb gerade der Hinweis in der letzten Anmerkung!

8.1 Über das dreigeteilte Haus Gottes und den Beruf des Menschen

Im Laufe der Geschichte hat es zahlreiche religiöse Erklärungen gegeben, warum die Menschen ungleich sind und in der Gesellschaft oben oder unten stehen. Nehmen wir zum Beispiel die indische *Kastengesellschaft*, die sich aus der Religion des Hinduismus erklärt. Ihre unzerstörbare strenge Hierarchie wurde damit begründet, dass den Menschen nach göttlichem Ratschluss bestimmte Merkmale verliehen und sie deshalb bestimmten Kasten zugewiesen wurden. Beides gilt das gesamte Leben hindurch, weshalb auch Exogamie verboten war. Mit der sozialen Abstufung sind auch funktionale Differenzierungen (Berufe, Zuständigkeiten) und strenge Regeln für das Verhalten (Kleidung, Essgewohnheiten) verbunden. Der Hinduismus glaubt an die Seelenwanderung und die Vergeltung, die einem Menschen in einem weiteren Leben für das Handeln und Unterlassen in einem früheren zuteil wird. Die Erklärung, warum auch diejenigen, die sich in einer niederen Kaste befinden, ihr Los hinnehmen, liegt in der Hoffnung, dass sie mit der strikten Befolgung der Gebote ihrer Kaste bei der nächsten Inkarnation der Seele belohnt werden und in eine höhere Kaste aufsteigen. Deshalb akzeptiert auch der Paria die offensichtlichen sozialen Benachteiligungen.

Dieses Prinzip einer religiösen Legitimation natürlicher Ungleichheit findet sich allerdings nicht nur in dieser Kastengesellschaft eines fernen Landes, sondern hat Jahrhunderte auch in Europa gegolten. Bis an die Schwelle der Moderne war die Gesellschaft in Europa hierarchisch gegliedert, und selbstverständlich wurden dafür religiöse Grundüberzeugungen herangezogen. So schrieb um 1016 Bischof Adalberon von Laon: „Das Haus Gottes ist dreigeteilt: die einen beten, die anderen kämpfen, die dritten endlich arbeiten." (zit. nach Le Goff 1965, S. 27) Der Spruchdichter Freidank formulierte es in seiner „Bescheidenheit" (um 1220) so: „Got hat driu leben geschaffen: gebure, ritter unde pfaffen." Das waren die Stände, wie sie Gott in seinem Haus auf Erden vorgesehen hatte: den ersten Stand bildete der Klerus, den zweiten der Adel und den dritten das Volk, das sich seit dem

Spätmittelalter (ab dem 13./14. Jahrhundert) nach Bürgern und Bauern differenzierte. Selbstverständlich bildeten diese Stände eine soziale Rangordnung. In ihr waren über 90 % der Bevölkerung unfrei, und ausschließlich dem dritten Stand wurden die Steuern abgefordert, die die gesamte Gesellschaft in Gang hielten.

Sieht man von der soziologischen Begründung des Standes der Geistlichen einmal ab, dann fällt auf, dass der soziale und rechtliche Unterschied zwischen Freien und Unfreien ausschließlich materiell begründet war: in der Verfügung über den Boden, das sog. ‚feudum'. Der Feudalherr besaß den Boden, gewissermaßen die einzige Basis der Existenz, allein und konnte darüber völlig frei verfügen. Das Recht auf den Boden beinhaltete auch das Recht auf die darauf wohnenden Menschen (Leibeigene), und er konnte es verleihen (Lehen), wann immer und an wen immer er wollte.

Neben der sozialen Ordnung, die sich über den Besitz des Bodens und die göttliche Vorsehung rechtfertigte, zeichnete sich schon seit dem 13. Jahrhundert mit der Gründung der Städte eine andere Entwicklung ab, in der individuelle Leistung zu sozialen Unterscheidungen führte. In den Städten war es infolge der sozialen Verdichtung zu einer *Differenzierung* des Teiles der Gesellschaft gekommen, der am Anfang noch unterhalb von Adel und Klerus stand, dann aber sich mehr und mehr als Gegengewicht zu diesen beiden Ständen verstand. Es entstand eine städtische Gesellschaft, in der sich zwar alle wechselseitig durch spezielle Leistungen miteinander verbunden fühlten, aber sie stuften sich auch danach ein, wie wichtig und wertvoll der Beitrag des Einzelnen für das Funktionieren der Gesellschaft insgesamt war. Während sich auf dem Land kaum etwas änderte, entwickelte die städtische Gesellschaft allmählich Prestigekriterien und bildete so im Laufe der Jahrhunderte ein genau abgestuftes System von Rängen und Ständen aus. Die Kaufleute taten sich in Gilden und die Handwerker in Zünften zusammen und achteten peinlich darauf, dass jeder sich seinem Stand gemäß verhielt. Daneben gab es große „unterständische" Gruppen (unehrenhafte Berufe, Bettler, u. a.), die „frei" (vogelfrei) waren.

Vergleicht man den Rangaufbau einer vorindustriellen Agrargesellschaft mit dem einer westlichen Industriegesellschaft, dann wird die völlig andere Struktur sozialer Ungleichheit sofort deutlich:

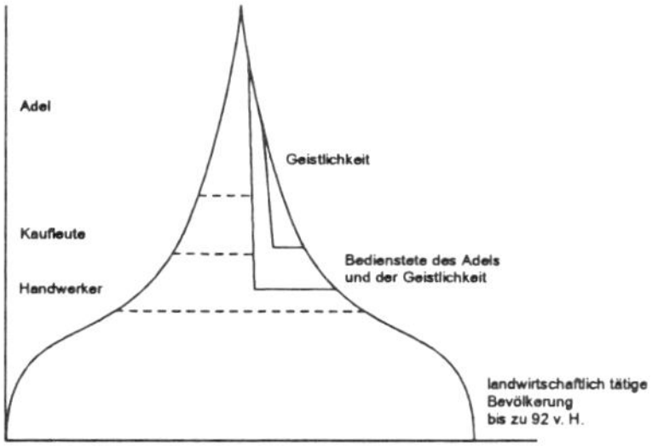

Rangaufbau einer vorindustriellen Agrargesellschaft

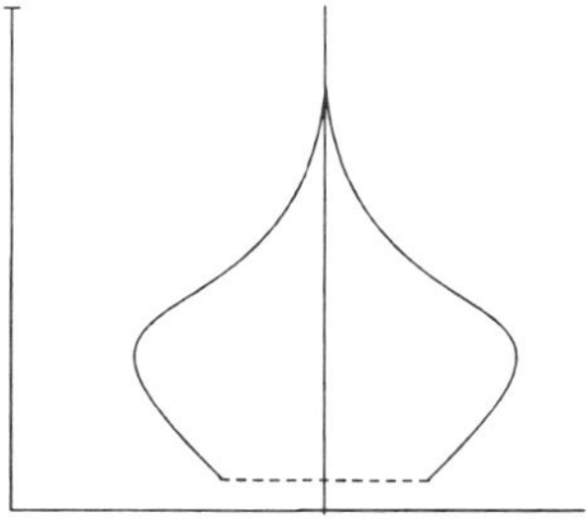

Rangaufbau einer westlichen Industriegesellschaft

Quelle: Bolte 1958: Schichtung, S. 248 u. 250

Man kann sich natürlich fragen, warum auch die, die in diesem System so offensichtlich schlechter wegkamen, das so lange mitgemacht haben? Die Antwort liegt auf der Hand: auch sie fühlten sich in eine göttliche Ordnung berufen, die man nicht stören durfte. Wer sie in Frage stellte, widersetzte sich Gottes Berufung. Interessanterweise spielte diese Erklärung just in dem Augenblick noch einmal eine entscheidende Rolle, als der christlichen Lehre Protest aus den eigenen Reihen erwuchs. Der Gedanke, dass es etwas mit Gottes Vorsehung zu tun hat, wo der Einzelne in der Gesellschaft plaziert ist, findet sich nämlich auch bei *Martin Luther (1483-1546)*. Auch er ging von einer göttlichen Vorsehung aus, die den Menschen in einen Stand beruft. Daher auch das Wort „Beruf". Die objektive historische Ordnung galt Luther als direkter Ausfluss des göttlichen Willens. Da Gott sich etwas dabei gedacht hatte, dass er die Menschen in unterschiedliche Stände und an verschiedene Plätze „berufen" hatte, war es auch die religiöse Pflicht des Einzelnen, in dieser Stellung zu verharren. „Für Luther wurde die aus der objektiven historischen Ordnung folgende Eingliederung der Menschen in die gegebenen Stände und Berufe zum direkten Ausfluss göttlichen Willens und also das Verharren des Einzelnen in der Stellung und in den Schranken, die Gott ihm zugewiesen hat, religiöse Pflicht." (Weber 1905a, S. 361)

Mit der Zugehörigkeit zu einem Stand waren feste Privilegien, wo man z. B. in der Kirche sitzen durfte oder wer von der Steuer befreit war, und Verbote verbunden. Vor allem die äußeren Kennzeichen spielten in einer ständischen Gesellschaft, die immer genauere Abstufungen erfand, eine große Rolle. So heißt es in einer Policey Ordnung aus dem Jahre 1621 über das, was dem „Ander Stand", also dem 2. Stand, und dem „fünfften Stand" geziemt:

Policey Ordnung: Ander Stand und fünffter Stand

„Ander Stand. Was sonsten andere deß Raths/ auch die vornembste namhaffte Bürger und Handelsleute belangt/ mögen wol seidene Hosen unnd Wambs auch Attlaß/ doch allein zu Wämbsern und Gaffa zu Hosen und Wammes/ aber keinen Sammet/ auch keinen solchen Gaffa/ welcher dem Sammet zu vergleichen/ wie nicht wenigers keine seidene Mäntel antragen/ bey Straff zwantzig Reichsthaler. Sie mögen auch seidene Spitzen an den Hosenbendeln unnd dergleichen Schuhrosen/ doch bescheidentlich/ antragen/ bey Straff drey Reichsthaler. Es sol auch dem ersten und zweyten erstbemeldten Ständen seidene Strümpff zu tragen erlaubt/ den andern nachfolgenden aber gänzlich verbotten seyn/ bey Straff zween Reichsthaler. (...)

Fünffter Stand. Sonsten andern/ so eygentlich keine Handwercker auch rechte Kramer seynd/ wie nit weniger Gutschern/ Fuhrleute/ Heintzlern (Knechte, gemeine Leute/ Taglöhnern/ und dergleichen Personen sol Schamlott[3] / Türckisch Grobgrün/ und anderer vornemer Zeug so in gleichem Preiß unnd darüber/ auch alle seidene Schnür und Verbremung außtrücklich verbotten seyn bey Straff drey Reichsthaler. Die güldene und Perlene Hutschnür/ mögen allein die im ersten Stand tragen/ doch dass eine uber fünff und zwanzig Reichsthaler auffs höchst nit werth seye/ bey Straff sechs

3 Schamlott = Camelot: feiner Wollstoff aus Kamelhaar.

> Reichsthaler. (...) Andere/ deß andern und dritten Stands Personen solen auch kein Kragen uber fünff Gülden/ bey Straff anderthalb Reichsthaler/ die ubrige nicht uber drey Gülden werth antragen/ bey Straff eins Reichsthalers. Die Handels- und Kramer Diener/ wie auch die Handwercks Söhne und Gesellen sollen sich alles seidenen zeugs zu Kleidung und Mänteln enthalten/ bey Straff sechs Reichsthaler/ oder der Gefängnüß." (Policey Ordnung 1621)

Auch die Form der Kleidung diente als Mittel der sozialen Unterscheidung. Je enger oder auch weiter, jedenfalls künstlicher sie war, umso deutlicher demonstrierte man, wie weit entfernt man sich vom niederen, das heißt mühselig arbeitenden Volk hielt.[4] Die raffinierte Kleidung sollte zu allen Zeiten zeigen, dass man nicht nötig hatte, zu arbeiten. „Das Korsett, die Schleppe und der Reifrock sind wohl die typischsten Hervorbringungen dieser Mode des ‚sichtbaren Müßigganges'." (Thiel 1990, S. 6)[5]

Die Trachtenprivilegien sollten Abstände von oben nach unten sichern. „Daher war mit den Kämpfen um soziale Gleichstellung immer auch das Streben nach modischer Gleichberechtigung verbunden." (Thiel 1990, S. 6) Nach der französischen Revolution schaffte die Nationalversammlung die Standestrachten ab, und jeder konnte anziehen, was er wollte. Doch im Laufe des 19. Jhs. schuf das etablierte Bürgertum soziale Abstände wieder über exklusive Ausstattung. Damit rückte das Kriterium der sozialen Rangordnung, das seit längerem schon an die Stelle von Rang nach Geburt oder göttlicher Vorsehung getreten war, in den Vordergrund: der *Besitz*.

---

4 Hier beziehe ich mich, wie auch Erika Thiel im folgenden Zitat, auf die Theorie von Thorstein Veblen, wonach ein sozialer Status durch sichtbaren Müßiggang demonstriert wird. Ausführlich gehe ich auf dieses Verhalten in Band 2, Kapitel 7.3 „Veblen: Demonstrativer Müßiggang und Konsum der feinen Leute" ein.

5 Die hochhackigen Schuhe oder die engen Röcke erfüllen heute wahrscheinlich den gleichen Zweck. Bei den Männern scheinen solche Demonstrationen unauffälliger, aber die alte Unterscheidung zwischen white collar und blue collar deutet in diese Richtung, und man kann sich auch fragen, ob nicht der auffällige Freizeitdress in vielen Angestelltenberufen heutzutage eine unbewusste Botschaft ist „eigentlich arbeite ich gar nicht".

Bevor ich auf zwei Theorien eingehe, in denen der Besitz als entscheidendes Kriterium der Differenzierung eine Rolle spielt, will ich kurz ansprechen, welche geistige Entwicklung einen wichtigen Anstoß in dieser Hinsicht gegeben hat. Bei Luthers konservativer Begründung der Ordnung ist es nämlich nicht geblieben, und ausgerechnet aus dem Geist des Protestantismus entwickelte sich eine Theorie der Gesellschaft, die auf der einen Seite die Verhältnisse in Bewegung brachte und bestimmte Unterschiede abschaffte, die auf der anderen Seite aber auch eine rationale Begründung für soziale Ungleichheiten lieferte, die sich dennoch bzw. gerade deshalb wieder ergaben. Max Weber hat nämlich in seiner Studie über die „Protestantische Ethik und den Geist des Kapitalismus" gezeigt, dass der Gedanke der Berufung, des „calling", im englischen *Puritanismus* in einer folgenreichen Weise nuanciert worden ist: „Welches der providentielle Zweck der Berufsgliederung ist, erkennt man (...) an ihren Früchten." (Weber 1905a, S. 361) Deshalb ist „nicht Arbeit an sich, sondern rationale Berufsarbeit (...) das von Gott verlangte. Auf diesem methodischen Charakter der Berufsaskese liegt bei der puritanischen Berufsidee stets der Nachdruck, nicht, wie bei Luther, auf dem Sichbescheiden mit dem einmal von Gott zugemessenen Los." (Weber 1905a, S. 362)

Das Prinzip der Leistung als Erklärung einer sich „natürlich" ergebenden sozialen Differenzierung hat hier einen ganz entscheidenden Ursprung. Darauf komme ich noch einmal zurück. Vorher aber die beiden schon angedeuteten, makrosoziologischen Erklärungen, in denen objektive, materielle Bedingungen für Unterschiede zwischen den Menschen bzw. für ganze Teile der Gesellschaft verantwortlich gemacht werden. Die eine stammt von Karl Marx und findet ihren Niederschlag in der These der Klassengesellschaft, in der sich Besitzer und Nichtbesitzer von Produktionsmitteln wegen unversöhnlicher Interessen antagonistisch gegenüberstehen. Die zweite ist Max Webers Klassentheorie, in der dieser Besitz auch eine Rolle spielt, aber nicht zu unversöhnlichen Interessengegensätzen führt. Weber verbindet sie mit einer Theorie einer ständischen Lebensführung, in der der Besitz ein Mittel sozialer Wertschätzung ist.

8.2 Klassen und Stände – Marx und Weber

Neben die Kritik an der über Besitz und Einkommen begründeten politischen Ungleichheit rückte im 19. Jahrhundert eine Kritik, die die Lebensverhältnisse von Grund auf betrachtete und anprangerte. Das erfolgte in der Klassentheorie von *Karl Marx*. Auf sie reagierte Anfang des 20. Jahrhunderts *Max Weber*, der über die objektiven ökonomischen Verhältnisse eine Theorie der Klassen und – damit bedingt – eine Theorie der ständischen Lebensführung entwickelte.

Für *Marx* ist die Gesellschaft in Besitzende und Nicht-Besitzende aufgeteilt, in Menschen, die über *Produktionsmittel* (Grund und Boden, Rohstoffe, Maschinen, Werkzeuge) verfügen, und welche, die das nicht können. Die ersteren gehören zur *Bourgeoisie*, die zweiten zum *Proletariat*. Was darunter zu verstehen ist, hat *Friedrich Engels* in einer Anmerkung zur englischen Ausgabe des Kommunistischen Manifestes erklärt: „Unter Bourgeoisie wird die Klasse der modernen Kapitalisten verstanden, die Besitzer der gesellschaftlichen Produktionsmittel sind und Lohnarbeit ausnutzen. Unter Proletariat die Klasse der modernen Lohnarbeiter, die, da sie keine eigenen Produktionsmittel besitzen, darauf angewiesen sind, ihre Arbeitskraft zu verkaufen, um leben zu können." (Engels 1888, S. 462)

Es gibt also eine *materielle* Grundlage der individuellen Existenz und der gesellschaftlichen Verhältnisse. Das war die Revision, die Marx schon im Jahre 1844 an *Hegel*, für den die Entwicklung der bürgerlichen Gesellschaft eine Entwicklung des Geistes darstellte, vorgenommen hatte: „Meine Untersuchung", blickt Marx auf seine früheren Studien zurück, „mündete in dem Ergebnis, dass Rechtsverhältnisse wie Staatsformen weder aus sich selbst zu begreifen sind noch aus der sogenannten allgemeinen Entwicklung des menschlichen Geistes, sondern vielmehr in den materiellen Lebensverhältnissen wurzeln," (...) dass also „die Anatomie der bürgerlichen Gesellschaft in der politischen Ökonomie zu suchen sei." (Marx 1859, S. 8) In einer These gegen den Philosophen und Theologiekritiker *Ludwig Feuerbach*, der das Wesen des Menschen in seiner Sinnlichkeit sah, hatte Marx es schon 1845 so formuliert:

„Das menschliche Wesen ist kein dem einzelnen Individuum innewohnendes Abstraktum. In seiner Wirklichkeit ist es das Ensemble der gesellschaftlichen Verhältnisse." (Marx 1845, S. 6) Die wiederum sind materiell, über die Produktionsverhältnisse, bestimmt, und da sie nicht gerecht sind, darf man über gesellschaftliche Verhältnisse auch nicht mehr nur reden, sondern muss etwas tun. Das fordert Marx in seiner berühmten 11. Feuerbach-These: „Die Philosophen haben die Welt nur verschieden interpretiert, es kömmt drauf an, sie zu verändern." (Marx 1845, S. 7)

Doch zurück zu der Theorie des historischen Materialismus, die Marx im Vorwort „Zur Kritik der politischen Ökonomie" so ausführt:

Karl Marx: Die Produktionsweise des materiellen Lebens bedingt den sozialen Lebensprozess

„In der gesellschaftlichen Produktion ihres Lebens gehen die Menschen bestimmte, notwendige, von ihrem Willen unabhängige Verhältnisse ein, Produktionsverhältnisse, die einer bestimmten Entwicklungsstufe ihrer materiellen Produktivkräfte entsprechen. Die Gesamtheit dieser Produktionsverhältnisse bildet die ökonomische Struktur der Gesellschaft, die reale Basis, worauf sich ein juristischer und politischer Überbau erhebt und welcher bestimmte gesellschaftliche Bewusstseinsformen entsprechen. Die Produktionsweise des materiellen Lebens bedingt den sozialen, politischen und geistigen Lebensprozess überhaupt. Es ist nicht das Bewusstsein der Menschen, das ihr Sein, sondern umgekehrt ihr gesellschaftliches Sein, das ihr Bewusstsein bestimmt." (Marx 1859: Zur Kritik der politischen Ökonomie, S. 8f.)

Marx erklärt also den Entwicklungsstand der Gesellschaft, einschließlich ihrer Ökonomie und ihres Rechtes, ihrer religiösen Überzeugungen oder ihrer Kunst, ausschließlich aus der Produktion der unmittelbaren materiellen Lebensmittel. Da die Verfügung über die Produktionsmittel, ich wiederhole es, die Menschen in Besitzende und Nicht-Besitzende, Mächtige und Ohnmächtige, teilt, kann für Marx die Gesellschaft nicht anders als antagonistische Klassengesellschaft gedacht werden. Die aber wird, so seine These, keinen Bestand haben, sondern in einer Revolution untergehen. Darauf komme ich im Kapitel über „Sozialen Wandel" zurück. Nur so viel vorweg: solange das Proletariat sich seiner Lage nicht bewusst wird, ist es nur eine ‚Klasse an sich'. Es wird sich der Tatsache nicht inne, dass das Prinzip der ungleichen Verfügung über die Produktionsmittel nicht nur Besitzer und Nichtbesitzer gegenüberstellt, sondern dass es *Interessen* gegenüberstellt, die in scharfem Gegensatz zueinander stehen. Erst wenn es sich der damit gegebenen Verelendung und Unterdrückung bewusst wird und sich solidarisiert, wird es zur ‚Klasse für sich' (Marx 1847, S. 181), erhebt sich und stürzt in einem revolutionären Klassenkampf die Verhältnisse um.

Die Klassentheorie von Marx ist ganz wesentlich von den Erfahrungen aus einer frühen Phase der Industrialisierung zu verstehen. Der politisch-ökonomische Hintergrund einer anderen Theorie zur Erklärung der Unterschiede zwischen gesellschaftlichen Gruppen und Lagen ist die Phase einer dynamischen Industrialisierung. Es ist die Theorie von Max Weber, die um die Wende vom 19. zum 20. Jahrhundert entwickelt wurde.

Auch für *Max Weber* spielen die ökonomischen Verhältnisse eine wichtige Rolle bei der Erklärung der „Ordnung" der Gesellschaft. Aber sie sind nur ein Faktor. Ein anderer Faktor bildet gewissermaßen ein Gegengewicht zu dem Prinzip der Zweckrationalität, das auf dem Markt und in den damit gegebenen *gesellschaftlichen* Beziehungen von *Klassen* herrscht. Dieses andere Prinzip, das von Gefühl und Tradition getragen ist, bestimmt die *gemeinschaftlichen* Beziehungen und besteht in einer typischen Ehre des *Standes*.

Damit ist eine grundsätzliche Unterscheidung angesprochen, die für das Verständnis Webers außerordentlich wichtig ist, nämlich die Unterscheidung von Gesellschaft und Gemeinschaft, präziser von Vergemeinschaftung und Vergesellschaftung. Weber definiert: „‚Vergemeinschaftung' soll eine soziale Beziehung heißen, wenn und soweit die Einstellung des sozialen Handelns (...) auf subjektiv *gefühlter* (affektueller oder traditionaler) *Zusammengehörigkeit* der Beteiligten beruht. ‚Vergesellschaftung' soll eine soziale

Beziehung heißen, wenn und soweit die Einstellung des sozialen Handelns auf rational (wert- oder zweckrational) motiviertem Interessen*ausgleich* oder auf ebenso motivierter Interessen*verbindung* beruht." (Weber 1922, S. 21) Eine typische gesellschaftliche Beziehung ist der Tausch auf dem Markt oder der Zweckverein; eine typische gemeinschaftliche Beziehung ist die Familie. Diese Unterscheidung ist natürlich nicht ausschließlich zu verstehen, denn „die große Mehrzahl sozialer Beziehungen (...) hat teils den Charakter der Vergemeinschaftung, teils den der Vergesellschaftung." (Weber 1922, S. 22)

Mit der idealtypischen Unterscheidung der beiden Beziehungsformen begründet Weber nun seine Unterscheidung von Klassen und Ständen. Das tut er in seinem Kapitel „Klasse, Stand, Parteien", wo er von einer Machtverteilung innerhalb einer Gemeinschaft spricht. (Weber 1922, S. 631) Ich beschränke mich aus naheliegenden Gründen auf die Unterscheidung von Klasse und Stand. Wie so vieles am Ende seines Lebens hat Weber auch die Gedanken über Klassen und Stände nur entworfen, hier bricht einiges ab und dort verliert sich anderes in höchst differenzierte Exkurse. Von den Versuchen, Ordnung in die Argumentation zu bringen und zu zeigen, welche Bedeutung sie für eine Theorie der Schichtung im engeren und der sozialen Ungleichheit im weiteren Sinne hat, ist der von *Reinhard Kreckel* sicher der gelungenste, zumal er die groben, vor allem aber die feinen Unterschiede zwischen Marx und Weber genau herausarbeitet. Ich folge seiner Darstellung.

Kreckel erinnert noch einmal an die drei Grundannahmen der Klassentheorie von Marx: erstens gibt es nur einen Faktor der Ungleichheit, die Stellung zu den Produktionsmitteln; zweitens bleiben die Proletarier so lange nur eine ‚Klasse an sich', wie sie sich nicht ihrer kollektiven Interesses bewusst geworden sind und zum Kampf um diese Interessen angesetzt haben; drittens wird es unausweichlich zum revolutionären Klassenkampf kommen, in dem die Kapitalisten notwendig unterliegen werden.

Zu allen drei Annahmen entwickelt Weber eine Gegenposition. Während für Marx die Klassenlage *eindeutig* und *nur* durch die Stellung zu den Produktionsmitteln bestimmt ist und die Klassengegensätze unabhängig davon, ob sich Proletarier und Kapitalisten sich dessen bewusst sind oder nicht, objektiv gegeben sind, entwickelt Weber ein *zwei*dimensionales Modell sozialer Ungleichheit. Zweitens wendet Weber ein, dass das Klasseninteresse der Proletarier sich nicht notwendig gegen die ökonomischen Verhältnisse wenden muss, sondern im Gegenteil sie klug auszunutzen versucht. Deshalb sei es drittens zwar nicht ausgeschlossen, aber doch eher unwahrscheinlich, dass es zu einem Klassenkampf kommt, zumal sich über das ständische Prinzip eine gemeinschaftliche Beziehung erhält, die von Ehre und Distanz getragen ist.

Kreckel zeichnet nun die Gemeinsamkeit und die Differenz zwischen Marx und Weber in drei Schritten nach. Da ist zunächst einmal der Begriff der Klasse, den Weber so definiert:

Max Weber: Klassen: Besitz und Lebenschancen

„Wir wollen da von einer ‚Klasse' reden, wo 1. einer Mehrzahl von Menschen eine spezifische ursächliche Komponente ihrer Lebenschancen gemeinsam ist, soweit 2. diese Komponente lediglich durch ökonomische Güterbesitz- und Erwerbsinteressen und zwar 3. unter den Bedingungen des (Güter- oder Arbeits-) Markts dargestellt wird (‚Klassenlage'). Es ist die allerelementarste ökonomische Tatsache, dass die Art, wie die Verfügung über sachlichen *Besitz* innerhalb einer sich auf dem Markt zum Zweck des Tausch begegnenden und konkurrierenden Menschenvielheit verteilt ist, schon für sich allein spezifische Lebenschancen schafft. (...) ‚Besitz' und ‚Besitzlosigkeit' sind daher die Grundkategorien aller Klassenlagen. (...) Immer aber ist für den Klassenbegriff gemeinsam: dass die Art der Chance auf dem *Markt* diejenige Instanz ist, welche die gemeinsame Bedingung des Schicksals der Einzelnen darstellt. ‚Klassenlage' ist in diesem Sinne letztlich: ‚Marktlage'. (...)

‚Klassenlage' soll die typische Chance der Güterversorgung, der äußeren Lebensstellung, des inneren Lebensschicksals heißen, welche aus Maß und Art der Verfügungsgewalt (oder des Fehlens solcher) über Güter oder Leistungsqualifikationen und aus der gegebenen Art ihrer Verwertbarkeit für die Erzielung von Einkommen oder Einkünften innerhalb einer gegebenen Wirtschaftsordnung erfolgt. (...)

Es sind nach dieser Terminologie eindeutig ökonomische Interessen und zwar an die Existenz des ‚Markts' gebundene, welche die ‚Klasse' schaffen." (Weber 1922: Wirtschaft und Gesellschaft, S. 632f.)

Wenn Weber von Klasse oder Klassenlage spricht, dann meint er, dass es *gleiche* (oder ähnliche) typische Interessenlagen gibt, die sich aus „den Beziehungen zur Produktion und zum Erwerb der Güter" ergeben. (Weber 1922, S. 177 u. 639) In diesem Sinne unterscheidet er zwischen Besitzklassen, Erwerbsklassen und sozialen Klassen. Mit dem Begriff der *sozialen Klasse* bezeichnet er die Gesamtheit derjenigen Klassenlagen, „*zwischen* denen ein Wechsel α) persönlich, β) in der Generationenfolge leicht möglich ist und typisch stattzufinden pflegt". (Weber 1922, S. 177) Später hat Weber den Begriff der sozialen Klasse unter dem Aspekt des Erwerbs differenziert. Danach sind soziale Klassen „die Arbeiterschaft als Ganzes (...), das Kleinbürgertum, die besitzlose Intelligenz und Fachgeschultheit (Techniker, kommerzielle und andere ‚Angestellte', das Beamtentum) (...), die Klassen der Besitzenden und durch Bildung Privilegierten." (Weber 1922, S. 179)

Wie Marx ist sich auch Weber darüber im Klaren, dass Marktverhältnisse immer auch Machtverhältnisse sind. Doch anders als Marx sieht Weber aus der Interessenlage, die daraus entsteht, nicht notwendig den Kampf *gegen die Spielregeln* des Marktes folgen, sondern stellt empirisch eine *Anerkennung der Spielregeln* fest. (vgl. Kreckel 1992, S. 60) Indem sich die Arbeiterschaft rational „vergesellschaftet", indem sie sich z. B. in Gewerkschaften zusammentut, verhält sie sich marktgerecht und wahrt ihre Chancen. Sie folgt ebenso wie die Kapitalisten zweckrationalen Prinzipien, allerdings ganz anderen Interessen! Das ist der erste fundamentale Unterschied zwischen der *Klassen*theorie von Marx und Weber.

Nun zu dem entscheidenden Einwand, den Kreckel so zusammenfasst: „Nicht völliges Ausgeliefertsein gegenüber den Mächten des Marktes, sondern Markt-*Rationalität* begründet Klassenlagen und Klasseninteressen, das ist die Weber'sche Sicht. Da sich aber das gesellschaftliche Leben für Weber niemals nur auf rationale Gesichtspunkte reduzieren lässt, ist damit auch bereits gesagt, dass soziale Ungleichheit nicht allein auf Marktungleichgewichte zurückgeführt werden kann: Daneben tritt das *Prinzip der ständischen Gliederung*, das sich hemmend auf die freie Entfaltung des Markt- und somit auch des Klassenprinzips auswirkt." (Kreckel 1992, S. 60)

Vor dem Hintergrund der oben genannten Unterscheidung zwischen gesellschaftlichen (um die es gerade auf dem Markt ging) und gemeinschaftlichen Beziehungen definiert Weber Stände so:

Max Weber: Ehre als Prinzip der ständischen Gliederung

„*Stände* sind, im Gegensatz zu den Klassen, normalerweise Gemeinschaften, wenn auch oft solche von amorpher Art. Im Gegensatz zur rein ökonomisch bestimmten ‚Klassenlage' wollen wir als ‚ständische Lage' bezeichnen jede typische Komponente des Lebensschicksals von Menschen, welche durch eine spezifische, positive oder negative, soziale Einschätzung der ‚*Ehre*' bedingt ist, die sich an irgend eine gemeinsame Eigenschaft vieler knüpft. Diese Ehre kann (...), aber (...) *muss* nicht notwendig an eine ‚Klassenlage' anknüpfen, sie steht normalerweise vielmehr mit den Prätensionen (Ansprüche, H. A.) des nackten Besitzes als solchem in schroffem Widerspruch. Auch Besitzende und Besitzlose können dem gleichen Stande angehören und tun dies häufig und mit sehr fühlbaren Konsequenzen, so prekär diese ‚Gleichheit' der sozialen Einschätzung auf die Dauer auch werden mag." (Weber 1922: Wirtschaft und Gesellschaft, S. 635)

Als ein Beispiel dieser ständischen Gleichheit von Besitzenden und Besitzlosen führt Weber den Chef im amerikanischen Betrieb an, der sich abends zum Billard mit seinen Angestellten trifft und dort selbstverständlich als Gleicher unter Ebenbürtigen auftreten muss. Normalerweise ist es aber so, dass Stände sich durch Ähnlichkeit in allen oder wenigstens den meisten Bedingungen und Eigenschaften auszeichnen, die das Lebensschicksal bestimmen. Die Einschätzung dieses *Bündels von Merkmalen* der ständischen

Lage macht, wie gesagt, die Ehre aus. Damit kommt Weber zu einer interessanten sozialen Abgrenzung. Die ständische Ehre findet ihren Ausdruck nämlich „normalerweise vor allem in der Zumutung einer spezifisch gearteten *Lebensführung* an jeden, der dem Kreise angehören will.“ (Weber 1922, S. 635) In dieser Formulierung wird deutlich, dass es im Stand um *gemeinschaftliche* Beziehungen geht. Wer dazu gehören will, muss sich allen anderen innerlich verbunden fühlen und das auch nach außen zum Ausdruck bringen. In der Sprache der Gruppensoziologie würden wir von einem „Wir-Gefühl“ sprechen, das auf der einen Seite sicherstellt, dass man das Standesgemäße beachtet, und auf der anderen Seite die Distanz zu denen wahrt, die eben nicht standesgemäß sind. So spielten z. B. Kleidervorschriften bei der Abgrenzung und das sog. Konnubium, also die standesgemäße Heirat, bei der Eingrenzung eine wichtige Rolle. Auch heute dürfte es so sein, dass man in bestimmten Kreisen verkehrt oder sich gegenseitig nachweist, dass man dazu gehört. Stände sind immer Träger spezifischer Konventionen, und indem sie an ihnen festhalten, sorgen sie für eine ‚Stilisierung‘ des Lebens. (Weber 1922, S. 637)

Die Menschen eines Standes erfahren aufgrund ihrer Lebensführung, insbesondere durch die Art des Berufs, eine besondere *Wertschätzung*. (vgl. Weber 1922, S. 180) Sie ist gemeint, wenn Weber von sozialer Ehre oder Prestige spricht. (vgl. Weber 1922, S. 631) Während Klassen ihre eigentliche Heimat in der ‚Wirtschaftsordnung‘ haben, haben Stände sie in der ‚sozialen Ordnung‘, in der Sphäre der Verteilung der Ehre. (vgl. Weber 1922, S. 639) Insofern stehen sie auch in einem gewissen Gegensatz zum Markt, der ja ohne „Ansehen der Person“, rein nach sachlichen Interessen funktioniert. Der Markt „weiß nichts von Ehre“. (Weber 1922, S. 638)

Mit Blick auf die ökonomische Fundierung des Lebens (schließlich ist auch eine ständische Lebensführung ökonomisch mitbedingt!) muss man noch einen anderen Unterschied zwischen den gesellschaftlichen Beziehungen in der Wirtschaftsordnung und den gemeinschaftlichen in der sozialen Ordnung hervorheben: Während Klassen „sich nach den Beziehungen zur *Produktion* und zum *Erwerb* der Güter“ unterscheiden, gliedern sich Stände

„nach den Prinzipien des Güter*konsums* in Gestalt spezifischer Arten von ‚Lebensführung'." (Weber 1922, S. 639, kursive Hervorhebung H. A.) So ist ein typischer Zug gerade in den „höchstprivilegierten Schichten", dass „gewöhnliche physische Arbeit" disqualifiziert wird, und die „Gliederung nach ‚Ehre' und ständischer Lebensführung" fühlt sich „in der Wurzel bedroht, wenn der bloße ökonomische Erwerb und die bloße, nackte, ihren außerständischen Ursprung noch an der Stirn tragende, rein ökonomische Macht" soziales Ansehen verleiht. (Weber 1922, S. 638)[6] Das führt auch zu der immer wieder zu beobachtenden Ausgrenzung des sozialen Aufsteigers. In den Worten Webers klingt das so: „Die ständisch privilegierten Gruppen akzeptierten eben deshalb den ‚Parvenu' niemals persönlich wirklich vorbehaltlos – mag seine Lebensführung sich der ihrigen noch so völlig angepasst haben -, sondern erst seine Nachfahren, welche in den Standeskonventionen ihrer Schicht erzogen sind und die ständische Ehre nie durch eigene Erwerbsarbeit befleckt haben." (Weber 1922, S. 638)

Zur standesgemäßen Lebensführung zählt Weber ausdrücklich die „formale Erziehungsweise", also wohl Ausbildung, entsprechende Lebensformen, „Abstammungsprestige oder Berufsprestige" und „ständische Konventionen". (Weber 1922, S. 179f.)[7] Mit dem Begriff der Lebensführung kommt eine subjektive Komponente in die Erklärung einer geschichteten Gesellschaft hinein. Durch eine standesgemäße Lebensführung vergewissern sich und erkennen sich die Individuen gegenseitig an, dass sie zu Recht dazugehören, und den anderen geben sie zu erkennen, wo ihre Grenzen sind. Nach innen stabilisiert sich so über gemeinschaftliche Beziehungen eine soziale Ordnung, in der man mit entsprechender interner Wertschätzung rechnen kann. Solange die

6 Genau diese demonstrative „Gegenhaltung" beschreibt *Thorstein Veblen* in seiner Theorie der feinen Leute (Vgl. Band 2, Kapitel 7.3 „Veblen: Demonstrativer Müßiggang und Konsum der feinen Leute".), und sie begegnet uns, wenn *Pierre Bourdieu* den ästhetischen Habitus der herrschenden Klasse beschreibt. (Vgl. Band 2, Kapitel 7.4 „Bourdieu. Die feinen Unterschiede".)

7 Nach solchen Merkmalen werden die Theorien sozialer Schichtung die Entstehung und Zusammensetzung von Schichten und die Theorie von Pierre Bourdieu die feinen Unterschiede in einer Klassengesellschaft erklären!

Grundlagen von Gütererwerb und Güterverteilung relativ stabil sind, ist eine ständische Gliederung vorherrschend. In Zeiten „technisch-ökonomischer Erschütterung und Umwälzung" ist sie allerdings bedroht, und dann schiebt sich die ‚Klassenlage' in den Vordergrund. (vgl. Weber 1922, S. 639)

Wie weit Webers Analyse in eine Theorie der Schichtung und schließlich der sozialen Ungleichheit ausgreift, macht Kreckel abschließend deutlich: „Akzeptiert man diese Diagnose Max Webers, so lässt sich damit in der Tat die Unterscheidung von *zwei* getrennten Prinzipien (oder ‚Dimensionen') rechtfertigen, die bei der Produktion und Reproduktion von ungleichen Lebenschancen in einer Gesellschaft mitwirken – das auf der Institution des Privateigentums fußende Marktprinzip und das mit Hilfe von sozialer Distanzierung und Exklusivität operierende ständische Prinzip." (Kreckel 1992, S. 62)

8.3 Geiger: Soziallagen und Mentalitäten

Im Jahr 1932 veröffentlichte *Theodor Geiger (1891-1952)* ein Buch mit dem Titel „Die soziale Schichtung des deutschen Volkes", in dem er Volkszählungsdaten des Jahres 1925 ausgewertet hatte. Es steht am Anfang der empirischen Schichtforschung in Deutschland und zeigt die Brisanz, die diese Art von Soziologie haben kann. Geiger scheute sich nämlich nicht, in seinen Arbeiten nachzuweisen, wo Wurzeln des aufkommenden Nationalsozialismus lagen, und griff diese Ideologie mit beißenden Worten an. Die Folgen blieben nicht aus: er erhielt 1933 Berufsverbot und musste zunächst nach Dänemark, dann nach Schweden fliehen.

In seinem Buch kommt Geiger zu dem Ergebnis, dass es einen engen Zusammenhang von *sozialer Lagerung* und *Mentalitäten* gibt. Der Begriff der sozialen Lagerung, Geiger spricht auch von sozialer Lage oder Status[8], meint, dass „ein durch objektiv fassbare Merkmale gekennzeichneter Menschentypus innerhalb einer

---

8 Die Terminologie Geigers ist auch hier nicht eindeutig und verdankt sich ganz offensichtlich höchst unterschiedlichen theoretischen Anleihen.

Schicht vertreten ist". (Geiger 1932, S. 12) „Schichtung heißt (...) Gliederung der Gesellschaft nach dem typischen Status (den Soziallagen) ihrer Mitglieder." (Geiger 1955, zit. nach Geißler 1985, S. 392) Schichtmerkmale sind z. B. die Stellung zu den Produktionsmitteln, aber auch die berufliche Position, das Bildungsniveau und die Konfession, vor allem aber eine typische *Mentalität*. Geiger definiert sie so: „Lebenshaltung, Gewohnheiten des Konsums und der sonstigen Lebensgestaltung, Freizeitverwendung, Lesegeschmack, Formen des Familienlebens und der Geselligkeit – tausend Einzelheiten des Alltagslebens bilden im Ensemble den *Typ des Lebensduktus* und dieser ist *Ausdruck der Mentalität*." (1932, S. 80) Mentalität ist „geistig-seelische Disposition, ist unmittelbare Prägung des Menschen durch seine soziale Lebenswelt und die von ihr ausstrahlenden, an ihr gemachten Lebenserfahrungen." (Geiger 1932, S. 77) Geiger verwendet den Begriff der *Klasse*, wenn „das kennzeichnende Merkmal" eines Bevölkerungsteiles „das spezifische Verhältnis der Menschen zu den Produktionsmitteln" (Geiger 1932, S. 5) ist und eine entsprechende Wirtschaftsmentalität vorherrscht.

Schichten können sich überkreuzen, je nachdem welche Merkmale in den Vordergrund rücken. Auch Mentalitäten können nicht monokausal bestimmt werden, sondern einzelne Züge durchdringen sich zu „komplexen Typen des sozialen Habitus". (Geiger 1932, S. 13)

Mit der Einbeziehung von objektiven und psychischen Merkmalen lehnt sich Geiger auf der einen Seite an das Klassenmodell von Marx an und betreibt schon eine empirische Soziologie, wie sie wenige Jahre später in den USA die Schichtsoziologie bestimmte. Auf der anderen Seite hat er eine sehr moderne Diskussion sozialer Ungleichheit[9] vorweggenommen, indem er nämlich konstatierte, dass objektive soziale Lagen einen typischen Habitus hervorbringen *können*. Diese Einschränkung ist wichtig, weil es durchaus auch andere Mentalitäten in einer ähnlichen sozialen

9 Ich meine vor allem Pierre Bourdieu. Auch Geißler u. Meyer machen in ihrem informativen Beitrag darauf aufmerksam, wie sich Theorie und Terminologie der beiden gleichen. (Geißler u. Meyer 1999, S. 285)

Lage geben kann und sich ähnliche Mentalitäten auch in anderen sozialen Lagen wiederfinden können. Das alles zeigt, dass Geiger ein dynamisches und mehrdimensionales Schichtkonzept vor Augen hatte. Je nach Betrachtung ergibt sich eine ganz andere Schichtung. Auch das wird – allerdings ohne Bezug zu Geiger – ein halbes Jahrhundert später in den neuen Theorien der Schichtung und der sozialen Ungleichheit eine zentrale Aussage sein!

Warum widmete Geiger den Schichten eine solche Aufmerksamkeit? Darauf kann man eine einfache Antwort geben: er sah in ihnen die eigentlichen Kräfte, die die Gesellschaft bewegen. (Geiger 1932, S. 8) Nicht dass er Schichten personifizierte, sondern er ging vielmehr davon aus, dass die gesellschaftlichen Bedingungen so stark wirken, dass ein bestimmtes Denken und Handeln der Menschen in ähnlicher sozialer Lage wahrscheinlich ist. Mit Blick auf typische *Wirtschaftsmentalitäten* unterschied er drei soziale Lagerungen: Kapitalisten, Mittelstand und Proletarier. Unter Einbeziehung der anderen Determinanten kam Geiger dann zu einer Aufteilung in fünf Schichten, indem er neben den Kapitalisten (1%) zwischen altem (18%) und neuem (18%) Mittelstand und zwischen Proletaroiden (13%) und Arbeitern (51%)[10] unterschied.

Geiger löste sich mit seinem Modell der Schichten von der einseitigen Ausrichtung der Marxschen Klassentheorie auf den Gegensatz von Arbeit und Kapital, aber auch von der konservativen Propaganda der 20er Jahre, die eine Dreiklassengesellschaft mit der These begründete, „dass die bürgerliche Gesellschaft am Klassenkampf zwischen Kapital und Arbeit zugrunde gehen werde, wenn nicht ein ‚gesunder und lebenskräftiger Mittelstand' einen Ausgleich zwischen diesen Fronten schaffe." (Geiger 1949, S. 96) Diese Pufferthese hat in der späteren Diskussion über die Tatsache und die politische Funktion von Schichtung in Deutschland implizit immer wieder eine Rolle gespielt. Für Geiger haben die Mittelschichten insofern eine entscheidende, politische Bedeutung, weil der Nationalsozialismus dort und bei den Proletaroiden einen fruchtbaren Boden fand. Der alte Mittelstand, der sich aus kleinen und mittleren Selbständigen in Landwirtschaft,

10 Bevor Sie nachrechnen: ich habe die Zahlen gerundet.

Handel und Handwerk rekrutierte, befand sich in einer Abwehrhaltung gegen die Großindustrie, durch die er sich wirtschaftlich, und gegen soziale Aufsteiger, durch die er sein Prestige bedroht sah. Der neue Mittelstand, vor allem mittlere und kleine Beamte und Angestellte, war ideologisch unsicher und suchte nach festen Orientierungen und sozialer Aufwertung. Die dritte Schicht der Proletaroiden bestand aus Angehörigen des abgeglittenen alten Mittelstandes und aus „Tagewerkern für eigene Rechnung“. Auch hier gab es eine uneinheitliche Mentalität, und dort waren Nationalsozialisten wie Kommunisten zu finden. Lässt man sich auf Geigers These ein und rechnet die Zahlen zusammen, kann man in der Tat den Zulauf zu den Nationalsozialisten bis 1932 erklären. Dass er dann dramatisch anschwoll und auch aus den anderen Schichten erfolgte, hat Geiger seinerzeit nur indirekt vorausgesagt: Mentalitäten ergeben sich durch die objektive Lage, aber: „Dass eingehämmerte Ideologien die Mentalität selbst umformen, dass Gedankengehalte ‚zur zweiten Natur werden‘ und sich in der psychischen Tiefenschicht einnisten können, wird nicht übersehen.“ (Geiger 1932, S. 79 Anm. 2)

Mit welcher „nationalistischen Phraseologie“ das schließlich gelingen würde, hat Geiger abschließend so beschrieben: „Max Wundt (1926: Deutsche Weltanschauung) hat schon vor Jahren warnend die Stimme erhoben: Nation ist nicht durch Blut, sondern durch Geschichte gestiftet. Es ist furchtbare Selbsttäuschung der Besten innerhalb der NSDAP, zu glauben, ein neuer Idealismus überwinde die Materialismen einer verfaulenden Epoche; nein, ein furchtbarer und primitiver Naturalismus der Blutsromantik hat uns überfallen und bedroht den Geist schlechthin. Ein Volk steht in Gefahr, die Geschichte seines Geistes zu verlieren und damit seine Nationalität, weil der Erbgang des Geistes stockt.“ (Geiger 1932, S. 115) Verlassen wir Geigers politische Interpretation der objektiven sozialen Lagerung und der damit verbundenen Mentalitäten und Ideologien und wenden uns abschließend einer Würdigung seiner Soziologie der Schichtung zu.

Geigers Kritik an der These des Antagonismus der Klassen (Marx) bzw. der Dämpfung des Gegensatzes (Pufferthese) heißt nicht, dass er dem Verhältnis zu den Produktionsmitteln keine

Bedeutung beimessen würde. Im Gegenteil. Es prägt Lebensstil und *Lebenschancen*. Es ist aber nicht der einzige Faktor, und deshalb lenkt Geiger die Aufmerksamkeit auf andere, nicht-ökonomische Faktoren sozialer Ungleichheit und die Bedingungen, unter denen sich Individuen zwischen den Schichten bewegen (Mobilität) oder die das gerade verhindern. So ist auch ein desillusionierender Zug in Geigers Arbeiten unverkennbar, der auch mit seinem Engagement in der Erziehungssoziologie zu tun hat. Geißler und Meyer fassen diesen kritischen Impetus seiner Schichtsoziologie so zusammen: „Bei aller Polemik gegen Marx ist Geiger allerdings der sozialkritische Blick für fortbestehende Ungleichheiten und Ungerechtigkeiten nie verlorengegangen. Mit seinen Hinweisen auf die proletarischen Lebensrisiken von niedrigqualifizierten Arbeitern, auf fortbestehende Interessengegensätze zwischen Arbeit und Kapital, auf sozial ungleiche Bildungschancen und auf ausgeprägte Mobilitätsbarrieren und ihre sozialen Ursachen, mit seiner Kritik an der liberalen ‚Legende' einer hochmobilen Industriegesellschaft und am ‚reaktionären Sozialdarwinismus', der Auf- und Abstiege als Ergebnis einer ‚natürlichen Auslese' ansieht, hebt sich Geiger wohltuend von der späteren weitverbreiteten Ideologie der ‚nivellierten Mittelstandsgesellschaft' (Helmut Schelsky) ab." (Geißler u. Meyer 1999, S. 286) Auf diese These komme ich gleich zurück.

Es muss aber noch eine zweite Leistung Geigers hervorgehoben werden, die für die Rettung einer Soziologie der sozialen Schichtung außerordentlich wichtig ist. Sie liegt in dem *prozessualen* Ansatz der Beschreibung und Erklärung von Schichten: „Schichten sind nichts Statisches, sondern etwas Dynamisches. Sie befinden sich in ständiger Bewegung und verändern sich im Zeitverlauf. Auch in diesem Punkt verlässt *Geiger* die geologische Metapher. Erdschichten sind verfestigte Ablagerungen, geronnene Produkte eines vorangehenden Prozesses. *Geigers* Schichtverständnis dagegen ist – wie sein Gesellschaftsverständnis überhaupt – zutiefst dynamisch und historisch. ‚Gesellschaft ist kein Ding, sondern ein Prozess'. Schichten sind nicht, sondern sie werden." (Geißler 1985, S. 396) Diesen dynamischen Zug der sozialen Schichten nennt Geiger *Fluktuation* bzw. *Umschichtung*. Fluktuationen sind individuelle oder kollektive Schichtwechsel, Umschichtung meint die Veränderung im Schichtgefüge selbst.

Von diesem dynamischen Denken ist bei der nun folgenden klassischen Erklärung sozialer Schichtung, die der Strukturfunktionalismus gegeben hat, nichts zu spüren.

8.4 Differentielle Wertungen, funktionale Leistungen

Erinnern wir uns, dass *Talcott Parsons* soziale Ordnung damit erklärte, dass funktionale Beiträge erbracht werden, die die entsprechende Struktur verlangt. Es geht also konkret um das *Handeln* von Individuen unter konkreten gesellschaftlichen Erwartungen. Parsons fragt sich nun, warum es in jedem sozialen System eine „differentielle Rangordnung" gibt, nach der die Individuen eingestuft werden. (Parsons 1940a, S. 180) Diese Rangordnung nennt er Schichtung. Sie beruht, das ist die zentrale These, auf einer *differentiellen moralischen Wertung*. Im Klartext heißt das: die Individuen haben *normative Muster*, eine Schichtungsskala, vor Augen, nach denen sie sich selbst und die anderen einordnen. Die Schichtungsskala ist nicht beliebig, sondern ist mit einer moralischen Autorität ausgestattet, weshalb sich auch im Normalfall, und den hat Parsons ja in der Regel vor Augen, alle daran halten. Doch diese Erklärung, die an Durkheims These vom Gewicht der sozialen Tatsachen erinnert, reicht Parsons nicht, und er fügt eine weitere interessante Erklärung hinzu.

Parsons unterstellt nämlich, dass bei der Akzeptanz der moralischen Autorität der Wertungen auch eigennützige Motive mitspielen: „Die handelnde Person hat ein Interesse daran, bestimmte Ziele zu erreichen, hedonistische Befriedigung zu finden, Zuneigung erwidert zu sehen und die Achtung und Anerkennung anderer zu genießen." (Parsons 1940a, S. 185) Und wie könnte sie das in der Summe mehr bekommen als durch die Erfüllung gesellschaftlicher Erwartungen? Oder umgekehrt: „Wenn das Individuum (...) den institutionellen Normen nicht entspricht, so handelt es damit seinen eigenen Interessen entgegen: sein Verhalten führt dazu, dass ihm Hilfe und Befriedigungen entzogen werden.“ (Parsons 1940a, S. 185)

Bei dieser Erklärung des Handelns nach gesellschaftlichen Erwartungen wird natürlich unterstellt, dass das Individuum die moralischen Wertungen im Laufe der Sozialisation soweit verinnerlicht hat, dass es auch motiviert ist, handeln zu wollen, wie es handeln soll. Schichtung ist ein Ausdruck, wie erfolgreich die Sozialisation war und wie sich das Individuum durch sein Handeln unter den Bedingungen und Chancen der Strukturen des sozialen Systems ausgezeichnet hat. (vgl. Parsons 1940a, S. 186 und Anm. 2) Von daher ist es zwangsläufig, „dass sich das Handeln in einem sozialen System in großem Maße an einer Schichtungsskala orientiert.“ (Parsons 1940a, S. 187)

Parsons sieht nun vor allem sechs sozial bedeutsame Unterschiede, nach denen sich Individuen klassifizieren und in Schichten einstufen:

- *Mitgliedschaft in einer Verwandtschaftsgruppe.* Man stuft sich also danach ein, ob jemand Mutter oder Kind, verheiratet oder ledig u. ä. ist.
- *Persönliche Eigenschaften.* Dazu zählen Geschlecht, Alter, Schönheit, Intelligenz, Macht, also das, was man ‚ist‘.
- *Leistungen.* Hier geht es um die Handlungen, die dem Individuum zugerechnet werden können.
- *Eigentum.* Das reicht von materiellem Besitz bis zu symbolischen Ausstattungen, wozu man wohl – Parsons sagt es nicht explizit – auch den kulturellen und sozialen background zählen kann.
- *Autorität.* Darunter versteht Parsons das institutionell anerkannte Recht, die Handlungen anderer zu beeinflussen. Als Beispiele nennt er den sozial definierten Status der Eltern oder des Arztes oder den Status von Amts wegen.
- *Macht.* Darunter versteht Parsons die Möglichkeit, dass jemand „auf nicht institutionell sanktionierte Weise Einfluss auf andere ausüben, Leistungen erzielen und sich Eigentum sichern kann.“ (Parsons 1940a., S. 188ff.)

Parsons betont, dass der Status im Schichtungssystem nach den Wertungen in allen sechs Punkten zuerkannt wird. (Parsons 1940a, S. 189) In der öffentlichen Einschätzung wird offensichtlich erwartet, dass man auf allen diesen Gebieten eine Mindestanforderung erfüllen muss! Wichtiger als diese implizite Erwartung an *normales* Verhalten ist aber eine zweite Annahme, die Annahme nämlich, dass bestimmte Qualitäten ausschließlich dem individuellen *Handeln* zugerechnet werden. Gemeint ist das Kriterium *Leistung*. Sie ist in der Industriegesellschaft wesentlich an den Beruf gekoppelt, und so betrachtet Parsons auch die Leistung in einem Berufssystem als ein Merkmal, nach dem man den Status eines Individuums bestimmen kann. Dabei setzt er „einen verhältnismäßig hohen Grad ‚gleicher Möglichkeiten' voraus". (Parsons 1940a, S. 192) Niemand darf also benachteiligt werden, was umgekehrt heißt, dass jeder gehalten ist, das zu leisten, was er will und kann! Daraus ergibt sich zwangsläufig, dass jedes soziale System geschichtet ist. Will man diese Erklärung sozialer Schichtung in einem Satz zusammenfassen, kann man sagen: Schichtung entsteht, indem Individuen durch ihren Leistungen unterschiedliche funktionale Beiträge erbringen, die die soziale Struktur verlangt.

Um die richtigen Leistungen mit den gesellschaftlichen Anforderungen zu verbinden, ist es nach dieser Theorie nicht nur unausweichlich, sondern notwendig, dass die Gesellschaft geschichtet ist. Das ist die These von *Kingsley Davis* und *Wilbert E. Moore*. Sie gehen davon aus, „dass keine Gesellschaft ‚klassenlos' oder ungeschichtet ist", und erklären soziale Ungleichheit aus „universalen Notwendigkeiten, die in jedem Sozialsystem Schichtung verursachen." (Davis u. Moore 1945, S. 347) So richten sie ihren Blick auch nicht auf Individuen, sondern auf die Positionen, die sie einnehmen, und fragen, warum Positionen unterschiedlich bewertet werden:

Kingsley Davis und Wilbert E. Moore: Die funktionale Notwendigkeit der Schichtung

„Seltsamerweise liegt die eigentliche funktionale Erklärung für die Allgegenwart der sozialen Schichtung genau darin, dass jede Gesellschaft die Individuen in ihre Sozialstruktur einordnen und sie mit Motivationen versehen muss. Als funktionierender Mechanismus muss eine Gesellschaft ihre Mitglieder irgendwie auf soziale Positionen verteilen und sie veranlassen, die damit verbundenen Pflichten zu erfüllen. Sie muss sich also auf zwei verschiedenen Ebenen um Motivierung kümmern. Sie hat in den geeigneten Individuen zunächst einmal den Wunsch zu wecken, bestimmte Positionen einzunehmen; und dann muss sie diese Individuen dazu bringen, die mit den Positionen verbundenen Pflichten zu erfüllen. (...)

Wären die mit verschiedenen Positionen verbundenen Pflichten gleichermaßen angenehm für den menschlichen Organismus, gleichermaßen wichtig für den Fortbestand der Gesellschaft und auf die gleichen Fähigkeiten oder Talente angewiesen, so wäre es gleichgültig, wer welche Position einnimmt. Das Problem der sozialen Einordnung wäre somit sehr viel einfacher. In Wirklichkeit ist es natürlich nicht einerlei, wer welche Position erhält; nicht nur, weil manche Positionen an sich angenehmer sind als andere, sondern auch, weil einige spezielle Begabung oder Ausbildung erfordern und einige größere funktionale Bedeutung als andere haben. Wesentlich ist auch, dass Positionspflichten mit der Sorgfalt erfüllt werden, die ihrer Bedeutung angemessen ist. So erweist es sich als unumgänglich, dass eine Gesellschaft erstens eine Art von Belohnungen haben muss, die sie als Anreiz verwenden kann, zweitens einen Modus braucht, um die Belohnungen unterschiedlich nach Positionen zu verteilen. Belohnungen und ihre Verteilung werden Bestandteil der sozialen Ordnung und verursachen so eine Schichtung.

Welche Belohnungen stehen nun einer Gesellschaft zur Verfügung, wenn sie ihre Mitglieder auf die verschiedenen Positionen verteilt und so die Erfüllung wesentlicher gesellschaftlicher Bedürfnisse sichert? Dazu zählen zunächst einmal jene Dinge, die dem Lebensunterhalt und der Bequemlichkeit dienen. Dazu gehört ferner alles, was zur Unterhaltung und

> Zerstreuung beiträgt. Schließlich sind auch solche Belohnungen mit einzubeziehen, die die individuelle Selbstachtung und Entwicklung fördern. Die letztgenannten Belohnungen sind wegen der eigenartig sozialen Natur des Selbst weitgehend eine Funktion der Meinung anderer, haben aber trotzdem die gleiche Bedeutung wie die beiden vorhergenannten Arten von Belohnung. In jedem Sozialsystem müssen alle drei Belohnungsarten nach Positionen unterschiedlich verteilt werden.
>
> Die Belohnungen sind gewissermaßen in die Positionen ‚eingebaut'. Sie bestehen aus den mit der Position verbundenen Rechten und – sozusagen – ihrem Zubehör oder ihren ‚Zugaben'. (...)
>
> Wenn Rechte und Vorrechte der verschiedenen Positionen in einer Gesellschaft ungleich sein müssen, muss die Gesellschaft geschichtet sein; Ungleichheit ist genau das, was mit dem Begriff Schichtung gemeint ist. Soziale Ungleichheit ist somit ein unbewusst entwickeltes Werkzeug, mit dessen Hilfe die Gesellschaft sicherstellt, dass die wichtigsten Positionen von den fähigsten Personen gewissenhaft ausgefüllt werden. Daher muss jede Gesellschaft, ob primitiv oder komplex, das Prestige und die Beurteilung verschiedener Personen unterschiedlich ausfallen lassen und somit ein gewisses Maß institutionalisierter Ungleichheit aufweisen." (Davis u. Moore 1945: Einige Prinzipien der sozialen Schichtung, S. 348f.)

Soziale Schichtung kommt nach dieser strukturfunktionalistischen Theorie also dadurch zustande, dass es unterschiedlich wichtige und unterschiedlich schwierige Berufe gibt. Um Individuen zu motivieren, sich auf anspruchsvolle Aufgaben vorzubereiten und sie gewissenhaft auszuführen, müssen ihnen Gratifikationen (Einkommen und Ansehen) in Aussicht gestellt werden. Die wichtigste Determinante sozialer Schichtung ist deshalb auch die Stellung im Beruf.

Der Gesamtstatus in einer geschichteten Gesellschaft hängt nach dieser Theorie von der sozialen Wertschätzung der in einem konkreten Beruf erbrachten Leistung, von den Bildungszertifikaten, die zum Eintritt in einen bestimmten Beruf berechtigen, und dann natürlich auch von der Entlohnung ab. Zwischen diesen drei

Schichtindizes besteht in der Regel eine enge Korrelation. Mithilfe dieser sozialen Merkmale ging die Soziologie daran, Schichtung empirisch zu untersuchen.

8.5 Die empirische Ermittlung von Schichten

Die Theorie der sozialen Schichtung beanspruchte, die soziale Wirklichkeit abzubilden. Sie unterstellte nämlich, dass die gerade genannten Schichtindizes - Beruf, Bildungsabschluss und Einkommen - objektiv nachgewiesen werden können. Bei den beiden letzten liegt das auf der Hand; beim ersten Index ging man so vor, dass man in Befragungen herausfand, wo die Bevölkerung die einzelnen Berufe in einer Schichtungsskala einordnete. Dann erhält man eine bestimmte Prestigeskala, wo z. B. Ärzte ganz oben und Landarbeiter ganz unten stehen.

Eine solche Studie haben z. B. *Harriett Moore* und *Gerhard Kleining* (1960) durchgeführt. Sie verwendeten die Methode der „*sozialen Selbsteinstufung*, das heißt jeder Befragte hatte selbst zu bestimmen, welcher sozialen Schicht er sich zugehörig fühlt." (1960, S. 87) Moore und Kleining verwendeten dazu eine Liste, in der eine Testgruppe 70 Berufe nach ihrem Prestige von unten nach oben geordnet hatten. Berufe, über die die Einschätzungen weit auseinandergingen, wurden ausgeschieden. Die restlichen wurden in Vierergruppen zusammengefasst. Begründet wurde diese Gruppierung mit der Annahme, dass auf diese Weise „jeder Beruf die anderen mit" definiert und „durch sie definiert" wird. (Moore u. Kleining 1960, S. 89) Bei diesen Gruppierungen hielt man selbstverständlich die Stufungen ein, die sich bei der Bewertung der Einzelberufe schon abgezeichnet hatten. Die Befragten sollten die gruppierte Liste mit konkreten Berufsbezeichnungen in eine Rangordnung bringen und sich selbst einordnen. Das wichtigste Ergebnis bestand darin, „dass sich relativ wenige Personen den oberen sozialen Schichten zurechnen, dass die Masse der Bevölkerung Mittelplacierungen einnimmt und dass die Anzahl der Personen nach unten wiederum geringer wird." So unterscheiden Moore und Kleining „sieben relativ klar voneinander geschiedene, horizontal übereinander liegende soziale Schichten." (Moore u. Kleining 1960, S. 90)

An dieser Studie ist noch etwas anderes interessant. Mit ausgewählten Befragten wurden nämlich offensichtlich freie Gespräche geführt, die protokolliert und mittels einer Bedeutungsanalyse ausgewertet wurden. Aus diesen Gesprächen filterten sie das soziale Selbstbild der Gesellschaftsschichten heraus. Es zeigte sich, wie sich die Angehörigen jeder Schicht selbst und im Verhältnis zu den anderen sahen, was sie sich zugute hielten und was ihnen fehlte und wie sie glaubten, von den anderen eingeschätzt zu werden.

Ein ganz anderes Verfahren zur empirischen Erforschung von Schichten besteht darin, einen sog. „socio-economic status index" (SES) zu verwenden, in dem Berufsposition, Bildungsabschluss und Einkommen kombiniert wurden. Ein solches Verfahren wählten *Erwin K. Scheuch* und *Hans Jürgen Daheim*, die sich ausdrücklich „der funktionalistischen Schule und insbesondere den Arbeiten von (...) Davis und Parsons verpflichtet" fühlen. (Scheuch u. Daheim 1961, S. 86) Ihre Studie über „Sozialprestige und soziale Schichtung" kommt ebenfalls zu einer deutlichen Schichtung der westdeutschen Gesellschaft, zieht aus diesem Nachweis aber einen bemerkenswerten Schluss. Ich will kurz die wichtigsten Ergebnisse referieren.

Nachdem man in ersten Untersuchungen mit mehreren Indizes (u. a. Größe der Wohnung, Ausstattung mit Wohlstandsgütern, kulturelle Aktivitäten) gearbeitet hatte, schien die Kombination dreier Merkmale „Einkommen des Haupternährers, dessen Beruf und die Schulbildung" (Scheuch u. Daheim 1961, S. 68) am aussagekräftigsten für die Ermittlung der Schichten. Man ging so vor, dass z. B. ein ungelernter Arbeiter 1 Punkt und ein leitender Angestellter 27 Punkte erhielt, ein Einkommen unter 150 DM wurde mit1 Punkt und eines mit mehr als 2.000 pro Monat mit 20 Punkten bewertet, für die abgebrochene Volksschule gab es 0 Punkte und für Hochschule mit Abschluss 20 Punkte. (vgl. Scheuch u. Daheim 1961, S. 102f.) Danach ergab sich im Jahr 1961 für das damalige Bundesgebiet folgendes Bild:

Soziale Schichtung der Befragten		
Untere Unterschicht	0-14 Punkte	16 %
Obere Unterschicht	15-22 Punkte	30 %
Untere Mittelschicht	23-29 Punkte	17 %
Mittlere Mittelschicht	30-39 Punkte	12 %
Obere Mittelschicht	40-49 Punkte	5 %
Oberschicht	50 und mehr Punkte	2 %
Nicht eingeordnet		18 %

(Quelle: Scheuch u. Daheim 1961, S. 103)

Wenn man diese Angaben in ein Bild bringt, dann kommt die berühmte Zwiebel heraus, die sich in vielen Schichtstudien findet: auf einer schmalen Basis sozialer Randgruppen (untere Unterschicht) bauen sich eine breite obere Unterschicht und wiederum kleinere untere Mittelschicht auf. Nach oben hin wird es dann rasch ziemlich schmal. Fast zwei Drittel der Bevölkerung würden danach zu den Unterschichten bzw. zur unteren Mittelschicht zählen.

Mit ihrem empirischen Nachweis objektiver Schichtung verbanden Scheuch und Daheim nun die Frage, ob diese drei *Kriterien* der sozialen Schichtung – Beruf, Bildung, Einkommen – auch in den Schichten selbst gelten und, wenn ja, wie sie für die soziale Wertschätzung („Sozialprestige") der anderen oder der eigenen Person angesehen werden. Als generelles Ergebnis stellen Scheuch und Daheim fest, „dass (1) bei allen Schichten eine tendentielle Übereinstimmung in den Vorstellungen über die kennzeichnenden Unterschiede zwischen sozialen Schichten besteht, dass aber (2) auch merkliche und für eine allgemeinere Aussage über Prinzipien sozialer Schichtung aufschlussreiche Unterschiede in der Betonung der Kriterien auftreten. Wie in allen unseren bisherigen Erhebungen wird die Wichtigkeit des Einkommens vor allem von den unteren Schichten betont – oder allgemeiner ausgedrückt: sehen unterprivilegierte Gruppen das Schichtgefüge vornehmlich unter ökonomischen Aspekten. ‚Bildung' wird als Kriterium für Schichtung besonders häufig von Angehörigen der oberen Mittelschicht genannt. (...) Überrascht hat uns in dieser Erhebung (...)

das Fehlen ausgeprägterer Unterschiede für die Nennung des Kriteriums Beruf." (Scheuch u. Daheim 1961, S. 75f.) Was hier mit Verwunderung konstatiert wird, wird gleich eine tiefere Bedeutung bekommen.

Zunächst aber zu einer dritten Frage, nämlich „ob die Differenzierungen nach Sozialprestige wirklich nicht als Antagonismen verstanden werden". (Scheuch u. Daheim 1961, S. 77) Dazu griffen sie auf eine Gemeindeerhebung in Köln (1959) und eine Befragung im Bundesgebiet zurück. Dort war gefragt worden, wie die eigene Schicht und die Angehörigen der anderen Schichten gekennzeichnet werden. Die Autoren fassen die Ergebnisse so zusammen:

Erwin K. Scheuch und Hans Jürgen Daheim: Mittelstandsgesellschaft

„Zunächst ist offenbar, dass das Selbstbild jeder Schicht günstiger ist als das Fremdbild – mit einer Ausnahme: Die Angehörigen der Unterschicht zeigen gegenüber ihrer eigenen Schicht mehr Ressentiments, als ihrer eigenen Schicht entgegengebracht wird. Dies ist nun ein höchst ungewöhnliches (Korrektur H. A.) Verhalten, denn allgemein ist für die unterschiedlichsten Lebensbereiche immer wieder nachgewiesen worden, dass ein Eigenbild (meist beträchtlich!) günstiger als das Fremdbild ist. Die Erklärung ist aber ebenso einfach wie aufschlussreich: Die Unterschicht zeigt nämlich überhaupt die meisten Ressentiments gegenüber anderen Schichten; sie ist die einzige Schicht, die mehr negative Kennzeichnungen für Schichten verwendet als neutrale. Die negative Bewertung der eigenen Schicht ist mithin nur ein Teil einer allgemein negativen Bewertung der sozialen Umwelt. (...)

Zeigt die Unterschicht die meisten Ressentiments aller Schichten, so ist die Oberschicht die Zielgruppe für die meisten Ressentiments. Sowohl Unterschicht wie Mittelschicht verwenden eher negative als positive Kennzeichnungen für Personen dieses Status. (...)

Sehr verschieden von diesen beiden Schichten ist die Situation der Mittelschicht. Sie wird allein am günstigsten beurteilt, und es sind in allen hier unterschiedenen Schichten nur

> verschwindend wenig Bezeichnungen zu beobachten, die einen Antagonismus erkennen ließen. Überraschend war für uns, dass Angehörige dieser Schicht – wenn sie überhaupt negative Kennzeichnungen verwenden – kritischer gegenüber der Oberschicht als gegenüber der Unterschicht eingestellt sind. Allgemein kann man aus unseren bisherigen Daten wohl den Schluss ziehen, dass unsere Gesellschaft eine Mittelstandsgesellschaft in dem Sinne ist, dass man dieser Schicht eine verhältnismäßig große Wertschätzung entgegenbringt und dass diese Schicht – auch sich selbst – am wenigsten kontrovers erscheint." (Scheuch u. Daheim 1961: Sozialprestige und soziale Schichtung, S. 77ff.)

Damit ist auch der tiefere Grund der gerade konstatierten Verwunderung genannt: Scheuch und Daheim sahen die Klassenthese von Marx widerlegt und eine These der *Tendenz* nach empirisch bestätigt, die behauptete, es gebe gar keine Schichten mehr, sondern im Bewusstsein fühlten sich alle irgendwie zur Mittelschicht gehörig und in ihrem Verhalten bestätigten sie das auch. Was auf den ersten Blick als paradox erscheint, kann man auflösen: Scheuch und Daheim hatten zwar nachgewiesen, dass es Schichten gibt, aber zugleich festgestellt, dass die Mittelschicht von allen Seiten mit Wohlwollen betrachtet wird. Daraus konnte man zumindest schließen, dass sie das prägende Bild der Industriegesellschaft abgibt. Dieser Meinung war der streitbare Soziologe *Helmut Schelsky*, der mit seiner These von der „nivellierten Mittelstandsgesellschaft" die These von der Schichtung der Bundesrepublik Anfang der 50er Jahre in Frage gestellt hatte.

8.6 Kritik an der These und am Begriff der Schichtung

Ich sagte oben, dass Theodor Geigers Theorie der sozialen Schichtung des deutschen Volkes nach seiner Emigration in Vergessenheit geriet. Die wenigen deutschen Soziologen, die sich überhaupt mit dem Thema Schichtung befassten, orientierten sich an der amerikanischen Diskussion. Umso überraschter waren sie, als Anfang der 50er Jahre *Helmut Schelsky (1912-1984)* konstatierte, dass es nach dem 2. Weltkrieg starke Auf- und Abstiegsprozesse in der westdeutschen Gesellschaft – zum Teil durch die große Ost-West Wanderung, zum Teil aber auch durch die relativ einheitliche finanzielle Lage in der Aufbauphase bedingt – gegeben habe, die „zur Herausbildung einer nivellierten kleinbürgerlich-mittelständischen Gesellschaft" geführt hätten, „die ebensowenig proletarisch wie bürgerlich ist, d. h. durch den Verlust der Klassenspannung und sozialen Hierarchie gekennzeichnet ist." (Schelsky 1953, S. 218)

Helmut Schelsky: Die nivellierte Mittelstandsgesellschaft

„Die Frage nach der Klassengesellschaft, wie sie von *Marx* aus zu definieren ist, heißt doch: Gibt es noch ‚die zwei großen feindlichen Lager', die sich auf allen Lebensgebieten im Interessengegensatz gegenüberstehen? Und bestimmt diese große Kluft zwischen den Klassen noch an erster Stelle unser soziales Geschehen? Diese Frage muss man heute als Sozialwissenschaftler wohl eindeutig verneinen: In diesem Sinne sind wir gegenwärtig keine Klassengesellschaft mehr.

Weshalb? Seit der Zeit, die *Marx* vor Augen hatte, sind verschiedene soziale Prozesse abgelaufen, die jene große Kluft der Klassenspannung eingeebnet und gemildert haben, und zugleich sind neue soziale Strukturen und Gesetzlichkeiten aufgetaucht, die viel mehr als die Reste der Klassengegensätzlichkeit als die dominanten und entwicklungsleitenden Strukturen unserer gegenwärtigen Gesellschaft angesehen werden müssen. Diese These will ich nun kurz materiell begründen.

In der deutschen Gesellschaft der zwei letzten Generationen sind vor allem umfassende und strukturell tiefgreifende soziale Aufstiegs- und Abstiegsvorgänge zu verzeichnen. Zunächst haben der kollektive Aufstieg der Industriearbeiterschaft und der mehr individuell vor sich gehende, im Erfolg aber ähnlich breite Schichten umfassende Aufstieg der technischen, kaufmännischen und Verwaltungs-Angestellten in den neuen Mittelstand der industriellen Gesellschaft von unten her an der Schließung der großen sozialen Kluft gearbeitet. Mit diesen Aufstiegsprozessen kreuzen sich in etwas jüngerer Zeit breite soziale Abstiegs- und Deklassierungsprozesse, die im Ersten Weltkrieg begannen, in den Jahren nach 1945 in den Heimatvertreibungen und anderen Arten der Deklassierung und des Besitzverlustes bisher gipfelten und besonders die Schichten des ehemaligen Besitz- und Bildungsbürgertums betroffen haben. Das Zusammenwirken dieser sich begegnenden Richtungen des sozialen Auf- und Abstiegs führte zu einem Abbau der Klassengegensätze, zu einer sozialen Nivellierung der Gesellschaft in einer sehr breiten, verhältnismäßig einheitlichen Gesellschaftsschicht, die ebensowenig proletarisch wie bürgerlich genannt werden kann. Eine umfassende und sich ständig ausdehnende Sozialpolitik auf der einen und eine strenge, sich in den höheren Einkommensstufen schnell verschärfende Steuerpolitik auf der anderen Seite sind zu Dauerfaktoren dieses sozialen Nivellierungsvorganges geworden, dem sich heute nur noch wenige und sehr kleine, für die Struktur der Gesellschaft relativ unwichtige Gruppen entziehen können.

Dieser relativen Angleichung der wirtschaftlichen Positionen und der weitgehenden Einheitlichkeit des politischen Status folgt vor allem auch eine Vereinheitlichung der sozialen und kulturellen Verhaltensformen und Daseinswünsche in einem Lebenszuschnitt, den man, gemessen an der alten Schichtenstufung, etwa in der ‚unteren Mitte' lokalisieren muss. Man könnte ihn als ‚kleinbürgerlich-mittelständisch' bezeichnen, wenn diese Begriffe nicht durch ihren Klassencharakter zu allzuviel Missverständnissen führten. Dieser verhältnismäßig einheitliche Lebensstil der nivellierten Mittelstandsgesellschaft – wie ich diese Sozialstruktur einmal vorläufig nennen möchte – wird nämlich keineswegs mehr durch die alten Klassenkennzeichen bestimmt, sondern diese neue ‚mittelständische' Lebensform erfüllt sich und gewinnt ihr soziales Selbstbewusstsein darin, fast einheitlich an den materiellen und geistigen Gütern des modernen Zivilisationskomforts teilzunehmen. Hier liegt die große Rolle, die die industrielle Entwicklung selbst, nämlich die Ausdehnung der Massenproduktion, in der Einebnung des Klassengegensatzes gespielt hat. Der universale Konsum der industriellen und publizistischen Massenproduktionen sorgt auf allen Lebensgebieten dafür, dass fast jedermann seinen Fähigkeiten angemessen das Gefühl entwickeln kann, nicht mehr ‚ganz unten' zu sein, sondern an der Fülle und dem Luxus des Daseins schon teilhaben zu können; vor allem aber ist diese Teilhabe zum selbstverständlichen Sozialanspruch aller geworden. In diesem Sinne liegt in der industriellen Massenproduktion von Konsum-, Komfort- und Unterhaltungsgütern, deren sich ja auch die ehemals oberen, bürgerlichen Schichten heute schon voll bedienen, die wirksamste Überwindung der Klassenstruktur der industriellen Gesellschaft selbst begründet, allerdings auch ihre Uniformierung in Lebensstil und sozialen Bedürfnissen. Diese verhältnismäßige Nivellierung ehemals schichten- und klassentypischen Verhaltensformen des Familienlebens, der Berufs- und Ausbildungswünsche der Kinder, der Wohn-, Verbrauchs- und Unterhaltungsformen, ja der kulturellen politischen und wirtschaftlichen Reaktionsformen überhaupt ist der heute vielleicht dominierendste Vorgang in der Dynamik unserer modernen Gesellschaft." (Schelsky 1956: Gesellschaftlicher Wandel, S. 339f.)

Es würde zu weit führen, Schelskys These im Einzelnen zu prüfen, nur so viel: die These von der „Entschichtung" (Schelsky 1961, S. 356) traf selbst Anfang der 50er Jahre nur einen bestimmten Ausschnitt der Wirklichkeit, beinhaltete aber viele Hoffnungen und Versprechen, die für die politische und wirtschaftliche Entwicklung der jungen Bundesrepublik außerordentlich wichtig waren. Als dann empirische Sozialforscher daran gingen, die tatsächliche Lage zu untersuchen, zeigte sich rasch, dass weder von einer Nivellierung der Einkommen, noch von einer Angleichung der Bildungsniveaus und schon gar nicht von kollektiven Aufstiegen die Rede sein konnte. Die erste Kritik an der *These von der Schichtung* der westdeutschen Gesellschaft war also empirisch kaum zu halten.

Dass die Theorie der Schichtung dann von anderer Seite in Bausch und Bogen abgelehnt wurde, hatte aber mit etwas ganz anderem zu tun, nämlich mit dem schlechten Gefühl, das die

Soziologen angesichts der Tatsache beschlich, dass ein sozialer Faktor das Leben in Deutschland zu dominieren drohte: der Konsum. Lässt man nämlich die politisch-pessimistischen Konnotationen in Schelskys These einmal weg, dann deuten sich hier schon die Erklärungen an, die ein Vierteljahrhundert später dominanter Habitus (Bourdieu) in der großen Masse der Gesellschaft bzw. Standardisierung (Beck) hießen!

Ulrich Beck war es dann, der Mitte der 80er Jahre den Begriff Schichtung überhaupt in Frage stellte. Er sah einen „Prozess der *Individualisierung* und *Diversifizierung* von Lebenslagen und Lebensstilen in Gang gesetzt, der das Hierarchiemodell sozialer Klassen und Schichten unterläuft und in seinem Wirklichkeitsgehalt in Frage stellt." (Beck 1986, S. 122) Was damit gemeint ist, werde ich ausführlich im nächsten Kapitel darstellen. Hier nur so viel: Individualisierung bedeutet, dass die Biographie des Individuums immer weniger von der Zugehörigkeit zu irgendeiner Schicht oder Klasse bestimmt ist, sondern von ihm selbst entschieden werden muss. Die konkreten sozialen, institutionellen und rechtlichen Bedingungen, unter denen solche Entscheidungen fallen, sind in ihrer Konstellation höchst unterschiedlich, weshalb – so Beck später – jenseits der Ordnung von Klasse und Schicht „nur eine Loseblattsammlung von Individuen" flattert! (Beck 1991, S. 42)

Die Theorie der Schichtung – und zwar die strukturfunktionalistische – war aber schon vorher ins Gerede gekommen, weil man zwei Grundannahmen bezweifelte. Man bezweifelte – ich deutete es bei Parsons schon an – die Vorstellung, dass es sich bei der modernen Industriegesellschaft um eine offene Gesellschaft handelt, in der jeder zu jeder Position aufsteigen kann, wenn er die entsprechenden Leistungen erbringt, in der jeder aber auch in einem weniger hohen Status verbleiben darf, wenn er mehr Leistungen nicht erbringen will. Und zweitens bezweifelte man, dass in einer „offenen" Gesellschaft Bildung als Voraussetzung für attraktive Berufe jedermann möglich ist und Qualifikation somit von der Anstrengung des Glücksschmieds abhängt. Der genaue Blick auf die Bildungschancen in den einzelnen Sozialschichten machte nämlich deutlich, dass es strukturelle Benachteiligungen gab und dass von einer gleichen Verteilung der Instrumente sozialen Erfolgs keine Rede sein konnte. Soziale Aufstiege gab es nicht in einem nennenswerten Umfang. Eine geschichtete Gesellschaft konnte nach dieser Kritik zumindest nicht für sich reklamieren, dass sie gerecht sei, da für Leistungen keine gleiche Chancen existierten.

Diese letztere Kritik speiste sich zum Teil auch aus dem in den 60er Jahren aufkommenden neuen Gerechtigkeitsdenken, das in einer Theorie der Schichtung eine Verschleierung einer strukturellen Benachteiligung großer Teile der Gesellschaft oder gar eine euphemistische Umschreibung von Machtdifferenzen sah.

Ein anderer Grund, weshalb die Theorie einer eindeutigen horizontalen Schichtung in die Kritik geriet, war schließlich die Erfahrung, dass viele Erscheinungen sozialer Unterschiede nicht mehr in einer einfachen Schichtungstheorie unterzubringen waren und damit auch nicht erklärt werden konnten. Wo war z. B. der sprichwörtliche reizende Schrotthändler mit gutem Hauptschulabschluss und Finca auf Mallorca im Vergleich zum Taxifahrer Dr. bel. einzuordnen? Nahm man die Fülle der Verhaltensformen und Lebensstile in den Blick, die sich nicht auf typische soziale Lagen lokalisieren ließen, dann lag es nahe, den hierarchisierenden Begriff der Schichtung einmal beiseite zu lassen und grundsätzlich zu konstatieren, dass Individuen und Gruppen zunächst einmal „ungleich“ sind. Die soziologische Beobachtung der Verhältnisse wurde differenzierter.

Hat sich damit die Theorie der Schichtung erledigt? Die Frage bewegte seinerzeit auch *Rainer Geißler*, als er im Jahre 1994 ein Buch über „Soziale Schichtung und Lebenschancen in Deutschland“ in einer neuen Bearbeitung herausgab. Damals fühlte er sich bemüßigt, ein erklärendes neues Vorwort zu schreiben und eine frühere Erklärung, warum man ein Buch zur Schichtung publiziert, zu wiederholen. Zunächst zu der früheren Erklärung: „Wer im Jahre 1987 in Deutschland ein Buch zum Thema „Soziale Schichtung“ publiziert und 1994 aktualisiert, fühlt sich herausgefordert, sich für dieses Unterfangen zu rechtfertigen. Denn liest man neuere westdeutsche Publikationen zum Problem der sozialen Ungleichheit, so könnte man den Eindruck gewinnen, der Schichtbegriff gehöre zu denjenigen Konzepten der Soziologie, die schon seit geraumer Zeit auf den Müllhaufen unbrauchbarer Denkmodelle gehören. (...) Es scheint, als gleiche der Begriff der sozialen Schicht einem ausgedienten Dampfer, der im Sturm der westdeutschen Expertendiskussion in Seenot geraten ist und dessen endgültiger Untergang kurz bevorsteht." (Geißler 1994a, S. 6f.) Und im neuen Vorwort heißt es, „die Erkenntnisinteressen der westdeutschen Sozialstrukturanalyse" hätten sich „in eine bestimmte Richtung verlagert: auf die sog. neuen Ungleichheiten nach Geschlecht, Nationalität, Alter, Generation oder auch Region, auf den Pluralismus der Lebensformen und Lebensstile und auf die vielfältigen Bewegungen der Individuen im sozialen Positionsgefüge." (Geißler 1994b, S. V)

Also noch einmal: hat sich das Thema „soziale Schichtung" erledigt? Ich meine nein. Denn: „Soziale Schichten haben sich im Zuge der Modernisierung verändert, aber sie haben sich keinesfalls aufgelöst." (Geißler 1994b, S. V) Wenn über die Verhältnisse in der Gesellschaft gesprochen wird, dann ist es unabdingbar, dabei auch Theorien der Schichtung heranzuziehen. Es gibt gute Gründe, theoretische Begründungen für vertikale Gliederungen in der Gesellschaft anzuzweifeln und einen mit bestimmten Rechtfertigungen belasteten Begriff neu zu bestimmen, aber das Faktum selbst wird damit nicht aus der Welt geschafft. Das behauptet auch nicht *Ulrich Beck*, der ja das starke Wort gebraucht hat, das Hierarchiemodell sozialer Klassen und Schichten werde durch neue Prozesse in seinem Wirklichkeitsgehalt in Frage gestellt. Er sagt sogar ausdrücklich, dass sich die „Ungleichheits*relationen*" nicht wesentlich verändert haben. (1986, S. 121) Man kann davon ausgehen, dass es auch Relationen zwischen oben und unten, mehr oder weniger sind. Und auch die Theorien sozialer Ungleichheit verschließen nicht die Augen vor der Tatsache, dass vertikale Strukturen bestehen. Da sie aber sehr nah an konkrete Verhältnisse herangehen, stellen sie fest, dass Ungleichheit mehr ist als Schichtung und dass sie an Merkmalen, Mentalitäten und Lebensstilen festzumachen ist, die manchmal quer zu Schichten liegen, manchmal aber auch auf der gleichen sozialen Ebene als Muster gelesen werden müssen, die typisch für soziale Lagen und Milieus sind.

9. Soziale Ungleichheit

9.1 Natürliche Ungleichheit?
9.2 Besitz und Einkommen als Begründungen für Ungleichheit
9.3 Bourdieu: Sozialer Raum, Kapital und Geschmack
9.4 Neue Formen sozialer Ungleichheit und ihre Ursachen

Im Jahre 1754 legte der französisch-schweizerische Philosoph *Jean-Jacques Rousseau* eine Antwort auf die Preisfrage der Akademie von Dijon „Welches ist der Ursprung der Ungleichheit unter den Menschen?“ vor. Er beginnt mit einer Unterscheidung: „Ich nehme zwei Arten von Ungleichheit unter den Menschen an. Eine nenne ich die natürliche oder physische Ungleichheit, weil sie von der Natur eingeführt worden ist. Sie besteht in der Verschiedenheit des Alters, der Gesundheit, der körperlichen Stärke und der Geistes- oder Seelenkräfte. Die andere könnte man eine sittliche oder politische Ungleichheit nennen, weil sie von einer Art Übereinkunft abhängt und durch die Einwilligung aller Menschen eingeführt oder wenigstens gebilligt worden ist. Sie besteht in verschiedenen Freiheiten, welche einige zu anderer Nachteil genießen, nämlich reicher, angesehener, mächtiger zu sein als diese oder sich gar Gehorsam von ihnen leisten zu lassen.“ (Rousseau 1754, S. 191)

Bevor ich auf diese zweite, gewissermaßen künstliche Ungleichheit zu sprechen komme, will ich zwei Beispiele für die Annahmen natürlicher Ungleichheit nennen, die nur auf den ersten Blick längst überholtem Denken entsprungen zu sein scheinen. Diese Vorgeschichte betrifft die Stellung des Einzelnen, wie sie sich „von Natur“ aus ergibt.

Die eigentliche soziologische Frage der sozialen Ungleichheit setzt mit der von Rousseau so bezeichneten „sittlichen“ Ungleichheit ein, die sich aus dem Handeln des Menschen ergibt.

Nach Rousseau entstand sie in dem Augenblick, als jemand Land für sich als Eigentum reklamierte und andere dazu brachte, diesen Anspruch zu akzeptieren. Wie im Kapitel über Soziale Schichtung gezeigt wurde, galt der Besitz von Land („feudum") ja lange als Begründung einer „natürlichen" sozialen Ordnung.

Im 19. Jahrhundert rückt dann eine zweite Erklärung sozialer Ungleichheit - jetzt wieder stärker in politischer Hinsicht – in den Vordergrund. Danach ist es das Einkommen, das Menschen ungleich macht und eine Dreiteilung der Gesellschaft begründet. Wie dieser Faktor in die Begründung einer Theorie der Klassen und Schichten hineingespielt hat, habe ich am Beispiel von Karl Marx und Max Weber gezeigt.

Die Theorien der Sozialen Schichtung haben dann weitere Merkmale genannt, an denen man die Plazierung des Individuums oder ganzer Gruppen in der Gesellschaft ablesen kann. Dabei wurde schon deutlich, dass es nach wie vor soziale Unterschiede gibt. Die neuere soziologische Diskussion beschreibt sie unter dem Aspekt *sozialer Ungleichheit* und zum Teil in den Kategorien, die in den Schichtungstheorien gelten, aber sie sagt, dass Ungleichheit ein dynamischer Prozess ist, der sich innerhalb der Schichten und Klassen und vor allem an ihren Grenzen abspielt und dort merkwürdige Formen der Anpassung und Abwehr aufweist.

Von der strukturfunktionalistischen Schichtungstheorie setzt sich die Theorie der Ungleichheit dadurch ab, dass sie die Bewertung, die mit dem Begriff Schichtung verbunden wird, vermeidet, und von einer marxistischen Klassentheorie, dass sie statt eines antagonistischen Gegensatzes fließende Grenzen zwischen Differenzen und Übereinstimmungen konstatiert. Zweitens geht sie auch näher an konkrete Situationen heran und richtet den Blick auf Lebensstile und Geschmack, die für bestimmte Lagen oder „Klassen" typisch sind. Der interessanteste Beitrag, der auch die größte soziologische Diskussion auf sich gezogen hat, ist der von *Pierre Bourdieu*. Eine dritte Diskussionslinie zeigt, dass ganz neue Formen von Ungleichheit entstanden sind, die quer zu Schichten liegen oder sogar auf der gleichen sozialen Ebene vorkommen. Erklärt wird diese Auflösung einheitlicher Zuordnung durch einen

Bewusstseinswandel, den man abkürzend als *Individualisierung* bezeichnen kann. Sie geht einher mit einer Pluralisierung von Lebensstilen. Mit dieser Erklärung sucht die Soziologie der Ungleichheit nach typischen Mustern des Denkens und Handelns, wie sie in spezifischen *sozialen Lagen* und *Milieus* vorkommen. Als Beispiel für diese Diskussion referiere ich die Arbeit von *Stefan Hradil.*

9.1 Natürliche Ungleichheit?

Der griechische Philosoph *Platon (427-347)* lässt in seinem Entwurf des idealen Staates den klugen Sokrates einen Mythos über Herkunft und Art der drei Stände der Herrscher, der Wächter und der Arbeiter erzählen. Danach seien die Menschen früher „eigentlich unter der Erde gewesen und dort drinnen sie selbst gebildet und aufgezogen worden, und auch ihre Waffen und andere Gerätschaften gearbeitet." Dann habe die Erde sie als ihre Mutter heraufgeschickt, und nun müssten sie ihre vorbestimmten Plätze einnehmen. Deshalb endet die Sage auch mit einer Ermahnung an die Menschen: „Ihr seid nun also freilich (...) alle, die ihr in der Stadt seid, Brüder; der bildende Gott aber hat denen von euch, welche geschickt sind zu herrschen, Gold bei ihrer Geburt beigemischt, weshalb sie denn die köstlichsten sind, den Gehilfen aber Silber, Eisen hingegen und Erz den Ackerbauern und übrigen Arbeitern." In der Regel würden auch die Nachkommen ähnlich sein, aber es könne auch vorkommen, dass der einen oder anderen Seele ein anderes Metall beigemischt sei. Deshalb müssten die Oberen genau auf die Nachkommen achtgeben: „Und wenn irgend von ihren eignen Nachkommen einer ehern wäre oder eisenhaltig, sollen sie auf keine Weise Mitleid mit ihm haben, sondern nur die seiner Natur gebührende Stelle ihm anweisend sollen sie ihn zu den Arbeitern oder Ackerbauern hinaustreiben; und so auch, wenn unter diesen einer aufwüchse, in dem sich Gold oder Silber zeigte, einen solchen sollten sie in Ehren halten und ihn unter die Herrscher erheben oder unter die Gehilfen." (Platon, Politeia 414d – 415c) So wie Mutter Erde die Menschen auf vorbestimmte

Plätze[1] gestellt hat, so müssen die Oberen darauf achten, dass auch die Nachkommen die ihrer Natur gebührende Stelle einnehmen. Platons Vision eines vollkommenen Staates beginnt also mit einer „kräftigen Notlüge", wie es Nietzsche genannt hat: Die erste Generation sollte dazu gebracht werden, an eine ewige Wahrheit dieser sozialen Ordnung zu glauben. (Nietzsche 1874, S. 188f.)

Auch Platons Schüler *Aristoteles (384-322)*, den ich gleich noch mit seiner naturwissenschaftlichen Erklärung der Ungleichheit von Mann und Frau zitieren werde, ging von einer natürlichen Ordnung der Gesellschaft aus:

Aristoteles: Über Herrschen und Dienen

„Das Herrschen und Dienen gehört nicht nur zu den notwendigen, sondern auch zu den zuträglichen[2] Dingen. Einiges trennt sich gleich von Geburt an, das eine zum Dienen, das andere zum Herrschen. (...).

Das Lebewesen besteht primär aus Seele und Leib, wovon das eine seiner Natur nach ein Herrschendes, das andere ein Beherrschtes ist. (...)

Desgleichen ist das Verhältnis des Männlichen zum Weiblichen von Natur aus so, dass das eine besser[3], das andere geringer ist, und das eine regiert und das andere regiert wird.

Auf dieselbe Weise muss es sich nun auch bei den Menschen im allgemeinen verhalten. Diejenigen, die so weit voneinander verschieden sind wie die Seele vom Körper, und der Mensch vom Tier (dies gilt bei allen denjenigen, deren Aufgabe die Verwendung ihres Körpers ist und bei denen dies das Beste ist, was sie leisten können), diese sind Sklaven von Natur, und für sie ist es, wie bei den vorhin genannten Beispielen, besser, auf die entsprechende Art regiert zu werden." (Aristoteles, Politik, S. 52 und 53)

1 Interessant (und für die soziologische Diskussion ganz sicher nicht unerheblich!) ist die Tatsache, dass das griechische Wort „timae" zur Bezeichnung der von der Natur gebotenen Stelle in der Gesellschaft vor allem „Ehre" heißt.
2 Im Original wird das Adjektiv „sympheron" (nützlich) benutzt.
3 Das Wort kreitton heißt zwar „besser", aber auch „stärker".

Soziale Ungleichheit, sei es als einfache Über- und Unterordnung von sozialen Positionen, sei es als konkrete Verteilung der Macht, ist gewissermaßen in der Natur der Sache begründet.

Nun zu einer zweiten „natürlichen" Ungleichheit, der zwischen Mann und Frau. In seiner Schrift „Von der Zeugung der Tiere" stellt *Aristoteles* fest, dass die Frau nicht auf der gleichen Stufe stehe wie der Mann, denn sie sei „gleichsam ein verstümmeltes Männchen, und der Monatsfluss Samen, der aber nicht rein ist; denn es fehlt ihm nur noch eines, das Princip der Seele." (Aristoteles, Von der Zeugung der Tiere, 1. Buch, § 40, S. 153) Es scheint also nicht so zu sein, dass der Frau etwas Äußerliches fehlt, sondern das, was den Menschen zum Menschen macht: die Seele.

Thomas von Aquin (1224-1274), der bedeutendste Philosoph des Mittelalters, referiert dieses Wort des Aristoteles „femina est mas occasionatus" (Thomas von Aquin, q92, a1) und wendet die Sache hin und her. Er kommt dann zu einem abgewogenen Urteil, dass die Frau zwar nicht unmittelbar, aber doch mittelbar von Gott geschaffen wurde. Und da sie aus Adams Rippe und nicht aus seinen Füßen gebildet wurde, dürfe der Mann sie auch nicht als Sklavin verachten. Aber: nach der Absicht der Natur ist sie für die Zeugung bestimmt. Und der Aquinate fährt fort, dass es eine natürliche Unterwerfung gibt, weil der Weisere der Vorgesetzte sei und Untergebene zu ihrem Vorteil in Dienst stelle: „Gemäß diesem Unterordnungsverhältnis ist das Weib dem Manne von Natur aus unterworfen; denn im Manne überwiegt von Natur aus die Unterscheidungskraft des Verstandes." (Thomas von Aquin: Summa theologica, q92, a1 ad 2)

Dieser Auffassung war das Wort des Apostels *Paulus* voraufgegangen, der die junge Christengemeinde in Ephesus wortgewaltig ermahnt hatte: „Ihr Frauen, ordnet euch euren Männern unter wie dem Herrn; denn der Mann ist das Haupt der Frau, wie auch Christus das Haupt der Kirche ist; er hat sie gerettet, denn sie ist sein Leib. Wie aber die Kirche sich Christus unterordnet, sollen sich die Frauen in allem den Männern unterordnen." (Paulus, Epheser 5, 22-24) Dieser Satz hat bei vielen Frauen seit je heftigen Protest provoziert, den die Erläuterung eines jüdischen Theologen wohl kaum mindern wird. Der meinte nämlich, Paulus habe die übel beleumundeten Damen von Korinth, das seinerzeit ein berüchtigtes Zentrum der Prostitution und Laster aller Art war, im Auge gehabt. Und die sollten in der Gemeinde natürlich schweigen und sich unterordnen. (Lapide 1993, S. 87)

Und auch bei Paulus findet sich etwas von der Einstellung des Aristoteles wieder, schreibt er doch in seinem Brief an die Korinther, der Mann dürfe beim Beten nicht das Haupt verhüllen, „weil er Abbild und Abglanz Gottes ist", die Frau hingegen soll ihr Haupt verhüllen, sie ist „der Abglanz des Mannes. Denn der Mann stammt nicht von der Frau, sondern die Frau vom Mann. Der Mann wurde auch nicht für die Frau geschaffen, sondern die Frau für den Mann." (Paulus, 1 Korinther 11, 7-9) Die Worte des Apostels hinterließen ihre Spuren – und nicht nur in der Kirche.

Wie selbstverständlich sich der Gedanke, dass Gott Mann und Frau zu unterschiedlichen Zwecken auf die Erde gesetzt habe, auch über die Aufklärung hinaus halten konnte, kann man z. B. bei *Johann Gottlieb Fichte (1762-1814)*, einem Philosophen, der sich schon früh zu den Prinzipien der französischen Revolution bekannt hatte, nachlesen. Er begründete die Unterordnung der Frau unter den Ehemann ausgerechnet mit ihrer Würde:

Johann Gottlieb Fichte: Die Frau ergibt sich dem Mann und hört auf, ein Individuum zu sein

„Diejenige, welche ihre Persönlichkeit mit Behauptung ihrer Menschenwürde hingiebt, giebt nothwendig dem Geliebten alles hin, was sie hat. Wäre die Ergebung nicht unumschränkt, und behielte sie in derselben sich das geringste vor, so legte sie dadurch an den Tag, dass das vorbehaltne einen höhern Werth für sie hätte, als ihre eigene Person; welches ohne Zweifel eine tiefe Herabwürdigung ihrer Person wäre. Ihre eigene Würde beruht darauf, dass sie ganz, so wie sie lebt, und ist, ihres Mannes sey, und sich ohne Vorbehalt an ihn und in ihm verloren habe. Das geringste, was daraus folgt, ist, dass sie ihm ihr Vermögen und alle ihre Rechte abtrete, und mit ihm ziehe. Nur mit ihm vereinigt, nur unter seinen Augen, und in seinen Geschäften hat sie noch Leben, und

Thätigkeit. Sie hat aufgehört, das Leben eines Individuums zu führen; ihr Leben ist ein Theil seines Lebens geworden, (dies wird treflich dadurch bezeichnet, dass sie den Namen des Mannes annimmt)." (Fichte 1797: Deduktion der Ehe, S. 102)

Etwas versöhnlicher liest es sich bei *Heinrich von Kleist (1777-1811)*, einem Dichter, der die gesellschaftlichen Verhältnisse in anderer Hinsicht durchaus kritisch betrachtete. Er klärte seine Freundin so auf: „Ich will Dir nun meinen ersten Hauptgedanken erklären. *Bestimmung unseres irdischen Lebens* heißt Zweck desselben, oder die Absicht, zu welcher uns Gott auf diese Erde gesetzt hat. *Vernünftig darüber nachdenken* heißt nicht nur diesen Zweck selbst deutlich kennen, sondern auch in allen Verhältnissen unseres Lebens immer die zweckmäßigsten Mittel zu seiner Erreichung herausfinden. Das, sagte ich, wäre die ganze wahre Aufklärung des Weibes und die einzige Philosophie, die ihr ansteht. Deine Bestimmung, liebe Freundin, oder überhaupt die Bestimmung des Weibes ist wohl unzweifelhaft und unverkennbar; denn welche andere kann es sein, als diese, *Mutter zu werden, und der Erde tugendhafte Menschen zu erziehen?* Und wohl euch, dass eure Bestimmung so einfach und beschränkt ist! Durch euch will die Natur nur ihre Zwecke erreichen, durch uns Männer auch der Staat noch die seinigen, und daraus entwickeln sich oft die unseligsten Widersprüche.“ (Kleist 1800, S 318) Woraus wohl?

Auch ein Blick in die schöne Literatur zur Erziehung des Menschengeschlechts um diese Zeit ist belehrend. Nehmen wir nur „Das Lied von der Glocke“ (1799), wo *Friedrich Schiller* die Aufgaben für Mann und Frau so verteilt: „Der Mann muss hinaus ... und drinnen waltet die züchtige Hausfrau ...“ Zwar heißt es, in den Salons der Romantiker sei man mit Spott über Schillers Familienidylle hergefallen und Caroline Schlegel habe an ihre Tochter geschrieben: „Über ein Gedicht von Schiller, das Lied von der Glocke, sind wir gestern Mittag fast von den Stühlen gefallen vor Lachen“[4], doch noch unsere Eltern und Großeltern haben dieses Gedicht auswendig gelernt – und zwar ohne zu lachen!

4 Barbara Beuys 1980: Familienleben in Deutschland, S. 340.

Am Ende des 19. Jahrhunderts ermahnt in *Henrik Ibsens* Schauspiel „Ein Puppenheim" der Gatte und Eigentümer Torwald Helmer seine Frau Nora: „Für den Mann liegt etwas unbeschreiblich Holdes und Befriedigendes in dem Bewusstsein, seiner Frau vergeben zu haben – ihr aus vollem, aufrichtigem Herzen vergeben zu haben. Ist sie doch gewissermaßen in doppeltem Sinne dadurch sein Eigen geworden; als hätt' er sie zum zweiten Mal in die Welt gesetzt. Sie ist sozusagen sein Weib und sein Kind zugleich geworden. Das sollst Du mir fortan sein. Du schwaches, ratloses Persönchen. Fürchte nichts, Nora; sei nur offen gegen mich, dann wird' ich Dein Wille und auch Dein Gewissen sein." (Ibsen 1879, S. 365f.) Nora tut den ersten Schritt zu ihrer Herauslösung aus dieser „natürlichen" Ordnung, als sie sagt: „Was die Welt sagt und was in den Büchern steht, das kann nicht mehr maßgebend für mich sein. Ich muss selbst nachdenken, um in den Dingen Klarheit zu erlangen." (Ibsen 1879, S. 370) Was Nora sich vorgenommen hat, war genau das Gebot, das *Immanuel Kant* zum Vollzug der Aufklärung formuliert hatte.[5] Es gehört zu den Grundforderungen jeder Soziologie – zumal beim Nachdenken über Formen und Gründe sozialer Ungleichheit.

Verlassen wir die Mikroebene[6] der Beziehung zwischen Individuen und wenden uns Erklärungen *sozialer* Ungleichheit zu, die unmittelbar in die soziologische Diskussion überleiten. Ich beginne mit Rousseaus Anwort auf die Frage, was die Ursache der Ungleichheit zwischen den Menschen ist – das Eigentum – , und mit der Erklärung, die ab dem 19. Jahrhundert unübersehbar in den Vordergrund rückte – das Einkommen.

5 Was die Gleichberechtigung zwischen Mann und Frau angeht, war das im BGB, das im Jahre 1900 in Kraft trat, noch nicht beherzigt, denn dort hieß es in § 1354, dass dem Manne „die Entscheidung in allen das gemeinschaftliche Leben betreffenden Angelegenheiten" zustehe. Das Eherecht, das diesem Geist entsprach, trat in der Bundesrepublik erst 1953 außer Kraft.

6 Für strenge Leserinnen ist es ja auch gar keine Mikroebene!

9.2 Besitz und Einkommen als Begründungen für Ungleichheit

Ich habe eingangs *Rousseaus* Antwort auf die Preisfrage, was der Ursprung der Ungleichheit unter den Menschen sei, zitiert. Dort hieß es, man müsse eine natürliche oder physische Ungleichheit von einer „sittlichen oder politischen Ungleichheit" unterscheiden. (Rousseau 1754, S. 191) Die Antwort, woher diese zweite Ungleichheit, nämlich nur um diese geht es, kommt, ist nichts weniger als revolutionär. Rousseau schreibt: „Der erste, welcher ein Stück Landes umzäunte, sich in den Sinn kommen ließ zu sagen: *dieses ist mein*, und einfältige Leute antraf, die es ihm glaubten, der war der wahre Stifter der bürgerlichen Gesellschaft. Wieviel Laster, wieviel Krieg, wieviel Mord, Elend und Greuel hätte einer nicht verhüten können, der die Pfähle ausgerissen, den Graben verschüttet und seinen Mitmenschen zugerufen hätte: ‚Glaubt diesem Betrüger nicht; ihr seid verloren, wenn ihr vergesst, dass die Früchte euch allen, der Boden aber niemandem gehört'." (Rousseau 1754, S. 230) Voltaire spottete über diesen Aufschrei: „Das ist die Philosophie eines Bettlers, der die Reichen durch die Armen bestohlen sehen möchte." Jedenfalls war damit festgestellt, dass eine Erklärung der Ungleichheit im *Eigentum* zu sehen ist.

Es war aber nicht diese Erklärung sozialer Ungleichheit, die die politischen Forderungen im letzten Drittel des 18. Jahrhunderts bestimmte, sondern Rousseaus Feststellung, dass einige Freiheiten zum Nachteil anderer genießen und die Macht haben, von anderen Gehorsam zu erzwingen. Die erste Verfassung, in der dieses Missverhältnis abgelehnt wurde, war die Unabhängigkeitserklärung der 13 nordamerikanischen Staaten aus dem Jahre 1776, die mit den folgenden Sätzen beginnt: „Wir halten es für Wahrheiten, die keines Beweises bedürfen: Dass alle Menschen vor ihrem Schöpfer gleich sind; dass er ihnen gewisse unveräußerliche Rechte verliehen hat und dass zu diesen Rechten Leben, Freiheit und das Streben nach Glück gehören." Als sich in Frankreich der nichtprivilegierte dritte Stand der Bürger, Handwerker und Bauern im Jahre 1789 zur Nationalversammlung erklärte und damit die Große Revolution auslöste, stand genau diese Forderung nach

Gleichheit im Vordergrund. Im Artikel 1 der neuen Ordnung verkündete die Nationalversammlung: „Die Menschen sind und bleiben von Geburt frei und gleich an Rechten."

Diese politischen Forderungen haben in Europa unterschiedliche Entwicklungen in Gang gesetzt, die in Frankreich für kurze Zeit tatsächlich zu einer Gesellschaft der Gleichen führten, dann aber dort wie überall in einer Restauration eines Obrigkeitsstaates mündeten.

Diese politische Entwicklung wurde durch eine andere, wirtschaftliche Entwicklung begünstigt, in der ein kleiner Teil der Gesellschaft äußerst erfolgreich war, ein wachsender Teil es zu bescheidenem Wohlstand brachte, in der aber der allergrößte Teil nicht viel mehr verdiente, als man zum Überleben brauchte. So kam ein ganz neuer Faktor der Ungleichheit ins Spiel: das *Einkommen*. Diese Ungleichheit war auch die Basis für politische Rechte, die aus dem Geist der alten ständischen Dreiteilung eingeräumt wurden. So bestimmte das Wahlrecht von 1849 für die Wahl zum preußischen Abgeordnetenhaus, dass die Urwähler nach dem Steueraufkommen in ihrem Wahlbezirk in drei Klassen aufgeteilt wurden. Man nahm also die Gesamtsumme der Steuern und rechnete von oben nach unten die drei Klassen aus. Jede Klasse wählte jeweils ein Drittel der Wahlmänner, die dann wiederum die Abgeordneten wählten. Für 1849 hieß das, dass die erste Klasse, die rund 4% der Bevölkerung ausmachte, genau so viele Wahlmänner wie die dritte Klasse wählte, die mehr als 80% umfasste. (vgl. Brockhaus 1996, Stichwort: Dreiklassenwahlrecht) Im Jahre 1908 waren die Zahlen fast identisch. Erst nach der Novemberrevolution 1918 wurde das Dreiklassenwahlrecht abgeschafft.

Die Begründungen der Ungleichheit über Besitz und Einkommen spielten, wie ich im Kapitel über Soziale Schichtung gezeigt habe, unmittelbar in die Klassentheorie von Karl Marx und Max Webers Theorie über Klassen und Stände hinein. An beiden Theorien setzten die soziologischen Theorien der Schichtung an. Dabei wurde aber schließlich deutlich, dass man zur Erklärung von Ungleichheiten sicher mehr als das eine Merkmal „Besitz der Produktionsmittel" braucht. Interessanterweise hat die soziologische Diskussion zwar andere Merkmale zur Beschreibung und Erklärung sozialer Schichtung herangezogen – Leistung, Beruf, Bildung –, aber – wenn man von Theodor Geiger absieht, einen Faktor ausgeblendet, den Max Weber ins Gespräch gebracht hatte: die Lebensführung. Mit der Einbeziehung genau dieses Faktors beginnt eigentlich die neuere soziologische Diskussion über Soziale Ungleichheit. Der Soziologe, der dies ausdrücklich tut, ist Pierre Bourdieu, und er verbindet die These von Weber mit der Klassentheorie von Marx!

9.3 Bourdieu: Sozialer Raum, Kapital und Geschmack

Pierre Bourdieu bezeichnet in seinem Buch „Die feinen Unterschiede" (1979) die französische Gesellschaft als Klassengesellschaft.[7] Er lässt aber keinen Zweifel daran, dass diese Kennzeichnung im Grunde für alle westlichen Industriegesellschaften zutrifft, und insofern ist die dort entwickelte Theorie auch eine Weiterführung der Theorien sozialer Ungleichheit. Was ist Bourdieus Grundannahme? Er sagt, dass die ökonomische Lage und die Stellung im Beruf ein wichtiger Indikator für die Plazierung in einer sozialen Klasse ist, viel entscheidender sind die Klassen aber über die Verfügung über *drei Kapitalsorten* und durch Unterschiede in *Geschmack* und *Lebensstil* definiert. Die Klasse selbst versteht Bourdieu als *sozialen Raum*, in dem spezifische Dispositionen des Denkens und Handelns wirken. Die klassenspezifische Disposition, die gewissermaßen eine unbewusste Theorie der Praxis ist, wird als *Habitus* bezeichnet.

Bevor ich nun die Grundlinien seiner Theorie entwickele, will ich ganz kurz sagen, wo man sie in der bisherigen Diskussion über Schichtung und Ungleichheit im weitesten Sinne einordnen kann. Mit Karl Marx teilt er die Überzeugung, dass ökonomisches Kapital ein wichtiges Merkmal zur Bestimmung von Klassen ist, und er nimmt auch an, dass es typische Formen des Denkens und Handelns in jeder Klasse gibt. Doch anders als Marx hält Bour-

7 Vgl. Band 2, Kapitel 7.4 „Bourdieu: Die feinen Unterschiede".

dieu die Verfügung über die Produktionsmittel nicht für das alleinige Kriterium zur Unterscheidung der Klassen und er sieht auch nicht den antagonistischen Gegensatz, in dem sich Klassen unversöhnlich gegenüberstünden. Ich will es so verkürzen: Die Klassen im Bourdieuschen Modell markieren Grenzen durch feine Unterschiede (von oben nach unten) und durch Vorstellungen, was sich in ihren Kreisen geziemt; auf der anderen Seite gibt es auffällige Bemühungen (von unten nach oben), es einer anderen Klasse gleich zu tun. Der Kampf läuft nicht auf eine Revolution hinaus, in der die Unterlegenen obsiegen werden, sondern auf das permanente Spiel um Abgrenzung und Annäherung.

Nun der Vergleich mit den Schichtungstheorien. Hier teilt Bourdieu die Auffassung, dass es tatsächlich abgrenzbare Statusgruppen gibt, und er hält auch die Kriterien wie Einkommen, Beruf und Bildung für wichtige Kriterien der Differenzierung. Er greift aber gewissermaßen über die Schichtungstheorien hinaus auf Max Weber zurück, der „mit seiner Unterscheidung von Klasse und Stand (zusätzlich) eine kulturelle-symbolische Dimension in die Analyse der Ungleichheitsverhältnisse moderner Gesellschaften eingeführt" hat. (Schwingel 1995, S. 101) Während die *Klasse* rein ökonomisch bestimmt ist, zeichnet sich der *Stand* durch eine spezifische Lebensführung aus. Damit kommt gewissermaßen das Individuum zum sprechen. Diesen Gedanken, der in den wesentlich strukturfunktionalistischen Schichtungstheorien ausgespart blieb, greift Bourdieu wieder auf, um ihn dann aber sofort einzugrenzen. Ich will es so sagen: das Individuum spricht, aber es spricht in klassenspezifischer Weise. Es meint, frei zu handeln, aber der Habitus generiert immer aufs Neue bestimmte Muster.

Jetzt ein Blick auf die Grundlinien der Theorie selbst, wobei ich einiges wiederholen muss, was schon in Kapitel „Status" vorkam. Wie gesagt, hängt Ungleichheit zum einen von der Verfügung über *Kapital* ab, das Bourdieu in einem viel weiteren Sinne als Marx versteht. Er unterscheidet drei Kapitalsorten.

1. *Ökonomisches Kapital.* Damit ist vor allem Geld und Eigentum gemeint. Obwohl dieses Kapital nach wie vor für die Differenzierung nach Klassen wichtig ist, sind andere Mechanismen für

gesellschaftliche Macht entscheidender, nämlich das kulturelle Kapital.

2. *Kulturelles Kapital.* Darunter versteht Bourdieu Wissen, Qualifikationen und Bildungstitel, aber auch Einstellungen und Handlungsformen, die in der Familie und im Ausbildungssystem erworben wurden. Dieses Kapital besteht in einer bestimmten kulturellen Kompetenz. Die „amtlich beglaubigte Form des kulturellen Kapitals" nennt er *Bildungskapital.* (Bourdieu 1979, S. 449) Mit der Verfügung über kulturelles Kapital ist ein bestimmter Habitus (ästhetische Einstellung, Geschmack, Kleidung, Auftreten) verbunden. Über ihn vergewissert sich das Individuum seiner selbst, und so wird es auch von den anderen wahrgenommen. Über den Habitus distanziert es sich aber auch von den anderen. Dieses Kapital trägt entscheidend zur Klassendifferenzierung bei. Als dritte Kapitalform, über die sich Klassen differenzieren, nennt Bourdieu das soziale Kapital.

3. *Soziales Kapital.* Darunter kann man im weitesten Sinne soziale Beziehungen verstehen. Ursprünglich hatte Bourdieu es als symbolisches Kapital bezeichnet, da es um Beziehungen geht, die einen symbolischen Wert (Prestige, Ehre u. ä.) haben. (Bourdieu 1976, S. 348) Es ist bezogen auf eine bestimmte Gruppe oder ein Beziehungsnetz, in denen dieses soziale Kapital eine symbolische Bedeutung hat. Natürlich fällt einem ein gewisses soziales Kapital zunächst in den Schoß: seine Familie, Verwandtschaft, Nachbarschaft und Arbeitskollegen hat man nun mal. Um das Kapital zu halten, es gut zu nutzen und zu vergrößern, muss aber Institutionalisierungsarbeit geleistet werden: „Anders ausgedrückt, das Beziehungsnetz ist das Produkt individueller oder kollektiver Investitionsstrategien, die bewusst oder unbewusst auf die Schaffung und Erhaltung von Sozialbeziehungen gerichtet sind, die früher oder später einen unmittelbaren Nutzen versprechen." (Bourdieu 1983a, S. 192)

Alle drei Kapitalsorten zusammen bestimmen die Plazierung des Individuums in der gesellschaftlichen Hierarchie. Ihre spezifische Kombination kennzeichnet die einzelnen Klassen, und dadurch unterscheiden sie sich auch voneinander. Bourdieu geht nämlich davon aus, dass von einer bestimmten gesellschaftlichen

Differenzierung und einem gewissen Wohlstand an in allen Gesellschaften Prozesse der *Klassifikation* und *Distinktion* einsetzen. Die Menschen ordnen sich und die anderen bestimmten *Positionen* in einem *sozialen Raum* zu und setzen sich voneinander ab.

Mit dem Begriff des sozialen Raums will Bourdieu sagen, dass das Individuum in einem strukturierten sozialen und identifizierbaren Zusammenhang zu sehen ist, von dem sein Denken und Handeln geprägt wird. Man darf den sozialen Raum nicht als „Ort punktueller Interaktionen" verstehen, ihn also sozusagen in „diskontinuierliche *Situationen*"[8] auflösen, sondern muss ihn als „objektiven Raum (...) konstruieren, als eine Struktur objektiver Relationen, die die mögliche Form der Interaktionen wie die Vorstellungen der Interagierenden determiniert". (Bourdieu 1979, S. 378f.) Darum geht es bei der Annahme, dass der Raum einen spezifischen Habitus erzeugt. Ich komme sofort darauf zurück.

Der soziale Raum ist ein Raum objektiver sozialer *Positionen*. Darunter versteht Bourdieu die statistisch erfassbare objektive ökonomische, kulturelle und soziale Lage. Es gibt eine Wechselbeziehung zwischen strukturellen Bedingungen wie Einkommen, Geschlecht, Alter und Berufsstand auf der einen Seite und praktischen Handlungsweisen wie Lebensstil, Konsum oder politischem Verhalten auf der anderen Seite. „Als Vermittlungsglied zwischen der Position (...) und spezifischen Praktiken, Vorlieben usw. fungiert" der *Habitus*. Damit bezeichnet Bourdieu „eine allgemeine Grundhaltung, eine Disposition gegenüber der Welt, die zu systematischen Stellungnahmen führt." (Bourdieu 1983, S. 132) Insofern erinnert der Begriff des Habitus an das Kollektivbewusstsein, wie es Emile Durkheim beschrieben hatte. Der Habitus ist die Verinnerlichung der durch eine spezifische Klassenlage erzwungenen bzw. ermöglichten Handlungsformen und erzeugt als Schema selbst wiederum spezifische Praxisformen und Kriterien der unterschiedlichen Bewertung der Produkte dieser Praxis. (Bourdieu 1979, S. 279) Man kann den „Habitus als ein System verinnerlich-

8 Diesen Fehler begeht nach seiner Meinung der Interaktionismus, was nicht ganz richtig ist, sich aber gut anhört. Alles, was Bourdieu diesbezüglich anmahnt (1979, S. 378 Anm. 20), findet sich dort von Anfang an.

ter Muster definieren, die es erlauben, alle typischen Gedanken, Wahrnehmungen und Handlungen einer Kultur zu erzeugen – und nur diese.“ (Bourdieu 1967 S. 143) Die Prinzipien, dies alles zu erzeugen, beherrscht das Subjekt intuitiv, es *kann* sie, aber es *weiß* nicht um sie. „Einen Habitus haben“ heißt „sein Metier verstehen“. (Bourdieu 1988, S. 279) Da sich soziale Räume nach einem spezifischen Habitus unterscheiden lassen, kann man sie auch als *Klassen* bezeichnen.

Der Habitus wirkt hinter dem Verhalten als *generatives Prinzip* und erzeugt Motive und Bedürfnisse, *Geschmack* und *Lebensstil*. Neben objektiven Lebensbedingungen und Habitus unterscheiden sich die Klassen vor allem durch den Geschmack. Er ist neben dem Lebensstil die auffälligste Äußerung des kulturellen Kapitals.

Bourdieu unterscheidet zwischen drei *Geschmacksarten*, dem barbarischen, dem mittleren und dem legitimen Geschmack. Schon die Wortwahl zeigt, woran Bourdieu die Klassifikation der französischen Gesellschaft, die er fast minutiös untersucht, bemessen wird. Bevor ich die Geschmacksarten darstelle, rasch die Unterscheidung der drei großen Klassen, wie sie sich als Raum typischer, objektiver sozialer Positionen darstellen. Markus Schwingel hat sie so unterschieden: „Zu nennen ist erstens die herrschende Klasse, die sich aus zwei gegensätzlichen, eine ‚Teilung der Herrschaftsarbeit‘ (...) in ökonomische und intellektuelle Herrschaft repräsentierenden Fraktionen zusammensetzt, und zwar aus den über ökonomisches Kapital verfügenden ‚herrschenden Herrschenden‘ (idealtypisch: Unternehmern) und aus den über Kulturkapital verfügenden ‚beherrschten Herrschenden‘ (idealtypisch: Intellektuellen). Die zweite große soziale Klasse stellt die Mittelklasse oder das Kleinbürgertum dar. (...) Bei dieser Klasse sind die Mobilitätsprozesse innerhalb des Sozialraumes am ausgeprägtesten. Die dritte Klasse schließlich ist die Klasse der schlechthin Beherrschten oder, wie sie auch genannt wird, die Volksklasse (‚classe populaire‘).“ (Schwingel 1995, S. 105f.)

Nun zu Geschmacksarten, bei deren Darstellung ich der Arbeit von Hans-Peter Müller folge, der Bourdieus Beitrag zum neueren theoretischen Diskurs über soziale Ungleichheit gut zusammengefasst hat. Der barbarische Geschmack findet sich besonders in den unteren Schichten, also bei Arbeitern und Bauern. Dort konstatiert Bourdieu eine Einstellung zur Welt, die er als doxa bezeichnet. Mit diesem griechischen Wort meint er ein Alltagsdenken, das die Dinge als selbstverständlich hinnimmt, in den Kategorien betrachtet, wie die Natur sie vorgibt, und ihren Wert danach beurteilt, was man praktisch damit anfangen kann. Es ist ein Habitus, „der die Dinge gar nicht weiter ästhetisiert, sondern schlicht auf ihre Funktionalität, ihren praktischen Zweck oder einfach einem naturalistischen Schönheitsideal folgend beurteilt.“ (Müller 1992, S. 320)

Den mittleren Geschmack findet man in den Mittelklassen und in seiner prätentiösen Form vor allem im Kleinbürgertum. Dort folgt man „vorzugsweise orthodoxen Kulturregeln“ und definiert darüber auch, was gut und schön ist und was sich schickt: „Dem Habitus einer normierten Ethik entsprechend, zielt die Ästhetik des mittleren Geschmacks auf altbewährte Klassik und scheut jede riskante kulturelle Investition, die daneben gehen könnte, mit einer heterodoxen Ausnahme freilich, dem neuen Kleinbürgertum, das mit greller Penetranz (...) seinen ambitionierten Anspruch auf gesellschaftliche Anerkennung dokumentiert.“ (Müller 1992, S. 320f.)

Bei Bourdieu liest es sich etwas drastischer. Mit Blick auf die gerade angedeuteten Mobilitätsprozesse in dieser Klasse unterscheidet er zwischen alten und neuen Autodidakten: Die neuen haben sich bis zu einer relativ hohen Stufe durch die Schule durchgebissen und zeigen ein „fast blasiertes, zugleich vertrautes und ernüchtertes Verhältnis zur legitimen Kultur (...), das mit der ehrfürchtigen Haltung des älteren Autodidakten nichts gemein hat, obwohl es zu gleich intensivem und passioniertem Einsatz führt.“ (Bourdieu 1979, S. 149)

Der alte Autodidakt zeigt Ehrfurcht gegenüber Bildung, von der er frühzeitig ausgeschlossen wurde. Gegenüber der legitimen Kunst entwickelt er „eine ziellos schwärmerische Andacht“, was er ständig unter Beweis stellt: „Die Anerkennung der eigenen Inkompetenz und kulturellen Minderwertigkeit, die das Autodidaktentum alten Stils charakterisiert, ist vornehmlich bei den aus unteren oder mittelständischen Verhältnissen stammenden Kreisen des etablierten Kleinbürgertums zu beobachten, die z. B. mit extremer Häufigkeit erklären (...), dass ‚Malerei schön (ist), aber schwer zu verstehen'. Die kulturelle Entfremdung der Autodidakten alten Schlags offenbart sich niemals klarer als in ihrem Hang, Proben ihrer Bildung auch dann vorzulegen, wenn sie nicht darum gebeten worden sind, womit ihr Ausschluss sich gerade im Bemühen verrät, ihre Zugehörigkeit unter Beweis zu stellen (im Gegensatz zu denen aus ‚besserem Hause', die ihre Ignoranz durch Ignorierung der Fragen oder Situationen, die sie an den Tag bringen könnten, tarnen." (Bourdieu 1979, S. 148f.) Alles in allem, ich wiederhole Bourdieus Worte, die Kleinbürger haben „kein spielerisches Verhältnis zum Bildungsspiel: sie nehmen die Kultur zu ernst"; für sie ist Bildung „eine Frage auf Leben oder Tod." (Bourdieu 1979, S. 518)

Ganz anders dagegen die ästhetische Einstellung im alteingesessenen kulturellen Establishment. Sie tendiert zu Verfeinerung und Distinktion. Sie äußert sich in einem legitimen oder ‚guten Geschmack'. Was ist darunter zu verstehen? In der Sprache Bourdieus bemisst er sich daran, Form und Funktion der Dinge trennen, gewissermaßen eine ästhetische, zweckfreie Haltung ihnen gegenüber einnehmen zu können. Das werde ich später unter dem Stichwort „Distanz zur Notwendigkeit" behandeln.[9] Zu dieser ästhetischen Einstellung gehört auch die Fähigkeit, „Funktion und Form des Werkes voneinander zu trennen und die Bedeutung nicht über den Inhalt, sondern über stilistische Eigentümlichkeiten zu ermitteln. Schließlich erlegt die ästhetische Einstellung eine expressive Haltung auf, die gleichweit entfernt ist von der doxischen Alltagserfahrung der Unterschichten, die spontan auf den Sach- oder Ausdruckssinn (z. B. bei einem Gemälde: ‚Das ist eine Landschaft!' oder ‚Das ist schön!') reagiert, als auch der orthodoxen Ethik des Kleinbürgertums, welche die gesellschafts- und zeitgebundenen kulturellen Normen als universale Wertmaßstäbe missversteht und daher auf anders- oder neuartige Kunst stets allergisch mit Ressentiment und Ablehnung reagiert. Die beiden expressiven Haltungen, die doxische Spontaneität wie die orthodoxe

9 Vgl. Band 2, Kapitel 7.4 „Bourdieu: Die feinen Unterschiede".

Rigidität, sind vergleichsweise viel zu ausdrucksstarke und direkte Reaktionsweisen, denn die ästhetische Einstellung zeichnet sich durch ‚détachement' aus, durch Distanz zu Kunstwerk und Künstler, die tatsächlich zugleich die Distanz zum Leben und seinen materiellen Zwängen widerspiegelt, von einer anderen Warte aus als regelrecht gespielte Gleichgültigkeit erscheint und in etwa dem entspricht, was Kant als die ‚Interesselosigkeit' des reinen Geschmacks charakterisiert hatte." (Müller 1992, S. 316)

Geschmack, ästhetische Einstellung und Konsumtion, also kulturelle Kompetenz, beziehen sich natürlich nicht nur auf legitime Kunst, sondern auf den gesamten Lebensstil, weshalb Bourdieu den Kreis auch weiter zieht: die Spannbreite reicht „von den legitimsten (Gütern, Ergänzung H. A.) wie Malerei und Musik bis zu den scheinbar unnormiertesten wie Kleidung, Wohnungseinrichtung und Küche". (Bourdieu 1979, S. 33) Trotzdem lassen sich die scharfen Trennungen zwischen den sozialen Klassen und die feinen Unterschiede nirgendwo so klar aufzeigen wie bei der Einstellung zur ‚legitimen Kunst'. „Von allen Produkten, die der Wahl der Konsumenten unterliegen, sind die legitimen Kunstwerke die am stärksten klassifizierenden und Klasse verleihenden, weil sie nicht nur in ihrer Gesamtheit distinktiven, will heißen Unterschied und Anderssein betonenden, Charakter tragen, sondern kraft des Spiels der Teilungen und Unterteilungen in Gattungen, Epochen, Stilrichtungen, Autoren, Komponisten, etc. eine endlose Reihe von distinguos[10] zu erzeugen gestatten." (Bourdieu 1979, S. 36)

Von den legitimen Künsten (Malerei, Musik, Theater, Literatur etc.) und den kulturellen Gebrauchsweisen dokumentiert der musikalische Geschmack unfehlbar die Klassenzugehörigkeit, weil es „keine andere Praxis gibt, die annähernd so klassifikationswirksam wäre wie Konzertbesuch oder das Spielen eines ‚vornehmen' Musikinstruments." (Bourdieu 1979, S. 41) Denn „die Musik verkörpert die am meisten vergeistigte aller Geisteskünste, und die Liebe zur Musik ist sicherer Bürge für ‚Vergeistigung'. (...) Die Musik ist die ‚reine' Kunst schlechthin – sie sagt nichts aus, und sie hat nichts zu sagen. In diesem letztendlichen Fehlen einer wirklichen

10 Distinguo - (feine) Unterscheidung.

Ausdrucksfunktion liegt ihr Gegensatz zum Theater, das noch in seinen am stärksten gereinigten Versionen Träger einer sozialen Botschaft bleibt. (...) Die Musik verkörpert die radikalste, die umfassendste Gestalt jener Verleugnung der Welt, zumal der gesellschaftlichen, welche das bürgerliche Ethos allen Kunstformen abverlangt." (Bourdieu 1979, S. 41f.) Lassen wir diese Charakterisierung einmal so stehen. Auf jeden Fall verlangt die so genannte ernste Musik, wenn man sie nicht nur als Hintergrundgeräusch konsumieren will, ein Höchstmaß an Differenzierung nach Epochen, Stilrichtungen, Ausdrucksformen usw.

Bourdieu hat die ästhetische Einstellung zur Musik empirisch untersucht und deutliche Unterschiede im Hinblick auf Kenntnisstand und Vorlieben herausgefunden.

1. Der legitime Geschmack schätzt z. B. „Das wohltemperierte Klavier" und „Die Kunst der Fuge", aber auch klassischen Jazz, in der Malerei Brueghel und Goya. Man kennt eine Fülle von Komponisten, Werken und Interpreten. Als kulturelle Aktivitäten werden die Lektüre philosophischer Essays und Museumsbesuche angegeben. Dieser Geschmack steht in einem engen Zusammenhang mit dem größten schulischen Kapital und der herrschenden Klasse.

2. Der mittlere Geschmack bevorzugt z. B. die „Rhapsodie in blue" oder die „Ungarische Rhapsodie", aber auch Chansons, in der Malerei Utrillo, Buffet, Renoir. Leute diesen Geschmacks kennen einige der wichtigsten Komponisten mit Namen. Kulturelle Aktivitäten bestehen in der Lektüre populärwissenschaftlicher Zeitschriften, im Photographieren und im Besuch von Schlössern und historischen Stätten. Dieser Geschmack findet sich in sozialen Lagen mit mittleren Bildungsabschlüssen. Die Wohnungen werden als komfortabel und intim beschrieben. (vgl. Bourdieu 1979, S. 38 und 503)

3. Der populäre Geschmack präferiert z. B. „An der schönen blauen Donau" und „La Traviata" und vor allem Schlager. Als kulturelle Aktivitäten erwähnt die Studie die Lektüre von Liebesgeschichten. Außerdem stellt sie fest, dass bei Leuten dieses Geschmacks die Wohnung sauber und rein ist.

Was hier so streng unterschieden ist, hat natürlich eine Vorgeschichte, die eng mit der Verfügung über Kapital zu tun hat. Um nämlich eine ästhetische Einstellung ausbilden zu können, bedarf es eines ausreichenden ökonomischen Kapitals, das z. B. Kindern erlaubt, lange in Ausbildungssystemen zu bleiben. Wem schon früh ein soziales Kapital zur Verfügung stand, indem er mit interessanten Leuten zusammen kam und geistige Anregungen erfuhr, hat einen uneinholbaren Vorsprung vor denjenigen, die sich später erst alles anlesen müssen. Diese Kapitalsorten begünstigen also materialiter das kulturelle Kapital. Das wiederum vergrößert sich, indem Individuen gleicher sozialer Positionen und gleicher symbolischer Verhaltensformen in Kontakt treten und sich in ihren Einstellungen und ihrem Selbstbewusstsein wechselseitig bestärken. Daraus folgt ein Zweites und Drittes. Es folgt eine Distinktion gegenüber allen, die diese ästhetische Einstellung nicht haben, und es folgt eine Verfeinerung des Lebensstils.

Die Verfeinerung hat Max Weber als „Stilisierung des Lebens" bezeichnet. (Weber 1922, S. 637) Sie ist ständischen Ursprungs, ruht also auf dem Bewusstsein auf, einem bestimmten Stand anzugehören und sich von einem anderen zu unterscheiden. Das ständische Selbstverständnis ist getragen von einer spezifischen Ehre, die ein bestimmtes Verhalten zumutet und angemessenes, „ehrbares" Handeln durch Achtung belohnt. Bourdieu überträgt diesen Gedanken der Stilisierung des Lebens auf die Strategie der herrschenden Klassen, die sich durch „Beherrschung von Spielregeln und verfeinerte Spiele" bewusst oder unbewusst von den anderen zu unterscheiden sucht. (Bourdieu 1970b, S. 68) Durch Distinktion bleibt ihr kulturelles Kapital im wahrsten Sinne des Wortes exklusiv.

Durch das tägliche Handeln wird das einem sozialen Raum angemessene Prinzip des Handelns immer wieder verstärkt. Man weiß, wer man ist und zu wem nicht gehört. Bourdieu fährt deshalb fort: „Die Wahrnehmungskategorien resultieren wesentlich aus der Inkorporierung der objektiven Strukturen des sozialen Raums. Sie sind es folglich, die die Akteure dazu bringen, die soziale Welt so wie sie ist hinzunehmen, als fraglos gegebene, statt sich gegen sie aufzulehnen und ihr andere, wenn nicht sogar vollkommen konträre Möglichkeiten entgegenzusetzen: Der Sinn für die eigene soziale Stellung als Gespür dafür, was man ‚sich erlauben' darf und was nicht, schließt das stillschweigende Akzeptieren der Stellung, einen Sinn für Grenzen (‚das ist nichts für uns'), oder, in anderen Worten, aber das gleiche meinend: einen Sinn für Distanz, für Nähe und Ferne, die es zu signalisieren, selber wie von Seiten der anderen einzuhalten und zu respektieren gilt – und dies sicher umso stärker, je rigider die Lebensbedingungen sind und je rigider das Realitätsprinzip vorherrscht." (Bourdieu 1984, S. 17f.)

Man kann es so zusammenfassen: soziale Ungleichheit erhält sich, weil in allen sozialen Klassen der Habitus das Gefühl vermittelt, in seinen Kreisen kompetent zu sein. Deshalb weiß man sich auch der Achtung seinesgleichen sicher. Indem man sich dazu gehörig fühlt, kennt man die Grenzen, an denen man sich von anderen unterscheidet. Auch das stärkt das Selbstbewusstsein. Von oben nach unten wirken feine Unterschiede als Distinktion und Zurückweisung. Von unten nach oben nährt die Massenkultur die Illusion, dass im Prinzip keine kulturellen Grenzen bestehen. Unter dem Aspekt des ökonomischen Kapitals versöhnt eine Kultur des Massenkonsums mit tatsächlich bestehenden objektiven Unterschieden.

9.4 Neue Formen sozialer Ungleichheit und ihre Ursachen

Der Begriff der Schichtung war aus vielerlei Gründen problematisch geworden. Ein Grund war sicher das Ende der 60er Jahre aufgekommene Gespür für verborgene Machtprozesse und Theorien, die in ihm unkritisch abgebildet schienen. Ein anderer Grund war, dass viele Erscheinungen sozialer Ungleichheit nicht mehr in einer einfachen Schichtungstheorie unterzubringen waren und damit auch nicht erklärt werden konnten. Die Theorie von Bourdieu hat Beispiele geliefert, dass ganz alte Mechanismen hinter subjektiven Differenzierungen und objektiven Lagen wirken. Vor allem der Blick auf die konkreten Verhaltensweisen der Individuen in ihrem Alltag, auf ihren Lebensstil und ihre konkreten Lebensumstände ließen es ratsam erscheinen, unter dem alten Begriff der „sozialen Ungleichheit“ (Davis und Moore hatten ihn schon als Oberbegriff der Schichtung benutzt!) die soziologische Beobachtung der Verhältnisse neu zu focussieren.

Ich beginne mit einer Definition sozialer Ungleichheit, die *Stefan Hradil* in seinem jüngsten Lehrbuch zur „Sozialen Ungleichheit in Deutschland“ gibt:

Stefan Hradil: Soziale Ungleichheit

> (Der Begriff soziale Ungleichheit bezieht sich) „auf bestimmte ‚Güter‘, die im Rahmen einer Gesellschaft als ‚wertvoll‘ gelten. Je mehr die Einzelnen von diesen ‚Gütern‘ besitzen, desto günstiger sind ihre Lebensbedingungen. Unter Lebensbedingungen sind hierbei äußere, vom Denken und Verhalten des Einzelnen kurzfristig nicht beeinflussbare Rahmenbedingungen des Lebens zu verstehen. Alle Menschen, die über ‚wertvolle Güter‘ verfügen, haben Vorteile, dass sie besser- oder höhergestellt als andere erscheinen. Im historischen Rückblick und im internationalen Vergleich fällt auf, dass keinesfalls immer und überall die gleichen ‚Güter‘ so viel ‚Wert‘ besaßen, dass sie soziale Ungleichheit begründen. (...)
>
> ‚Wertvoll‘ sind bestimmte ‚Güter‘, weil in jeder Gesellschaft ‚Werte‘ bestehen. Das sind ‚Vorstellungen vom Wünschenswerten‘ (Kluckhohn 1951), wie z. B. Wohlstand, Sicherheit, Gesundheit und individuelle Autonomie. Diese Zielvorstellungen eines ‚guten Lebens‘ lassen sich – je nach den spezifischen Gegebenheiten einer Gesellschaft – durch die Verfügung über bestimmte ‚Güter‘ verwirklichen (z. B. durch Geld, eine unkündbare Stellung, gesunde Arbeitsbedingungen), bei deren Fehlen jedoch nicht. (Hradil 1999: Soziale Ungleichheit in Deutschland, S. 24)

An Hradils Definition sozialer Ungleichheit fällt zweierlei auf. Erstens geht die Ungleichheitsforschung sehr nah heran an die konkrete soziale Situation und zieht dabei materielle und symbolische Bedingungen in Betracht. Das reicht vom Einkommen und der Kinderzahl bis zur Gestaltung des Wohnraums oder den bevorzugten Fernsehsendungen. Bourdieu hat dazu ja einiges gesagt. Zweitens gibt es keine universellen Kriterien der Bewertung von Ungleichheit. Was als wertvoll gilt, ist von Land zu Land verschieden und ändert sich auch im Lauf der Zeit. Wer am Amazonas ein Blasrohr mit Zielfernrohr hat, ist besser dran als andere. In Deutschland dürfte man es selbst ohne Fernrohr nicht einmal benutzen. Wer früher lesen und schreiben konnte, war angesehen, heute kann es jeder. Selbst innerhalb einer Gesellschaft gibt es höchst unterschiedliche Vorstellungen, was als wertvoll gilt. Für die einen ist es das große Auto, hinter dem die Nachbarn neidvoll herblicken, für die anderen ist es das monatliche Treffen zum stillvergnügten Streichquartett.

Um von sozialer Ungleichheit sprechen zu können, muss, so Hradil, eine bestimmte Vorstellung vorhanden sein, wie die ‚wertvollen Güter' verteilt sein sollten. Dabei spielen implizite Vorstellungen sozialer Gerechtigkeit eine Rolle. So wird man in dieser Gesellschaft annehmen, dass alle über das Gut Arbeit verfügen sollten, aber ob jeder ein rotes Rennrad haben sollte, das ist vielen ziemlich egal. Im Übrigen soll die Verteilung wertvoller Güter auch insofern gerecht sein, dass sie von der individuellen Leistung abhängt. So wird ernsthaft niemand von sozialer Ungleichheit sprechen, wenn jemand nach langer Qualifikation mehr verdient als ein ungelernter Anfänger, aber sehr wohl kann man sich empören, wenn jemandem nach einer Legislaturperiode eine hohe Pension zugesprochen wird und der Arbeiterin nach dreißig Jahren Berufstätigkeit und vorzeitiger Kündigung das Warten auf die Rente bestenfalls mit einem Treuediplom versüßt wird.

Schließlich sprechen wir im soziologischen Sinn nur dann von sozialer Ungleichheit, wenn ein wertvolles Gut regelmäßig und relativ dauerhaft ungleich verteilt ist. Wenn Frau Nachbarin sechs Richtige im Lotto hat, wird uns das in einer bestimmten Hinsicht und auf Dauer zwar ungleich machen, aber im soziologischen Sinn würde es erst dann ein Fall sozialer Ungleichheit, wenn alle Nachbarinnen Woche für Woche im Lotto gewinnen. Etwas ernsthafter: wir sprechen dann von sozialer Ungleichheit, wenn Vor- und Nachteile dauerhaft mit einer sozialen Position oder einem sozialen Handeln verbunden sind. Zusammenfassend kann man also sagen: „Soziale Ungleichheit liegt dann vor, wenn Menschen aufgrund ihrer Stellung in sozialen Beziehungsgefügen von den ‚wertvollen Gütern' einer Gesellschaft regelmäßig mehr als andere erhalten." (Hradil 1999, S. 26)

In der Tradition einer soziologischen Schichtungstheorie wurde Ungleichheit lange mit einem höheren oder niedrigeren Status assoziiert, doch seit den 70er Jahren fielen mehr und mehr Widersprüche auf, die sich nicht mit diesem einzigen Faktor erklären ließen. Neue Dimensionen sozialer Ungleichheit kamen in den Blick. Die Komplexität der neuen Fragestellung hat Hradil so beschrieben:

- Neben die Dimensionen Einkommen, Vermögen, Bildung, berufliche Macht und Prestige treten weitere Dimensionen: Freizeit, Arbeit, Gesundheit, Wohnen, soziale Sicherheit. Mit wachsendem Wohlstand wurde Lebensqualität zu einer wichtigen Dimension.
- Soziale Ungleichheit ist nicht mehr ohne weiteres vertikal strukturiert. In Unterschichten korrelieren zwar Einkommen, Bildung und Prestige. In Mittelschichten aber gibt es häufig Statusinkonsistenzen (nebeneinander einer Bildungs- und einer Einkommens-Mittelschicht).
- In den mittleren Statuszonen gibt es widersprüchliche Kombinationen von Vor- und Nachteilen (mittlerer Beamter mit viel Freizeit, sozialer Sicherheit und geringem Einkommen; neuer Selbständiger mit wenig Freizeit, hohem Einkommen und geringer sozialer Sicherheit).
- In den unteren Statuszonen drohen bestimmte Problemgruppen, bei denen sich Nachteile kumulieren, ausgegliedert zu werden.
- In den oberen Statuszonen scheinen Vorteile zu kumulieren. (z. B. nimmt der Reichtum zu). (vgl. Hradil 1992a, S. 160f.)

Will man diese Entwicklung in eine vertikale Struktur bringen, dann ergibt sich ein scheinbar widersprüchliches Bild objektiver sozialer Ungleichheit: „Auf der einen Seite finden sich immer größere Teile der Bevölkerung in relativ gut gestellten, in sich unterschiedlichen Mittellagen. Auf der anderen Seite entfernen sich

Minderheiten immer mehr nach ‚oben' und nach ‚unten'. So weist das Gefüge sozialer Ungleichheit paradoxerweise mehr Gleichheit und mehr Ungleichheit zur selben Zeit als das herkömmliche Schichtgefüge auf." (Hradil 1992a, S. 161)

Fragen wir jetzt nach den Ursachen der neuen (und natürlich auch alter) Ungleichheit. Eine entscheidende war sicher die ökonomische Entwicklung, die in den westlichen Ländern von technischem Fortschritt, Konzentration der Produktion, Abbau von Arbeitsplätzen und Globalisierung geprägt war. Ganze Branchen brachen zusammen, weil sie im internationalen Vergleich nicht mehr konkurrenzfähig waren, andere verlagerten ihre Produktion ins Ausland, wo die Lohnkosten geringer waren. Das führte zu einer strukturellen hohen Arbeitslosigkeit, zu einer wachsenden Konkurrenz auch um niedrig bezahlte Jobs und zu einem Anstieg geringfügiger Beschäftigungsverhältnisse. Gleichzeitig wurde der Dienstleistungssektor ausgeweitet, und Teilzeitbeschäftigungen nahmen zu, was zu neuen Beschäftigungsmöglichkeiten zu ungewöhnlichen Arbeitszeiten und an ungewöhnlichen Orten führte. Die Frauenerwerbsquote war in den neuen Bundesländern traditionell hoch und stieg in den alten Bundesländern kontinuierlich an. Gleichzeitig stieg der Anteil der Alleinlebenden. Aus der Kombination dieser Faktoren ergaben sich neue Ansprüche und neue Probleme. Es mussten z. B. Plätze für die Kinderbetreuung geschaffen werden und Arbeitsverhältnisse geregelt werden, die Arbeit, Haushalt und Betreuung von Kindern zuließen. Neben dieser problematischen Entwicklung war unverkennbar, dass es einem Großteil der Bevölkerung ziemlich gut ging. Sie hatten gut bezahlte Jobs und verfügten über ein relativ hohes Einkommen. Auch das führte zu ganz neuen Ansprüchen z. B. an die Versorgung mit Kultur- und Freizeitangeboten, mit Wohnraum und Kaufmöglichkeiten.

Dies alles spielte natürlich auch bei der kommunalen Politik eine Rolle, weil die Städte um Industrieansiedlungen mit genau solchen Angeboten konkurrierten. Gleichzeitig verschlechterte sich die finanzielle Lage der Kommunen, was z. B. dazu führte, die Innenstädte an auffälligen Plätzen mit repräsentativen Bauten zu möblieren, vor den Toren die Konzentration der Kaufhäuser zuzulassen und ganze Teile der Innenstädte verkommen zu lassen. Die Erfolgreicheren verließen die Stadt oder wenigstens die problematischen Zonen und zogen an Plätze mit hohem Freizeitwert. So wurden plötzlich Faktoren wie die Nähe zu einer Schule, zum Kulturprogramm, zu einem Grüngürtel zu einem Faktor der Ungleichheit. Wer ein Auto hatte, konnte einen Job weiter weg annehmen und jeden Supermarkt im Umland nach den preisgünstigsten Angeboten abgrasen. Er konnte seine Kinder in Kindergärten fahren, die seinen Ansprüchen genügten, und sie später selbst über größere Entfernungen mit Kindern zusammenbringen, von denen man etwas hat. Wer kein Auto hatte, keinen Schulbus vor der Tür hatte und nicht in der guten Gegend wohnte, musste nehmen, was kam. Verstärkt wurde diese negative Entwicklung durch die Tatsache, dass sich in bestimmten Vierteln ausländische Familien konzentrierten, die wenig Interesse an einem sozialen Aufstieg oder dazu einfach keine Chance hatte. Die Folge war eine Verschlechterung der Lebensbedingungen.

Eine andere Ursache neuer sozialer Ungleichheit ist in der dramatischen Veränderung der Qualifikationen zu suchen. Ehemals hoch bewertete Qualifikationen und berufliche Fähigkeiten waren plötzlich nicht mehr gefragt. Die nun geforderte Flexibilität brachten die Jungen mit, und sie traten auch mit ganz neuen Verhaltensformen auf, die für den Erfolg im Beruf nützlich waren. Die Ungleichheit zwischen den Generationen erhielt eine ganz neue, soziale Dimension. Auch sie zog Veränderungen in der Struktur des kulturellen und Freizeitangebotes, vor allem aber im Konsum nach sich. Das ausgesprochene Bewusstsein dieser jungen, erfolgreichen Generation für feine Unterschiede auf all diesen Gebieten führte zu einer deutlichen Differenzierung in solche, die sich etwas (und zwar das Richtige!) leisten konnten, und solche, die das nicht konnten oder auch nicht mehr wollten.

Als letzte und soziologisch interessanteste Ursache neuer sozialer Ungleichheit muss man einen Bewusstseinsprozess nennen, der als ‚Individualisierung' bezeichnet wird. Die These, die damit bezeichnet wird, ist in jüngerer Zeit vor allem von *Ulrich Beck* vertreten worden. Ich will einige Grundannahmen referieren, soweit sie für eine Diskussion sozialer Ungleichheit interessant sind. Beck schildert in seinem Buch „Risikogesellschaft. Auf dem Weg in eine andere Moderne“ eine Wirklichkeit, die „aus den Fugen zu geraten scheint“. (Beck 1986, S. 12) Aus den Fugen geraten ist sie aus verschiedenen Gründen. Stichworte genügen: Aufklärung und der Verlust von Sicherheiten, Rationalisierung der Arbeit und ungleiche Lebenslagen, globale Risiken und Zerstörung der Natur, Widersprüchlichkeit und Beliebigkeit politischer Legitimationen. Zwar betreffen diese Risiken inzwischen alle (Tschernobyl traf jeden und die Quittung für die Zerstörung der Natur werden wir alle bekommen), aber das heißt nicht, dass damit gesellschaftliche Differenzierungen aufgehoben wären. Im Gegenteil, es bilden sich neue Ungleichheiten heraus, die mit objektiven Bedingungen, wie ich sie oben geschildert habe, und mit strukturell erzwungenen *individuellen* Entscheidungen der Subjekte zusammenhängen.

Beck sieht in der Moderne „eine Entwicklungsvariante der Sozialstruktur an Bedeutung gewinnen, die weder Marx noch Weber antizipiert haben. Bei möglicherweise konstant bleibenden oder sich sogar verschärfenden Ungleichheiten im Einkommen, Bildung und Macht werden die klassischen Themen und Konflikte sozialer Ungleichheit zunehmend verdrängt durch die Themen und immanenten Widersprüche eines gesellschaftlichen Individualisierungsprozesses, der die Menschen immer nachdrücklicher mit sich selbst und den Fragen der Entfaltung ihrer Individualität, ihres persönlichen Wohin und Wozu konfrontiert, sie aber zugleich einbindet in die Enge und Zwänge standardisierter und gegeneinander isolierter Lebenslagen.“ (Beck 1983, S. 68) Damit ist die Erklärung der Risiken der Moderne und neuer sozialer Ungleichheiten genannt: Individualisierung. Darunter versteht Beck einen neuen „Modus der Vergesellschaftung“, eine Art *Gestaltwandel im Verhältnis von Individuum und Gesellschaft*. (Beck 1986, S. 205) Die Moderne hat neben anderem zu einer dreifachen Individualisierung geführt:

Ulrich Beck: Freisetzung, Entzauberung, Kontrolle

> „*Herauslösung* aus historisch vorgegebenen Sozialformen und -bindungen im Sinne traditionaler Herrschafts- und Versorgungszusammenhänge (‚Freisetzungsdimension'), *Verlust von traditionalen Sicherheiten* im Hinblick auf Handlungswissen, Glauben und leitende Normen (‚Entzauberungsdimension') und – womit die Bedeutung des Begriffes gleichsam in ihr Gegenteil verkehrt wird – eine *neue Art der sozialen Einbindung* (‚Kontroll- bzw. Reintegrationsdimension')." (Beck 1986: Risikogesellschaft. Auf dem Weg in eine andere Moderne, S. 206)

Vor allem die Thesen eins und drei sind für die Diskussion über neue Formen sozialer Ungleichheit interessant. Freisetzung heißt nämlich auch „*Herauslösung aus ständisch geprägten sozialen Klassen.*" (Beck 1986, S. 208) Sie zeichnete sich seit langem ab, erhielt aber in Deutschland erst nach dem zweiten Weltkrieg eine neue Qualität. Soziale und kulturelle Klassenbindungen lockerten sich in dem Maße, wie sich z. B. das Verhalten in der Freizeit, im Konsum und in der Mode anglichen. Klassenbindungen lockerten sich aber auch durch die Ausweitung der Schulzeit und durch deutlich höhere Bildungsentscheidungen in weiten Teilen der Bevölkerung und auch durch die Anhebung des Einkommensniveaus. Ein wichtiger Faktor, warum Klassenbindung auch nicht mehr notwendig war, liegt sicher in der Verrechtlichung der Arbeitsbeziehungen. An die Stelle der Solidarität trat die Sozialpolitik. Schließlich haben auch die Anhebung des verfügbaren Einkommens und die Veränderungen der Wohnverhältnisse und des Freizeitverhaltens die traditionellen Modelle der Differenzierung nach Schichten oder Klassen obsolet gemacht. Das heißt aber nicht, dass soziale Ungleichheit damit aufgehoben wäre. Im Gegenteil, sie wird differenzierter und komplexer und wird deshalb auch nicht auf den ersten Blick wahrgenommen.

Wenden wir uns der dritten These, der „neuen sozialen Einbindung", zu. Beck behauptet, dass an die Stelle von Ständen oder Klassen die Individuallage tritt. Es ist das Individuum, das selbst zu entscheiden hat, wo es steht und wie es lebt. Freigesetzt auch von einem verbindlichen Sinn, den ihm sein Beruf oder die Familie geben könnten, ist es auf sich gestellt, und doch ist es nicht frei. Denn „diese Ausdifferenzierung von ‚Individuallagen' geht (...) gleichzeitig mit einer hochgradigen *Standardisierung* einher. Genauer gesagt: *Eben die Medien, die eine Individualisierung bewirken, bewirken auch eine Standardisierung.* Dies gilt für Markt, Geld, Recht, Mobilität, Bildung usw. in jeweils unterschiedlicher Weise. Die entstehenden Individuallagen sind durch und durch *(arbeits)marktabhängig.*" (Beck 1986, S. 210) Im Klartext: was der Markt verlangt oder bietet, was rechtlich geregelt ist oder was die Gesellschaft an Bildung und sozialer Sicherung anbietet, das bestimmt mehr oder weniger jeden Einzelnen. Seine Biographie wird, mit graduellen Unterschieden, zu einer Normalbiographie, in der für jeden der Eintritt in das Bildungssystem mit sechs Jahren und der erste Austritt nach zehn Jahren vorgesehen ist, in der sich der Zeitrhythmus des Lebens von der gesetzlich fixierten Arbeitszeit bestimmt, und der Tagesablauf von der Koordination von Beruf und Kinderversorgung und Essen und Kommunikation von der Tagesschau diktiert werden. In der Summe bedingen diese Faktoren in der Tat Individuallagen, in ihrer spezifischen Kombination aber ganz neue soziale Lagen, die quer zu Schichten liegen oder sich auf einer gleichen sozialen Ebene nebeneinander befinden.

Individualisierung, wie sie gerade beschrieben wurde, beinhaltet Entzauberung von Gewissheiten und Freisetzung des Individuums zu eigenen Entscheidungen. Daraus kann man schließen, dass Werte und Orientierungen damit fast beliebig werden, gleichwohl entschieden werden müssen. Das erste bedeutet *Pluralisierung*, und zwar Pluralisierung in vielerlei Hinsicht und in verschiedenen Bereichen des Lebens gleichzeitig. Das zweite heißt, dass neue soziale *Konstellationen* entstehen oder hergestellt werden müssen, in denen gehandelt wird. Unter diesem Aspekt zwingt die These von der Individualisierung, bei der Untersuchung sozialer Ungleichheit näher an die subjektive Befindlichkeit und objektive Lage der Individuen heranzugehen. Das tat die Ungleichheitsforschung auch und kam zu dem Ergebnis, dass Klassen oder Schichten wenig aussagen.

Stattdessen nimmt die neue Ungleichheitsforschung vielfältige Dimensionen und Entwicklungstendenzen sozialer Ungleichheit in den Blick. Letztere beschreibt Hradil so:

1. „Die Erscheinungsformen und Bestimmungsgründe sozialer Ungleichheit haben sich ausdifferenziert. (...) Die wachsende Vielfalt relevanter Aspekte sozialer Ungleichheit brachte es mit sich, dass sich nicht nur ein gesellschaftliches Oben und Unten, sondern immer mehr auch disparate Lagen auseinanderhalten lassen, die nicht ohne weiteres vertikal anzuorden sind. (...)
2. Soziale Ungleichheit wurde im Laufe der Zeit immer weniger sichtbar. Anders als noch vor wenigen Jahrzehnten ist die Stellung eines Menschen im Gefüge des sozialen Höher oder Tiefer heute in vielen Fällen nicht auf den ersten Blick erkennbar. Weder die Kleidung, noch der Wagentyp, noch bestimmte Verhaltensweisen geben Hinweise auf die gesellschaftliche Stellung. (...)
3. Von den (un-)vorteilhaften Lebensbedingungen der Menschen lässt sich immer weniger auf ihre innere Haltung schließen. Noch bis in die 70er Jahre hinein hat die Soziologie weitgehend vom Sein der Menschen auf ihr Bewusstsein geschlossen. (...) Das typische Denken und Verhalten der Gesellschaftsmitglieder ist (aber eher eine, Ergänzung und Korrektur H. A.) Frage des Alters, der Bildung und des Geschlechts.
4. Die Selbstdefinition und das Alltagshandeln der Menschen sind in wachsendem Maße durch ihre Milieuzugehörigkeit und ihren Lebensstil geprägt. (...)
5. Das Gefüge sozialer Ungleichheit im ganzen befindet sich auf dem Wege von einer pluralen Wohlstandsgesellschaft hin zu einer Gesellschaft des prekären Wohlstands." (Hradil 1999, S. 477-481)

Die häufig zu hörende These von der Zweidrittel-Gesellschaft würde erklären, warum die Mehrheit die Ungleichheit nicht wirklich beklagt. Die Erklärung, warum die Minderheit sie hinnimmt, hängt damit zusammen, dass der Wohlfahrtsstaat in die Ungleichheit eingreift, soziale Probleme dämpft, ein soziales Minimum garantiert und Aussicht auf den Abbau von Ungleichheit eröffnet. Diese Intervention erklärt auch, warum manche Ungleichheit gar nicht sichtbar wird und deshalb auch von der Mehrheit nicht als Problem gesehen wird.

Aus all diesen Gründen sind Focus der neuen Diskussion über soziale Ungleichheit nun *soziale Milieus* und *Lebensstile*, durch die sich Milieus unterscheiden. Ein *soziales Milieu* fasst „Gruppen Gleichgesinnter zusammen, die jeweils ähnliche Werthaltungen, Prinzipien der Lebensgestaltung, Beziehungen zu Mitmenschen und Mentalitäten aufweisen." (Hradil 1999, S. 420) Bei diesem Konzept geht man davon aus, dass objektive Bedingungen das Denken und Handeln der Gruppen zwar anregen, beeinflussen oder auch beschränken, dass es aber nicht ausschließlich dadurch geprägt ist. Unter *Lebensstil* versteht man die typischen Verhaltensweisen, Meinungen und Beziehungsformen des Alltags. (vgl. Hradil 1999, S. 431)

Die Pluralisierung von Milieus und Lebensstilen fällt sofort auf. Mitglieder der gleichen Berufsgruppen kommen in ganz verschiedenen Milieus vor und ordnen sich selbst auch solchen Milieus zu. Bei den Alternativen wie bei den politisch Desinteressierten, in traditionellen proletarischen Milieus und bei den zufriedenen Mittelschichten finden sich Arbeiter, Angestellte, Akademiker. Mancher lebt – von außen betrachtet – über seine Verhältnisse oder auch darunter, aber subjektiv fühlt er sich richtig plaziert und zugehörig. Sein Lebensstil stimmt mit dem überein, wie ihn alle anderen dort pflegen, aber er kann sich auch deutlich unterscheiden, weil ihm wieder anderes wichtiger ist. An seiner sozialen Verbundenheit ändert das nichts.

Aufgrund empirischer Untersuchungen beschreibt Hradil zehn Milieus, die zwar nicht scharf gegeneinander abgegrenzt sind, sich aber hinsichtlich Lebenszielen, Lebensweise und sozialer Lage doch hinreichend unterscheiden lassen:

Stefan Hradil: Soziale Milieus in Westdeutschland

„*Konservativ-technokratisches Milieu* (1977: 10% der westdt. Bevölkerung): Die *Lebensziele* der Milieuzugehörigen konzentrieren sich auf beruflichen und materiellen Erfolg durch Leistung, Zielstrebigkeit, Führungs- und Gestaltungsbereitschaft. Sie empfinden sich als zur gesellschaftlichen Elite gehörig und weisen ein erkennbares Status- und Machtbewusstsein auf. Man legt Wert auf einen distinguierten Lebenszuschnitt, auf finanzielle Unabhängigkeit, einen hohen Lebensstandard und ein intaktes Familienleben. Die *Lebensweise* ist geprägt durch Abgrenzung nach unten. Im Privatleben und in der Freizeit bleibt man gerne ‚unter seinesgleichen'. Ausgeprägt ist das Bedürfnis nach Exklusivität und Traditionsbezügen. Es wird versucht, diese traditionellen Stilansprüche mit technischer Modernität zu verbinden. Die *soziale Lage* der Milieuangehörigen ist gekennzeichnet durch ein überdurchschnittlich hohes Bildungsniveau und hohe Einkommensklassen; es finden sich viele leitende Angestellte, höhere Beamte und Selbständige.

Kleinbürgerliches Milieu (14%): Die Lebensziele der Milieumitglieder richten sich auf das Festhalten an traditionellen Werten, Pflichterfüllung, Verlässlichkeit, Ordnung und Disziplin. Die Menschen wollen bleibende Werte schaffen, materielle Sicherheit und einen Ausbau des Lebensstandards erreichen. Man ist primär an der Absicherung des Erreichten interessiert und will in geordneten Verhältnissen leben. Die *Lebensweise* lässt sich charakterisieren durch die Stichworte Konventionalität, Anpassung, Sicherheit, Selbstbeschränkung und Verzichtbereitschaft. Man bevorzugt ‚zeitlos'-gediegene Produkte. Ordnung und Sauberkeit sind Lebensprinzipien. Die *soziale Lage* des kleinbürgerlichen Milieus ist gekennzeichnet durch überwiegende Hauptschulabschlüsse mit abgeschlossener Berufsausbildung, kleine bis mittlere Einkommen, einen hohen Anteil von kleinen und mittleren Angestellten und Beamten sowie kleine Selbständige und Landwirte.

Traditionelles Arbeitermilieu (5%): Die *Lebensziele* der Milieuzugehörigen beschränken sich darauf, ein gutes Einkommen, einen sicheren Arbeitsplatz und ein gesichertes Alter zu haben. Man will bei Freunden, Kollegen und Nachbarn anerkannt sein. Bescheidenheit und Anpassung an die Notwendigkeiten gelten als Tugenden. Die *Lebensweise* ist nüchtern und pragmatisch, einfach und sparsam. Solide, handfeste und haltbare Produkte werden bevorzugt. Prestigegüter werden abgelehnt. Gegenüber modischen Neuerungen besteht Skepsis. Die Angehörigen dieses Milieus sind meist Facharbeiter oder angelernte Arbeiter, zum Teil auch Rentner. Deren *soziale Lage* ist geprägt durch überwiegenden Hauptschulabschluss mit anschließender Berufsausbildung sowie kleine bis mittlere Einkommen.

Traditionsloses Arbeitermilieu (11%): Die Angehörigen dieses Milieus wollen vor allem Anschluss an den Konsumstandard der breiten Mittelschicht halten. Sie wollen anerkannt werden, ‚dazugehören' zur Normalität und Bürgerlichkeit. Weitergehende *Lebensziele* sind häufig ‚Träume' von einem Leben mit viel Geld, Luxus und Prestige. Die faktische *Lebensweise* ist gekennzeichnet durch Spontankäufe, rasches Aufgreifen von Moden und Trends. Man lebt ‚von der Hand in den Mund' und häufig über seine Verhältnisse. Die Zukunft wird verdrängt, die Daseinsvorsorge ist oft ungenügend, man konzentriert sich auf das Hier und Heute. Merkmale der *sozialen Lage* sind eine geringe Formalbildung, häufig auch geringe Einkommen. Überrepräsentiert sind un- und angelernte Arbeiter sowie Arbeitslose.

Aufstiegsorientiertes Milieu (18%): Die Mitglieder wollen sich hocharbeiten. Beruflicher und sozialer Aufstieg sind ihre zentralen *Lebensziele*. Dabei wollen sie ihre Erfolge durchaus vorzeigen und ihr Ansehen genießen. Deshalb wird geltungsorientierter Konsum (Auto, Urlaub, Freizeit) angestrebt. Die *Lebensweise* orientiert sich an Standards gehobener Schichten. Man will allen Erwartungen in Beruf und sozialem Leben gerecht werden. Statussymbole werden hoch geschätzt. *Soziale Lage*: Dem Milieu gehören viele Facharbeiter und qualifizierte Angestellte, aber auch Selbständige und Freiberufler an, die häufig einen mittleren Bildungsabschluss mit abgeschlossener Berufsausbildung aufzuweisen haben und gehobenen Einkommensklassen angehören.

Modernes bürgerliches Milieu (8%): Ein harmonisches, angenehmes, idyllisches Leben in Familie mit Kindern ist oberstes *Ziel*. Man strebt nach umfassender Sicherheit. Angestrebt wird ein Ausgleich zwischen individueller Selbstbestimmung und der Bereitschaft sich anzupassen und einzufügen. Die tatsächliche *Lebensweise* ist ‚bürgerlich' mit Komfort, Genuss in Maßen und Lebensqualität. Man lebt gemeinschaftsorientiert, will Ausgleich und Frieden mit Nachbarn und der Umwelt. Bevorzugt wird eine konventionelle und gleichzeitig moderne Ästhetik, aber ohne die festen Ordnungsvorstellungen des Kleinbürgertums. *Soziale Lage*: Die Milieuangehörigen sind meist einfache bis mittlere Angestellte und Beamte mit Familien und mehreren Kindern, mittleren Bildungsabschlüssen und Einkommensverhältnissen.

Liberal-intellektuelles Milieu (10%): Die *Lebensziele* und Werthaltungen sind postmateriell, d. h. auf Selbstverwirklichung, Persönlichkeitswachstum, Individualität und Freiräume ausgerichtet. Soziale Gerechtigkeit und die Versöhnung von Menschen und Natur, aber auch Identität und Erfolg im Beruf werden angestrebt. Die *Lebensweise* ist umwelt- und gesundheitsbewusst, ‚überflüssiger' Konsum wird abgelehnt. Im Genuss wird Kennerschaft und Verfeinerung, Understatement und Distinktion praktiziert. Man ist weltoffen, die Teilnahme am gesellschaftlichen und kulturellen Leben ist rege. In der *sozialen Lage* der Milieumitglieder fallen die hohe Formalbildung und das gehobene Einkommensniveau auf. Qualifizierte und leitende Angestellte und Beamte, Freiberufler und Studierende sind weit überproportional vertreten.

Modernes Arbeitermilieu (7%): Die Menschen haben das *Ziel*, sich das Leben so angenehm zu machen, wie es die eigenen Mittel erlauben, dabei aber autonom, kreativ zu bleiben. Lebenslanges Lernen wird angestrebt. Die *Lebensweise* verrät Aufgeschlossenheit, Mobilitätsbereitschaft, Toleranz. Besonders fällt die Neigung zur Verwendung aller technischen Möglichkeiten in Beruf und Freizeit auf. Das ‚Moderne' in Konsum und Freizeit besticht. In diesem Milieu finden sich viele junge Menschen mit relativ guter (Aus-)Bildung, hochqualifizierte Facharbeiter, qualifizierte Angestellte, deren soziale Lage nicht zuletzt infolge vieler Doppelverdiener auch durch mittlere bis gehobene Einkommen geprägt ist.

Hedonistisches Milieu (11%): Die Menschen wollen das Leben genießen, intensiv leben, Spaß, Kommunikation und ‚action' haben. Die Werte und *Ziele* der Menschen richten sich daher auf Freiheit und Spontaneität: Sicherheits- und Geborgenheitsstreben wird krass abgelehnt. In der tatsächlichen *Lebensgestaltung* fallen das Leben im Hier und Jetzt, der Mangel an Lebensplanung, der spontane Konsum und der unkontrollierte Umgang mit Geld auf. Die Freude am guten Leben, an Luxus und Komfort dominiert. Man demonstriert Unangepasstheit und zelebriert den Protest als Stil. Die *soziale Lage* der meist jungen Mitglieder, darunter viele Schüler und Auszubildende, Arbeitslose, un- und angelernte Arbeiter sowie ausführende Angestellte mit ‚Jobbewusstsein', lässt sich charakterisieren durch eine häufig geringe, oft abgebrochene Formalbildung und meist kleine bis mittlere Einkommen.

Postmodernes Milieu (6%): Hochbewertet werden die ungehinderte Entfaltung der eigenen Persönlichkeit, das Ausleben der eigenen Gefühle, Begabungen und Sehnsüchte. Abgelehnt werden äußere Zwänge, Normen, Ideologien und Leitbilder, langfristige Festlegungen und die eigene Etablierung. Oberstes *Lebensziel* dieses extrem individualisierten Milieus ist es, die eigene Existenz in körperlicher, geistiger und sinnlicher Hinsicht an Grenzen zu treiben. Die *Lebenspraxis* ist ich-bezogen: Haben, Sein und Genießen ohne Einschränkungen wird weitmöglichst ausgelebt. Man experimentiert mit ‚pluralen Identitäten', widersprüchlichen Lebensstilen, lebt in möglichst vielen Welten. Selbstverliebt inszeniert man/frau sich selbst durch Konsum, in Kommunikation, Unterhaltung und Bewegung. Unter den Zugehörigen gibt es viele junge Menschen, viele Singles, viele mittlere Berufsstellungen, viele Schüler, Studierende und junge Akademiker. Die *soziale Lage* bezüglich der Einkommen entspricht der der übrigen Bevölkerung." (Hradil 1999: Soziale Ungleichheit in Deutschland, S. 421-425, Korrekturen H. A.)

Natürlich kann man die Grenzen auch ganz anders ziehen, und vieles überlappt sich auch. Aber wichtiger ist die neue Perspektive auf soziale Ungleichheit: sie wendet sich weg von großen Strukturen auf kleinräumige Milieus und identifiziert dort typische soziale Lagen und Lebensweisen. Sie wird uns gleich auch bei neueren Erklärungen des sozialen Wandels begegnen.

10. Sozialer Wandel

10.1 Comte: Dreistadiengesetz – der Wandel des Denkens
10.2 Marx: Der Klassenwiderspruch als Triebkraft der Entwicklung
10.3 Weber: Asketischer Protestantismus und rationale Lebensführung
10.4 Beck: Individualisierung und reflexive Modernisierung

Am Ende seines Lebens stellt der alte Stechlin ironisch fest: „Ich weiß nicht, seit wir die Eisenbahn haben, laufen die Pferde schlechter. Oder es kommt einem auch bloß so vor." (Fontane 1899, S. 219) An diesem Raisonnement ist zweierlei bemerkenswert: etwas Neues kann die Dinge tatsächlich verändern, aber es kann auch so sein, dass etwas, das mit etwas anderem gar nichts zu tun hat, unsere Wahrnehmung von diesem verändert. Sozialer Wandel ist ein objektives Phänomen, aber es ist auch eine Konstruktion.

Das Phänomen war natürlich schon immer bemerkt worden, und interessanterweise wurde es schon sehr früh in zwei Richtungen reflektiert. So ist von *Heraklit*, dem vorsokratischen Philosophen um die Wende vom 6. zum 5. Jahrhundert v. Chr., das Wort überliefert, alles sei im Fluss (‚panta rhei'), was heißt, dass nichts bleibt, wie es ist. Andererseits behauptet Platon, Heraklit habe gesagt, alles bewege sich fort (‚panta chorei' (Platon, Kratylos 402A), was hieße, es geht in eine bestimmte Richtung.

Auch in der Geschichte der Soziologie kann man zwei Richtungen der Erklärungen sozialen Wandels unterscheiden: die einen fragen nach den Ursachen des Wandels (*kausale Erklärungen*), die anderen sehen den sozialen Wandel auf ein bestimmtes Ziel hinauslaufen (*finale Entwicklungsmodelle*). *Finale* Entwicklungsmodelle spielen heute keine Rolle mehr, da keiner ernsthaft mehr behauptet, *den* entscheidenden Faktor des Wandels zu kennen und daraus dann eine zwangsläufige Entwicklung glaubt prognostizieren zu können.

Was ist nun gemeint, wenn wir in der Soziologie von *sozialem Wandel* sprechen, und was ist der kulturelle Kontext, in dem das Phänomen in das öffentliche Bewusstsein kam? Zum ersten: wir sprechen dann von sozialem Wandel, wenn sich die Strukturen der Gesellschaft, ihre Institutionen oder zentralen Werte verändern.

Zum zweiten: der kulturelle Hintergrund, vor dem das Phänomen einer tiefgreifenden Veränderung der Gesellschaft in die öffentliche Diskussion drang, war in Europa die Zeit der naturwissenschaftlich-technischen Erfindungen und dann vor allem die Aufklärung, in der das traditionale Wertesystem ins Wanken geriet. Daraus entsprang zum einen die Frage nach der Legitimation bestehender Ordnungen, aber zum anderen auch das Bedürfnis zu wissen, wohin sich die Gesellschaft entwickelt. Die Erkenntnisse der Naturwissenschaften, die immer differenziertere Gesetzmäßigkeiten aufzeigten, legten es nahe, auch in der gesellschaftlichen Entwicklung nach Gesetzmäßigkeiten zu suchen.

Interessanterweise stand am Anfang der Soziologie denn auch eine finale Annahme des Wandels, nämlich bei *Auguste Comte*, der die Dynamik der Gesellschaft mit Veränderungen im Denken der Individuen erklärte und einen bestimmten Endzustand der Entwicklung voraussagte. Das zweite große finale Modell ist das von *Karl Marx*, der ja über die Widersprüche, die sich aus der Verfügung bzw. Nichtverfügung über die Produktionsmittel ergeben, eine zwangsläufige Entwicklung der Klassengesellschaft kommen sah. Die Erwartungen des revolutionären Umbruchs und des Beginns der klassenlosen Gesellschaft sind zumindest in real existierenden Gesellschaften nicht erfüllt worden und spielen für soziologische Prognosen höchstens als *ein* Faktor unter anderen noch eine Rolle.

Das ist dann auch die zweite Unterscheidung zwischen Theorien sozialen Wandels. Am Anfang gaben die *kausalen* Theorien jeweils nur einen Faktor als Ursache an, heute nennen die Theorien eine ganze Reihe von Faktoren, die eine Rolle spielen. Dabei wird durchgängig deutlich, dass aus der spezifischen Kombination einzelner Faktoren sowohl zwischen Gesellschaften als auch innerhalb einer Gesellschaft höchst unterschiedliche Entwicklungen, Prozesse, Geschwindigkeiten und Strukturveränderungen entstehen. Ein Beispiel für eine kausale Begründung ist *Max Webers* These über den Zusammenhang von Protestantischer Ethik und Kapitalismus. Er sieht einen fundamentalen Wandel in einer Zeit ausgelöst, in der der Protestantismus eine bestimmte Wendung annahm. Vor diesem Hintergrund hat dann *Ulrich Beck* eine Theorie des Wandels entworfen, die als Ursache einen tiefgreifenden Gestaltwandel im Verhältnis von Individuum und Gesellschaft annimmt. Diesen Gestaltwandel nennt Beck ‚Individualisierung', die Gesellschaft, in der er aktuell zum Ausdruck kommt, ‚Risikogesellschaft'.

10.1 Comte: Dreistadiengesetz – der Wandel des Denkens

Auguste Comte (1798-1857) verwandte als erster den Ausdruck Soziologie, um damit seine Vorstellung einer wissenschaftlichen Politik zu kennzeichnen. Wie eingangs[1] gezeigt wurde, hatte er ursprünglich von *physique sociale* gesprochen. Sie sollte nach dem Vorbild der *positiven*, das heißt konstatierenden und empirisch begründenden, Naturwissenschaften die gesellschaftlichen Erscheinungen beobachten und ihre Gesetze aufzeigen. Nach dieser Maxime entwirft er eine „Theorie von der natürlichen Ordnung der Gemeinschaften", die er als „Soziale Statik" bezeichnet, und eine „Lehre vom Fortschritt", die er „soziale Dynamik" nennt. (Comte 1838, S. 118ff. und S. 137ff.) Die Soziale Statik zeigt, „dass alle Teile eines sozialen Systems aufeinander zugeordnet und in ihren Wirkungen und Gegenwirkungen abgestimmt sind" (Fuchs-Heinritz 1998, S. 173), und will erklären, wie das Verhältnis zwischen Individuum und Gesellschaft ist und unter welchen Voraussetzungen es Bestand hat. Diese Erklärung kann man so zusammenfassen: am Anfang überwiegen die persönlichen Instinkte des *Individuums* und erst allmählich entwickelt sich die

1 Vgl. oben Kapitel 2.3 „Soziologie wozu? Drei klassische Antworten".

Einsicht, dass eine gewisse Beschränkung des „selbstischen Interesses“ Voraussetzung für das Leben in einer Gemeinschaft ist. Wie die schottischen Moralphilosophen, die er ausdrücklich erwähnt, geht Comte davon aus, dass aus dem ständigen Zusammenleben mit anderen auch wechselseitige Gefühle („Sympathie“) entstehen. Prototyp der Vorherrschaft „sympathisierender Instinkte“ ist das *häusliche Leben*; das eigentliche *soziale Leben* ist dann „nach der Entfaltung geistiger Einflüsse“ charakterisiert. (Comte 1838, S. 136)

Auguste Comte: Stufen der sozialen Statik

„Bei (den) Betrachtungen der Statik ist das Leben des Einzelnen nach dem Überwiegen persönlicher Instinkte hin charakterisiert worden, und dann das häusliche Leben nach der Vorherrschaft sympathisierender Instinkte, und das soziale Leben nach der Entfaltung geistiger Einflüsse. Jeder dieser drei Grade des Daseins ist dazu bestimmt, den folgenden vorzubereiten. In gleicher Weise ordnet sich dazu die Moral; sie ist zunächst eine individuelle, dann eine häusliche und endlich eine soziale; die erste unterstellt die Erhaltung des Einzelnen einer vernünftigen Zucht; die zweite strebt nach einem Übergewicht des Mitgefühls über den Egoismus; die letzte leitet die Gesamtheit unserer Neigungen nach den Anweisungen einer angemessen entwickelten Vernunft und hat immer die Ökonomie der Gesamtheit im Auge, so dass sich alle Kraft unserer Natur nach deren Gesetzen für das gemeinsame Ziel vereinen lässt.“ (Comte 1838: Die Soziologie, S. 136)

Wenden wir uns nun der Erklärung des Wandels, den Comte als *Fortschritt* begreift, zu. Dazu will ich kurz die anthropologische Annahme skizzieren, die dieser Erklärung zugrunde liegt. Comte geht davon aus, dass es einen individuellen Trieb gibt, „der den Menschen ohne Unterlass bestimmt, seine Lage zu verbessern, oder, mit anderen Worten, sein physisches, moralisches und geistiges Leben zu entwickeln.“ (Comte 1838, S. 90) Das hat noch wenig mit einer soziologischen Fragestellung zu tun, und auf eine solche kommt man auch zunächst nicht, da Comte lediglich lapidar wiederholt, Veränderungen unterlägen einer festen Ordnung oder die Entwicklung der Menschheit sei natürlichen Gesetzen unterworfen. Nur aus zwei Bemerkungen kann man erahnen, wie man die anthropologische Aussage mit einer Theorie sozialer Ordnung und implizit einer Theorie des Wandels verbinden kann. Die eine Stelle lautet: „Das Glück eines jeden verlangt eine genügende Harmonie zwischen der Entwicklung seiner Fähigkeiten und den Umständen, die sein Leben bestimmen. Bis zu einem gewissen Grad sucht sich ein solches Gleichgewicht immer von selbst herzustellen." (Comte 1838, S. 93) Und die zweite Stelle lautet: „Der soziale Zustand ist jederzeit so vollkommen, wie es dem Alter der Menschheit und den damit verbundenen Umständen, unter denen die Entwicklung erfolgt, entspricht." (Comte 1838, S. 95) Offensichtlich ergibt sich eine soziale Ordnung aus der Entsprechung zwischen Handeln und Strukturen.[2]

Die Frage ist nur, was die Entwicklung auslöst: vorauseilendes Handeln oder nachhinkende Strukturen.[3] Comte selbst versteigt sich zu einer wohl dem Geist der Zeit geschuldeten Erklärung: „Die drei Quellen für die sozialen Veränderungen entspringen aus der Rasse, dem Klima und der politischen Tätigkeit." (Comte 1838, S. 98) Von diesen Erklärungen fällt nur die letzte in das Gebiet der Soziologie, denn es geht um eine Politik, die sich aus dem Fortschritt des geistigen und sozialen Zustandes der Menschheit ergibt.

Um die Gesetze des Fortschritts besser zu beurteilen, unterscheidet Comte zwischen *Richtung*, *Geschwindigkeit* und *Rangordnung der Elemente* der Entwicklung. (Comte 1838, S. 137) Bei der *Richtung* erkennt er eine klare Stufenfolge: am Anfang geht es um die Sorge für das materielle Dasein, und erst wenn die Menschen bei der Befriedigung physischer Bedürfnisse sicherer werden oder weniger Kraft aufwenden müssen, kommt es zu geistigen Tätigkeiten und sozialen Gefühlen. In der „Kindheit der Gesellschaft" überwogen denn auch die Instinkte, während sich in entwickelte-

2 Dieser Gedanke zieht sich durch viele soziologische Theorien. Wandel ist dann der Prozess, in dem diese Entsprechung immer wieder hergestellt wird.

3 Ich weiß, dass die Metapher wieder einmal schief ist!

ren Formen die *Vernunft* durchzusetzen begann. (Comte 1838, S. 138)

Bei der *Geschwindigkeit* führt Comte drei Erklärungen an: Wo der Mensch nicht herausgefordert wird, ändert sich nichts, und ohne Anregung seiner Fähigkeiten kann er auch nicht glücklich sein. Zweitens behauptet Comte, der soziale Fortschritt beruhe „wesentlich auf dem Tode". (Comte 1838, S. 141) Das mag überraschen, leuchtet aber unmittelbar ein, wenn man Comtes Erklärung liest: die Gesellschaft ist wie ein Organismus, und wenn bestimmte Teile zu alt werden, sind sie für das Zusammenwirken aller Teile ungeeignet. Es muss also etwas sterben und ständig etwas Neues kommen. Aber diese Erneuerung muss den gegebenen Verhältnissen, also der Statik der Gesellschaft, angemessen sein. Comte spielt diesen Gedanken am Beispiel der Generationen durch: würden wir nicht sterben, ergäbe sich kein Zwang zur Veränderung, würden wir nur kurz leben, würde es nur bei angefangenen Versuchen bleiben. Drittens hängt die Geschwindigkeit von einem Anwachsen der Bevölkerung ab. Das hat Arbeitsteilung, soziale Verdichtung und Wettbewerb zur Folge.

Wenden wir uns nun der *Rangordnung der Elemente* des Fortschritts zu. Das allerwichtigste Element, also die Ursache des Fortschritts, ist die *Entwicklung des Geistes*. Das „große Gesetz", das dieser Entwicklung zugrunde liegt, hatte Comte zum ersten Mal im Jahre 1822 formuliert. Es ist das sog. *Dreistadiengesetz*, und Comte stellt es gleich zu Beginn seiner Soziologie vor:

Auguste Comte: Das Dreistadiengesetz

„Jeder Zweig unserer Kenntnisse durchläuft der Reihe nach drei verschiedene theoretische Zustände (Stadien), nämlich den theologischen oder fiktiven Zustand, den metaphysischen oder abstrakten Zustand und den wissenschaftlichen oder positiven Zustand. (...)

Im theologischen Zustand richtet der menschliche Geist seine Untersuchungen auf die innere Natur der Dinge und auf die ersten Ursachen und letzten Ziele aller Erlebnisse, die ihn treffen; mit einem Wort: auf die absolute Erkenntnis. Die Vorgänge gelten ihm hier als die Taten weniger oder zahlreicher übernatürlicher Wesen, und deren Einwirkungen erklären ihm alle auftretenden Unregelmäßigkeiten der Welt. Im metaphysischen Zustand, der nur eine Abwandlung des vorgehenden ist, werden die übernatürlichen Mächte durch abstrakte Kräfte oder Entitäten ersetzt, die den verschiedenen Wesen der Welt innewohnen sollen. Sie sollen imstande sein, alle beobachteten Erscheinungen zu erzeugen, deren Erklärung darin besteht, dass man ihnen die jeweilig entsprechende Entität zuweist. Im positiven Zustand erkennen wir endlich die Unmöglichkeit, zu absoluten Begriffen zu gelangen; wir geben es auf, den Ursprung und die Bestimmung des Weltalls zu ermitteln und die inneren Ursachen der Erscheinungen zu erkennen. Stattdessen suchen wir deren Gesetze durch gemeinsamen Gebrauch der Vernunft und der Beobachtungen zu entdecken, d. h. deren Beziehungen im Nacheinander und der Ähnlichkeit nach." (Comte 1838: Die Soziologie, S. 2)

Wofür steht dieses „Gesetz"? Man kann es einmal so verstehen, dass es die Methoden feststellt, deren sich der menschliche Geist bei seiner Erklärung der Welt der Reihe nach bedient. Das gilt nach Comte für die Geschichte des Denkens überhaupt, aber auch für die Phasen, die das Denken des einzelnen Menschen durchmacht. Alles Wissen legt den Weg von der Phantasie zur Vernunft zurück. Zweitens wollte Comte mit dem Dreistadiengesetz auch zeigen, dass in der Entfaltung und Betätigung des Verstandes auch die entscheidende Kraft des sozialen Lebens liegt: „Die Geschichte der Gesellschaft ist bedingt durch die Geschichte des menschlichen Geistes." (Comte 1838, S. 3) Es ist die Geschichte der Verfügung über die sozialen Verhältnisse.[4] Im Grunde beschreibt Comte, wie der Mensch die Bedingungen seines Lebens den Göttern oder abstrakten Ideen aus der Hand nimmt und sich selbst zu ihrem Gestalter macht. Im theologischen Zustand erklärt sich der Mensch seine Existenz und was in der Welt passiert, was bleibt und was sich verändert, mit dem Eingreifen der Götter. Da

4 Ein Hinweis für philosophisch Interessierte: Auch Kant, den Comte in dieser Hinsicht sehr schätzte, war der Ansicht, dass die Wirklichkeit durch die Formen des Bewusstseins bedingt ist. (Vgl. Comte 1838, S. 558, Anm. 272.)

er ihnen auch alle Macht attestiert, nimmt er die Dinge hin, wie sie sind. Priester deuten die Welt und Krieger setzen die Ordnung durch. Das theologische Stadium endet praktisch mit der Reformation, in der die einzige Legitimation letzter Werte in Frage gestellt wurde.

Im metaphysischen Stadium setzt der Mensch an die Stelle göttlicher Wesen abstrakte Begriffe und Wesenheiten („Entitäten") wie den absoluten Willen oder die fließende Energie, den Geist oder die Materie. Obwohl Comte diese Übergangsphase nur sehr vage beschreibt, kann man vermuten, dass er auf die Emanzipation des Menschen von einem göttlichen Herrscher und den Anspruch abheben wollte, sich die Welt selbst zu erklären. In diesem Stadium legen Philosophen die Welt aus und die gesellschaftlichen Verhältnisse werden mit Blick auf ihre Vernünftigkeit geprüft. Rechtskundige stellen sie in rational begründeten Gesetzen fest. Dieses Stadium erreichte in der französischen Revolution mit dem Versprechen von Freiheit und Gleichheit und der Ankündigung einer Politik der Vernunft, die eine neue Gesellschaft schaffen sollte, seinen Höhepunkt. Doch die politische Wirklichkeit sah dann ganz anders aus. Keine Versprechung war wirklich und dauerhaft eingelöst worden, und der innere Zusammenhalt der Gesellschaft schien höchst fragil.

Diese gesellschaftliche Krise veranlasste Comte, über eine neue Zeit nachzudenken, in der die Vernunft tatsächlich alle gesellschaftlichen Verhältnisse bestimmt, und in der der Mensch die Dinge selbst in die Hand nimmt. Das wäre dann die dritte Phase, das *positive Stadium*, in dem Wissenschaftler und Wirtschaftsführer die Gesellschaft lenken. Die rationalen Wissenschaften sollen in einer Soziologie gipfeln, die aus der genauen Beobachtung und sachlichen Erklärung sozialer Verhältnisse eine moralische Beeinflussung des Volkes begründet. Vor allem durch Erziehung soll erreicht werden, dass an die Stelle des Egoismus soziale Solidarität tritt. (Comte 1844, S. 77 und 80). Kurz: die positive Philosophie zielt darauf, „das Gefühl für die Pflicht anzuregen und zu befestigen, indem sie stets den Sinn für das Ganze entwickelt", oder anders: „nicht nur die geistige Elite, sondern auch die Menge zu versittlichen." (Comte 1844, S. 76f.) Erst im wissenschaftlichen oder positiven Zeitalter nimmt der Mensch sein Leben in die Hand, beobachtet die Bedingungen, unter denen es abläuft, und verändert sie planvoll.

Den Beginn dieses positiven Zeitalters setzt Comte mit dem „spontanen Zusammenwirken der beiden bewundernswerten geistigen Strömungen" an, von denen die eine, wissenschaftliche, Kepler und Galilei, die andere, philosophische, Bacon und Descartes zu verdanken ist." (Comte 1844, S. 52)[5] Es war der Beginn der Aufklärung, den Comte im Auge hatte.[6] Das scheint auf den ersten Blick widersprüchlich, denn dieser Zeitraum überschneidet sich deutlich mit dem metaphysischen Stadium. Man darf Comtes These aber nicht so verstehen, als ob es in einem bestimmten Stadium nur ein bestimmtes Denken gegeben hätte. Comte meint vielmehr die vorherrschende geistige Orientierung. So könnte man ja durchaus die Mathematik der alten Griechen als eine Selbstermächtigung des Menschen in einer Zeit verstehen, in der es von Göttern nur so wimmelte. Und mit Galilei hörte theologisches Denken ja keineswegs auf, aber es begann schon eine Aufklärung, die sich des Verstandes bediente. Am Ziel der endgültigen Aufklärung, dem wirklichen positiven Zeitalter, meinte Comte, würde „zwischen philosophischem Geist und allgemeinem gesunden Menschenverstand eine Harmonie" entstehen. (Comte 1844, S. 53) Die Vernunft würde dann nicht nur erklären, sondern praktisch werden. Die Erfüllung dieses positiven Zeitalters sagte

5 Der deutsche Astronom Johann Kepler stellte am Anfang des 17. Jahrhunderts mit seiner Berechnung der Planetenbahnen die Autorität der Bibel in Frage, und der italienische Mathematiker Galileo Galilei widersprach kurze Zeit später mit der Bestätigung des kopernikanischen Weltbildes, wonach nicht die Erde, sondern die Sonne im Zentrum steht, ebenfalls einer Autorität des Denkens, der Kirche. Um die gleiche Zeit verkündete der englische Philosoph Francis Bacon, dass nur Erfahrung Grundlage der Wissenschaft ist und dass empirisches Wissen, nicht Glaube oder Spekulation, Macht verleiht, über die Verhältnisse zu verfügen, und der französische Philosoph und Mathematiker René Descartes zweifelte methodisch an allem, was als gesichertes Wissen galt, und kam über systematisches, an Erfahrungen geprüftes Wissen zu festen Erkenntnissen.

6 In Kapitel 2.5 wurde auf die Frage, wann die Soziologie beginnt, genau diese Antwort gegeben!

Comte übrigens für Ende der 80er Jahre seines Jahrhunderts voraus! (vgl. Fuchs-Heinritz 1998, S. 230)

Der soziale Wandel hängt ab von einem einzigen Faktor, dem Denken. Wie der Mensch über sich und seine Verhältnisse nachdenkt, das entscheidet auch darüber, wie er mit seinen Mitmenschen und diesen Verhältnissen umgeht. Davon hängt auch ab, welche sozialen Gefühle, das ist das zweite Element des Fortschritts, entstehen, und welche gemeinsamen Ansichten sich entwickeln. Sie bilden das dritte Element. Comte spricht von einer „geistigen Gemeinschaft, die durch die einhellige Zustimmung zu gewissen Grundbegriffen zustande kommt“ (Comte 1844, S. 151), womit er Werte und Normen gemeint haben dürfte. Der soziale Wandel ist eine Entwicklung geistiger, moralischer und sozialer Eigentümlichkeiten (Comte 1844, S. 153), von denen die ersteren die ursächliche Erklärung für alles andere liefern.

Der Fortschritt hat ein einziges Ziel, das *positive Zeitalter*, in dem Rationalität herrscht und die Menschen durch den Consens moralischer Einstellungen verbunden sind. Ein ganz anderes finales Modell des sozialen Wandels hat Karl Marx vorgelegt, und er gibt auch eine andere Erklärung für die Entwicklung der Geschichte der menschlichen Verhältnisse an.

10.2 Marx: Der Klassenwiderspruch als Triebkraft der Entwicklung

Während Comte die Entwicklung der Gesellschaft letztlich von einer Veränderung des Ideellen abhängen sieht, vertritt der deutsche Philosoph *Karl Marx (1818-1883)* die These, dass sie von Materiellem verursacht sei. Konkret hieß das für ihn, dass die *Arbeit* als materielle, zielbewusste Tätigkeit die Geschichte der Menschheit bestimmt. Nicht Ideen bedingen das Sein, sondern das Sein bestimmt das Bewusstsein. Das Sein, das sind die objektiven Verhältnisse, die für Karl Marx und *Friedrich Engels*, seinen geistigen Weggefährten, von Anfang an durch die Bedingungen des Erwerbs und durch einen materiellen Gegensatz zwischen Besitzenden und Nichtbesitzenden, Unterdrückern und Unterdrückten gekennzeichnet sind. Beides bedingt seit je die Entwicklung der Gesellschaft:

Karl Marx u. Friedrich Engels: Die Geschichte der Gesellschaft ist eine Geschichte von Klassenkämpfen

„Die Geschichte aller bisherigen Gesellschaft ist die Geschichte von Klassenkämpfen.

Freier und Sklave, Patrizier und Plebejer, Baron und Leibeigener, Zunftbürger und Gesell, kurz, Unterdrücker und Unterdrückte standen in stetem Gegensatz zueinander, führten einen ununterbrochenen, bald versteckten, bald offenen Kampf, einen Kampf, der jedesmal mit einer revolutionären Umgestaltung der ganzen Gesellschaft endete oder mit dem gemeinsamen Untergang der kämpfenden Klassen.

In den frühen Epochen der Geschichte finden wir fast überall eine vollständige Gliederung der Gesellschaft in verschiedene Stände, eine mannigfaltige Abstufung der gesellschaftlichen Stellungen. Im alten Rom haben wir Patrizier, Ritter, Plebejer, Sklaven; im Mittelalter Feudalherren, Vasallen, Zunftbürger, Gesellen, Leibeigene, und noch dazu in fast jeder dieser Klassen wieder besondere Abstufungen.

Die aus dem Untergang der feudalen Gesellschaft hervorgegangene moderne bürgerliche Gesellschaft hat die Klassengegensätze nicht aufgehoben. Sie hat nur neue Klassen, neue Bedingungen der Unterdrückung, neue Gestaltungen des Kampfes an die Stelle der alten gesetzt.

Unsere Epoche, die Epoche der Bourgeoisie, zeichnet sich jedoch dadurch aus, dass sie die Klassengegensätze vereinfacht hat. Die ganze Gesellschaft spaltet sich mehr und mehr in zwei große feindliche Lager, in zwei große, einander direkt gegenüber stehende Klassen: Bourgeoisie und Proletariat." (Marx u. Engels 1848: Manifest der Kommunistischen Partei, S. 462f.)

Liest man diese Thesen über die „Vorgeschichte"[7] genau, dann zeigt sich, dass Marx und Engels im Grunde immer nur eine Differenzierung der Gesellschaft vor Augen haben: die Differenzie-

7 Gleich wird klar, weshalb ich das Wort in Anführungszeichen setze!

rung nach der Verfügung über die Verhältnisse der Arbeit („*Produktionsverhältnisse*"). Ob es um die antike Stadt, die feudale Gesellschaft oder die industrielle Gesellschaft geht, immer stehen sich Besitzende, die durch die Verfügung über Produktionsmittel (Grund und Boden, Rohstoffe, Maschinen, Werkzeuge) auch bestimmen, wer unter welchen Verhältnissen wie arbeiten muss, und Nichtbesitzende, die über diese Bedingungen eben nicht verfügen, gegenüber. Nach dieser Theorie der gesellschaftlichen Entwicklung erklärt ein Faktor – die materielle Produktion – alles und bedingt einen zweiten Faktor – den Klassenwiderspruch.

Um diesen Widerspruch und was daraus unausweichlich folgen wird geht es Marx vor allem, wenn er den Blick auf die konkreten Verhältnisse in England, wo er nach seiner Ausweisung aus Deutschland lebte, lenkt. Er verstand sie als das Ergebnis u. a. der liberalen Wirtschafts- und Gesellschaftstheorie, die der schottische Moralphilosoph *Adam Smith (1723-1790)* entworfen hatte. Smith hatte sich in seinem berühmten Buch „The Wealth of Nations" (1776) entschieden gegen die Reglementierung des absolutistischen Staates und den Zunftzwang mit seinem Konkurrenzverbot gewandt und stattdessen freien Leistungswettbewerb gefordert. Letzterer fördere nämlich das Individualinteresse und das Wohl der ganzen Gesellschaft zugleich. Als Beweis für die Richtigkeit dieser These hatte er auf den erfolgreichen Unternehmer verwiesen, der an immer höheren Gewinnen interessiert sei. Die könne er aber nur erzielen, wenn er seine Produktion ausweite. Dadurch kämen mehr Arbeiter in Lohn und Brot. Da auch die anderen Unternehmer so vorgingen, käme es zu einer Konkurrenz auf dem Markt, was wiederum die Preise senke. So könnten sich immer mehr Arbeiter auch diese Produkte leisten, was dem Unternehmer wieder Gewinne bescherte und Investitionen in bessere Maschinen ermöglichte, die mehr und neue und erschwingliche Produkte herstellten. Ein Eingriff des Staates in dieses liberale marktwirtschaftliche System sei nicht nur nicht erforderlich, sondern sogar schädlich.

Gegen die so legitimierte wirtschaftliche Praxis wandte nun Marx ein, dass das Individualinteresse keineswegs dem Gemeininteresse diene. Das lasse sich an der Lage der arbeitenden Klassen in England schlagend belegen, die durch Not und Elend gekennzeichnet sei. Marx erklärt auch, wie es dazu seiner Meinung nach gekommen ist und wie das von ihm so genannte kapitalistische Wirtschaftssystem funktioniert. Ausgehend von der These des historischen Materialismus, dass die gesellschaftlichen Verhältnisse das Ergebnis ökonomischer Verhältnisse sind, liegt die Ursache sozialer Entwicklung in dem *Widerspruch* zwischen *Produktivkräften*, worunter man ganz grob die Möglichkeiten und Formen der Verfügung des Menschen über die natürlichen und materiellen Bedingungen seiner Existenz, also Arbeit im weitesten Sinne, verstehen kann, und den *Produktionsverhältnissen*, womit die objektiven Verhältnisse zwischen den Menschen in der Produktion und im Austausch materieller Güter, also die Eigentumsverhältnisse im weitesten Sinne, gemeint sind. Die wichtigste Produktivkraft ist der Mensch, und die muss der Arbeiter verkaufen, denn er hat nur eine Produktivkraft, seine Arbeitskraft. Die stellt er dem Besitzer der *Produktionsmittel* zur Verfügung. Er tauscht gewissermaßen Arbeit gegen Lohn. Ein gerechter Tausch wäre es, wenn der Lohn dem Wert der Arbeit entspräche. Tatsächlich bekommt der Arbeiter aber einen festen Lohn, der einem Warenwert von, sagen wir, vier Stunden entspricht, und er erhält ihn nur, wenn er acht Stunden arbeitet. Er wird ausgebeutet, indem er gezwungen wird, vier Stunden mehr zu arbeiten und in dieser Zeit Waren zu produzieren. Seine Arbeit ist mehr wert, aber diesen *Mehrwert* enthält ihm der Unternehmer vor, der diese Waren auf dem Markt verkauft und sich so auf Kosten der Lohnarbeiter bereichert. Das Kapital, was ihm so zuwächst, nutzt er zur Investition in neue Maschinen, die wiederum Menschen aus dem Arbeitsprozess verdrängen.

Warum lässt sich der Arbeiter auf dieses ungerechte Verhältnis ein? Das erklärt Marx damit, dass der Unternehmer die Macht hat, diese Mehrarbeit zu erzwingen. Wegen der wachsenden Bevölkerung drängen nämlich immer mehr Menschen zu den Arbeitsplätzen und verdingen sich im Kampf um Arbeit zu immer schlechteren Löhnen. Da jeder Einzelne nur an sein Überleben denkt, gibt es kein *gemeinsames* Interesse, die Verhältnisse zu verändern. Der Arbeiter unterwirft sich dem Diktat der Produktion: Im Kapitalismus ist es „nicht mehr der Arbeiter, der die Produktionsmittel anwendet, sondern es sind die Produktionsmittel, die den Arbeiter anwenden". (Marx 1867, 1. Bd., S. 329)

Doch mit dieser „Entwicklung der großen Industrie" wird unausweichlich der „Bourgeoisie die Grundlage" unter den Füßen weggezogen, „worauf sie produziert und die Produkte sich aneignet. Sie produziert also vor allem ihre eigenen Totengräber." (Marx u. Engels 1848, S. 474) Dadurch dass die Unternehmer immer mehr Maschinen einsetzen, werden nämlich mehr und billigere Produkte hergestellt. Das verschärft die Konkurrenz der Unternehmer und zieht eine Senkung der Preise nach sich. Die Gewinne gehen zurück. Marx bezeichnet das als Gesetz der sinkenden Profitrate. (Marx 1867, 3. Bd., S. 221ff.) Um seinen Profit zu machen, rationalisiert der Kapitalist die Produktion immer weiter, entlässt immer mehr Arbeiter und senkt die Löhne. Immer mehr Menschen verelenden (‚*Verelendungstheorie*'). Das wiederum hat zur Folge, dass immer weniger Menschen in der Lage sind, die Produkte zu kaufen. Also muss der Unternehmer noch mehr rationalisieren und noch mehr Produkte auf den Markt werfen, um seinen Profit zu machen. Doch die Überproduktion verschärft die Konkurrenz nur noch und immer mehr Unternehmer geben auf. In dieser Wirtschaftskrise ziehen Großbetriebe das Kapital der unrentablen kleineren Betriebe an sich und es kommt zu einer *Akkumulation* des Kapitals in wenigen Händen (‚*Akkumulationstheorie*').

Theoretisch wäre damit die Chance gegeben, vom verelendeten Proletariat unter noch schlechteren Bedingungen Arbeit zu erzwingen, doch unter der Hand hat sich wegen der parallelen Entwicklung von Akkumulation und Verelendung der Klassengegensatz so sehr verschärft, dass die Arbeiter sich ihrer objektiven Lage bewusst werden. Doch sie tun es nun nicht mehr als einzelne Individuen, sondern sie begreifen sich als Angehörige einer abhängigen Klasse. Indem sie ein *gemeinsames* Klassenbewusstsein entwickeln, werden sie zu einer ‚Klasse für sich'. (Marx 1847, S. 181) Sie solidarisieren sich zum Kampf der ausgebeuteten Klasse gegen die Klasse der Kapitalisten. Am Ende dieses Klassenkampfes – das war Marx' Versprechen an die Proletarier aller Länder –

werde unausweichlich der Sieg des Proletariats stehen. „Die Expropriateure werden expropiiert." (Marx 1867, 1. Bd., S. 791) Die Produktionsmittel werden in die Hände aller überführt. Damit ist die „Vorgeschichte" der Menschheit abgeschlossen. Die Entwicklung ist an ihrem Ende angekommen: „An die Stelle der alten bürgerlichen Gesellschaft mit ihren Klassen und Klassengegensätzen tritt eine Assoziation, worin die freie Entwicklung eines jeden die Bedingung für die freie Entwicklung aller ist." (Marx u. Engels 1848, S. 482)

Verstehen wir sozialen Wandel als Veränderung der Struktur der Gesellschaft, ihrer Institutionen oder zentralen Werte, dann ist an diesem Ende der Geschichte auch der soziale Wandel abgeschlossen. Das war die Vision, die Marx den Proletariern aller Länder zurief.

10.3 Weber: Asketischer Protestantismus und rationale Lebensführung

Bei Comte und Marx drängt sich der Eindruck auf, dass der soziale Wandel zwangsläufig erfolgt und dass er auf ein gutes Ziel hinausläuft. Deshalb begrüßten sie ihn auch. Eine ganz andere Sicht kommt dann bei *Max Weber (1864-1920)* durch, der lediglich erklären will, warum zu einem bestimmten Zeitpunkt ein fundamentaler Wandel in Westeuropa eingesetzt hat und warum er von da an in Gang bleibt. Das ist die eine Unterscheidung zu den ersten Theorien des Wandels. Die andere besteht darin, dass Weber ein düsteres Bild malt, wie es weitergeht.

Die Erklärung, wann und warum ein einschneidender Wandel einsetzte und was ihn von da an in Gang hält, hat Weber in seiner berühmten Schrift „Die Protestantische Ethik und der Geist des Kapitalismus" (1905b) geliefert. Um das Letztere vorab in den Worten Webers zu sagen: es sind „Interessen (materielle und ideelle)", die das Handeln der Menschen „unmittelbar" beherrschen, aber die Interessen und das Handeln werden oft durch ‚Weltbilder' in bestimmte Bahnen gelenkt. (Weber 1915, S. 414) Webers These ist, dass die „protestantische Ethik" ein solches

Weltbild geschaffen hat, das nicht nur das ökonomische Handeln in den westlichen Industriegesellschaften in eine typische, nämlich kapitalistische Richtung gelenkt hat.

Weber beginnt mit einem Blick in die Berufsstatistik eines konfessionell gemischten Landes und stellt einen „ganz vorwiegend *protestantischen* Charakter des Kapitalbesitzes und Unternehmertums sowohl, wie der oberen gelernten Schichten der Arbeiterschaft, namentlich aber des höheren technisch oder kaufmännisch vorgebildeten Personals der modernen Unternehmungen" fest. (Weber 1905b, S. 18) Auch der Blick in die Geschichte der erfolgreichen Städte in Europa und der „aufsteigenden ‚bürgerlichen' Mittelklassen" zeige, dass sie vorwiegend vom Protestantismus, insonderheit von *Calvinismus* und *Puritanismus* geprägt waren. (1905b, S. 20)

Der französisch-schweizerische Reformator *Johannes Calvin* hatte Mitte des 16. Jahrhunderts den Gedanken der *Prädestination*, also der göttlichen Erwählung oder Verdammnis des Menschen im Jenseits, entwickelt. Eine solche Vorstellung hätte eigentlich zu Passivität und Fatalismus führen müssen, doch nach Calvin treibt sie den Menschen im Gegenteil zu rastloser Tätigkeit an. Es ist nämlich der *Erfolg* der Tätigkeit, aus dem der Mensch auf seinen Gnadenstand schließen kann. Deshalb erhob der *Puritanismus*, eine stark vom Calvinismus geprägte religiöse Protestbewegung in der zweiten Hälfte des 16. Jahrhunderts in England, den Gedanken der erfolgreichen Arbeit zur *Pflicht* und verband ihn mit einer ganz und gar strengen, *asketischen Lebensführung*. Unter dem Druck religiöser und politischer Verfolgung wanderten viele Puritaner in die Niederlande und nach Nordamerika aus und setzten dort eine bestimmte Auffassung von Beruf und Lebensführung durch. In beiden Punkten unterschieden sie sich vom älteren Protestantismus.

Weber zeichnet diese Veränderungen nach, indem er auf die Bedeutung des Wortes „Beruf", das ein Produkt der Reformation ist, eingeht. *Martin Luther (1483-1546)* ging davon aus, dass die göttliche Vorsehung den Menschen in einen Stand *beruft*, und die objektive historische Ordnung galt ihm als direkter „Ausfluss göttlichen Willens"; folglich war „das *Verharren* des Einzelnen in der Stellung und in den Schranken, die Gott ihm zugewiesen hat, religiöse Pflicht." (Weber 1905b, S. 173) Was die Arbeit anbetrifft, die wir in neuerem Verständnis mit dem Wort Beruf verbinden, hielt Luther sich an das paulinische Wort: Wer nicht arbeitet, soll nicht essen. Beruf war also für Luther einmal Schickung und zum anderen sittliche Pflicht. Beides schien ihm auch gerecht, denn nach Paulus kann man in jedem Stand selig werden, und da das kurze Leben nur eine Zwischenstufe zum eigentlichen Leben ist, lohnte es nicht, „auf die *Art* des Berufes Gewicht zu legen." (Weber 1905b, S. 76)

Innerhalb der protestantischen Religion kam dann durch den Calvinismus eine nahezu gegenteilige Auffassung auf. Das grundlegende Dogma des Calvinismus war die Lehre von der *Gnadenwahl*. Was damit gemeint ist, geht aus einem Glaubensbekenntnis aus dem Jahre 1647 hervor, aus dem Weber folgenden Satz zitiert: „Gott hat zur Offenbarung seiner Herrlichkeit durch seinen Beschluss einige Menschen (...) bestimmt (predestinated) zu ewigem Leben und andere verordnet (foreordained) zu ewigem Tode." (Westminster confession; zit. nach Weber 1905b, S. 90) Da das Schicksal hier auf Erden und nach dem Tode „prädestiniert" ist, kann man Gottes unerforschlichen Ratschluss nie und durch nichts wandeln. Der Calvinismus gab deshalb auch den tröstlichen Gedanken des Neuen Testamentes auf, dass der „Vater im Himmel" sich über den reuigen Sünder freut, und lehnte auch wegen der festen Überzeugung der Gnadenwahl die irdische Erleichterung durch Beichte und Buße ab. Für Weber lag in der Konsequenz dieser „pathetischen Unmenschlichkeit" vor allem eins: „ein Gefühl einer unerhörten inneren *Vereinsamung des einzelnen Individuums*. In der für die Menschen der Reformationszeit entscheidendsten Angelegenheit des Lebens: der ewigen Seligkeit, war der Mensch darauf verwiesen, seine Straße einsam zu ziehen, einem von Ewigkeit her feststehenden Schicksal entgegen. Niemand konnte ihm helfen." (Weber 1905b, S. 93f.) Darin sah Weber auch das „absolut Entscheidende" gegenüber dem Katholizismus, dass dem Menschen kein sakramentales Heil mehr versprochen wurde. Die „Entzauberung der Welt" sah keine magischen Mittel vor! „Das Mittel zum periodischen ‚Abreagieren' des affektbetonten Schuldbewusstseins wurde beseitigt"; der Verkehr des Calvinisten mit seinem Gott vollzog sich „in tiefer innerlicher Isolierung". (Weber 1905b, S. 97)

Für Weber ist es ein Rätsel, wie mit dieser Isolierung des Individuums der Calvinismus zur treibenden Kraft der Entwicklung der Gesellschaft werden konnte, und es ist auch schwer, eine Lösung aus seinen Überlegungen zu rekonstruieren. Zunächst einmal stellt er fest, dass die Welt für den Calvinisten ausschließlich dazu da ist, Gott zu verherrlichen. Das würde zumindest schon einmal erklären, warum der Calvinist permanent eine Aufgabe vor Augen hat. Bleibt die Frage, in welcher Form er die Aufgabe erfüllen soll. Hier nun sieht Weber eine merkwürdige Verbindung zwischen dem Dogma der Gnadenwahl und rationaler Berufsarbeit. Der Christ fragt sich, „bin ich denn erwählt?" und „gibt es Merkmale, an denen man erkennen kann, dass jemand zu den Auserwählten gehört?".

In dieser Situation wurden zwei Antworten nahegelegt, die miteinander verbunden waren. Die erste verpflichtete jeden Gläubigen, „sich für erwählt zu *halten* und jeden Zweifel als Anfechtung des Teufels abzuweisen, da ja mangelnde Selbstgewissheit Folge unzulänglichen Glaubens, also unzulänglicher Wirkung der Gnade sei." (Weber 1905b, S. 105)[8] Jeden Tag musste subjektive Gewissheit errungen werden. Zweitens wurde, „um jene Selbstgewissheit zu *erlangen*, als hervorragendstes Mittel *rastlose Berufsarbeit* eingeschärft. Sie und sie allein verscheuche den religiösen Zweifel und gebe die Sicherheit des Gnadenstandes". (Weber 1905b, S. 105f.) Es wurde nämlich angenommen, dass Gott selbst in den Menschen wirkte und dass sie gewissermaßen Werkzeuge sind, deren er sich bedient. Je perfekter das Werkzeug funktioniert und je erfolgreicher – erfolgreich im Sinne, Gottes Ruhm zu mehren – entsprechende Anstrengungen sind, umso näher konnte man sich am Gnadenstand fühlen.

---

8 Eigentlich ist es ja ein logischer Zirkel, der nicht wirklich etwas erklärt, aber als Selbsteinschätzungsmechanismus wirkt er allemal und es gibt ja ganze Länder, die sich für god's own land *halten*.

Was sich hier grundlegend verändert hatte, beschreibt Weber so: der normale katholische Laie „lebte in ethischer Hinsicht gewissermaßen ‚von der Hand in den Mund'." (Weber 1905b, S. 113) Er tat gute Werke oder auch nicht. Im ersten Fall hoffte er darauf, dass sie ihm im Jenseits angerechnet würden, im zweiten konnte er sich exkulpieren durch Beichte und Buße. Eine systematische Lebensführung war im Grunde nicht erforderlich. Anders ist es beim Calvinisten: wenn er sich für auserwählt halten sollte, dann musste er sein ganzes Leben und in all seinen Facetten *systematisch* führen. Das hieß auch, *asketisch* zu leben, sich also der Verlockungen zu enthalten, die ihm Fleischeslust und gutes Leben zuraunten, weil sie Gottes Werk in Frage stellten. Der Mensch schied sich gewissermaßen vom Kreatürlichen ab. Sein Leben wurde künstlich, vernünftig, und das heißt letztlich zweckrational!

Die „religiöse Fundamentierung" der „puritanischen Berufsidee in ihrer Wirkung auf das Erwerbsleben" sieht Weber denn auch so:

Max Weber: Beruf und Rationalisierung der Lebensführung

„Entscheidend (war die) Auffassung des religiösen ‚Gnadenstandes' eben als eines Standes (status), welcher den Menschen von der Verworfenheit des Kreatürlichen, von der ‚Welt' abscheidet, dessen Besitz aber (...) *nicht* durch irgendwelche magisch-sakramentalen Mittel oder durch Entlastung in der Beichte oder durch einzelne fromme Leistungen garantiert werden konnte, sondern nur durch die *Bewährung* in einem spezifisch gearteten von dem Lebensstil des ‚natürlichen' Menschen unzweideutig verschiedenen Wandel. Daraus folgte für den Einzelnen der *Antrieb zur methodischen Kontrolle* seines Gnadenstandes in der Lebensführung und damit zu deren *asketischer* Durchdringung. Dieser asketische Lebensstil aber bedeutete eben (...) eine an Gottes Willen orientierte *rationale* Gestaltung des ganzen Daseins. Und diese Leistung war (...) eine Leistung, die jedem zugemutet wurde, der seiner Seligkeit gewiss sein wollte. (...) Jenes religiös geforderte, vom ‚natürlichen' Leben verschiedene Sonderleben (...) spielte sich (...) *innerhalb* der Welt und ihrer Ordnung ab. Diese *Rationali-*

> *sierung* der Lebensführung innerhalb der Welt im Hinblick auf das Jenseits war die Wirkung der *Berufskonzeption* des asketischen Protestantismus.“ (Weber 1905b: Die protestantische Ethik und der Geist des Kapitalismus, S. 162f.)

Innerweltliche Askese und systematische, rationalisierte Lebensführung bedingten einander und hatten zur Konsequenz, dass der Puritaner „seinen Gnadenstand fortlaufend *kontrollierte*.“ (Weber 1905b, S. 123) Da er sich als Verwalter der Talente sah, hatte er auch die unbedingte Pflicht, sie in rastloser Tätigkeit zu mehren: „Nicht Muße und Genuss, sondern *nur Handeln* dient nach dem unzweideutig geoffenbarten Willen Gottes zur Mehrung seines Ruhms. *Zeitvergeudung* ist also die erste und prinzipiell schwerste aller Sünden. Die Zeitspanne des Lebens ist unendlich kurz und kostbar, um die eigene Berufung ‚festzumachen‘. Zeitverlust durch Geselligkeit, ‚faules Gerede‘, Luxus, selbst durch mehr als der Gesundheit nötigen Schlaf – 6 bis höchstens 8 Stunden – ist sittlich absolut verwerflich.“ (Weber 1905b, S. 167) Jede verlorene Stunde wird Gott entzogen, und deshalb ist auch harte, stetige Arbeit die Gott wohlgefällige Form der Lebensführung.

Weber sieht in der fast leidenschaftlichen Ermahnung zur Arbeit zwei Motive zusammenwirken. Sie gilt zunächst als das bewährte asketische Mittel, als „das spezifische Präventiv gegen alle jene Anfechtungen, welche der Puritanismus unter dem Begriff ‚unclean life‘ zusammenfasst“. (Weber 1905b, S. 169) So empfahl der englische Geistliche des 17. Jahrhunderts *Richard Baxter* gegen sexuelle Anfechtungen nicht nur Pflanzenkost und kalte Bäder, sondern auch harte Arbeit! „Aber die Arbeit ist darüber hinaus, und vor allem, „von Gott vorgeschriebener *Selbstzweck* des Lebens überhaupt. Der paulinische Satz: ‚Wer nicht arbeitet, soll nicht essen‘ gilt bedingungslos und für jedermann. Die Arbeitsunlust ist Symptom fehlenden Gnadenstandes.“ (Weber 1905b, S. 171)

Während Luther den Beruf als Schickung betrachtete, der der Mensch sich zu fügen hatte, setzte Baxter den Beruf („calling“) in Bezug zu Gott selbst und forderte: der Einzelne soll auch zur höheren Ehre Gottes arbeiten. Aus dieser scheinbar leichten Nuance erwuchsen, heißt es bei Weber, „weittragende psychologische

Konsequenzen", die auf eine immer stärkere „*providentielle* Deutung des ökonomischen Kosmos" hinausliefen. (Weber 1905b, S. 172) Genauer heißt das: Gott hat mit den Menschen etwas Bestimmtes vorgesehen, aber was das ist, das können sie nicht sicher wissen. Sie können es aber erahnen, indem sie auf ihre Arbeit sehen. Die *puritanische* Anschauung nuanciert deshalb: „Welches der providentielle Zweck der Berufsgliederung ist, erkennt man (...) an ihren Früchten." (Weber 1905b, S. 173) Deshalb ist „nicht Arbeit an sich, sondern rationale Berufsarbeit (...) das von Gott verlangte. Auf diesem methodischen Charakter der Berufsaskese liegt bei der puritanischen Berufsidee stets der Nachdruck (...)." (Weber 1905b, S. 174f.)

Aus dieser Vorstellung folgt konsequent, dass auch ein *Berufswechsel* durchaus nicht als verwerflich angesehen wird – vorausgesetzt, er wird unter dem Gesichtspunkt der *Profitlichkeit* vorgenommen. Gott hat nämlich seine Absicht dabei, wenn er dem Menschen eine Gewinnchance zeigt, und diesem Wink hat der Puritaner zu folgen. Bei Baxter klingt das so: „Wenn Gott Euch einen Weg zeigt, auf dem Ihr ohne Schaden für Eure Seele oder für andere in gesetzmäßiger Weise *mehr gewinnen könnt* als auf einem anderen Wege und Ihr dies zurückweist und den minder gewinnbringenden Weg verfolgt, dann *kreuzt Ihr einen der Zwecke Eurer Berufung* (‚calling'), *Ihr weigert Euch, Gottes Verwalter* (‚stewart') zu sein und seine Gaben anzunehmen, um sie für ihn gebrauchen zu können, wenn er es verlangen sollte. Nicht freilich für Zwecke der Fleischeslust und Sünde, *wohl aber für Gott dürft Ihr arbeiten, um reich zu sein.*" (Baxter, zit. in: Weber 1905b, S. 176)

Die protestantische *Askese* wandte sich denn auch vor allem gegen eines: „das unbefangene Genießen des Daseins und dessen, was es an Freuden zu bieten hat." (Weber 1905b, S. 183) Der häusliche „comfort" durfte nur zweckmäßig sein, Vergnügungen und Tanz galten als lästerlich und selbst das Theater war dem Puritaner verwerflich. So ließ die puritanische Stadtverwaltung noch bei Shakespeares Lebzeiten und Aufenthalt dort das Theater in Stratford-on-Avon schließen! (vgl. Weber 1905b, S. 187 Anm. 1) Wo die Freude an rein dem ästhetischen oder sportlichen Genuss dienenden Kulturgütern überhaupt gestattet wird, findet sie

„*eine* charakteristische Schranke: *sie dürfen nichts kosten.* Der Mensch ist ja nur Verwalter der durch Gottes Gnade ihm zugewendeten Güter, er hat, wie der Knecht der Bibel, von jedem anvertrauten Pfennig Rechenschaft abzulegen." (Weber 1905b, S. 189) Die innerweltliche protestantische Askese *belastete*, indem sie „mit voller Wucht gegen den unbefangenen Genuss des Besitzes" wirkte und die Konsumtion einschnürte, aber gleichzeitig „*entlastete* sie im psychologischen Effekt den *Gütererwerb* von den Hemmungen der traditionalistischen Ethik, sie sprengte die Fesseln des Gewinnstrebens, indem sie es nicht nur legalisierte, sondern (...) direkt als gottgewollt ansah." (Weber 1905b, S. 190)

Die protestantische Ethik begann sich immer mehr von ihrem religiösen Bezug zu lösen. Das beklagte auch John Wesley, der Gründer des Methodismus, also der protestantischen Erweckungsbewegung, in deren Mittelpunkt die persönliche Erfahrung des Angenommenseins durch Gott stand. Er sorgte sich, dass der Reichtum die Religion gefährde, auf der anderen Seite, konstatierte er lakonisch, müsse Religion aber „*notwendig* sowohl Arbeitsamkeit (industry) als Sparsamkeit (frugality) erzeugen, und diese können nichts anderes als Reichtum hervorbringen." Ergo: „Wir dürfen die Leute nicht hindern, fleißig und sparsam zu sein. Wir müssen alle Christen ermahnen zu gewinnen, was sie können, und zu sparen, was sie können, das heißt im Ergebnis: reich zu werden." Aus der Zwickmühle, in die der fromme Prediger seine Gläubigen geraten sah, hoffte er sie mit der Ermahnung zu befreien, alles, was sie können, auch zu geben, „um so in der Gnade zu wachsen und einen Schatz im Himmel zu sammeln". (Wesley, zit. nach Weber 1905b, S. 196f.) Die Ermahnung betraf eine Haltung, der das Streben nach Gewinn zum Selbstzweck geworden war! Ein eindrückliches Dokument dieses Geistes ist der „Advice to a young tradesman", den Benjamin Franklin im Jahre 1748 gab:

Benjamin Franklin: Zeit ist Geld

„Bedenke, dass die *Zeit Geld* ist; wer täglich zehn Schillinge durch seine Arbeit erwerben könnte und den halben Tag spazieren geht oder auf seinem Zimmer faulenzt, der darf, auch wenn er nur sechs Pence für sein Vergnügen ausgibt, nicht

> dies allein berechnen, er hat nebendem noch fünf Schillinge ausgegeben oder vielmehr weggeworfen. (...)
>
> Bedenke, dass Geld von einer *zeugungskräftigen* und *fruchtbaren Natur* ist. Geld kann Geld erzeugen und die Sprösslinge können noch mehr erzeugen und so fort. Fünf Schillinge umgeschlagen sind sechs, wieder umgetrieben sieben Schilling drei Pence und so fort bis es hundert Pfund Sterling sind. Je mehr davon vorhanden ist, desto mehr erzeugt das Geld beim Umschlag, so dass der Nutzen schneller und immer schneller steigt. Wer ein Mutterschwein tötet, vernichtet dessen ganze Nachkommenschaft bis ins tausendste Glied. Wer ein Fünfschillingstück umbringt, *mordet* (!)[9] alles, was damit hätte produziert werden können: ganze Kolonnen von Pfunden Sterling.
>
> (...) Halte eine genaue Rechnung über deine Ausgaben und dein Einkommen. Machst du dir die Mühe, einmal auf die Einzelheiten zu achten, so hat das folgende gute Wirkung: Du entdeckst, was für wunderbar kleine Ausgaben zu großen Summen anschwellen und du wirst bemerken, was hätte gespart werden können und was in Zukunft gespart werden kann." (Benjamin Franklin 1748: Advice to a young tradesman; zit. nach Weber 1905b: Die protestantische Ethik und der Geist des Kapitalismus, S. 31f.)

Hier ist nichts mehr von einer religiösen Begründung für die vollkommene Zweckrationalität der Lebensführung zu spüren. Ihre volle ökonomische Wirkung entfalteten die religiösen Bewegungen denn auch, als „der Krampf des Suchens nach dem Gottesreich sich allmählich in nüchterne Berufstugend aufzulösen begann, die religiöse Wurzel langsam abstarb und utilitaristischer Diesseitigkeit Platz machte". (Weber 1905b, S. 197) Damit war ein „spezifisch *bürgerliches Berufsethos*" entstanden, das Weber so beschreibt:

9 Ich vermute, dass das Ausrufezeichen nicht für die Ermahnung Franklins, sondern für das Staunen Webers steht.

Max Weber: Gottes Vorsehung der ungleichen Verteilung der Güter dieser Welt

„Mit dem Bewusstsein, in Gottes voller Gnade zu stehen und von ihm sichtbar gesegnet zu werden, vermochte der bürgerliche Unternehmer, wenn er sich innerhalb der Schranken formaler Korrektheit hielt, sein sittlicher Wandel untadelig und der Gebrauch, den er von seinem Reichtum machte, kein anstößiger war, seinen Erwerbsinteressen zu folgen und *sollte* dies tun. Die Macht der religiösen Askese stellte ihm überdies nüchterne, gewissenhafte, ungemein arbeitsfähige und an der Arbeit als gottgewolltem Lebenszweck klebende Arbeiter zur Verfügung. Sie gab ihm dazu die beruhigende Versicherung, dass die ungleiche Verteilung der Güter dieser Welt ganz spezielles Werk von Gottes Vorsehung sei, der mit diesen Unterschieden ebenso wie mit der nur partikulären Gnade seine geheimen, uns unbekannten Ziele verfolge.“ (Weber 1905b: Die Protestantische Ethik und der Geist des Kapitalismus, S. 198)

Wenn Weber an anderer Stelle davon spricht, dass dieses Erwerbsstreben „auf dem Gebiet seiner höchsten Entfesselung, in den Vereinigten Staaten“ sich heute mit rein „agonalen Leidenschaften“ verbinde und „nicht selten geradezu den Charakter des Sports“ annehme (Weber 1905b, S. 204), dann muss man sagen, dass es ein verbissener Sport war, der dort betrieben wurde. Es gab keine Halbzeit und keine Auszeit. Und da seine Regeln als rational galten, konnte sich auch keiner über die Ergebnisse beschweren! So erklärt sich aus dieser puritanischen Ethik, warum auch die weniger Erfolgreichen die gesellschaftlichen Verhältnisse für gerecht hielten.

Ich komme zu den Konsequenzen dieses fundamentalen Wandels der Mentalität, der im 16. und 17. Jahrhundert seinen Höhepunkt erreichte und sich von da an auf einem konstanten Niveau hielt. Seinerzeit verband sich eine bestimmte Berufsidee mit dem Geist der christlichen Askese. ‚Tat‘ und ‚Entsagung‘, das war das „Grundmotiv des bürgerlichen Lebensstils“, doch zwischen den religiösen Anfängen und der Situation heute besteht ein fundamentaler Unterschied: „Der Puritaner *wollte* Berufsmensch sein, – wir *müssen* es sein." (Weber 1905b, S. 203) Wohlgemerkt, es geht nicht nur um den Beruf im engeren Sinne, sondern um die methodische, rationale Lebensführung überhaupt! Indem die Askese „die innerweltliche Sittlichkeit zu beherrschen begann", und jetzt wendet Weber den Blick über seine Zeit hinaus in die Zukunft, half sie „jenen mächtigen Kosmos der modernen (...) Wirtschaftsordnung erbauen, der heute den Lebensstil aller Einzelnen, die in dies Triebwerk hineingeboren werden – *nicht* nur der direkt ökonomisch Erwerbstätigen -, mit überwältigendem Zwange bestimmt und vielleicht bestimmen wird, bis der letzte Zentner fossilen Brennstoffs verglüht ist." (Weber 1905b, S. 203) Und jetzt kommt eine berühmte Metapher, die das Ergebnis des Wandels in düsteren Farben malt und die mehr oder weniger in allen kritischen Theorien über die Moderne aufgegriffen wird:

Max Weber: Das stahlharte Gehäuse und das Verbleichen der Aufklärung

„Nur wie ein ‚dünner Mantel, den man jederzeit abwerfen könnte', sollte nach Baxters Ansicht die Sorge um die äußeren Güter um die Schultern seiner Heiligen' liegen. Aber aus dem Mantel ließ das Verhängnis ein stahlhartes Gehäuse werden. Indem die Askese die Welt umzubauen und in der Welt sich auszuwirken unternahm, gewannen die äußeren Güter dieser Welt zunehmende und schließlich unentrinnbare Macht über den Menschen, wie niemals zuvor in der Geschichte. Heute ist ihr Geist – ob endgültig, wer weiß es? – aus diesem Gehäuse gewichen. Der siegreiche Kapitalismus jedenfalls bedarf, seit er auf mechanischer Grundlage ruht, dieser Stütze nicht mehr. Auch die rosige Stimmung ihrer lachenden Erbin: der Aufklärung, scheint endgültig im Verbleichen und als ein Gespenst ehemals religiöser Glaubensinhalte geht der Gedanke der ‚Berufspflicht' in unserem Leben um." (Weber 1905b: Die protestantische Ethik und der Geist des Kapitalismus, S. 203f.)

An anderer Stelle hat Weber die Konsequenz noch deutlicher genannt: „Die heutige kapitalistische Wirtschaftsordnung ist ein (...) faktisch unabänderliches Gehäuse“, das „dem Einzelnen, soweit er in den Zusammenhang des Marktes verflochten ist, die Normen seines wirtschaftlichen Handelns“ aufzwingt. „Der Fabrikant, welcher diesen Normen dauernd entgegenhandelt, wird ökonomisch ebenso unfehlbar eliminiert, wie der Arbeiter, der sich ihnen nicht anpassen kann oder will, als Arbeitsloser auf die Straße gesetzt wird. Der heutige, zur Herrschaft im Wirtschaftsleben gelangte Kapitalismus also erzieht und schafft sich im Wege der ökonomischen Auslese die Wirtschaftssubjekte – Unternehmer und Arbeiter – deren er bedarf.“ (Weber 1905b, S. 37) Es sind vollkommen sachliche, rationale Normen, die den Markt bestimmen, und diese Normen sollen – folgt man der protestantischen Ethik und dem Geist des Kapitalismus bis zum Schluss – auch das gesamte Leben durchdringen. Als die perfekte Form einer solchen Regelung des gesellschaftlichen Lebens habe ich an anderer Stelle die Bürokratie genannt.[10] Auf diese Vollendung der rationalen Regelung aller Verhältnisse kommt Weber immer wieder zurück. Er bezeichnet die bürokratische Organisation als „geronnenen Geist“ und ahnt, was uns von dieser Seite her droht: sie wird zum „Gehäuse jener Hörigkeit (...), in welche vielleicht dereinst die Menschen sich, wie die Fellachen im altägyptischen Staat, ohnmächtig zu fügen gezwungen sein werden.“ (Weber 1918, S. 332)

Als Fazit dieser Theorie des Wandels, die ja im Grunde eine Theorie der Moderne ist, will ich denn auch noch einmal in Erinnerung rufen, was oben zur Vision einer bürokratischen Herrschaft, wie sie sich aus der modernen Zivilisation ergeben könnte, gesagt wurde: weit entfernt von jedem Optimismus befürchtet Weber, dass sie entmenschlicht und unentrinnbar ist!

Ich fasse zusammen: mit seiner These über den *asketischen Protestantismus* hat Weber eine Erklärung beigesteuert, warum zu einem bestimmten Zeitpunkt ein fundamentaler Wandel in der Gesellschaft in Europa und dann in Nordamerika einsetzte, und er

10 Vgl. oben Kapitel 7.5 „Bürokratie: Reine Herrschaft und ihre Gefahr“.

hat in der spezifischen *okzidentalen Rationalität* den Faktor aufgezeigt, der – wenn man gewaltsame Revolutionen einmal beiseite lässt – wie kein anderer jeden sozialen Wandel bestimmt. Anders als Marx, für den das Individuum von den materiellen Verhältnissen her bestimmt ist, hat Weber das Individuum und sein Verhalten zur Voraussetzung einer systematischen Veränderung der gesellschaftlichen Bedingungen gemacht. Und es gibt noch einen anderen Unterschied zu Marx: am Ende steht wohl keine gute Zukunft, sondern der *Sachzwang*. Deshalb sei, so Weber in einem Vortrag ein Jahr vor seinem Tod, auch das Schicksal seiner Zeit „mit der ihr eigenen Rationalisierung und Intellektualisierung, vor allem: Entzauberung der Welt, dass gerade die letzten und sublimsten Werte zurückgetreten sind aus der Öffentlichkeit." (Weber 1919a, S. 338) Die Entzauberung ist im Abendland nicht erst mit der Aufklärung gekommen, sondern, das sollte deutlich geworden sein, mit der allmählichen Verweltlichung der asketischen Lebensführung und der Auflösung der Suche nach einem Gottesreich in „nüchterne Berufstugend". (Weber 1905b, S. 197) Was daraus folgte, liegt auf der Hand: die „innere Vereinsamung des einzelnen Individuums". (Weber 1905b, S. 93) An diese letzte These knüpft die Theorie des Wandels an, die *Ulrich Beck* entworfen hat.

10.4 Beck: Individualisierung und reflexive Modernisierung

Bei der Diskussion über neue Formen sozialer Ungleichheit wurde als eine Ursache ein neuer „Modus der Vergesellschaftung", eine Art Gestaltwandel im Verhältnis von Individuum und Gesellschaft genannt, den *Ulrich Beck* als ‚Individualisierung' bezeichnet hat. (Beck 1986, S. 205) Damit ist auch eine Erklärung des sozialen Wandels genannt, der sich am Ende des 19. Jahrhunderts schon abzeichnete und in der Bundesrepublik nach dem Zweiten Weltkrieg an Fahrt gewann. Ich will einige Grundannahmen dieser Theorie nennen und zeigen, in welche Richtung sich der soziale Wandel offensichtlich bewegt. Dabei lege ich das Augenmerk zunächst auf das Individuum.

Rufen wir uns die These von Beck noch einmal in Erinnerung. Danach hat die Moderne zu einer dreifachen Individualisierung geführt: „*Herauslösung* aus historisch vorgegebenen Sozialformen und -bindungen im Sinne traditionaler Herrschafts- und Versorgungszusammenhänge (‚Freisetzungsdimension'), *Verlust von traditionalen Sicherheiten* im Hinblick auf Handlungswissen, Glauben und leitende Normen (‚Entzauberungsdimension') und – womit die Bedeutung des Begriffes gleichsam in ihr Gegenteil verkehrt wird – eine *neue Art der sozialen Einbindung* (‚Kontroll- bzw. Reintegrationsdimension')." (Beck 1986, S. 206)

Was *Entzauberung* meint, liegt auf der Hand: es gibt keine verbindlichen Sinnsysteme mehr, auf die sich alle bezögen. Das wurde nicht erst durch die Aufklärung in Gang gesetzt, erhielt aber dort seine moralische und politische Rechtfertigung. Ganz entscheidend haben im 20. Jahrhundert die Medien, und hier vor allem das Fernsehen, dazu beigetragen, dass aus der Darstellung der Fülle des Lebens für alle ein Schluss herauskam: Für fast alles gibt es gute Gründe, und kein Wert und keine Norm, kein Geheimnis und kein Glaube ist im Prinzip besser oder schlechter als ein anderer. Entzauberung heißt denn auch, dass naives Vertrauen auf irgendeinen Sinn nicht mehr möglich ist. Das Individuum muss im Grunde ohne Netz und doppelten Boden alles selbst erfinden, entscheiden – und vor anderen rechtfertigen! In dieser Hinsicht trifft es den einen mehr und den anderen weniger. Der eine ist zu einem solchen Verhalten mehr in der Lage als ein anderer, dieser ist in soziale Beziehungen eingebunden, die eine relative Sicherheit in dieser Hinsicht geben, und jener ist ratlos auf sich gestellt. Der soziale Wandel besteht in einem Mentalitätswandel, in dem es auch um emotionale Sicherheit und Gewissheit der eigenen Person und die Stellung zur Gesellschaft geht.

Als einen Kristallisationspunkt der zweiten Dimensionen der Individualisierung, der *Freisetzung*, habe ich oben schon die „Herauslösung aus ständisch geprägten sozialen Klassen" (Beck 1986, S. 208) genannt. Einen zweiten Kristallisationspunkt des mit der Freisetzung in Gang kommenden Wandels sieht Beck in den Veränderungen der Lage der Frauen: „Die Frauen werden aus der Eheversorgung – dem materiellen Eckpfeiler der traditionalen

Hausfrauenexistenz – freigesetzt. Damit gerät das gesamte familiale Bindungs- und Versorgungsgefüge unter Individualisierungsdruck. Es bildet sich der Typus der *Verhandlungsfamilie auf Zeit* heraus, in der die bildungs-, arbeitsmarkt- und berufsorientierten Individuallagen, soweit sie nicht von vornherein außerfamiliale Lebensformen vorziehen, ein eigenartig widerspruchsvolles Zweckbündnis zum geregelten Emotionalitätsaustausch auf Widerruf eingehen.“ (Beck 1986, S. 208f.)

Neben diesen beiden Kristallisationspunkten der Freisetzung, die die sozialen Klassenkulturen und das familiale Beziehungsgefüge betreffen, zeichnen sich zwei weitere Kristallisationspunkte ab. Diese Freisetzungen „haben ihren Ausgangspunkt nicht mehr in der Reproduktions-, sondern in der Produktionsphäre und vollziehen sich als Freisetzungen relativ zum Beruf und zum Betrieb. Gemeint sind insbesondere die *Flexibilisierung der Erwerbsarbeitszeit* und die *Dezentralisierung des Arbeitsortes* (von der die elektronische Heimarbeit nur ein Extremfall ist). Auf diese Weise entstehen *neuartige Formen flexibler, pluraler Unterbeschäftigung*.“ (Beck 1986, S. 209) Die derzeitige Politik richtet sich auf Maßnahmen zur Eindämmung der Massenarbeitslosigkeit, ohne zu sehen, dass die Gesellschaft am Anfang eines „*gegen*industriellen Rationalisierungsprozesses“ (Beck 1986, S. 222) steht. Dieser Prozess läuft auf eine „Generalisierung von Beschäftigungsunsicherheiten“ und eine Neuverteilung des Arbeitsmangels hinaus. (Beck 1986, S. 227 und 228) Teilzeitarbeit und „Flexibilisierung des Arbeitsmarktes und des Arbeitsrechtes (Zeitverträge, Job-Sharing, Arbeit auf Abruf, Leiharbeit)“ (Beck 1986, S. 234) und die immer deutlicher zutage tretende Trennung von Ausbildung und Beschäftigung (Beck 1986, S. 237ff.) sind weitere Phänomene der flexiblen, pluralen Unterbeschäftigung. Vor diesem Hintergrund entstehen nicht nur neue sozialrechtliche Versorgungsprobleme, sondern auch „neuartige Lebenslagen und biographische Verlaufsmuster“. (Beck 1986, S. 209)

Wie oben schon gezeigt, bilden die einzelnen Faktoren der sozialen Existenz in der Summe höchst differenzierte Individuallagen, die sich selbst wieder wandeln. Das Individuum ist gehalten, aus seiner individuellen Lage die Entscheidungen seines eigenen

Lebens zu treffen, aber es sieht sich von Institutionen und Regelungen, von Moden und Erwartungen umstellt, die seine individuellen Entscheidungen in eine bestimmte Richtung lenken oder Standardentscheidungen sogar erzwingen. Das meint Beck, wenn er von einem neuen *Modus der Re-Integration und Kontrolle* spricht, der mit den entstehenden Individuallagen verbunden ist. Das Private wie das Öffentliche geraten unter den Druck von Moden und Konjunkturen, von Institutionen und Standards.

Vor allem die Biographie, als der scheinbar einzigartige Bereich individuellen Lebens, gerät unter Kontrolle und Individuallagen werden zu *institutionenabhängigen Individuallagen*. Es sind die institutionellen Regelungen des Bildungssystems, des Arbeitsmarktes, des Konsums, der sozialen Versorgung, der Moden usw., durch die unser Leben prozessiert wird. Sie reintegrieren und kontrollieren das Individuum, und je nach sozialer Lage bilden sich so etwas wie Normalbiographien heraus. „Ständisch geprägte, klassenkulturelle oder familiale Lebenslaufrhythmen werden überlagert oder ersetzt durch *institutionelle Lebenslaufmuster*. Eintritt und Austritt aus dem Bildungssystem, Eintritt und Austritt aus der Erwerbsarbeit, sozialpolitische Fixierungen des Rentenalters, und dies sowohl im Längsschnitt des Lebenslaufes (Kindheit, Jugend, Erwachsenensein, Pensionierung und Alter) als auch im täglichen Zeitrhythmus und Zeithaushalt (Abstimmung von Familien-, Bildungs- und Berufsexistenz)." (Beck 1986, S. 211f.)

Ich habe diesen Widerspruch dieser Moderne an anderer Stelle mit Blick auf die Jugend so auf den Punkt gebracht: Individualisierung heißt unter diesen gesellschaftlichen Strukturen und Prozessen „Rahmung individueller Normalität". (Abels 1993, S. 542) Man kann ganz sicher davon ausgehen, dass das auch für die allermeisten Mitglieder der Gesellschaft zutrifft! Der soziale Wandel läuft nicht an uns vorbei oder zeigt sich nur in allmählichen, großen Veränderungen und erst im Nachhinein, sondern greift aktuell, konkret in das Leben eines jeden Individuums ein. Für diesen Zusammenhang von Freisetzung und Institutionalisierung gibt Beck ein pittoreskes Beispiel, das Fernsehen: „Das Fernsehen vereinzelt *und* standardisiert. Es löst die Menschen einerseits aus traditional geprägten und gebundenen Gesprächs-, Erfahrungs-

und Lebenszusammenhängen heraus. Zugleich befinden sich aber alle in einer ähnlichen Situation: sie konsumieren institutionell fabrizierte Fernsehprogramme, und zwar von Honolulu bis Moskau und Singapur. Die Individualisierung – genauer: Herauslösung aus traditionalen Lebenszusammenhängen – geht einher mit einer Vereinheitlichung und Standardisierung der Existenzformen." (Beck 1986, S. 213)

Wenden wir den Blick auf das Risiko der Moderne, das uns durch das Fernsehen ins Haus kommt, ins Allgemeine und blicken noch einmal auf die oben angesprochene neue Dimension sozialer Ungleichheit: auf der Ebene der individuellen Existenz bemisst sie sich daran, wie die Individuen mehr oder weniger schlecht als recht mit den Risiken der Moderne fertig werden und Chancen nutzen.

Nach diesem Blick auf das Individuum und seine Berührung durch den sozialen Wandel will ich nun auf das Augenmerk auf die Gesellschaft und ihre strukturellen Veränderungen legen. Beck fasst diesen Wandel unter der These der ‚reflexiven Modernisierung' und seine diesbezügliche Frage lautet: „Wie verändert sich das Gesicht der Industriegesellschaft im Zuge reflexiver Modernisierungen?". (Beck 1991, S. 40) Was ist unter „reflexiver Modernisierung" zu verstehen? Beck gibt die Antwort, indem er zwischen *einfacher* und *reflexiver* Modernisierung unterscheidet und das Verhältnis zwischen beiden über eine grundsätzliche Frage anspricht:

Ulrich Beck: Einfache und reflexive Modernisierung

„Einfache Modernisierung meint Rationalisierung der *Tradition*, reflexive Modernisierung meint Rationalisierung der *Rationalisierung*. Modernisierung wurde bislang immer in Abgrenzung gedacht zur Welt der Überlieferungen und Religionen, als Befreiung aus den Zwängen der unbändigen Natur. Was geschieht, wenn die Industriegesellschaft sich selbst zur ‚Tradition' wird? Wenn ihre eigenen Notwendigkeiten, Funktionsprinzipien, Grundbegriffe mit derselben Rücksichtslosigkeit und Eigendynamik zersetzt, aufgelöst, entzaubert werden, wie die Möchte-gern-Ewigkeiten früherer Epochen?" (Beck 1991: Der Konflikt der zwei Modernen, S. 40)

Die Antwort liegt auf der Hand: auf der Ebene einer soziologischen *Theorie* des Wandels wird sich die Theorie der Moderne selbst zum Thema. Sie wird in dem Sinne „reflexiv", dass die Rationalisierung die Rationalisierung entzaubert. (Beck 1991, S. 40) Dann rücken Fragen wie „Unter welcher Perspektive wird sozialer Wandel als solcher gedacht?" oder „Auf welche weiteren Strukturen und Prozesse hin wird Wandel gedacht?" in den Blick. Aber auch auf der Ebene des Alltagsdenkens gerät die „orthodoxe Ordnungsschematik industriegesellschaftlicher Institutionen und Lebensformen" (Beck 1996a, S. 23) durcheinander. Während in der ersten Moderne das Denken sich an „Begriffen wie Industrie, Nationalstaat, Klassen, Männer- und Frauenrollen, Kleinfamilie, Technikglauben, wissenschaftlichem Wahrheitsmonopol etc." festhalten konnte, entstehen mit der Individualisierung und gleichzeitigen Globalisierung ganz neue, „andersartige Identitäten, Akteure, Politikstile, Beziehungsmuster und Verantwortungsformen." (Beck 1996a, S. 22 und 23) Über diesen strukturellen Wandel können wir nicht in den Begriffen der ersten Moderne reden. Das sei der Soziologie ins Stammbuch geschrieben!

Auf der Ebene der *Phänomene* des Wandels geht es in der zweiten Moderne um eine Frage wie „Welche neuen Ursachen bewirken Wandel?" oder um die noch schwierigere Frage „Wie erzeugt der Wandel permanent selbst seine Bedingungen?". Ob solcher Fragen kann man zum Philosophen werden oder – wie es ein provokanter Soziologe wie Ulrich Beck nun einmal gerne tut – mit dem Hammer aufklären. Die letztere Strategie hat die Chance, dass man schnell Aufmerksamkeit findet und tatsächlich soziologisches Denken in Gang setzt; ihr Risiko liegt darin, dass sich wegen der Überspitzungen die einen ihre vertraute Sicht der Dinge nicht nehmen lassen und die anderen ihre abstrakten Theorien um so entschiedener ausfeilen.[11] Beck hat das erste im Sinn und das zweite nicht ungern in Kauf genommen. Deshalb versuche ich auch, seine Thesen zum „Konflikt der zwei Modernen" in dem Geiste wiederzugeben, wie er es seinerzeit auf dem Deutschen Soziologentag getan hat: im Geiste des Streites „um die Verein-

11 Was dabei Vor- oder Nachteil ist, mag jeder für sich entscheiden!

barkeit von Überleben und Menschenrechten für alle Erdenbürger“ (Beck 1991, S. 52) und „zukünftiger Soziologie“ ins Stammbuch geschrieben.

Zunächst zu dem Widerspruch der beiden Modernen. Er lässt sich theoretisch mit der Rationalisierungsthese von Max Weber erklären: Rationalisierung bedeutet nicht nur Versachlichung, sondern auch konsequente Anwendung und Steigerung von Entscheidungen, und das in allen Lebensbereichen. Was für den Handel gilt, gilt auch für die Organisation der Arbeit, die Lebensführung und den Glauben. Aber irgendwann kommt ein Punkt, an dem diese Steigerungen Nebenfolgen haben, die sich gegenseitig blockieren. Sie werden lange nicht bemerkt, aber bedingen einander. Diesen Rückbezug bezeichnet Beck als ‚Reflexivität‘[12]. Im Grunde meint Reflexivität der Nebenfolgen also „*un*reflektierte Modernisierung“. (Beck 1996b, S. 289) Nun ist es nicht so, dass niemand diese Nebenfolgen bemerkte, sondern dem einen fallen diese, dem anderen jene auf. Vor allem Experten machen sich Gedanken über diese Nebenfolgen, aber sie „reflektieren“ (jetzt im Sinne des „Nachdenkens“!) und begründen sie jeweils nur in einem Ausschnitt und setzen sie selektiv in Beziehung nur zu bestimmten anderen. In der Summe stellt sich das Wissen über die Nebenfolgen der Modernisierung als ein „Konfliktfeld pluralistischer Rationalitätsansprüche“, im Einzelnen als ein Nebeneinander von „Nicht-Wissen“ dar! (vgl. Beck 1996b, S. 299)

Aufgebrochen ist der Widerspruch der Moderne mit der ökologischen Frage: „Mit ihr werden Basisprämissen europäischen Denkens und Handelns fragwürdig: die Vorstellungswelt des grenzenlosen Wachstums, die technische Fortschrittsgewissheit, die Gegenüberstellung von Natur und Gesellschaft.“ (Beck 1996a, S. 20) Doch um diese Frage allein geht es in der Risikogesellschaft schon lange nicht mehr. Die „Ordnungsmodelle des Sozialen“ selbst wurden fraglich. (Beck 1996a, S. 20) Aus der Rationalisierung folgt nämlich zweitens, dass „die Gesellschaft der Institutionen und die Gesellschaft der Individuen (...) in ihren Grundformen“ nicht mehr korrespondieren. (Beck 1991, S. 45) Was ist

12 „Reflectere“, lat. zurückwenden, sich wenden auf.

gemeint? Beck sieht es so: die Menschen werden aus Sicherheiten, die mit der Industriegesellschaft zunächst gegeben waren, und aus Standardlebensformen, wie sie sich traditional ergeben hatten, freigesetzt. Hier ist sich z. B. niemand mehr seines Arbeitsplatzes sicher und dort tut jeder im Grunde, was er will. Hier tun aber die Institutionen so, als ob man sich für einen festen Beruf vorbereiten müsse und als ob der dann für ein Leben gelten soll, und dort geht man z. B. davon aus, dass ein Vater auch der Verdiener und der Ehemann usw. ist.

Was Beck sagen will ist, dass das System einer älteren Logik folgt und die Individuallagen durch eine hohe Pluralisierung von Rollen gekennzeichnet sind, die nur zum Teil den Erwartungen der Institutionen entsprechen. Ein Beispiel: Betriebe erwarten, dass die Motivation der Arbeiter dauerhaft, hoch und kontinuierlich ist; der eine Arbeiter rechnet damit, dass er mit seinen 55 Jahren über kurz oder lang mit einer Entlassung rechnen muss, und wird nur noch begrenzte Motivation aufbringen, und der andere betrachtet seinen Job nur als notwendiges Übel, das seine fröhliche Freizeit unterbricht. Oder ein anderes Beispiel: in der Diskussion um den Generationenvertrag wird unterstellt, dass im Fall des Falles, wenn also private Altersvorsorge und gesetzliche Rente nicht ausreichen, doch eine Solidargemeinschaft eintreten wird, obwohl die Individualisierung seit langem eine Mentalität begünstigt hat, in der jeder zunächst und vor allem nur an sich denkt. Ein letztes Beispiel, das auch Beck erwähnt: in der Familiensoziologie gilt die Kleinfamilie traditionell als das Muster, nach dem alle Alternativen, Gefahren und Katastrophen bewertet werden, tatsächlich haben sich aber so viele Varianten des Zusammenlebens etabliert, dass man nicht mehr von Familie, sondern von Familien sprechen müsste. (vgl. Beck 1991, S. 43)

Fazit: „Die Konsensformen und -formeln – Klasse, Kleinfamilie, Ehe, Beruf, Frauenrolle, Männerrolle – zerbröckeln." (Beck 1991, S. 45) Im Zuge reflexiver Modernisierung geraten die Institutionen, als der unterstellte Konsens, wie Gesellschaft sinnvoll geregelt ist, unter Druck: sie „verlieren (...) ihre historischen Grundlagen, werden widersprüchlich, konflikthaft, individuumabhängig, erweisen sich als zustimmungsbedürftig, auslegungsbedürftig, offen für interne Koalitionen und soziale Bewegungen." (Beck 1991, S. 50) Im Räderwerk beginnt es zu knirschen und die Widersprüche werden bewusst. In dieser Situation helfen weder Wegsehen noch eine Politik des Durchwurschtelns, und das Rad der Zeit zurückdrehen geht schon gar nicht: „Die Moderne ist kein Fiaker, aus dem man, wenn es einem nicht passt, an der nächsten Ecke aussteigen kann, sagte Max Weber. Dies gilt auch, wenn die Moderne in die Kurve der Selbstanwendung geht." (Beck 1991, S. 50) Das hat Max Weber zwar nicht von der Moderne gesagt, sondern von der Wissenschaft, aber als Metapher passt es ganz gut.

Um im Bild zu bleiben: je schneller die Moderne in die Kurve der Selbstanwendung kommt, umso mehr steigt die Gefahr, dass wir die Kräfte, die wir entfesselt haben, nicht mehr beherrschen. Wenn wir nicht auf die Bremse treten – zumindest über Konsequenzen nachdenken – und alles weiter machen, was wir technisch und ideologisch machen können, dann wird der soziale Wandel ziemlich bald an sein Ende kommen. Und wenn wir uns nicht den Widersprüchen zwischen den Institutionen und den individuellen Lebenslagen stellen, auch. Beck hofft nun darauf, dass die Widersprüche so offensichtlich werden, dass eine öffentliche ‚Reflexion' einsetzt, die nach Wegen in eine *andere*, ‚zweite Moderne' sucht. Um die „Praxis des industriellen Weiter-So" ganz gezielt zu unterlaufen, spricht er die „Folgenbremser, Zweifler, Umdenker in allen Bereichen, Etagen, Themen gesellschaftlicher Entwicklung" an. (Beck 1991, S. 51) Die Theorie reflexiver Modernisierung nimmt das latente Unbehagen, das allmähliche „Bewusstsein der Selbstgefährdung" ernst. (Beck 1996a, S. 26) Wieder gewendet auf die Soziologie selbst und eine Theorie der Gesellschaft und ihres Wandels: die Theorie reflexiver Modernisierung „ist der entschiedene Versuch, diese Herausforderung selbst zum Kompass, zum historischen Gültigkeitskriterium der Gesellschaftstheorie- und Forschung zu machen." (Beck 1996a, S. 26) Und über die Soziologie hinaus direkt auf das Handeln gewendet ist reflexive Modernisierung „das Bemühen, Sprache und damit Handlungsfähigkeit, Wirklichkeit wiederzugewinnen". (Beck 1996a, S. 26) ‚Reflexive Modernisierung' soll deshalb heißen: „Selbsttransformation der

Industriegesellschaft (...); also Auf- und Ablösung der ersten durch eine *zweite* Moderne, deren Konturen und Prinzipien es zu entdecken und zu gestalten gilt.“ (Beck 1996a, S. 27)

Welche Wissenschaft, wenn nicht die Soziologie, wäre mehr gefordert, diese öffentliche Reflexion in Gang zu setzen und gegen die Ideologen, die uns das Blaue vom Himmel versprechen oder uns mit schwarzen Szenarien an der Hoffnung zu leben hindern, soziologische Aufklärung zu setzen?

Wenn Wandel nicht nur konstatiert werden soll, sondern wenn man in den Wandel eingreifen will – das war die eingangs genannte mögliche fünfte Aufgabe der Soziologie! – dann muss Soziologie auch das Machbare denken. Was das heißt, hat Bernard Shaw einmal so formuliert: „Wir dürfen die Dinge nicht so sehen, wie sie sind, sondern wie sie sein sollen.“

Literaturverzeichnis

(Die erste Jahreszahl bezeichnet das Jahr der Originalveröffentlichung bzw. der letzten Überarbeitung, die Jahreszahl nach dem Verlag die benutzte Auflage)

Abels, Heinz

- (1993): Jugend vor der Moderne. Soziologische und psychologische Theorien des 20. Jahrhunderts. Opladen: Leske + Budrich
- (1998): Interaktion, Identität, Präsentation. Kleine Einführung in interpretative Theorien der Soziologie. Opladen: Westdeutscher Verlag
- (1999): Ordnung, Rolle und soziales Handeln. Hagen: FernUniversität

Abels, Heinz; Stenger, Horst (1986): Gesellschaft lernen. Einführung in die Soziologie. Opladen: Leske + Budrich, 2., durchgesehene Aufl. 1989

Adler, Alfred (1914): Die Individualpsychologie, ihre Voraussetzungen und Ergebnisse. In: Adler (1920): Praxis und Theorie der Individualpsychologie. Frankfurt am Main: Fischer, 1974

Arendt, Hannah

- (1968): Between past and future. Eight exercises in political thought. New York: Viking Press, 3. Aufl. 1965
- (1970): Macht und Gewalt. München: Piper, 5. Aufl. 1985

Aristoteles

- Politik. München: dtv, 4. Aufl. 1981
- Von der Zeugung und Entwickelung der Tiere. Übersetzt und erläutert von Hermann Aubert und Friedrich Wimmer. (Neudruck der Ausgabe Leipzig 1860, Aalen: Scientia, 1978)

Bacon, Francis

- (1620): The new organon. (=The second part of the instauration) The second book of aphorisms concerning the interpretation of nature and the kingdom of man. (The works of Francis Bacon. Vierter Band) Stuttgart: Frommann Holzboog, 1962
- (1620): Neues Organ der Wissenschaften. Aphorismen von der Auslegung der Natur oder von der Herrschaft des Menschen. (unveränderter reprografischer Nachdruck der Ausgabe Leipzig 1830). Darmstadt: Wissenschaftliche Buchgesellschaft, 1981

Barnard, Chester I. (1938): The functions of the executive. Cambridge: Harvard University Press, Twentieth Printing 1970

Batscha, Zwi/ Medick, Hans (1986): Einleitung. In: Ferguson 1767

Beck, Ulrich

- (1983): Jenseits von Klasse und Stand? Soziale Ungleichheit, gesellschaftliche Individualisierungsprozesse und die Entstehung neuer sozialer Formationen und Identitäten. In: Kreckel (Hrsg.) (1983): Soziale Ungleichheiten. Göttingen: Schwartz
- (1986): Risikogesellschaft. Auf dem Weg in eine andere Moderne. Frankfurt am Main: Suhrkamp
- (1991): Der Konflikt der zwei Modernen. In: Zapf (Hrsg.) (1991): Die Modernisierung moderner Gesellschaften. Frankfurt am Main: Campus

- (1996a): Das Zeitalter der Nebenfolgen und die Politisierung der Moderne. In: Beck u. a. (Hrsg.) (1996)
- (1996b): Wissen oder Nicht-Wissen? Zwei Perspektiven „reflexiver Modernisierung". In: Beck u. a. (Hrsg.) (1996)

Beck, Ulrich; u. a. (Hrsg.) (1996): Reflexive Modernisierung - Eine Kontroverse. Frankfurt am Main: Suhrkamp

Berger, Peter L./ Luckmann, Thomas (1966): Die gesellschaftliche Konstruktion der Wirklichkeit. Frankfurt am Main: Fischer, 10. Aufl. 1993

Berman, M. (1972): Weird but brillant light on the way we live now. In: New York Times Book Review (February)

Bernsdorf, Wilhelm (Hrsg.) (1969): Wörterbuch der Soziologie. Stuttgart: Enke, 2., neu bearbeitete und erweiterte Ausgabe

Blau, Peter M./ Scott, W. Richard (1963): Formal organizations. A comparative approach. London: Routledge & Kegan, Reprint 1970

Boétie, siehe La Boétie

Bolte, Karl Martin (1958): Schichtung. In: König (Hrsg.) (1958): Soziologie. Frankfurt am Main: Fischer, 1965

Bolte, Karl Martin/ Kappe, Dieter/ Neidhardt, Friedhelm (1967): Soziale Schichtung in der Bundesrepublik Deutschland. In: Bolte (Hrsg.) (1967): Deutsche Gesellschaft im Wandel. Opladen: Leske, zweite, überarbeitete Aufl.

Bornschier, Volker (Hrsg.) (1991): Das Ende der sozialen Schichtung? Zürcher Arbeiten zur gesellschaftlichen Konstruktion von sozialer Lage und Bewusstsein in der westlichen Zentrumsgesellschaft. Zürich: Seismo

Bottomore, Thomas (1976): Soziale Schichtung. In: König (Hrsg.) (1976): Soziale Schichtung und Mobilität. Handbuch der empirischen Sozialforschung, Bd. 5. Stuttgart: Enke, 2., völlig neu bearbeitete Aufl. 1976

Bourdieu, Pierre
- (1967): Der Habitus als Vermittlung zwischen Struktur und Praxis. In: Bourdieu (1970a)
- (1970): Strukturalismus und soziologische Wissenschaftstheorie. In: Bourdieu (1970a)
- (1970a): Zur Soziologie der Symbolischen Formen. Frankfurt am Main: Suhrkamp, 1. Aufl. 1974
- (1970b): Klassenstellung und Klassenlage. In: Bourdieu (1970a)
- (1976) Entwurf einer Theorie der Praxis. Frankfurt am Main: Suhrkamp, 1. Aufl. 1979
- (1979): Die feinen Unterschiede. Kritik der gesellschaftlichen Urteilskraft. Frankfurt am Main: Suhrkamp, 1987
- (1983): siehe Zimmermann (1983)
- (1983a): Ökonomisches Kapital, kulturrelles Kapital, soziales Kapital. In: Kreckel (Hrsg.) (1983): Soziale Ungleichheiten. Soziale Welt, Sonderband 2. Göttingen: Schwartz
- (1984): Sozialer Raum und Klassen. In: Bourdieu (1985): Sozialer Raum und »Klassen«. Frankfurt am Main: Suhrkamp
- (1988): Inzwischen kenne ich alle Krankheiten der soziologischen Vernunft. Pierre Bourdieu im Gespräch mit Beate Krais. In: Bourdieu u. a. (1968): Soziologie als Beruf. Wissenschaftstheoretische Voraussetzungen soziologischer Erkenntnis. Berlin: de Gruyter, 1991

- (1996): Störenfried Soziologie. In: Fritz-Vannahme (Hrsg.) (1996)

Bude, Heinz (1988): Auflösung des Sozialen? Die Verflüssigung des soziologischen „Gegenstandes" im Fortgang der soziologischen Theorie. In: Soziale Welt, Jg. 39, H. 1

Bühl, Walter L. (1990): Sozialer Wandel im Ungleichgewicht. Stuttgart: Enke

Büschges, Günter (Hrsg.) (1976): Organisation und Herrschaft. Klassische und moderne Studientexte zur sozialwissenschaftlichen Organisationstheorie. Reinbek: Rowohlt

Büschges, Günter/ Abraham, Martin (1997): Einführung in die Organisationssoziologie. Stuttgart: Teubner, 2., neu bearbeitete Aufl.

Claessens, Dieter (1992): Macht und Herrschaft. In: Korte u. Schäfers (Hrsg.) (1992)

Coleman, James S. (1990): Grundlagen der Sozialtheorie, Bd. 1: Handlungen und Handlungssysteme. München: Oldenbourg, 1991

Comte, Auguste
- (1838): Die Soziologie. Die Positive Philosophie im Auszug. Stuttgart: Kröner, 2. Aufl. 1974
- (1844) Rede über den Geist des Positivismus. Hamburg: Meiner, Neuausgabe 1994

Dahrendorf, Ralf
- (1955): Struktur und Funktion. Talcott Parsons und die Entwicklung der soziologischen Theorie. In: Dahrendorf (1967)
- (1961a): Über den Ursprung der Ungleichheit unter den Menschen. In: Dahrendorf (1967)
- (1967): Pfade aus Utopia. Arbeiten zur Theorie und Methode der Soziologie. München: Piper
- (1969): Vorwort. In: Goffman (1959)
- (1982): Keine Revolutionswissenschaft. In: Die Zeit, Nr. 33 vom 13.8.1982

Davis, Kingsley (1949): Human society. New Yok: Macmillan

Davis, Kingsley/ Moore, Wilbert E. (1945): Einige Prinzipien der sozialen Schichtung. In: Hartmann (Hrsg.) (1967)

Dawe, Alan (1970): The two sociologies. In: The Bristish Journal of Sociology, Vol. 21

Dettling, Wilhelm (1996): Fach ohne Boden. In: Fritz-Vannahme (Hrsg.) (1996)

Dostojewski, Fjodor M. (1860): Aufzeichnungen aus einem Totenhaus. München: Piper, 1992, Zweitausendeins, o. J.

Dreitzel, Hans Peter
- (1966): Wege in die soziologische Literatur. In: Bahrdt (1966): Wege zur Soziologie. München: Nymphenburger Verlagshandlung, 4. Aufl.. (Dieser Beitrag ist in der erneuerten Auflage gestrichen worden)

Dreitzel, Hans Peter (Hrsg.) (1967): Sozialer Wandel. Neuwied: Luchterhand

Dubiel, Helmut (1973): Identität und Institution. Studien über moderne Sozialphilosophien. Düsseldorf: Bertelsmann Universitätsverlag

Durkheim, Emile
- (1893): Über soziale Arbeitsteilung. Frankfurt am Main: Suhrkamp, 1992

- (1895): Die Regeln der soziologischen Methode. Neuwied: Luchterhand, 4., rev. Aufl. 1976
- (1903): Erziehung, Moral und Gesellschaft. Frankfurt am Main: Suhrkamp, 1. Aufl. 1984

Eder, Klaus (1997): Institution. In: Wulf (Hrsg.) (1997): Handbuch Historische Anthropologie. Weinheim: Beltz
Elias, Norbert
- (1969): Die höfische Gesellschaft. Frankfurt am Main: Suhrkamp, 1983
- Was ist Soziologie? München: Juventa, 7. Aufl. 1993
- (1982): Über die Einsamkeit der Sterbenden in unseren Tagen. Frankfurt am Main: Suhrkamp, 1983

Elster, Jon
- (1989): The Cement of society: Studies in rationality and social change. Cambridge: University Press
- (1989a): Nuts and bolts for the social sciences. Cambridge: University Press

Engels, Friedrich
- (1883): Das Begräbnis von Karl Marx. In: Marx u. Engels (1962): Werke, Bd. 19. Berlin: Dietz, 1976
- (1888): Anmerkung zur englischen Ausgabe des Manifestes der Kommunistischen Partei. In: Marx u. Engels (1959): Werke, Bd. 4. Berlin: Dietz, 1980

Etzioni, Amitai (1964): Soziologie der Organisationen. München: Juventa, 4. Aufl. 1973

Falk, Johannes (1832): Goethe aus näherm persönlichen Umgange dargestellt. Hildesheim: Gerstenberg, 1977
Ferguson, Adam
- (1767): Versuch über die Geschichte der bürgerlichen Gesellschaft. Frankfurt am Main: Suhrkamp, 1988
- (1773): An essay on the history of civil society. (1767, nach der Ausgabe 1773). New York: Cambridge University Press, 1996

Fichte, Johann Gottlieb (1797): Deduktion der Ehe. (Grundlage des Naturrechts. Grundriß des Familienrechts. Als erster Anhang des Naturrechts.) Fichte: Werke. Bd. 4. Hrsg. von Reinhard Lauth und Hans Gliwitzky. Stuttgart: Frommann, 1970
Fontane, Theodor (1899): Der Stechlin. Stuttgart: Reclam, 1987
Foucault, Michel
- (1975): Überwachen und Strafen. Die Geburt des Gefängnisses. Frankfurt am Main: Suhrkamp, 4. Aufl. 1981
- (1987): Wie wird Macht ausgeübt? In: Dreyfus u. Rabinow (1987): Michel Foucault. Jenseits von Strukturalismus und Hermeneutik. Frankfurt am Main: Athenäum

Freud, Sigmund
- (1900): Die Traumdeutung. (Freud: Studienausgabe, Bd. II. Frankfurt am Main: Fischer, 1982
- (1914): Zur Geschichte der psychoanalytischen Bewegung. In: Freud (1946): Gesammelte Werke, Bd. 10. Frankfurt am Main: Fischer, 6. Aufl. 1973

- (1933): Neue Folge der Vorlesungen zur Einführung in die Psychoanalyse. Freud: Studienausgabe, Bd. I. Frankfurt am Main: Fischer, 1982
Fritz-Vannahme, Joachim (Hrsg.) (1996): Wozu heute noch Soziologie? Opladen: Leske + Budrich
Fuchs-Heinritz, Werner
- (1997): Auguste Comte - le début prétentieux de la sociologie. (Auguste Comte - der unbescheidene Anfang der Soziologie). Hagen: FernUniversität
- (1998): Auguste Comte. Einführung in Leben und Werk. Opladen: Westdeutscher Verlag
Fürstenau, Peter (1967): Neuere Entwicklungen der Bürokratieforschung und das Schulwesen. Ein organisationssoziologischer Beitrag. In: Hartfiel u. Holm (Hrsg.) (1973): Bildung und Erziehung in der Industriegesellschaft. Opladen: Westdeutscher Verlag UTB

Gehlen, Arnold
- (1940): Der Mensch. Seine Natur und seine Stellung in der Welt. Frankfurt am Main: Athenäum, 9. Aufl. 1971
- (1956): Urmensch und Spätkultur. Frankfurt am Main: Akademische Verlagsgesellschaft Athenaion, 3., verbesserte Aufl. 1975
- (1969): Moral und Hypermoral. Wiesbaden: Akademische Verlagsgesellschaft Athenaion, 4. Aufl. 1981
Geiger, Theodor
- (1932): Die soziale Schichtung des deutschen Volkes. Soziographischer Versuch auf statistischer Grundlage. Stuttgart: Enke, 1967
- (1949): Klassengesellschaft im Schmelztiegel. Köln/ Hagen: Kiepenheuer, 1949; Reprint Edition, New York: Arno, 1975
- (1955): Schichtung. In: Bernsdorf u. Bülow (Hrsg.) (1955): Wörterbuch der Soziologie. Stuttgart: Enke
Geißler, Rainer
- (1985): Die Schichtungssoziologie von Theodor Geiger. Zur Aktualität eines fast vergessenen Klassikers. In: Kölner Zeitschrift für Soziologie und Sozialpsychologie, 37. Jg., Nr. 2
- (1994a): Die pluralisierte Schichtstruktur der modernen Gesellschaft: zur aktuellen Bedeutung des Schichtbegriffs. In: Geißler (Hrsg.) (1994)
- (1994b): Vorwort zur zweiten Auflage. In: Geißler (Hrsg.) (1994)
- (1996): Kein Abschied von Klasse und Schicht. Ideologische Gefahren der deutschen Sozialstrukturanalyse. In: Kölner Zeitschrift für Soziologie und Sozialpsychologie, 48. Jg., H. 2
Geißler, Rainer (Hrsg.) (1994): Soziale Schichtung und Lebenschancen in Deutschland. Stuttgart: Enke, 2., völlig neubearbeitete und aktualisierte Aufl.
Geißler, Rainer/ Meyer, Thomas (1999): Theodor Geiger. In: Käsler (Hrsg.) (1999),
Bd. 1
Giddens, Anthony (1984): Die Konstitution der Gesellschaft. Frankfurt am Main: Campus, 1992
Goethe, Johann Wolfgang von (1809): Die Wahlverwandtschaften. Hamburger Ausgabe Bd. 6. München: Beck, 12. Aufl. 1989

Goffman, Erving
- (1959): Wir alle spielen Theater. München: Piper, 7. Aufl. 1991
- (1961a): Asyle. Über die soziale Situation psychiatrischer Patienten und anderer Insassen. Frankfurt am Main: Suhrkamp, 8. Aufl 1991
- (1971): Das Individuum im öffentlichen Austausch. Frankfurt am Main: Suhrkamp, 1974

Gouldner, Alvin W.
- (1970): Die westliche Soziologie in der Krise, 2 Bde. Reinbek: Rowohlt, 1974
- (1973): Romantisches und klassisches Denken. Tiefenstrukturen in den Sozialwissenschaften. In: Gouldner (1984): Reziprozität und Autonomie. Frankfurt am Main: Suhrkamp

Gukenbiehl, Hermann L. (1992): Institution und Organisation. In: Korte u. Schäfers (Hrsg.) (1992)

Habermas, Jürgen
- (1981a): Dialektik der Rationalisierung. In: Habermas (1985): Die neue Unübersichtlichkeit. Frankfurt am Main: Suhrkamp
- (1981b): Theorie des kommunikativen Handelns, 2 Bde. Frankfurt am Main: Suhrkamp)

Haferkamp, Hans (1983): Soziologie der Herrschaft. Opladen: Westdeutscher Verlag

Hartmann, Heinz (Hrsg.) (1967): Moderne amerikanische Soziologie. Stuttgart: Enke, 2. Aufl. 1973

Hauck, Gerhard (1984): Geschichte der soziologischen Theorie. Reinbek: Rowohlt

Hegel, Georg Wilhelm Friedrich (1833-1836): Vorlesungen über die Geschichte der Philosophie, Bd. I. Hegel Werke 18. Frankfurt am Main: Suhrkamp, 1. Aufl. 1986

Herder, Johann Gottfried (1770): Über den Ursprung der Sprache. In: Herder (1952): Zur Philosophie der Geschichte. Eine Auswahl in zwei Bänden. Erster Band. Berlin: Aufbau-Verlag

Historisches Wörterbuch der Philosophie. Hrsg. von Joachim Ritter und Karlfried Gründer, Bände 1-10 (1971-1998). Basel: Schwabe

Hobbes, Thomas (1651): Leviathan. Stuttgart: Reclam, 1980

Hollis, Martin (1994): Soziales Handeln. Eine Einführung in die Philosophie der Sozialwissenschaft. Berlin: Akademie Verlag, 1995

Homans, George Caspar (1961): Elementarformen sozialen Verhaltens. Opladen: Westdeutscher Verlag, 2. Aufl. 1972

Horkheimer, Max (1936): Autorität und Familie. In: Horkheimer (1968): Kritische Theorie, Bd. I. Frankfurt am Main: Fischer

Horkheimer, Max/ Adorno, Theodor W. (1944): Dialektik der Aufklärung. Philosophische Fragment. Frankfurt am Main: Fischer, 1985

Hradil, Stefan
- (1987): Sozialstrukturanalyse in einer fortgeschrittenen Gesellschaft. Von Klassen und Schichten zu Lagen und Milieus. Opladen: Leske + Budrich
- (1992a): Schicht, Schichtung und Mobilität. In: Korte u. Schäfers (Hrsg.) (1992)
- (1999): Soziale Ungleichheit in Deutschland. Opladen: Leske + Budrich, 7. Aufl.

Ibsen, Henrik (1879): Ein Puppenheim. Henrik Ibsens Sämtliche Werke in deutscher Sprache, Sechster Band. Berlin: Fischer, o. J. 1904

Imbusch, Peter (Hrsg.) (1998): Macht und Herrschaft. Sozialwissenschaftliche Konzeptionen und Theorien. Opladen: Leske + Budrich

Jay, Martin (1983): Adorno in Amerika. In: von Friedeburg u. Habermas (Hrsg.) (1983): Adorno-Konferenz. Frankfurt am Main: Suhrkamp

Jensen, Stefan (1976): Einleitung zu Parsons: Zur Theorie sozialer Systeme. Opladen: Westdeutscher Verlag

Joas, Hans (1986): Giddens' Theorie der Strukturbildung. Einführende Bemerkungen zu einer soziologischen Transformation der Praxisphilosophie. In: Zeitschrift für Soziologie, 15. Jg. H. 4

Jonas, Friedrich (1968/1969): Geschichte der Soziologie, 4 Bde. Reinbek: Rowohlt

Käsler, Dirk (1996): Suche nach der guten Gesellschaft. In: Fritz-Vannahme (Hrsg.) (1996): Wozu heute noch Soziologie? Opladen: Leske + Budrich

Käsler, Dirk (Hrsg.) (1999): Klassiker der Soziologie, 2 Bände. München: Beck

Kant, Immanuel (1790): Kritik der Urteilskraft. (Kant. Werke in zehn Bänden, hrsg. Von Wilhelm Weischedel, Bd. 8. Darmstadt: Wissenschaftliche Buchgesellschaft, 3. Nachdruck 1957

Klages, Helmut (1998): Wertewandel und Moralität. In: Lüschen (Hrsg.) (1998): Das Moralische in der Soziologie. Opladen: Westdeutscher Verlag

Kleist, Heinrich von (1800): Über die Aufklärung des Weibes. [Für Wilhelmine von Zenge] In: Heinrich von Kleist (1952): Sämtliche Werke und Briefe. Zweiter Band. München: Hanser, 9., vermehrte und revidierte Aufl. 1993

Kneer, Georg/ Nassehi, Armin (1993): Niklas Luhmanns Theorie sozialer Systeme: eine Einführung. München: Fink

Korte, Hermann (1992): Einführung in die Geschichte der Soziologie. Opladen: Leske + Budrich UTB

Korte, Hermann/ Schäfers, Bernhard (Hrsg.) (1992): Einführung in Hauptbegriffe der Soziologie. Opladen: Leske + Budrich UTB

Kreckel, Reinhard (1992): Politische Soziologie der sozialen Ungleichheit. Frankfurt am Main: Campus

Kreckel, Reinhard (Hrsg.) (1983): Soziale Ungleichheiten. In: Soziale Welt, Sonderband 2. Göttingen: Schwartz

La Boétie, Étienne de (1576): Von der freiwilligen Knechtschaft. Hamburg: Europäische Verlags-Anstalt, 1992

Landmann, Michael (1958): Bausteine zur Biographie. In: Gassen u. Landmann (Hrsg.) (1958): Buch des Dankes. Berlin: Duncker & Humblot, 1993

Lapide, Pinchas (1993): Paulus zwischen Damaskus und Qumran. Fehldeutungen und Übersetzungsfehler. Gütersloh: Mohn

Le Goff, Jacques (1965): Das Hochmittelalter, Fischer Weltgeschichte Bd. 11. Frankfurt am Main: Fischer

Leithäuser, Thomas/ Volmerg, Birgit (1977): Die Entwicklung einer empirischen Forschungsperspektive aus der Theorie des Alltagsbewußtseins. In: Leithäuser u. a. (1977): Entwurf zu einer Empirie des Alltagsbewußtseins. Frankfurt am Main: Suhrkamp

Lenin, Wladimir I. (1918): Die nächsten Aufgaben der Sowjetmacht. In: Lenin: Werke, Bd. 27. Berlin: Dietz, 1974

Lepenies, Wolf (1985): Die drei Kulturen. Soziologie zwischen Literatur und Wissenschaft. Reinbek: Rowohlt, 1988

Linton, Ralph (1936): The study of man. New York: Appleton-Century-Crofts

Lipset, Seymour M./ Zetterberg, Hans L. (1956): Eine Theorie der sozialen Mobilität. In: Hartmann (Hrsg.) (1967)

Locke, John (1694): An essay concerning human understanding. Oxford: Clarendon Press, 1975

Luhmann, Niklas

- (1964a): Funktionale Methode und Systemtheorie. In: Luhmann (1970a)
- (1964b): Funktionen und Folgen formaler Organisation. Berlin: Duncker & Humblot, 3. Aufl. 1976
- (1965): Grundrechte als Institution. Ein Beitrag zur politischen Soziologie. Berlin: Duncker & Humblot, 2. Aufl. 1974
- (1966): Reflexive Mechanismen. In: Luhmann (1970a)
- (1967): Soziologie als Theorie sozialer Systeme. In: Luhmann (1970a)
- (1968): Vertrauen. Ein Mechanismus der Reduktion sozialer Komplexität. Stuttgart: Enke, 3. Aufl. 1989
- (1970): Institutionalisierung - Funktion und Mechanismus im sozialen System der Gesellschaft. In: Schelsky (Hrsg.) (1970)
- (1970a): Soziologische Aufklärung 1. Aufsätze zu einer Theorie sozialer Systeme. Opladen: Westdeutscher Verlag, 5. Aufl. 1984
- (1971): Sinn als Grundbegriff der Soziologie. In: Habermas u. Luhmann (1971): Theorie der Gesellschaft oder Sozialtechnologie - Was leistet die Systemforschung? Frankfurt am Main: Suhrkamp
- (1974): Einführende Bemerkungen zu einer Theorie symbolisch generalisierter Kommunikationsmedien. In: Luhmann (1975b)
- (1975a): Macht. Stuttgart: Enke
- (1975b): Soziologische Aufklärung 2. Aufsätze zur Theorie der Gesellschaft. Opladen: Westdeutscher Verlag
- (1975c): Interaktion, Organisation, Gesellschaft. In: Luhmann (1975b)
- (1979): Unverständliche Wissenschaft. Probleme einer theorieeigenen Sprache. In: Luhmann (1981b)
- (1981a): Politische Theorie im Wohlfahrtsstaat. München: Olzog
- (1981b): Soziologische Aufklärung 3. Soziales System, Gesellschaft, Organisation. Opladen: Westdeutscher Verlag, 3. Aufl. 1993
- (1981c): Vorbemerkungen zu einer Theorie sozialer Systeme. In: Luhmann (1981b)
- (1981d): Die Unwahrscheinlichkeit der Kommunikation. In. Luhmann (1981b)
- (1984): Soziale Systeme. Grundriß einer allgemeinen Theorie. Frankfurt am Main: Suhrkamp
- (1987): Die Autopoiesis des Bewußtseins. In: Hahn u. Kapp (Hrsg.) (1987): Selbstthematisierung und Selbstzeugnis: Bekenntnis und Geständnis. Frankfurt am Main: Suhrkamp
- (1990): Ich sehe was, was Du nicht siehst. In: Luhmann (1990a)
- (1990a): Soziologische Aufklärung 5. Konstruktivistische Perspektiven. Opladen: Westdeutscher Verlag, 2. Aufl. 1993

- (1990b): Die Wissenschaft der Gesellschaft. Frankfurt am Main: Suhrkamp

Machiavelli, Niccolò
- (1532a): Der Fürst. Stuttgart: Kröner, 6. Aufl. 1978
- (1532b): Discorsi. Gedanken über Politik und Staatsführung. Stuttgart: Kröner, 2., verbesserte Aufl. 1977

Malinowski, Bronislaw K.
- (1939): Die Funktionaltheorie. In: Malinowski (1944)
- (1941): Eine wissenschaftliche Theorie der Kultur. In: Malinowski (1944)
- (1944): Eine wissenschaftliche Theorie der Kultur. Frankfurt am Main: Suhrkamp, 3. Aufl. 1988
- (1951): Kultur und Freiheit. Wien: Humboldt

Mannheim, Karl
- (1927): Das konservative Denken. In: Mannheim (1964): Wissenssoziologie. Auswahl aus dem Werk eingeleitet und herausgegeben von Kurt H. Wolff. Neuwied: Luchterhand, 2. Aufl. 1970
- (1929): Ideologie und Utopie. Frankfurt am Main: Schulte-Bulmke, 6., unveränderte Aufl. 1978

Marcuse, Herbert (1964): Der eindimensionale Mensch. Studien zur Ideologie der fortgeschrittenen Industriegesellschaft. Neuwied: Luchterhand, 5./6. Aufl. 1968

Marx, Karl
- (1845): Thesen über Feuerbach. Marx u. Engels (1958): Werke, Bd. 3. Berlin: Dietz, 1981
- (1847): Das Elend der Philosophie. In: Marx u. Engels (1959): Werke, Bd. 4. Berlin: Dietz, 1980
- (1859): Zur Kritik der Politischen Ökonomie. In: Marx u. Engels (1958): Werke, Bd. 13. Berlin: Dietz, 1981
- (1867): Das Kapital. Kritik der politischen Ökonomie. Drei Bände. Marx u. Engels (1970-1972): Werke, Bd. 23-25. Berlin: Dietz

Marx, Karl; Engels, Friedrich
- (1846): Die Deutsche Ideologie. Vorrede. In: Marx u. Engels (1958): Werke, Bd. 3. Berlin: Dietz, 1981
- (1848): Manifest der Kommunistischen Partei. In: Marx u. Engels (1959): Werke, Bd. 4. Berlin: Dietz, 1980

Mayntz, Renate
- (1963): Soziologie der Organisation. Reinbek: Rowohlt, 1972
- (1969): Organisation. In: Bernsdorf (Hrsg.) 1969

Mayo, Elton
- (1933): The human problems of an industrial civilization. New York: Macmillan
- (1945): Probleme industrieller Arbeitsbedingungen. Frankfurt am Main: Verlag der Frankfurter Hefte, o. J. 1945

Merton, Robert K.
- (1957b): Der Rollen-Set. In: Hartmann (Hrsg.) (1967)
- (1995): Soziologische Theorie und Sozialstruktur. Berlin: de Gruyter

Miebach, Bernhard (1991): Soziologische Handlungstheorie. Eine Einführung. Opladen: Westdeutscher Verlag

Mill, John Stuart (1843): Zur Logik der Moralwissenschaften. Frankfurt am Main: Klostermann, 1997

Mills, C. Wright (1959): Kritik der soziologischen Denkweise. Neuwied: Luchterhand, 1963
Moore, Harriett/ Kleining, Gerhard (1960): Das soziale Selbstbild der Gesellschaftsschichten in Deutschland. In: Kölner Zeitschrift für Soziologie und Sozialpsychologie, 12. Jg.
Müller, Hans-Peter (1992): Sozialstruktur und Lebensstile. Der neuere theoretische Diskurs über soziale Ungleichheit. Frankfurt am Main: Suhrkamp
Müller, Hans-Peter/ Schmid, Michael (Hrsg.) (1995): Sozialer Wandel. Frankfurt am Main: Suhrkamp
Münch, Richard (1982): Theorie des Handelns. Zur Rekonstruktion der Beiträge von Talcott Parsons, Emile Durkheim und Max Weber. Frankfurt am Main: Suhrkamp, 1. Aufl. 1988

Naumann, Hans (Hrsg.) (1958): Soziologie. Ausgewählte Texte zur Geschichte einer Wissenschaft. Stuttgart: Koehler
Nietzsche, Friedrich
- (1874): Unzeitgemäße Betrachtungen. Zweites Stück: Vom Nutzen und Nachteil der Historie für das Leben. Stuttgart: Kröner, 6. Aufl. 1976
- (1881): Morgenröte. Gedanken über die moralischen Vorurteile. Vorrede 1886. Stuttgart: Kröner, 1976
- (1887): Der Wille zur Macht. Versuch einer Umwertung aller Werte. Stuttgart: Kröner, 1964

Oswald, Hans (1984): In memoriam Erving Goffman. In: Kölner Zeitschrift für Soziologie und Sozialpsychologie, 36. Jg.

Pankoke, Eckart (1992): Organisation und Kultur. Hagen: FernUniversität
Papcke, Sven/ Topolsky, Jerzy/ Wehler, Hans-Ulrich (1988): Karl Marx und Max Weber. Eine Diskussion. In: Gneuss u. Kocka (Hrsg.) (1988): Max Weber. Ein Symposion. München: dtv
Paris, Rainer/ Sofsky, Wolfgang (1987): Drohungen. Über eine Methode der Interaktionsmacht. In: Kölner Zeitschrift für Soziologie und Sozialpsychologie, 39. Jg. 1987, H. 1
Parsons, Talcott
- (1937): The structure of social action. New York: The Free Press, 1967
- (1940): Die Motivierung des wirtschaftlichen Handelns. In: Parsons (1964)
- (1940a): Ansatz zu einer analytischen Theorie der sozialen Schichtung. In: Parsons (1964)
- (1945): Systematische Theorie in der Soziologie. Gegenwärtiger Stand und Ausblick. In: Parsons (1964)
- (1951): The social system. New York: Free Press, 1964
- (1958a): Einige Grundzüge der allgemeinen Theorie des Handelns. In Hartmann (Hrsg.) (1967)
- (1958c): Authority, legitimation, and political action. In: Parsons (1960): Structure and process in modern societies. New York: The Free Press
- (1961): Grundzüge des Sozialsystems. In: Parsons (1976) : Zur Theorie sozialer Systeme. Hrsg. von Stefan Jensen. Opladen: Westdeutscher Verlag

- (1963): Über den Begriff der »Macht«. In: Parsons (1980): Zur Theorie der Interaktionsmedien. Hrsg. von Stefan Jensen. Opladen: Westdeutscher Verlag
- (1964): Beiträge zur soziologischen Theorie. Hrsg. von Dietrich Rüschemeyer. Neuwied: Luchterhand
- (1971): Das System moderner Gesellschaften. München: Juventa, 1972

Parsons, Talcott; et al. (eds.) (1961): Theories of society. Foundations of modern sociological theory. New York: The Free Press, One volume edition 1965

Parsons, Talcott/ Shils, Edward A. (1951): Values, motives, and systems of action. In: Parsons and Shils (eds.) (1951): Toward a general theory of action. New York: Harper Torchbooks

Pascal, Blaise (1669): Über die Religion. Heidelberg: Schneider, 1954

Paulus
- Brief an die Epheser. In: Die Bibel. Einheitsübersetzung. Freiburg: Herder, 1980
- Erster Brief an die Korinther. In: Die Bibel. Einheitsübersetzung. Freiburg: Herder, 1980

Platon
- Kratylos. In: Platon. Sämtliche Werke 2. Reinbek: Rowohlt, 1960
- Politeia. In: Platon. Sämtliche Werke 3. Reinbek: Rowohlt, 1958

Policey Ordnung (1621): Eines Ehrnvesten Raths der Stadt Franckfurt am Mayn Ernewerte Policey Ordnung wie es hinfüro mit Kleidungen, Hochzeiten, Kind Tauffen, Gevatterschafften und dergleichen gehalten werden sol. Franckfurt am Mayn: In Vorlegung Johann Schmidlins Buchhändlers

Popitz, Heinrich
- (1968a): Prozesse der Machtbildung. (= Recht und Staat in Geschichte und Gegenwart, 362/363) Tübingen: Mohr, 3., unveränderte Aufl. 1976
- (1986): Phänomene der Macht: Autorität - Herrschaft - Gewalt - Technik. Tübingen: Mohr

Radcliffe-Brown, Alfred Reginald (1935): Structure and function in primitive society. In: Coser and Rosenberg (eds.) (1957): Sociological theory. A book of readings. New York: The Macmillan Company, 2nd ed., 3rd printing 1965

Roethlisberger, Fritz J./ Dickson, William J. (1939): Management and the worker. Cambridge Mass.: Harvard University Press, 16th printing 1975

Röttgers, Kurt
- (1980): Macht. In: Historisches Wörterbuch der Philosophie, Bd. 5
- (1990): Spuren der Macht. Begriffsgeschichte und Systematik. Freiburg: Alber

Rousseau, Jean-Jacques
- (1754): Abhandlung über den Ursprung und die Grundlagen der Ungleichheit unter den Menschen. In: Rousseau (1978): Schriften, Bd. 1. Frankfurt am Main: Fischer, 1988
- (1762): Vom Gesellschaftsvertrag oder Prinzipien des Staatsrechts. In: Rousseau (1977): Politische Schriften, Bd. 1. Paderborn: Schöningh, 2., unveränderte Aufl. 1995

Rüschemeyer, Dietrich (1964): Einleitung. In: Parsons (1964)

Schäfers, Bernhard
- (1990): Gesellschaftlicher Wandel in Deutschland. Ein Studienbuch zur Sozialstruktur und Sozialgeschichte der Bundesrepublik. Stuttgart: Enke, 5., völlig neubearbeitete und erweiterte Aufl.
- (1998): Sozialstruktur und sozialer Wandel in Deutschland. Stuttgart: Enke, 7., neubearbeitete Aufl.

Schelsky, Helmut
- (1941): Thomas Hobbes - Eine politische Lehre. Berlin: Duncker & Humblot, 1981
- (1953): Wandlungen der deutschen Familie in der Gegenwart. Stuttgart: Enke, 3., durch einen Anhang erweiterte Aufl. 1955
- (1956): Gesellschaftlicher Wandel. In: Schelsky (1979)
- (1957): Die skeptische Generation. Eine Soziologie der deutschen Jugend. Düsseldorf: Diederichs, 4. Aufl. 1960
- (1961): Die Bedeutung des Klassenbegriffs für die Analyse unserer Gesellschaft. In: Schelsky (1965)
- (1965): Auf der Suche nach Wirklichkeit. Gesammelte Aufsätze. Düsseldorf: Diederichs
- (1970): Zur soziologischen Theorie der Institution. In: Schelsky (Hrsg.) (1970)
- (1979): Auf der Suche nach Wirklichkeit. Gesammelte Aufsätze zur Soziologie der Bundesrepublik. München: Goldmann

Schelsky, Helmut (Hrsg.) (1970): Zur Theorie der Institution. Düsseldorf: Bertelsmann Universitätsverlag

Scheuch, Erwin K./ Daheim, Hans-Jürgen (1961): Sozialprestige und soziale Schichtung. In: Kölner Zeitschrift für Soziologie und Sozialpsychologie, 13. Jg.

Schiller, Friedrich (1793): Über Anmut und Würde. In: Friedrich Schiller. Werke in drei Bänden, Bd. II. München: Hanser, 1966

Schimank, Uwe
- (1985): Der mangelnde Akteurbezug systemtheoretischer Erklärungen gesellschaftlicher Differenzierung Ein Diskussionsvorschlag. In: Zeitschrift für Soziologie, 14. Jg.
- (1996): Theorien gesellschaftlicher Differenzierung. Opladen: Leske + Budrich, UTB
- (1999a): Drei Wünsche zur soziologischen Theorie. In: Soziale Welt '99, Heft 4
- (1999b): Was ist Soziologie? In: Soziologie 2-99. Mitteilungsblatt der Deutschen Gesellschaft für Soziologie

Schlegel, Friedrich (1800): Über die Unverständlichkeit. In: Schlegel (1988): Kritische Schriften und Fragmente. Hrsg. von Behler u. Eichner. Studienausgabe, Bd. 2. Paderborn: Schöningh, 1988

Schopenhauer, Arthur (1938): Schopenhauer-Brevier. Hrsg. von Raymund Schmidt. Leipzig: Dieterich'sche Verlagsbuchhandlung

Schütz, Alfred (1932): Der sinnhafte Aufbau der sozialen Welt. Eine Einleitung in die verstehende Soziologie. Frankfurt am Main: Suhrkamp, 1974

Schwanenberg, Enno (1970): Soziales Handeln. Die Theorie und ihr Problem. Bern: Huber

Schwingel, Markus (1995): Pierre Bourdieu zur Einführung. Hamburg: Junius, 2. Aufl. 1998

Scott, W. Richard (1981): Grundlagen der Organisationstheorie. Frankfurt am Main: Campus, 1986
Simmel, Georg
- (1890): Über sociale Differenzierung. In: Simmel (1989): Aufsätze 1887-1890. Gesamtausgabe Bd. 2. Frankfurt am Main: Suhrkamp
- (1892): Einleitung in die Moralwissenschaft. Eine Kritik der ethischen Grundbegriffe. Erster Band. Gesamtausgabe Bd. 3. Frankfurt am Main: Suhrkamp, 1989
- (1894): Das Problem der Sociologie. In: Simmel (1992): Aufsätze und Abhandlungen 1894-1900. Gesamtausgabe Bd. 5. Frankfurt am Main: Suhrkamp
- (1908): Soziologie. Untersuchungen über die Formen der Vergesellschaftung. Gesamtausgabe Bd. 11. Frankfurt am Main: Suhrkamp, 1992
- (1908a): Exkurs über den Fremden. In: Simmel (1908)
Smith, Adam
- (1759): Theorie der ethischen Gefühle. Hamburg: Meiner, 1985
- (1776): Der Wohlstand der Nationen. München: dtv, 1978
Sumner, William Graham (1906): Folkways. A study of the sociological importance of usages, manners, customs, mores, and morals. New York: Dover Publications, 1959
Sumner, William Graham/ Keller, Albert Galloway (1927): The science of society, Vol. I. New Haven: Yale University Press

Taylor, Frederick Winslow (1911): Die Grundsätze wissenschaftlicher Betriebsführung. München: Oldenbourg, 1919
Tenbruck, Friedrich H. (1964): Freundschaft. Ein Beitrag zur Soziologie der persönlichen Beziehungen. In: Kölner Zeitschrift für Soziologie und Sozialpsychologie, Jg. 16
Thiel, Erika (1990): Geschichte der Mode: von den Anfängen bis zur Gegenwart. Augsburg: Weltbild, 7. Aufl.
Thomas von Aquin: Summa theologica. Die Deutsche Thomas-Ausgabe, 7. Band: Erschaffung und Urzustand des Menschen. München: Kerle, 1941
Thomas, William I./ Thomas, Dorothy S. (1928): Das Kind in Amerika. In: Thomas (1965): Person und Sozialverhalten. Hrsg. von Edmund H. Volkart. Neuwied: Luchterhand
Toulmin, Stephen Edelston (1961): Voraussicht und Verstehen. Ein Versuch über die Ziele der Wissenschaft. Frankfurt am Main: Suhrkamp, 1968

Vanberg, Viktor (1975): Die zwei Soziologien. Individualismus und Kollektivismus in der Sozialtheorie. Tübingen: Mohr

Watzlawick, Paul; u. a. (1967): Menschliche Kommunikation. Bern: Huber, 4. Aufl. 1974
Weber, Max
- (1904): Die „Objektivität" sozialwissenschaftlicher Erkenntnis. In: Weber (1956)
- (1905a): Asketischer Protestantismus und kapitalistischer Geist. In: Weber (1956)
- (1905b): Die protestantische Ethik und der Geist des Kapitalismus. In: Weber (1920)

- (1906): Kritische Studien auf dem Gebiet der kulturwissenschaftlichen Logik. In: Weber (1973): Gesammelte Aufsätze zur Wissenschaftslehre. Tübingen: Mohr, 4. Aufl.
- (1915): Einleitung in die Wirtschaftsethik der Weltreligionen. In: Weber (1956)
- (1917): Der Sinn der »Wertfreiheit« der soziologischen und ökonomischen Wissenschaften. In: Weber (1956)
- (1918): Parlament und Regierung. In: Weber (1958): Gesammelte politische Schriften. Hrsg. von Johannes Winckelmann. Tübingen: Mohr, 3., erneut vermehrte Aufl. 1971
- (1919a): Vom inneren Beruf zur Wissenschaft. In: Weber (1956)
- (1919b): Der Beruf zur Politik. In: Weber (1956)
- (1920): Gesammelte Aufsätze zur Religionssoziologie, Bd. I. Tübingen: Mohr, 1947
- (1921): Das antike Judentum. In: Weber (1921): Gesammelte Aufsätze zur Religionssoziologie, Bd. III. Tübingen: Mohr, 8. Aufl. 1988
- (1922): Wirtschaft und Gesellschaft. Tübingen: Mohr, 3. Aufl. 1947
- 1922a: Die drei reinen Typen der legitimen Herrschaft. In: Weber 1956
- (1956): Soziologie, Weltgeschichtliche Analysen, Politik. Stuttgart: Kröner, 3. Aufl. 1964

Weymann, Ansgar (1998): Sozialer Wandel. Theorien zur Dynamik der modernen Gesellschaft. Weinheim: Juventa

Winckelmann, Johannes (Hrsg.) (1956): Max Weber: Soziologie, Weltgeschichtliche Analysen, Politik. Stuttgart: Kröner, 3. Aufl. 1964

Wiswede, Günter (1992): Sozialer Wandel. In: Reinhold (Hrsg.) (1992)

Wunder, Bernd (1986): Geschichte der Bürokratie in Deutschland. Frankfurt am Main: Suhrkamp)

Zapf, Wolfgang (Hrsg.)
- (1969): Theorien des sozialen Wandels. Köln: Kiepenheuer & Witsch
- (1991): Die Modernisierung moderner Gesellschaften. Frankfurt am Main: Campus

Zimmermann, Hans Dieter (1983): Die feinen Unterschiede oder: Die Abhängigkeit aller Lebensäußerungen vom sozialen Status. Ein Gespräch mit dem französischen Soziologen Pierre Bourdieu. In: L'80. Demokratie und Sozialismus. Köln: Verlagsgesellschaft

Verzeichnis der Quellentexte

Aristoteles: Politik.
- *Über Herrschen und Dienen (Kap. 9.1)*

Beck, Ulrich (1986): Risikogesellschaft. Auf dem Weg in eine andere Moderne.
- *Freisetzung, Entzauberung, Kontrolle (Kap. 9.4)*

Beck, Ulrich (1991): Der Konflikt der zwei Modernen.
- *Einfache und reflexive Modernisierung (Kap. 10.4)*

Berger, Peter L./Luckmann, Thomas (1966): Die gesellschaftliche Konstruktion der Wirklichkeit.
- *Institutionalisierung - reziproke Typisierung habitualisierter Handlungen (Kap. 4.6)*
- *Die Objektivität der institutionalen Welt (Kap. 4.6)*
- *Verdinglichung (Kap. 4.6)*

Comte, Auguste (1838): Die Soziologie.
- *Stufen der sozialen Statik (Kap. 10.1)*
- *Das Dreistadiengesetz (Kap. 10.1)*

Davis, Kingsley (1949): Human society.
- *Normative system and factual order (Kap. 5.1)*

Davis, Kingsley/Moore, Wilbert E. (1945): Einige Prinzipien der sozialen Schichtung.
- *Die funktionale Notwendigkeit der Schichtung (Kap. 8.4)*

Dreitzel, Hans Peter (1966): Wege in die soziologische Literatur.
- *Desorientierung, Verfremdung, soziologisches Bewusstsein (Kap. 1)*

Durkheim, Emile (1893): Über soziale Arbeitsteilung.
- *Das Ideal bestimmen (Kap. 2.3)*

Durkheim, Emile (1895): Die Regeln der soziologischen Methode.
- *Faits sociaux (Kap. 4.1)*

Durkheim, Emile (1903): Erziehung, Moral und Gesellschaft.
- *Soziologie zeigt die Ideen, die uns leiten (Kap. 2.3)*

Fichte, Johann Gottlieb (1797): Deduktion der Ehe.
- *Die Frau ergibt sich dem Mann und hört auf, ein Individuum zu sein (Kap. 9.1)*

Franklin, Benjamin (1748): Advice to a young tradesman.
- *Zeit ist Geld (Kap. 10.3)*

Gehlen, Arnold (1940): Der Mensch.
- *Institutionen - sich feststellende Gewohnheiten (Kap. 4.5)*

Gouldner, Alvin W. (1970): Die westliche Soziologie in der Krise.
- *Hintergrundannahmen (Kap. 1.2)*

Haferkamp, Hans (1983): Soziologie der Herrschaft.
- *Formen der Herrschaft und des Handelns (Kap. 7.4)*

Hobbes, Thomas (1651): Leviathan.
- *Der große Leviathan (Kap. 3.1)*

Hollis, Martin (1994): Soziales Handeln. Eine Einführung in die Philosophie der Sozalwissenschaft.
- *Holismus und Individualismus (Kap. 2.7)*

Hradil, Stefan (1999): Soziale Ungleichheit in Deutschland.
- *Soziale Ungleichheit (Kap. 9.4)*
- *Soziale Milieus in Westdeutschland (Kap. 9.4)*

Luhmann, Niklas (1971): Sinn als Grundbegriff der Soziologie.
- *Komplexität und Kontingenz (Kap. 6.5)*

Luhmann, Niklas (1975): Interaktion, Organisation, Gesellschaft.
- *Organisationssysteme (Kap. 5.4)*

Luhmann, Niklas (1981): Die Unwahrscheinlichkeit der Kommunikation.
- *Die Gesellschaft bildet ihre sozialen Systeme um aussichtsreiche Kommunikation herum (Kap. 6.5)*

Luhmann, Niklas (1984): Soziale Systeme.
- *Die Alarmfunktion des Widerspruchs (Kap. 6.6)*
- *Die Doppelfunktion generalisierter Erwartungen (Kap. 6.5)*

Luhmann, Niklas (1987): Die Autopoiesis des Bewusstseins.
- *Autopoietische Systeme (Kap. 6.6)*

Marx, Karl (1859): Zur Kritik der politischen Ökonomie.
- *Die Verhältnisse sind unabhängig vom Willen der Menschen (Kap. 2.7)*
- *Die Produktionsweise des materiellen Lebens bedingt den sozialen Lebensprozess (Kap. 8.2)*

Marx, Karl/Engels, Friedrich (1848): Manifest der Kommunistischen Partei.
- *Die Geschichte der Gesellschaft ist eine Geschichte von Klassenkämpfen (Kap. 10.2)*

Mayntz, Renate (1963): Soziologie der Organisation.
- *Definition von Organisation (Kap. 5)*

Mill, John Stuart (1843): Zur Logik der Moralwissenschaften.
- *Gesellschaftliche Phänomene sind nichts anderes als die Gesetze der Handlungen der Menschen (Kap. 2.7)*

Nietzsche, Friedrich (1881): Morgenröte.
- *Langsam lesen (Vorwort)*

Parsons, Talcott (1940): Die Motivierung des wirtschaftlichen Handelns.
- *Institutionelle Muster - legitime Erwartungen (Kap. 4.4)*

Parsons, Talcott (1951): The social system.
- *Institutionalization of patterns of value-orientation (Kap. 4.4)*
- *Institution - interdependent role-patterns (Kap. 4.4)*
- *System of expectations (Kap. 6.2)*

Radcliffe-Brown, Alfred Reginald (1935): Structure and function in primitive society.
- *Structure and function (Kap. 6)*

Rousseau, Jean Jacques (1762): Vom Gesellschaftsvertrag oder Prinzipien des Staatsrechts.
- *Der Moral- oder Kollektivkörper (Kap. 3.2)*

Schelsky, Helmut (1956): Gesellschaftlicher Wandel.
- *Die nivellierte Mittelstandsgesellschaft (Kap. 8.6)*

Scheuch, Erwin K./Daheim, Hans Jürgen (1961): Sozialprestige und soziale Schichtung.
- *Mittelstandsgesellschaft (Kap. 8.5)*

Spencer, Herbert (1877): Die Principien der Sociologie.
- *Die Gesellschaft ist ein Organismus (Kap. 3.4)*

Sumner, William Graham (1906): Folkways.
- *Folkways (Kap. 4.2)*
- *Crescive and enacted institutions (Kap. 4.2)*

Sumner, William Graham/Keller, Albert Galloway (1927): The science of society.
- *Mores (Kap. 4.2)*

Weber, Max (1904): Die »Objektivität« sozialwissenschaftlicher Erkenntnis.
- *Idealtypus - einseitige Steigerung einiger Gesichtspunkte und Zusammenschluss von Einzelerscheinungen zu einem Gedankenbilde (Kap. 1.3)*

Weber, Max (1905): Die protestantische Ethik und der Geist des Kapitalismus.
- *Beruf und Rationalisierung der Lebensführung (Kap. 10.3)*
- *Gottes Vorsehung der ungleichen Verteilung der Güter dieser Welt (Kap. 10.3)*
- *Das stahlharte Gehäuse und das Verbleichen der Aufklärung (Kap. 10.3)*

Weber, Max (1906): Kritische Studien auf dem Gebiet der kulturwissenschaftlichen Logik.
- *Idealtypus - die gegebene ‚Wirklichkeit' in ein Gedankengebilde verwandeln (Kap. 1.3)*

Weber, Max (1919): Vom inneren Beruf zur Wissenschaft.
- *Was Wissenschaft Positives für das praktische und persönliche Leben leistet (Kap. 1.4)*

Weber, Max (1922): Wirtschaft und Gesellschaft.
- *Soziologie soll heißen ... (Kap. 2.3)*
- *Bürokratie - sachliche Erledigung nach berechenbaren Regeln (Kap. 5.5)*
- *Vollkommene Bürokratie entmenschlicht sich (Kap. 7.5)*
- *Klassen: Besitz und Lebenschancen (Kap. 8.2)*
- *Ehre als Prinzip der ständischen Gliederung (Kap. 8.2)*

Weber, Max (1922): Die drei reinen Typen der legitimen Herrschaft.
- *Die drei reinen Typen der legitimen Herrschaft (Kap. 7.4)*

Gliederung Band 2: Die Individuen in ihrer Gesellschaft

Personenregister

Sachregister